THÉOPHILE GAUTIER

HISTOIRE

DE

L'ART DRAMATIQUE

EN FRANCE

DEPUIS VINGT-CINQ ANS

(6e série)

BRUXELLES
ÉDITION HETZEL
MELINE, CANS ET COMPAGNIE LIBRAIRES-ÉDITEURS
Boulevard de Waterloo, 35

1859

HISTOIRE

DE

L'ART DRAMATIQUE

DÉPOSÉ AUX TERMES DE LA LOI

BRUXELLES. — TYP. DE VEUVE J. VAN BUGGENHOUDT
Rue de Schaerbeek, 12

I

OCTOBRE et NOVEMBRE 1848. — Vaudeville : *le Chemin de traverse*, par MM. Dumanoir, Clairville et Dennery. — Le roman de Jules Janin. — Félix, Luguet, mesdames Paul-Ernest et Albert. — Théâtre de la Nation : *la Vivandière.* — Fanny Cerrito. — Saint-Léon. — Théâtre-Montansier : *les Parades de nos pères.* — Les personnages du théâtre de la Foire. — Hyacinthe, René Luguet, mademoiselle Lagier. — Théâtre de la République : *la Vieillesse de Richelieu*, drame de MM. Octave Feuillet et Paul Bocage. — Le type de Richelieu et celui de don Juan. — Bocage. — Opéra-Comique : *le Val d'Andorre*, paroles de M. de Saint-Georges, musique de M. Halévy. — Gymnase : *O amitié !* par MM. Scribe et Varner. — Encore le scepticisme de M. Scribe.

9 octobre 1848.

VAUDEVILLE. *Le Chemin de traverse.* — Il y a douze ou quinze ans, M. Jules Janin publia, dans *la Revue des Deux Mondes*, une nouvelle d'une centaine de pages — on n'avait pas encore inventé, en ce temps-là, les romans qui n'en finissent pas — une nouvelle, disons-nous, intitulée *le Piédestal*. Ce piédestal était tout bonnement une jolie femme, qu'un jeune ambitieux faisait servir à sa fortune ;

cela était plein de verve, de style, de feu, d'étincelants paradoxes et d'ironies amères. Plus tard, l'auteur y ajouta, comme contre-partie, l'histoire d'un brave garçon qui arrivait à tout, à force de droiture et d'honnêteté. Cette histoire-là était invraisemblable, mais de cette invraisemblance qui charme, car elle représente la justice. Ces deux nouvelles, enlacées l'une à l'autre et cousues ensemble ont produit *le Chemin de traverse*.

Certes, c'était là un beau sujet de grande et véritable comédie, que ce jeune homme, d'abord repoussé de tous, puis choyé, caressé, adulé, protégé, servi ardemment, lorsqu'on le croit le mari d'une belle femme. Il y avait là de ces revirements soudains à la fois tristes et comiques qui montrent l'âme humaine dans tout son jour et légitiment toute la misanthropie de Timon d'Athènes. A l'homme qui a une belle femme et sait se servir de cet appeau, tout réussit, tout vient à souhait; chacun s'empresse et se précipite, tous espèrent quelque chose : qui un coup d'œil, qui un sourire, qui un baiser sur la main blanche, qui une pression de bras; car c'est une galanterie envers la femme que le dévouement au mari.

Cette charge qu'on fait avoir à Prosper Chavigny, c'est pour que Lœtitia danse à la cour; cette spéculation où l'on met de moitié l'heureux possesseur de ce beau trésor, ce sont des billets de banque pour faire des papillotes à sa femme. Oh! le fortuné mortel! il peut vivre sans souci, sans travail, se donnant seulement la peine de vouloir; et les pauvres amoureux, vieux et jeunes, car il y en a de toutes sortes, vont, viennent, intriguent, postulent et ont tout le mal; puis, quand le rancunier jeune homme, qui n'a pu digérer les rebuffades et les mépris qui ont repoussé ses débuts, a rendu ridicules, vils ou odieux les prétendants de sa femme, qu'il leur a fait subir ses impertinences et les a poussés aux adulations les plus lâches, aux complaisances les plus serviles, un soir, en plein bal, il pousse l'idole du haut de son piédestal et la fait choir au milieu du cercle stupide de surprise. « Cette femme, s'écrie-t-il, devant qui vous avez tous ployé le genou, n'est pas ma femme: c'est Lœtitia Laferti, une courtisane ramassée à Venise; vous êtes tous des lâches et des misérables! » Et il ajoute encore beaucoup d'autres choses dans l'emportement de son paradoxe poussé à outrance; seulement, il a oublié que cette belle statue qu'il parait superbement pour les besoins de sa vengeance, et dont il soignait la beauté comme un bravo ménage son arme, n'a rien compris à tout cela, sinon qu'elle l'aimait bien et qu'elle a le cœur brisé par cette affreuse scène.

Dans ce qui pouvait faire une comédie, il y avait de quoi amplement tailler un vaudeville, et ce n'est pas l'étoffe qui a manqué à MM. Dumanoir, Clairville et Dennery. — Leur fable reproduit avec assez d'exactitude le mouvement de la nouvelle, et, sous le rapport de la structure, elle est fort habilement agencée. Ils ont fait circuler dans l'action un rôle comique, très-bien joué par Félix, qui conte avec beaucoup d'esprit comment il a rapporté à une duchesse le même éventail trois mois de suite.

Luguet a dit avec beaucoup d'intelligence le rôle long et difficile de Chavigny. Cet acteur a de la chaleur et de la distinction.

Madame Paul-Ernest a fait preuve de goût, de décence et de sensibilité dans le rôle de Jeanne, où un peu plus d'éclat et d'attraction eussent été nécessaires. Madame Albert a de la rondeur dans le rôle de Thérèse, la joyeuse commère, qui vote pour la chambre unique dans la constitution conjugale.

23 octobre.

Théatre de la Nation. *La Vivandière.* — La Vivandière n'est, à proprement parler, qu'un de ces divertissements, un de ces intermèdes de danse qui se jouent à Londres entre les actes de l'opéra. Madame Fanny Cerrito y trouve le prétexte d'être charmante, c'est tout ce qu'il faut. Cependant, nous croyons que, devant le public parisien, l'aimable danseuse courrait risque de perdre un peu de sa popularité si elle jouait toujours dans des ballets arrangés avec une telle négligence sous le rapport de l'action. En Angleterre et en Italie, cela importe peu ; en France, le choix du sujet fait beaucoup.

Les Français ne sont pas assez artistes, dans le sens rigoureux du mot, pour se contenter des formes plastiques de la poésie, de la peinture, de la musique et de la danse. Il leur faut, en outre, une signification précise, une action, un drame logiquement déduit, une morale, un résultat bien déterminé : peu de gens, parmi nous, regardent un tableau, lisent un livre, écoutent un air pour la beauté des couleurs, du langage ou des sons, pour le charme propre enfin. C'est à la fois notre défaut et notre qualité. Cette disposition, qui nous a valu une des littératures dramatiques les plus rationnelles qui soient au monde, nous rend parfois très-injustes pour les ballets et les opéras surtout, qui, les trois quarts du temps, tombent ou réussissent à cause du livret et non à cause de la musique bonne ou mauvaise, et, comme nous apportons une grande gravité dans les choses frivoles, la moindre faute dans l'ordonnance d'un divertissement nous hérisse et nous choque. Si l'on osait, l'on invoquerait Aristote à propos d'une cabriole bien ou mal amenée.

Pour nous, en particulier, nous sommes très-capable de regarder avec plaisir sautiller une jolie danseuse à travers une action absurde. Si le pied est petit, bien cambré et retombe sur sa pointe comme une flèche; si la jambe, éblouissante et pure, s'agite voluptueusement dans le brouillard des mousselines; si les bras s'arrondissent, onduleux et souples comme des anses de vases grecs; si le sourire éclate, pareil à une rose pleine de perles, nous nous inquiétons fort peu du reste. Le sujet peut n'avoir ni queue, ni tête, ni milieu, cela nous est bien égal. Le vrai, l'unique, l'éternel sujet d'un ballet, c'est la danse. A ce titre, *la Vivandière* serait un ballet excellent. Par malheur, on attache ici plus d'importance au canevas qu'aux fleurs.

Madame Cerrito déploie dans le rôle de la Vivandière beaucoup de gentillesse et de grâce mutine : elle joue sous jambe ses deux amoureux avec toutes les facilités qu'une danseuse aussi légère et aussi souple qu'elle l'est peut avoir pour cela ; elle leur frise le nez de ses pirouettes zoniques, et glisse entre leurs mains, agile, rapide et furtive comme une couleuvre. Tous ses pas ont été fort applaudis, et surtout le dernier, espèce de polka qu'elle danse avec beaucoup d'entrain et de verve.

Saint-Léon est aussi très-applaudi : cela tient à ce que, depuis très-longtemps, on n'a pas vu de danseur proprement dit en France; la défaveur marquée où la danse était tombée faisait extrêmement réduire dans les ballets la partie chorégraphique confiée aux hommes. Petitpa, lui-même, acteur élégant, mime plein de feu et de passion, semblait demander grâce pour sa danse, pour son jeu, en se dévouant complétement à l'effet de sa partenaire. Depuis la retraite de Perrot, Saint-Léon est le seul homme qui ait osé faire, à l'Opéra, de la danse pour la danse, et il a surpris un succès.

THÉATRE-MONTANSIER. *Les Parades de nos pères.* — *Les Parades de nos pères !* il y a dans ce titre à la fois de la piété et du dédain. Nous sied-il bien, à nous qui avons supporté tant de vaudevilles, d'appeler *parades* les chaudes esquisses de Lesage, de Fuselier, de d'Orneval, de Piron, ces Lope de Vega et ces Gozzi du théâtre de la Foire. C'est dans ce répertoire oublié que s'était réfugiée la bonne vieille gaieté gauloise; là florissait la fantaisie rabelaisienne avec son large rire et son gros ventre; là gambadait la bouffonnerie italienne, agitant ses longues manches : c'était tout un monde bigarré et charmant; chaque caractère, chaque âge spécialisé par un type, se posait sur-le-champ par son babil traditionnel.

On savait tout de suite à qui l'on avait affaire, et l'auteur, à travers ces masques barbouillés de noir, de rouge ou de blanc, parlait familièrement à son public, imitant sans y songer les parabases des comédies grecques. — O Polichinelle, Arlequin, Pierrot, Gilles, Cassandre, Léandre, Colombine, où êtes-vous aujourd'hui? et vous, Scaramouche, Tartaglia, Brighella, Pantalon, Francatrippa, Fritinello, Cucuba, Spavento, dona Isabella et dona Lucia, dessinés par Callot, d'une pointe si franche, si spirituelle et si vive, qui se souvient de vous maintenant? qui remet sur vos épaules ces charmants costumes extravagants et plus vrais que la vérité dans leur caricature du monde réel?

Pendant que Melpomène, juchée sur ses cothurnes, soufflait des alexandrins par sa bouche de bronze, Thalie, sans prendre le temps de chausser son brodequin, s'en allait frapper de son talon rose ce tréteau posé sur deux barriques, et la lie, pour barbouiller ses joues, ne lui manquait pas plus qu'au temps de Thespis. — Jugez quels éclats de rire il fallait pour compenser les bâillements tragiques ! Quelle gaieté exigeait cet ennui ! quelle crudité de mots nécessitaient ces périphrases, et combien Arlequin devait faire grincer son museau noir pour consoler des *princes déplorables*, des *madames*, des *seigneurs*, des *princesses*, des confidents et des confidentes ?

Quand on y songe, on trouve que la parade, toute hardie, toute folle quelle est, s'est montrée bien sobre encore ; elle aurait eu le droit de secouer des grappes de grelots plus bruyants, de jeter le gros sel et la farine à mains plus ouvertes, de faire pleuvoir plus dru la grêle des coups de pied, des coups de poing et des soufflets ! Pierrot est bien sage lorsqu'on pense à Hippolyte.

Les acteurs des *Parades de nos pères* ont fait précéder leur œuvre d'un petit prologue en vers assez bien tournés, qui expliquent, par la tristesse du temps, ce retour à des plaisanteries qui pourraient paraître grossières à nos délicats, mais qui ont distrait des gens qui valaient mieux qu'eux.

Le prologue débité, commence le pourchas de la Colombine, qui représente l'idéal, par ses trois amoureux, Léandre, Arlequin et Gilles ou Pierrot : Léandre, c'est l'aristocratie ; Arlequin, l'esprit remuant qui cherche sa place ; Gilles, le pauvre peuple. Cassandre, vieux et de race bourgeoise, est l'ennemi naturel de l'enthousiasme, de l'amour et du génie. Il symbolise la fatalité taquine. Tout ce monde se meut à travers les changements à vue, les transformations, les *trucs* les plus classiques et les plus grotesques ; les enseignes se déplacent, les maisons se haussent et s'abaissent, tantôt logis de Lilliputiens, tantôt palais de Brodingnac ; les pâtés éclatent comme des bombes ; les bouteilles jaillissent en fusées ; les coucous effarés vous regardent par les trous de leur cadran ; les fours ouvrent la gueule en bâillant ; votre bras se détache avec votre manche, votre perruque s'envole et votre tête la suit ; on vous coupe par tranches comme un saucisson de Bologne, et, quoiqu'on ne vous ait pas frotté de baume de fier-à-bras, quelques minutes après, il n'y paraît plus ! Les soufflets claquent, les bâtons résonnent, les coups de pied crépitent. Cassandre tombe, Arlequin gambade, Colombine s'esquive, Léandre se fait une bosse au front, Gilles s'assoit, quelque victuaille entre les jambes. A travers ce déluge de horions, Arlequin trouve le moyen de frotter quelquefois sa moustache crépue à l'épaule satinée de Colombine, et, à la fin, l'idéal et le désir s'unissent en légitime mariage devant une gloire de fer-blanc, dont les rayons tournent en sens inverse au bout d'une perspective bleuâtre d'architecture féerique.

Nous concevons très-bien, pour l'avoir éprouvé nous-même, le caprice de faire une parade dans le vieux goût. C'est une tendance classique aussi respectable que toute imitation racinienne.

Les Parades de nos pères, jouées très-vivement par Hyacinthe, excellent Gilles, René Luguet, charmant Arlequin, et mademoiselle Lagier, délicieuse Colombine, amusent et font rire autant qu'un vaudeville moderne abracadabrant en style Duvert et Lauzanne. Cela distrait agréablement de l'imitation désastreusement exacte des mœurs et des costumes modernes qui forment le fond du répertoire. C'est une eau-forte fantasque parmi des lithographies bourgeoises.

6 novembre.

Théâtre de la République. *La Vieillesse de Richelieu.* — La vieillesse de Richelieu ! voilà deux mots qui hurlent de se trouver ensemble ! Richelieu, quoiqu'il ait vécu quatre-vingts ans, ne fut jamais vieux ; il garda l'éternelle jeunesse comme l'enfant Amour. Ce fut là sa qualité et son défaut. Maintenant que ce monde fardé, poudré et pailleté de Versailles a été noyé sous le déluge de la Révolution, une pareille existence a peine à se concevoir. Cet esprit, cette activité, ces immenses ressources, ce génie même, dépensés au service d'un égoïsme voluptueux, surprennent notre génération morose, occupée à la poursuite de moins riantes chimères.

Richelieu ne ressemble pas à don Juan, dont il a, certes, dépassé le fabuleux catalogue ; tout aussi spirituel et tout aussi brave, il n'a pas cette ardeur sombre et cette audace diabolique. Il tuerait parfaitement le Commandeur en duel ; mais la fantaisie d'inviter à souper le convive de pierre ne lui viendrait pas. La poésie lui manque : il se rapproche davantage de Lovelace ou du comte de Valmont, mais avec moins de méchanceté froide. Si rien ne l'arrête dans la recherche de son plaisir, au moins il ne le voit pas dans la douleur d'autrui : il obéit à cette passion que les phalanstériens nomment la *papillonne*; les larmes qu'il fait verser le contrarient, et il s'étonne que l'on tienne à lui qui ne tient à rien ; à part la petite satisfaction que sa vanité y trouve, les désespoirs amoureux l'assomment.

Il n'est pas jaloux, et conçoit parfaitement l'inconstance dans les autres : est-ce sécheresse d'âme, stérilité intérieure, ou vaste ennui, idéal irréalisable, qui le poussent à ces changements perpétuels ? Les règnes qu'il a traversés n'étaient guère rêveurs, et la mélancolie n'avait pas encore été inventée en ce temps-là. Ou bien encore fougue indomptable des sens, libertinage effréné à la manière des Césars romains ? Nullement : la femme n'est pour Richelieu que le moyen de se prouver qu'il est charmant ; chaque conquête lui donne une attestation de grâce, d'esprit, d'adresse ou d'audace ; ses maîtresses sont un chœur qui chante ses louanges, et, pour cet hymne-là, il ne saurait y avoir trop de choristes.

Ce titre : *la Vieillesse de Richelieu*, n'est donc qu'une antiphrase.

Le Richelieu de MM. Octave Feuillet et Paul Bocage n'a rien de décrépit. C'est un galant des plus verts, qui a l'œil vif, le jarret ferme, la main prompte et la repartie aiguë. Dieu vous garde de trouver dans votre chemin un pareil vieillard ! il vous soufflerait votre maîtresse et vous ferait sauter votre épée de la main.

Cette comédie ou ce drame — car le caractère n'en est pas bien déterminé — renferme des détails spirituels, des traits heureux et des portions assez finement écrites. La charpente en est construite avec habileté, et les situations sont suspendues ou précipitées par des moyens dignes de vieux *carcassiers*. Seulement, le sens général de la pièce est contraire au but que MM. Octave Feuillet et Paul Bocage semblent s'être proposé. Ils ont voulu — du moins, on peut le croire, — représenter Richelieu, malgré sa vieillesse, plus beau, plus fringant, plus alerte, plus spirituel, plus brave, plus triomphant qu'un jeune mousquetaire. Au lieu de cela, il est berné par une jeune fille, reçoit des coups de bâton d'un jardinier, se réconcilie avec une ancienne maîtresse, et, vertueux comme un cinquième acte de mélodrame, frotte le nez de son fils sur les boutons à pointe d'acier de son habit à la française. Il n'y a rien là de bien victorieux.

Le rôle de Richelieu est un de ceux qui tenteront toujours un acteur et dans lequel il est très-difficile, sinon impossible, de réussir : l'idéal que chacun se fait de ce type d'élégance et de galanterie sera toujours supérieur à la réalisation qu'on en obtiendra sur le théâtre. Richelieu, lui-même, si par une évocation on pouvait lui confier le rôle qui porte son nom, ne satisferait pas l'idée qu'on s'est formée de lui. Qui peut avoir aujourd'hui cette fatuité suprême, cette affabilité méprisante, ce ton dédaigneusement protecteur, cette politesse exquise, cette légèreté et cet aplomb que donnait aux nobles la certitude d'être d'une race supérieure et d'avoir du sang bleu dans les veines? Qui de nous imitera la démarche de ces êtres privilégiés qui se mouvaient parmi le vil troupeau des hommes comme des Olympiens descendus sur terre et qui avaient l'inébranlable conscience de leur divinité? A leurs yeux, les bourgeois étaient ce que devaient être les éphémères aux yeux des dieux et des Titans, de vagues formes qui apparaissaient un instant entre le passé et l'avenir, mais dont nul ne gardait mémoire, tandis que les nobles, éternels par leur généalogie, semblaient faire, de chaque famille, une entité puissante coexistant aux siècles.

Bocage, si admirable dans Antony, Buridan et le major Palmer, n'a rien de ce qu'il faut pour jouer Richelieu. La nature de son talent s'y oppose : il a la passion, la mélancolie, l'ironie amère, l'âpreté misanthropique, mais non l'insouciance légère, le sourire facile, l'impertinence gracieuse que demande Richelieu, même à soixante ans ; il a été fort beau dans la scène, un peu mélodramatique, du duel, mieux adaptée à ses moyens.

13 novembre.

OPÉRA-COMIQUE. *Le Val d'Andorre.* — Nous avons ici à constater un grand et légitime succès : M. Émile Perrin, le directeur, a découvert, dans *le Val d'Andorre*, un rio Sacramento plus riche que celui de la Californie, et dont les paillettes d'or ne se changeront pas en mica. Depuis longtemps, le public ne s'était passionné de la sorte, et il a fallu, pour calmer l'enthousiasme et faire évacuer la salle, qui redemandait l'auteur à grands cris, que M. Halévy se laissât traîner tout vif sur la scène par les acteurs et parût quelques secondes au coin d'une coulisse. *Le Val d'Andorre* est un beau fleuron à ajouter à la couronne musicale de l'auteur de *la Juive*, le seul opéra qu'on puisse mettre à côté des chefs-d'œuvre de Rossini et de Meyerbeer.

Le val d'Andorre est, comme on sait, une petite république microscopique située entre la France et l'Espagne, dans les Pyrénées, qui se régit par elle-même, et n'a d'autre redevance envers l'État où elle est enclavée qu'un contingent de quinze soldats ; car la république d'Andorre n'a guère plus de territoire que celle de Saint-Marin.

Dans ce val, il y a un joli garçon nommé Stephane, grand chasseur de chamois, qui est aimé de trois femmes : Teresa, riche fermière espagnole ; Georgette, aimable héritière ; et Rose-de-Mai, charmante fille dont la naissance n'est pas bien claire. Les recruteurs arrivent : on tire les billets, et Stephane attrape un billet noir. Rose-de-Mai, pour empêcher le chasseur de chamois de partir, dérobe quinze cents livres à Teresa, chez qui elle est en service et qui est absente. En prenant les quinze cents livres, la pauvre fille pense pouvoir les remettre ; car Jacques, un vieux mendiant, demi-sorcier, qui s'intéresse à Rose-de-Mai, est allé à la ville chercher une somme de trois mille livres, dot amassée par lui sou à sou pour son enfant d'adoption. Malheureusement, l'argent a été mis chez un dépositaire infidèle, et Rose-de-Mai, ne pouvant restituer les quinze cents livres, est accusée de vol : elle ne veut pas se défendre, elle baisse la tête sous cette terrible inculpation.

Stephane racheté, et croyant devoir sa liberté à Georgette, va l'épouser, lorsque tout se découvre, grâce au vieux mendiant, espèce d'Edie Ochiltree dans le goût de Walter Scott. Rose-de-Mai est la fille de Teresa et d'un officier sous lequel le vieux Jacques a servi. Teresa, cachée, écoute le récit que fait à Stephane le vieux mendiant, de la jeunesse de Rose-de-Mai, et reconnaît son enfant en face de tous les notables du val d'Andorre.

Cette analyse rapide n'est guère plus gracieuse que le squelette d'une jolie femme, car notre métier d'anatomiste nous force à dépouiller les sujets de leur peau, de leur chair, de leurs muscles, pour arriver à la charpente même, et M. de Saint-Georges a fort bien habillé *l'armature* dont nous venons de dessiner les principaux linéaments. Après lui est venu M. Halévy, qui a brodé le tout d'une musique charmante, dont nous ne pouvons malheureusement pas reproduire les ramages.

L'ouverture a de l'originalité, et le chant de cornemuse qui sert d'entrée au vieux Jacques y est habilement introduit. Les couplets dits par le même Jacques, l'air de mademoiselle Lavoye, celui de Mocker, le trio du secret, la chanson à boire, la marche militaire, le grand finale de l'accusation, le chœur du jugement, sont des morceaux de premier ordre, dont plusieurs ont obtenu les honneurs du *bis*.

20 novembre.

GYMNASE. *O Amitié!* — *O Amitié!* tel est le titre de la nouvelle pièce de M. Scribe : vous pensez bien qu'avec la morale dramatique de M. Scribe, ce titre ne peut être qu'une ironie. M. Scribe, le grand sceptique bourgeois, a déjà nié l'amour, l'enthousiasme, la poésie, la jeunesse; il ne sera pas plus indulgent pour l'amitié. Selon cette triste doctrine, tout élan de l'âme est une duperie : la poésie ne se vend pas si bien que la prose; les amours sont gênants; les amitiés ne rapportent pas ce qu'elles coûtent; l'idéal vrai est de se faire une position; il vaut mieux se lier avec ses ennemis, épouser la femme qu'on n'aime pas, exercer la profession qui vous répugne; de cette manière, on n'éprouvera pas de déception; oh! non, sans doute.

En se conduisant de cette façon, on arrive assez promptement à jouir d'un bien-être épais, matériel et bête, à posséder quelques rentes, à garnir d'acajou et de pendules affreuses un certain nombre de chambres; mais on n'a jamais vécu : on n'est pas un homme, on est un mollusque. Ah! qu'importe que l'on soit trahi, pourvu que l'on aime! qu'importe qu'on soit pauvre, pourvu qu'on admire! M. de Rothschild, tout millionnaire qu'il est, nous achèterait, au prix de ses dernières tonnes d'or, de ses suprêmes liasses de billets de banque, la sensation que nous fait éprouver la vue de l'*Antiope* du Corrége ou la lecture de certains passages de Victor Hugo ou d'Alfred de Musset.

O monsieur Scribe! — pardon de cette interjection lyrique — vous calomniez la nature humaine, l'homme n'est pas si Bertrand et si Raton que vous le faites. Le vaudeville vous a gâté, ou vous avez gâté le vaudeville; il existe encore des amours vrais, des dévouements absolus, des amitiés sincères. Nous, pauvre diable de feuilletoniste, dans notre humble sphère, nous avons été aimé, admiré même, et, malgré notre dénûment complet, nous possédons un ami,

— aussi nous sentons-nous riche — un ami qui ne dit pas de mal de nous, qui se réjouit ou s'afflige de nos joies et de nos douleurs, qui serait charmé de nos succès et ne nous abandonnerait pas même si nous étions heureux! Nous avons rencontré des cœurs loyaux, sensibles, honnêtes, amoureux du beau, d'une insouciance parfaite à l'endroit de la renommée et d'un désintéressement exquis. Nous sommes entouré d'Orestes et de Pylades, de Thésées et de Pirithoüs, de Castors et de Pollux, de Nisus et d'Euryales, et de gens qui préféreraient la gloire d'Homère mendiant à toutes les inscriptions possibles sur le grand-livre.

Vraiment, les idées qu'a M. Scribe ne font pas honneur à son entourage. Jusqu'à présent, nous avons vécu dans des mondes très-variés, dans la bohème et ailleurs, et nous sommes encore à la recherche d'une canaille. Et, d'ailleurs, à quoi bon toutes ces précautions? Offrons sans crainte notre cœur à la vie; laissons la pourpre de nos veines s'écouler par mille blessures; que l'existence nous traverse dans tous les sens. Oh! bienheureux ceux qui peuvent être dupes! Si notre maîtresse nous trompe, tant pis pour elle! si notre ami nous hait, tant pis pour lui! Vive l'amour et l'amitié! Si le dieu n'est qu'une idole, plaignons l'idole et non le dévot.

Quatre amis pauvres, un vaudevilliste *in partibus,* un avocat stagiaire, un surnuméraire aux finances, un futur commis d'agent de change se réunissent dans une petite guinguette des boulevards extérieurs pour faire de joyeux pique-niques à trente sous par tête, les vins compris; autour du civet équivoque, de la matelote antédiluvienne et du veau mort-né, tout en sablant le petit vin bleu, les quatre compagnons font des projets et bâtissent des châteaux en Espagne: châteaux en Espagne qui ont des toits de tuiles, des contrevents verts et une plaque d'assurance, comme M. Scribe aime à les élever dans les brumes de l'avenir. Ces aimables fous rêvent de gagner beaucoup d'argent et d'avoir des positions : rien n'est plus romanesque. Oh! sainte jeunesse, toi qui ne penses qu'à l'amour et à la gloire, comme on te calomnie! Léopold, Bernaville, Mailly et Dubuisson se jurent de faire représenter une foule de vaudevilles avec ou sans collaboration, de devenir avocat, diplomate et banquier, et leurs vœux s'accomplissent : Léopold, comme le célèbre d'Arthez, l'illustre Canalis et le fameux Lucien de Rubempré, de Balzac, se fait une réputation immense ; il égale Duvert et Lauzanne, Clairville et Dennery, Leuven et Brunswick, M. Scribe, etc. Bernaville, d'avocat, passe ministre de l'intérieur, comme il convient ; de Mailly a une ambassade quelconque ; Dubuisson, par toutes sortes de moyens plus ou moins louches, est devenu un des plus riches banquiers de Paris. Les quatre amis, qui se haïssent cordialement, comme doivent le faire des amis de M. Scribe, se jouent les tours les plus abominables. Le banquier conspire et tâche de renverser le ministre ; le diplomate souffle la maîtresse du vaudevilliste ; le ministre empêche de représenter la pièce en vers du vaudevilliste, et il fait bien, car les vers de vaudevilliste, comme les vers de roi, « sont toujours très-mauvais. » A travers tout cela la révolution du 24 février arrive ; tous nos amis s'écroulent : le vaudevilliste est aussi pauvre qu'un poëte ; le diplomate est mort ; le banquier et le ministre luttent dans une candidature de représentant du peuple et font du faux républicanisme et de la philanthropie de commande. Comme il faut en finir, une réconciliation réunit les trois amis survivants, et Cécile, la fille de Mailly, épouse le fils de Bernaville. Léopold, le moins méchant du quatuor, se marie avec la veuve du diplomate, par un ressouvenir de jeunesse. — Voilà la pièce, sinon dans ses détails, du moins dans sa signification générale. Elle est jouée avec beaucoup de talent et d'ensemble par Bressan, Geffroy, mesdemoiselles Sauvage, Anna Chéri et Marthe. Mais, malgré le talent des acteurs, l'amertume de la donnée laisse une impression triste.

II

DÉCEMBRE 1848. — Théâtre de la République : *André del Sarte*, drame de M. Alfred de Musset. — La pièce. — Le dénoûment modifié. — Geffroy, Maillart, mademoiselle Rimblot. — Vaudeville : *la Propriété, c'est le vol*, folie socialiste, par MM. Clairville et Jules Cordier. — Ambroise, Delannoy, madame Octave. — Disgression philosophique. — Cirque-Olympique : *la Poule aux œufs d'or*, féerie de MM. Dennery et Clairville. — Nouvelle épreuve, même moule. — L'île de l'Harmonie. — Mademoiselle Dimier, Neuville. — Gymnase : *Élevés ensemble*, par MM. Fournier et Charles Potier. — Les amitiés d'enfance. — Théâtre de la République : *l'École des Femmes.* — *La Critique de l'École des Femmes.* — Provost. — Interprétation nouvelle du rôle d'Arnolphe.

4 décembre.

THÉATRE DE LA RÉPUBLIQUE. *André del Sarte.* — L'*André del Sarte* de M. Alfred de Musset est une admirable étude du cœur humain, sous forme dialoguée.

Il s'agit d'un de ces maris que Molière affuble sans façon d'une épithète ridicule, lui qui pourtant en connut les secrètes douleurs ; mais le poëte n'a pas donné ici dans les vulgaires plaisanteries et encore moins dans les déclamations banales : il a su être neuf dans une chose usée.

Son André del Sarte, trompé par sa femme, n'est ni un Sganarelle, ni un Barbe-Bleue ; c'est un homme de chair et d'os en qui palpite un vrai cœur, et qui répand des larmes sincères.

Rien de plus simple que cette histoire. — André aime sa femme Lucrezia del Fede, superbe créature, type de ses *Madones* et de ses *Charités*, de cet amour particulier aux peintres qui ont rencontré dans la nature la réalisation de leur idée. Cette femme, ce n'est pas seulement pour André del Sarte sa maîtresse, son épouse ; c'est son génie, la forme visible de sa pensée, son inspiration, sa Muse ; elle donne l'âme et la vie à ses tableaux ; la lumière lui vient d'elle ; pour elle, il a travaillé sans relâche ; pour la voir couverte de riches joyaux et d'ajustements magnifiques, il a sacrifié jusqu'à son art en laissant courir trop vite ses pinceaux hâtifs ; il a volé, lui, le probe, l'irréprochable, car il a dissipé l'argent que le roi de France François Ier lui avait confié pour acheter des antiques et des peintures de maître, afin que Lucrèce passât une vie de fêtes et d'enchantements, et que le sourire, abeille lumineuse, ne quittât pas ses lèvres de fleurs ; comme un dévot qui, dans sa manie, surcharge son idole insensible de perles, de couronnes, de robes de brocart d'or, André met toutes ses richesses sur cette statue et dépouille sa vie pour la parer. A lui la misère secrète, les lâches concessions, les arrangements honteux avec les juifs sordides ; à elle la nonchalance heureuse, la prodigalité insouciante ; à elle le luxe et le plaisir. André ne lui demande qu'une chose, c'est d'être belle et de le souffrir à ses pieds.

Cette Lucrezia del Fede, adorée ainsi, le mérite-t-elle par des qualités extraordinaires, par un amour profond, un dévouement sans bornes, un esprit élevé, une âme délicate ? Par quoi reconnaît-elle la passion d'André ? Elle se laisse aimer, sans trop d'impatience, ses jours de bonne humeur. Sa vertu, c'est son œil admirablement enchâssé, la coupe pure de son nez, l'ovale harmonieux de sa tête ; ce sont ses bras élégants et forts, ses doigts longs et fins, qui s'infléchissent si chastement sur le sein de la Madone allaitant l'Enfant Jésus ; c'est cette merveilleuse enveloppe de l'âme qui n'est pas l'âme et peut en sembler la splendeur visible.

Un élève d'André, Cordiani, aime Lucrèce, parce qu'il est jeune, parce qu'elle est femme et qu'elle est belle ; il obéit à cet ascendant fatal sans essayer de lutter. Ils se sont vus, ils se sont aimés, et, sans rien dire, leurs bras se sont ouverts ; leur aveu mutuel s'est fait dans un baiser soudain qui n'a été ni démenti ni disputé ! — O sainte nature ! est-ce donc un crime que viennent de commettre ces deux beaux êtres si bien faits l'un pour l'autre ? cette belle Lucrèce est-elle donc une misérable ? ce Cordiani, si jeune et si charmant, un scélérat ? Mais la foi violée, mais l'amitié trahie, mais la morale méconnue, n'est-ce rien que tout cela ? Et ce pauvre André, si bon, si dévoué, si confiant ! Oui, c'est horrible ! Et pourtant, comment résister à cet attrait invincible ? comment ne pas laisser aller sa tête sur ce sein tiède et blanc? Lucrèce sait-elle qu'André existe? Cordiani se souvient-il de son maître? Ne sont-ils pas seuls dans la création, comme deux amoureux? Et, lorsque, par les bavardages de Gremio, André del Sarte apprend son malheur, n'est-ce pas lui qui a tort? Que vient-il faire, lui, triste, usé, flétri, à travers le bonheur de ces jeunes gens fait des morceaux du sien?

Aussi, dans l'immense chagrin qu'il éprouve, ne se mêle-t-il pas de haine; il est tout surpris de se trouver sans colère contre Lucrèce, sans indignation contre Cordiani. Il comprend qu'on aime cette Lucrezia del Fede aux traits si purs, à l'air si noble, et ce Cordiani si plein de feu et de talent, Cordiani son meilleur élève; il ne peut, au fond de lui-même, blâmer cette passion qu'il partage. Ce n'est pas André qui s'étonnera d'un amour insensé pour cette femme fatale. Il sait bien que Cordiani n'a pas voulu déshonorer son vieux maître. Quant à Lucrèce, comment lui en vouloir d'avoir préféré le plus beau et le plus digne, et d'être, sur son amant, de l'avis de son mari? Ils sont amoureux et non perfides : c'est ce Gremio qui a tout fait avec ses rapports; pourquoi a-t-il parlé!

N'allez pas croire, cependant, qu'André soit un lâche; les peintres d'Italie, en ce siècle, étaient prompts à dégaîner, et, dans l'atelier, les fleurets remplaçaient souvent la palette. Il s'est bien battu autrefois quand l'ennemi lui était moins cher; aussi engage-t-il Cordiani à s'éloigner pour toujours : à ce prix, il pardonnera; l'oubli et le silence s'étendront sur cette aventure. Cordiani promet tout, et s'éloigne en effet; mais il revient malgré lui dans la chambre de Lucrèce pour lui dire un éternel adieu. Il est surpris par Gremio, qu'il tue. On vient au bruit; cette fois, le scandale est public. La débonnaireté d'André del Sarte se lasse; il renvoie Lucrèce chez sa mère Monna Flora del Fede, et provoque Cordiani en duel. Cordiani ne se défend pas, et le fer d'André pénètre sans obstacle dans la poitrine du jeune homme, qui n'en meurt pas pourtant, car il est recueilli et soigné par sa maîtresse, avec laquelle il s'enfuit en Piémont. Ce dernier coup achève André, qui boit du poison après avoir donné à Montjoye, l'envoyé du roi de France, tout ce qu'il possède de tableaux peints ou ébauchés à la place de ceux qu'il devait acheter. Il expire, en buvant à la mort des arts en Italie! Lucrèce et Cordiani, déjà loin dans la campagne, pressent leurs chevaux fumants, lorsqu'ils sont rattrapés par Mathurin, un serviteur du grand peintre, qui leur crie : « Pourquoi fuyez-vous si vite? La veuve d'André del Sarte peut épouser Cordiani! »

Telle est la pensée de ce drame intime, conçu en dehors de toutes les habitudes du théâtre, et qu'on n'aurait pas dû essayer d'arranger aux prétendues exigences de la scène. Un homme est trompé par sa femme et son ami, et, malgré leur trahison, ne peut cesser de les aimer. Il y a loin de là aux amours de convention, aux jalousies féroces, aux vengeances mélodramatiques. Hélas! la perfide est-elle moins belle? ses yeux perdent-ils de leur éclat, ses lèvres leur pourpre humide? sa voix résonne-t-elle moins douce? sa démarche n'éveille-t-elle pas un passé d'émotions? sa faute lui a-t-elle noirci le teint ou rendu la voix rauque? La passion même qu'elle éprouve l'aimante et la rend plus attractive; elle marche dans une atmosphère embrasée, plus séduisante et plus fascinatrice que jamais : l'honneur, la morale vous commandent de n'y plus penser. Mais l'on ne s'arrache pas ainsi le cœur de la poitrine. Ah! pauvre André, tu meurs silencieusement, la main sur ta blessure, et, pour toute vengeance, tu fais planer ton ombre sur leur bonheur. Après tout, est-ce leur faute, à eux, s'ils se sont plu? Pourquoi n'étais-tu plus ni beau, ni jeune, ni brillant? Un mari trompé a toujours tort. Quant à Lucrèce, tu lui es encore redevable : tu l'as aimée!

Le dénoûment a été modifié d'une manière qui détruit tout le sens de la pièce; il faut se hâter bien vite de le rétablir. De rare, de touchant et d'imprévu qu'il était, on l'a rendu commun et contradictoire; il aurait fallu trois chevaux, c'est probablement ce qui a retenu le metteur en scène. Cependant les chevaux dramatiques ne sont pas rares; il y en a quarante à l'Hippodrome qui ne font rien, et Victor Franconi, qui en fournit le théâtre de la Nation, n'en refuserait pas au théâtre de la République; il serait bientôt temps qu'on se corrigeât, rue Richelieu, de ces absurdes idées de dignité qui font repousser tout accessoire comme dégradant pour l'art.

Eschyle, qui avait autrement que MM. les sociétaires le sentiment du grand et du noble, fait rentrer Agamemnon en Argos dans un char traîné par quatre chevaux qui piétinent des tapis de pourpre :

l'horreur que ces messieurs professent pour les changements à vue les a poussés à faire passer dans un même lieu vague des scènes qui demandaient impérieusement à être closes pour avoir l'intimité nécessaire.

Geffroy, admirablement costumé, a dit le rôle d'André del Sarte avec intelligence et sensibilité; — il n'a pas été ridicule, chose difficile devant le parterre français, ordinairement assez peu tendre pour les Georges Dandin, même quand ils sont de grands artistes et de nobles cœurs.

Cordiani est bien représenté par Maillart, qui a joué avec chaleur et poésie.

Le rôle de mademoiselle Rimblot se réduit à être belle; il est à peine esquissé dans la pièce; nous aurions souhaité quelque chose de plus opulent, de plus splendide, de plus superbe dans la physionomie et la tenue. Mademoiselle Rimblot, quoiqu'elle ait les traits réguliers, n'a pas l'insolence de beauté qu'il faut pour représenter Lucrezia del Fede, qui, à force d'avoir posé, devait garder un peu de l'aplomb du modèle; elle semble demander pardon pour ses noirs sourcils et ses lèvres rouges, au lieu de les étaler fièrement; sa robe de velours incarnadin est trop serrée; ces tailles de guêpe sont bonnes dans un salon, et le peintre André n'aurait pas laissé le corps qu'il adorait s'étrangler dans un pareil corsage.

André del Sarte a réussi, moins cependant qu'*un Caprice* et *Il faut qu'une porte soit ouverte ou fermée;* cela tient, non pas à l'ouvrage, rempli de poésie, de passion et de fine analyse du cœur humain, mais à ce que MM. les comédiens français, qui jouent encore assez bien le genre comique ou spirituel, n'entendent exactement rien au drame.

11 décembre.

VAUDEVILLE. *La Propriété, c'est le vol.* — Voici un vaudeville qui a la prétention d'être aristophanique, et qui la justifie, au moins sous le rapport de la personnalité. Plus heureux que l'auteur des *Nuées*, M. Clairville n'a pas eu besoin de monter lui-même sur le théâtre et de se barbouiller le visage de lie, faute de trouver un artiste qui voulût lui modeler le masque de Cléon. Delannoy, avec des lunettes et des favoris, s'est arrangé une tête caricaturale qui ressemble assez à cette face bien connue qui fait sur les propriétaires l'effet de la tête de Méduse. Il n'y a rien de trop excessif dans la liberté qu'ont prise MM. Clairville et Jules Cordier.

Les systèmes sont du domaine de la critique et prêtent plus ou moins le flanc à la satire. On peut donc les personnifier et les ridiculiser en plein théâtre, sauf aux gens persiflés à prendre leur revanche et à mettre en scène leurs détracteurs. Cette polémique n'aurait rien de plus coupable que celle des journaux. Une folie de M. Proudhon sur MM. Clairville et Ce ne manquerait pas de charme et attirerait beaucoup de monde. Le droit de réponse l'autorise à faire insérer au théâtre de la place de la Bourse un vaudeville en quatorze tableaux, la défense pouvant être deux fois plus longue que l'attaque; espérons qu'il usera de ce droit.

La pièce de MM. Clairville et Jules Cordier s'ouvre comme un mystère ou une sottie du moyen âge : leur premier tableau nous montre le paradis terrestre, non un de ces paradis tout d'azur, de lumière et d'or, comme les peignait Breughel, mais un de ces Édens tant soit peu charivariques, comme les charbonnerait sur la pierre Daumier ou Cham, quelque chose dans le goût de la Courtille ou de l'Ile-d'Amour.

L'arbre de la science du bien et du mal déploie ses branches au coin d'une coulisse et porte la grande défense écrite sur une pancarte. Autour de l'arbre rôde le vieux serpent, l'esprit tentateur, corps de reptile et tête humaine coiffée de lunettes. Il en veut beaucoup à notre père Adam, qui lui marche perpétuellement sur la queue, et qu'il regarde comme le premier propriétaire du monde : idée qui n'est peut-être pas bien juste. Le premier propriétaire est Dieu, puisque, dans le jardin édénique abandonné à l'homme, il s'est réservé un arbre avec interdiction d'y toucher sous peine de punition, pour parler le style des murailles.

La plus antique propriété a été l'arbre défendu. Adam n'avait dans le paradis terrestre que le droit de parcours, de cueillette, de chasse et de pêche, si l'on admet, ce qui est douteux, que l'usage de se remplir l'estomac de cadavres ait été pratiqué dans cette période d'innocence. Un homme seul sur une planète ne peut rien posséder, puisque la propriété est l'exclusion de tous au profit d'un individu de la possession d'une chose. Le serpent se trompe donc dans sa haine. Adam fut, non pas le premier propriétaire, mais bien le premier proudhoniste du monde, puisque son coup d'essai de libre arbitre a été une atteinte à la propriété de Dieu, l'arbre de la science du bien et du mal, dont il cueillit les pommes, trouvant sans doute inique et vexatoire que l'Éternel s'en fût réservé la jouissance exclusive.

Il est vrai de dire — et nous livrons cette idée aux chercheurs de mythes — que cette violation de la propriété divine amena la chute de l'homme, la misère, le travail, la maladie et la mort : d'où l'on pourrait conclure que rien n'est plus respectable et plus saint que la propriété, à moins — ce qui ne manquerait pas non plus de logique — qu'on ne prétendît que rien n'est plus nuisible et plus funeste que la propriété, puisque la possession d'un seul arbre a causé la ruine du monde. En effet, si Dieu n'avait pas mis cette irritante défense sur le pommier fatal, nous serions, à l'heure qu'il est, en train de nous promener à côté d'Adam et d'Ève, qui ne seraient pas morts, au milieu du paradis terrestre, entre des tapis de fleurs et des voûtes de verdure, dans une douce oisiveté admirative, donnant à manger aux biches et aux lapins pleins de confiance, causant avec les oiseaux qui ne s'effaroucheraient pas et nous suivraient à travers la campagne en nous faisant la chronique scandaleuse des roses et des violettes. Mais ce n'est pas ici le lieu de discuter ce problème qui a rempli les bibliothèques de poudreux in-folios, et pour lequel une foule d'honnêtes gens ont échangé les injures les plus atroces, et se sont fait réciproquement brûler vifs.

Le serpent Prudent susurre aux oreilles d'Ève toutes sortes de mauvais conseils qui ont la conséquence connue, c'est-à-dire la mise à la porte du paradis du grand-père et de la grand'mère du genre humain.

Entre ce tableau et le suivant, le temps a volé sur ses ailes rapides, et il s'est passé quelques milliers d'années : voilà un entr'acte bien rempli. Où es-tu, ô unité d'Aristote, ô fameuse règle des vingt-quatre heures? Nous sommes au milieu d'un sanhédrin de bourgeois orgiaques qui boivent la sueur du peuple dans des verres à vin de Champagne, à côté d'épouses légitimes, ou peu s'en faut. Par une suite d'incarnations qui rappellent celles du calife Hakem, Adam, après avoir été successivement Balthazar, Sardanapale, Cléopâtre, Lucullus, Néron, et beaucoup d'autres personnages illustres, est devenu M. Bonnichon, propriétaire; madame Bonnichon n'est autre que l'Ève du prologue, nullement vieillie par les six mille ans écoulés, mais beaucoup moins décolletée que dans le paradis terrestre. La personnalité du serpent s'est maintenue à travers les cataclysmes, les tremblements de terre, les écroulements d'empires, et il n'a pas abandonné ses idées libertines et subversives. L'antagonisme des trois personnages subsiste toujours ; seulement, on conviendra que pour une personnification de la propriété, les *avatars* antérieurs de Bonnichon sont choisis parmi des noms légèrement excessifs. Néron, Sardanapale, Cléopâtre, nous paraissent des propriétaires bien fantastiques, bien féroces et bien prodigieux.

Bonnichon, que l'ivresse illumine, voit confusément son passé à travers les vapeurs bachiques, débite toute sorte d'extravagances, boit à une infinité de choses et avale plus de santés à lui seul que tout un banquet patriotique. Il va même, le malheureux bourgeois aveuglé qu'il est, jusqu'à porter un toast à la Réforme !

Ce mot fatidique n'est pas plus tôt lâché, qu'un tintamarre se fait entendre : la fusillade pétille, le tocsin sonne, le peuple hurle, les portes de la salle du festin se renversent, et, plus terrible que le *Mané, thécel, pharès* au mur de Balthazar, l'antique serpent, cette fois habillé de noir et chaussé de souliers lacés, apparaît, riant d'un rire strident et lançant des éclairs sous ses lunettes vertes. La République est proclamée. A cette nouvelle stupéfiante, tous les convives se lèvent et défilent en traînant la jambe sur un air de *De Profundis*.

L'élection du président de la République a eu lieu, et les améliorations demandées par les socialistes ont été obtenues : le droit au travail est consacré; aussi Bonnichon voit-il sa redingote brossée à outrance par son domestique vainement renvoyé, et qui revient toujours, prétendant qu'il a besoin de prendre un maître. Ce n'est là que la moindre de ses tribulations. En vertu du droit au travail, des couvreurs viennent changer la toiture de sa maison, des colleurs arrachent le papier de sa chambre pour en poser un autre, des portefaix déménagent ses meubles malgré lui, afin d'exercer leur profession; un dentiste sans ouvrage lui extirpe une molaire d'une entière blancheur; le citoyen Prudent, qui, de simple reptile, est devenu ministre et fabricant de corsets, tâche de s'insinuer auprès de madame Bonnichon pour lui prendre mesure d'un corset démocratique et social. Adam Bonnichon le surprend dans cette occupation plus anacréontique que républicaine, et le renvoie à son ministère, furieux, et roulant des projets de vengeance.

Le progrès poursuit son chemin. Le niveau de l'uniformité s'est étendu sur le monde : tous les citoyens, sans distinction d'âge ni de sexe, sont vêtus d'une blouse grise; la fameuse maxime, *la propriété, c'est le vol*, a force de loi; la banque d'échange est établie. L'Auvergnat achète pour un *chou* de lait et donne le légume en échange du breuvage; un tailleur demande à un boucher pour un *pantalon* de culotte. Bonnichon, forcé d'aller aux provisions, apporte une marmite pour laquelle on lui livre de la viande. Alors où fera-t-il son pot-au-feu? Il rachète la marmite avec la viande et se trouve dans le même embarras que devant. Il ne sort de ce cercle vicieux qu'au moyen d'un crocodile empaillé sur lequel on lui rend de la monnaie, c'est-à-dire une table de nuit garnie de sa vaisselle intime; il parvient ainsi à terminer ses emplettes, et va rentrer chez lui lorsqu'il est accusé par Prudent des crimes les plus graves et cité au tribunal révolutionnaire.

L'accusateur public lance sur lui un terrible réquisitoire : il est atteint et convaincu de propriété, sans circonstance atténuante et avec récidive; l'avocat ne parvient à le sauver qu'en le présentant comme un pauvre d'esprit, un crétin, un idiot; il échappe ainsi à la peine capitale; mais il n'en est pas moins condamné à la restitution de tous ses biens envers l'État.

Un état de choses pareil ne peut durer bien longtemps; aussi Paris devient-il bientôt comme les ruines de Babylone ou de Palmyre : la végétation recouvre les maisons écroulées, et la Seine, extravasée, s'infiltre péniblement à travers les décombres. Les griffons du désert se promènent sous les arcades démantelées de la rue de Rivoli, les hyènes ont leur bouge dans l'emplacement du Théâtre-Français; du palais de la Bourse, il ne reste plus que quelques colonnes ébréchées; la population du globe est réduite à Bonnichon et à Prudent, qui a conservé ses lunettes à travers toutes ces catastrophes. Bonnichon, lui, a changé sa redingote à la propriétaire contre une peau de bête, ce qui est bien plus primitif.

Ils errent tous les deux à travers les ruines et les broussailles, Bonnichon ayant toujours une peur affreuse de Prudent, qui porte, pendus à une gaule, comme les marchands de mort aux rats, une demi-douzaine de propriétaires qu'il a tués. Une détonation se fait entendre : Bonnichon tombe frappé par la balle de Prudent. L'évolution de l'humanité est finie. Nous voilà revenus au point de départ : des nuages s'abattent sur le globe, et, en se dissipant, laissent voir une perspective édénique; Adam, ressuscité, se promène encore sous les ombrages avec sa femme en maillot couleur de chair. Un autre cycle va se dérouler, et la lutte recommencera de plus belle, entre cette grande dualité du bien et du mal, pendant que la terre rajeunie gravitera amoureusement autour d'un soleil plus chaud.

Cette pièce a été très-bien jouée par Ambroise-Adam, Delannoy-Prudent et madame Octave-Ève, qui a une jolie figure et une voix agréable.

Tout en écoutant cette folie *socialiste*, comme les auteurs l'ont appelée, et dans laquelle, certes, les socialistes ne voudront pas retrouver leurs idées, nous pensions à cet axiome hétérodoxe qui en fait le titre : « La propriété, c'est le vol, » et, en songeant à toutes les fureurs suscitées par cette proposition malsonnante, nous arrivons à une autre formule qui nous semble plus juste : « La propriété est une illusion. »

En effet, que peut posséder l'homme, pauvre éphémère, atome imperceptible, qui traverse le temps sur ce pont du présent, plus mince que le fil d'une lame de rasoir, entre deux abîmes sans fond, le passé et l'avenir ? Qu'est-il autre chose qu'une bulle d'air qui vient crever à la surface de l'océan éternel, qu'un grain de poussière qui tombe du sablier ? Or, quelle propriété possède un globule sitôt évanoui que formé, une parcelle de sable dans sa chute rapide ?

Les limites de notre corps et de nos sens nous enferment et nous arrêtent misérablement de toutes parts. Propriétaire, personne ne l'est; on est usufruitier tout au plus. Que reste-t-il, après quelques années, à l'homme le plus riche, de ses palais et de ses fermes ? L'espace de terre qu'il couvre en se couchant, et une de ces petites maisons de six pieds de long sur trois de large, ville naine juxtaposée à côté de la ville géante, comme la réalité à côté de la prétention.

On se fait l'illusion d'avoir un château, une maison ; mais elle est bien autant à vos créanciers qu'à vous ; les hypothèques en dévorent une partie, le fisc une autre ; le temps la dégrade et la détruit, les successions la font vendre, la mort vous en chasse, et, un beau jour, vous sortez de votre seuil les pieds en avant pour n'y plus revenir. Votre appartement a une enfilade de vingt pièces magnifiques et vastes, vos murs sont couverts de Raphaël, de Titien et de curiosités précieuses ; mais, n'ayant pas le don de l'ubiquité, vous n'habitez qu'une seule chambre à la fois, et encore qu'un seul coin de cette chambre. Vos tableaux sont à tous ceux qui les regardent, et, si les visiteurs de votre galerie sont artistes, ils en jouissent plus que vous.

Vous avez de quoi dîner vingt-quatre fois par jour : malheureusement, l'indigestion vous arrête au bout de trois services ; vos caves regorgent de vins exquis : mais vous n'en pouvez boire vous-même que trois ou quatre bouteilles par jour, si la migraine du lendemain le permet. Ayez trente chevaux dans votre écurie, vous n'en monterez qu'un seul à la fois, à moins de courir la poste sur trois comme Henri Franconi à l'Hippodrome, ce qui n'est pas un bonheur.

En vain on accumule ; la nature s'oppose à l'accaparement avec ses lois, que nul n'enfreint sans être aussitôt puni par la maladie ou la mort : le riche, le *propriétaire*, puisqu'il faut l'appeler par son nom, est obligé d'appeler à son aide, pour consommer son bien, des parents, des amis, des maîtresses, des parasites, des ouvriers, tout un monde qui vit de sa substance. Quant à sa consommation propre, elle se réduit à fort peu de chose ; et, de ce festin splendide, c'est assurément lui qui aura mangé la plus petite part. A quoi cela sert-il, de posséder le clos de Château-Laffitte, si on a une capacité de buveur moindre que celle de l'ivrogne du coin ? Le harem donne-t-il les forces d'Hercule ? Non.

La vraie richesse serait d'avoir des sens plus étendus, un estomac double, une vigueur sextuple, qui vous permettraient de concentrer en vous les appétits, les désirs et les amours de quinze ou vingt hommes. Au bout de sa vie, avec sa fortune, le propriétaire n'a pas, en réalité, dépensé beaucoup plus que le pauvre : il a fait deux repas par jour, dormi dans un lit seul ou avec une femme, voilà tout. Millionnaire ou prolétaire, personne ne peut en faire davantage. Un roi d'Égypte, croyant son corps de la taille de son orgueil, s'était fait bâtir un escalier gigantesque pour un palais colossal. Chaque montagne n'avait pu fournir qu'une de ses marches de granit. Rien n'était plus grandiose ; mais le roi s'aperçut qu'il lui fallait une échelle pour monter d'un degré à l'autre. Dans son projet, il n'avait oublié que la dimension de ses jambes, aussi courtes que celles du plus pauvre esclave de son royaume.

Par une admirable loi d'équilibre, au delà d'un certain point, la proportion se perd entre les objets possédés et le possesseur : un propriétaire n'est plus que l'intendant de ceux qui n'ont rien.

Les jouissances sont les mêmes pour tous ; M. de Rothschild est forcé de se contenter du même ciel qu'un journaliste, et il ne peut se commander pour lui seul un coucher de soleil spécial, plus riche, plus splendide, et tout son or n'ajouterait pas un rayon aux magnificences du soir ; le même air gonfle tous les poumons ; le même sang court dans toutes les veines ; tous ont les mêmes fenêtres ouvertes sur le spectacle des choses. Chacun ne possède réellement que sa pensée et ses sens ; l'âme et le corps, voilà la seule propriété, propriété dont la Mort est le Proudhon quand elle vient nous crier : « La vie, c'est le vol ! »

Tout ce qui vaut quelque chose en ce monde est gratuit : le génie, la beauté et l'amour ne s'acquièrent pas ; on peut acheter un riche bracelet, mais non un bras bien tourné, un collier de perles, mais non un cou blanc ; le plus opulent banquier de la terre donnerait vainement sa fortune pour faire une stance de lord Byron ; chaque heure, chaque minute nous emporte quelque chose ; l'on est arrivé nu et l'on s'en retourne nu, la différence du lange au linceul n'est pas grande : un bout de toile à sa naissance et à sa mort, voilà tout ce qu'il faut à l'homme, poignée de terre qui se fond aussitôt en poussière, et qui a besoin de rentrer tous les soirs dans le néant pour pouvoir vivre sa journée du lendemain.

Dans cette vie ainsi partagée, dans cette existence double, qu'y a-t-il de vrai? le sommeil ou la veille, le rêve ou la pensée? est-ce la journée ou la nuit qui a raison? se lève-t-on quand on se couche, ou se couche-t-on quand on se lève? Le mot *propriété* appliqué à quelque chose d'aussi vague, d'aussi général, d'aussi fugitif que l'homme, n'est-il pas un non-sens? Personne n'a rien, voilà la vérité, rien que le souffle qui passe entre ses lèvres et l'idée qui traverse son esprit; encore est-ce bien souvent l'idée d'un autre.

CIRQUE-OLYMPIQUE. *La Poule aux œufs d'or.* — C'est une chose réglée et convenue en France que les féeries ne doivent pas avoir l'ombre du sens commun : les faiseurs appellent cela de la fantaisie. MM. Dennery et Clairville ont parfaitement répondu au programme. Cependant, il serait possible de faire des féeries intéressantes et spirituelles, cela ne nuirait en rien aux décorations. Le Vénitien Carlo Gozzi a fait, dans le genre *fiabesque*, plusieurs chefs-d'œuvre dont on pourrait profiter : *l'Amour des trois oranges, Turandot, le Roi Cerf*, et bien d'autres. Il est fâcheux de voir dépenser tant d'argent sur de pareilles pauvretés. Ce que nous disons là n'infirme en rien le succès de *la Poule aux œufs d'or*, qui a brillamment inauguré l'ouverture de l'ancien Cirque : le public ne demande à ces sortes d'ouvrages que de la mise en scène et des décors, et les directeurs l'ont servi à souhait.

La fable de *la Poule aux œufs d'or* ne vaut pas la peine d'être dite. Quatre ou cinq frères plus ou moins imbéciles et affublés de noms ridicules reçoivent du bonhomme Cocorico des œufs talismaniques qu'il suffit de briser pour faire éclore un souhait. Alors commence ce voyage éternel au *pourchas* de la princesse qui fait le fond de toutes les féeries et de toutes les pantomimes : les œufs brisés pour les motifs les plus frivoles donnent lieu à des trucs de différente nature. Le tout se termine par une apothéose. Le côté comique se compose d'un panier d'œufs, qui a le don de réaliser les souhaits à rebours. Vous désirez un bouquet de violettes; aussitôt, avec un bruit de ferraille, apparaît une voiture de *vendange-poste*: à ce fumet, vous reconnaissez l'atticisme clairvillien. Soyons juste, une fois le souhaiteur malencontreux produit un effet charmant : il demande un charivari atroce, et, pour résultat, est transporté dans l'île de l'Harmonie.

Ce tableau, d'une fantaisie inattendue et spirituelle, fera courir tout Paris (style classique). — Au milieu d'un beau lac s'élève un palais d'un aspect grandiose et magnifique, dont les piliers d'argent reluisent étrangement au soleil. A quel ordre d'architecture appartient-il? Ce n'est là ni le style grec, ni le style égyptien, ni le style arabe, ni le style gothique; les longues rangées de colonnes, ressemblant aux prismes des grottes basaltiques, n'ont été prévues ni par Vitruve ni par Vignole. Quel peut être cet édifice? un temple, une pagode, une habitation royale? Non ; c'est tout bonnement l'orgue de la cathédrale de Fribourg, avec ses batteries et ses colonnades de tuyaux, ses claviers gigantesques, ses registres nombreux, ses vastes buffets, ses grosses pédales et sa menuiserie sculptée, ornementée et découpée à jour. Que sont ces mâts vénitiens où flottent des banderoles? Ce sont des clarinettes de cent pieds de haut.

Dans le port, le long du môle, on voit à l'ancre des vaisseaux de forme bizarre, dont les flancs bruns et luisants rappellent ces koffs hollandais blonds sous leur couche goudronnée comme des stradivarius ou des amati : sont-ce des dogres, des orques, des caraques, des galeasses, des prames ou des lougres? On ne sait. Quelle étrange voilure, et comme cette guibre qui tend son col sur le rivage a une tournure singulière! Ces vaisseaux ne sont autre chose que d'immenses contre-basses avec des archets pour mâts et des pages de partition pour voiles. Ces arbres, que l'on aurait pris d'abord pour des palmiers, ont des régimes, non pas de dattes, mais de doubles et de triples croches; leurs troncs sont faits de rouleaux de musique, et le zéphyr, en y jouant, en fait sortir des mélodies, des romances et des notes; les coulisses sont faites de harpes colossales, de pianos et autres architectures.

L'armée de ce pays fantastique ne tarde pas à défiler : un corps de flûtes d'ébène, suivi d'un autre de flûtes de buis, ouvre la marche; rien n'est plus drolatique et plus fantasque que ces hommes allongés en instruments percés de trous, dont les bras s'ajustent à des palettes de cuivre et font l'office de clefs. Après viennent les guitares, gentilles amazones, ayant sur la tête un bonnet plein de chevilles, et, sur leurs corsages en échelle, les raies d'ivoire qui graduent le démanché, placées transversalement comme les brandebourgs d'une polonaise;

au milieu de leur tablier s'épanouit la rosace découpée à jour qui forme l'âme de l'instrument ; sur leur croupe s'arrondit en jupon la coque côtelée et luisante de la guitare : cet accoutrement baroque ne laisse pas que d'être fort coquet. Ce sont là des troupes légères que renforce la formidable armée des cuivres, des grosses caisses et des timbales, tout cela bizarrement contourné et accommodé au corps humain. Ensuite viennent les enfants de troupe, accordéons et concertines, très-gentils et très-drôles. Le défilé se termine par le roi et la reine fondus dans une lyre, symbole de l'harmonie, dont ils forment chacun une branche.

L'île de l'Harmonie assurera un succès de vogue à *la Poule aux œufs d'or*. Il y a aussi plusieurs autres tableaux remarquables ; la décoration de l'enfer a de l'originalité et ne ressemble pas à ces fours rougeâtres qui, dans les pantomimes et les opéras, représentent traditionnellement le séjour des damnés. La transformation d'un site couvert de neige en une ville chinoise, toute bariolée de couleurs éclatantes, se fait très-habilement. L'étang d'où sortent des nymphes habillées en *libellules* est plein de fraîcheur et de mystère, et mademoiselle Dimier, danseuse élégante, fine et spirituelle, qu'on se souvient d'avoir vue à l'Opéra, et qui revient d'Amérique, où elle a beaucoup réussi, a exécuté dans cette décoration un joli pas très-bien réglé. Dans son rôle de Cocorico, Neuville imite aussi parfaitement le coq qu'il imite Bouffé, Numa et Ravel ; c'est dire qu'il fait illusion dans son rôle de volatile.

18 décembre.

GYMNASE. *Élevés ensemble.* — Ce petit vaudeville renfermait une idée dont les auteurs n'ont pas eu le courage jusqu'au bout : au dénoûment, leur paradoxe leur a fait peur, tant la banalité est une chose fatale en matière de théâtre, et ils ont tiré de leur pièce des conclusions contraires à leurs prémisses.

Souvent il s'établit entre marmots du même âge et de sexe différent, *élevés ensemble*, une espèce d'amitié, de camaraderie et de compagnonnage qui fait croire à des sentiments plus vifs dans l'avenir. Un chérubin et une pouponne, pour parler le langage enfantin du phalanstère, échangent des tartines de beurre, font la *dînette*, jouent à Robinson Crusoé sous la même table, sautent à la corde et courent dans les allées en se tenant par le bout du doigt : tout de suite les faiseurs d'hyménées futurs, subodorant d'avance le fumet du banquet nuptial, usurpent les fonctions matrimoniales de la maison Foy ou Saint-Marc, et marient de leur plein gré ces innocentes créatures, qui s'habituent à s'appeler *mon petit mari, ma petite femme*, et, parvenus à l'adolescence, sont tout étonnés de n'avoir l'un pour l'autre aucun sentiment tendre.

L'amour ne naît pas de l'habitude ou de la convenance, mais bien de la surprise et du contraste; la logique n'y entre pour rien, et c'est ce qui fait sa beauté. Et, d'ailleurs, comment se représenter la sylphide des premiers rêves un bourrelet sur la tête, les joues fardées de confitures, causant du fouet qu'elle a reçu parce qu'elle n'avait pas été sage, jouant au cheval avec les petits garçons et se livrant à toutes sortes de puérilités? Comment cette beauté que l'on a vue d'abord à l'état d'ébauche, ensuite s'élaborant peu à peu, pourra-t-elle frapper? A moins d'une très-longue absence, qui laisse à la chrysalide le temps de se transformer en papillon, l'effet est nul. Ce qui éblouit les autres, vous ne l'apercevez pas si vous avez assisté à toutes les phases de la métamorphose. Ces unions préparées de si longue main ne réunissent guère. Pour s'aimer, il ne faut pas se connaître. Qui s'aimerait si l'on se connaissait?

, 25 décembre.

THÉATRE DE LA RÉPUBLIQUE. *L'École des Femmes.*—*La Critique de l'École des Femmes.* — On a joué, cette semaine, *l'École des Femmes* et *la Critique de l'École des Femmes*, cette charmante conversation littéraire où Molière réfute avec tant d'esprit les feuilletons de son temps ; car il ne faut pas s'imaginer que Molière fut traité bien respectueusement par son époque. On le trouvait plein de jargon et de provincialisme, et Chapelain, regardé comme le meilleur juge du siècle, l'annotait ainsi sur la liste des pensions : « Ce garçon a du comique, il sait assez bien son latin et pourra réussir s'il se garde de sa scurrilité. » Cet homme, qu'on nous propose comme un modèle classique, était accusé par un contemporain d'irrégularité, d'incorrections, de barbarismes, de façons de parler triviales, de bas comique, d'immoralité, d'indécence, de pauvreté d'imaginative et autres menus défauts qui ne manquent jamais aux poëtes vivants.

Cette comédie assise a été assez bien jouée, et les acteurs n'ont pas laissé une fois tomber à terre le volant de la conversation.

Provost, qui faisait le personnage d'Arnolphe, l'a pris dans une teinte différente de celle qu'on lui donne ordinairement. Au lieu du masque grimaçant et drolatique dont nous avons l'habitude, il nous a fait voir une face pensive et morose; au fond, cela n'a rien de gai d'être amoureux d'une innocente qui vous trompe, et de se la voir enlever par le premier blondin qui passe en peignant sa perruque et en faisant luire l'ongle long de son petit doigt.

Mettre son espoir, sa vie sur un rêve, dorer son couchant d'un peu d'amour, croire que les bienfaits, l'affection profonde, les mille soins de chaque jour peuvent compenser quelques cheveux gris, et voir cet édifice de bonheur, si laborieusement construit, s'écrouler soudainement comme un château de cartes, sous un souffle, et sentir sa vieillesse dépeuplée à tout jamais, certes, cela est profondément ridicule, et il y a là de quoi rire à se tenir les côtes! Quant à nous, tous ces pauvres tuteurs si jaloux, si cruellement raillés et dupés, ne nous ont jamais beaucoup réjoui : ils aiment; donc, ils souffrent; et quel plus affreux malheur qu'un cœur jeune dans un vieux corps, qu'une grande passion qui a le nez rouge ou l'œil éraillé!

Le public a senti à merveille la nuance délicate; il a trouvé presque pathétique ce qui lui avait toujours semblé grotesque, et peu s'en est fallu qu'on ne pleurât à la scène de jalousie; des applaudissements nombreux et deux rappels ont prouvé à Provost qu'on lui savait gré de cette interprétation nouvelle et prise au cœur même du sujet.

C'est par de semblables compositions de rôle et non par les *rengaînes* sempiternelles d'une prétendue tradition qui s'altère de jour en jour, qu'on parviendra à redonner de l'intérêt au vieux répertoire.

Il ne faut pas craindre le reproche de chercher des finesses après coup et de vouloir mettre des intentions là où il n'y en a jamais eu.

Une époque n'a pas le sens complet d'elle-même, par la raison que son cycle n'est pas fermé, et, pour voir une bataille, il faut être, non pas dans la mêlée, mais sur le haut d'une colline, à quelque distance.

Nous pouvons, à l'heure qu'il est, découvrir dans Molière des sens qui y sont et auxquels il n'avait pas songé ; la note secrète, l'aveu involontaire, la confession que le poëte fait de son âme dans les sujets les plus impersonnels et qui se prêtent le moins à ces épanchements, toutes choses inaperçues des contemporains, prennent un relief singulier dans la perspective des siècles.

III

JANVIER 1849. — Opéra-Comique : *le Caïd*, paroles de M. Sauvage, musique de M. Ambroise Thomas. — La pièce, la partition et les interprètes. — Gymnase : *Madame Marneffe, ou le Père prodigue*, imité du roman de Balzac, par M. Clairville. — L'auteur de *la Comédie humaine*. — *Les Parents pauvres*. — Madame Marneffe devenue rosière de par M. Clairville. — Madame Rose Chéri, Tisserant. — Italiens : réouverture. — La nouvelle direction. — *La Cenerentola*. — Madame Alboni. — Du privilége des théâtres et de la censure dramatique. — Italiens : *l'Italiana in Algeri*. — Ronconi, madame Alboni.

8 janvier 1849.

OPÉRA-COMIQUE. *Le Caïd*. — Alger semble un lieu prédestiné pour l'opéra bouffe : *l'Italiana in Algeri* a consacré cette spécialité drolatique. Il y a quelque vingt-cinq ans, avant nos conquêtes d'Afrique, Alger et sa régence constituaient un empire fantastique comme celui de Trébisonde ou du Cathay, si célèbres dans la géographie fabuleuse des romans de chevalerie. C'était une espèce d'endroit vague et chimérique où pouvaient se nouer et se dénouer les intrigues les plus fantasques, la patrie naturelle des bouffonneries et des extravagances ; les derniers renseignements sur la ville du dey avaient été donnés par don Miguel Cervantès de Saavedra, dans *Don Quichotte*, et l'on voyait toujours Alger avec ses galères, ses prises, son bagne d'esclaves et ses amours entre chrétiens et musulmanes, et ses dénoûments où les frères de la Merci intervenaient comme la Providence et faisaient le *Deus ex machina*.

Maintenant, il est difficile de regarder Alger comme une ville ornée de toits recourbés, d'œufs d'autruche et de kiosques à verres de couleur dans le goût architectural du jardin Turc; car Alger est devenu une espèce de Marseille africaine, un peu plus chaude que l'autre, voilà tout, à laquelle ne manque pas même sa Canebière. Il faut donc toute la licence que donne le genre bouffe pour admettre qu'une intrigue telle que celle du *Caïd* ait pu se passer dans Bab-Azoun, Bab-el-Oued ou Sidi-Mohammed-Chérif.

Le caïd Aboutifar, qui ne paraît pas prodigieusement chéri de ses administrés, reçoit, en faisant des rondes à la manière de la patrouille turque de Decamps, des volées de bois vert ou sec, qui pleuvent sur lui dans l'ombre et lui zèbrent sauvagement les côtes. Birotteau, jeune émule de Figaro, dont les pommades fondent à ce soleil africain et qui se trouve manquer de monnaie, imagine, pour s'en procurer, de spéculer sur la bêtise du caïd, bêtise de la force de quarante baillis d'opéra-comique. Il lui persuade qu'il est possesseur d'un secret pour le préserver de la bastonnade, ou, tout au moins, pour en découvrir les auteurs, secret qu'il livrera au prix modéré de vingt mille boudjoux : ce n'est pas cher, convenez-en. Le caïd emmène le coiffeur dans son palanquin (ce palanquin nous plaît, il rappelle avec bonheur l'Orient d'opéra-comique); seulement, il aime mieux donner au coiffeur sa fille Fatma que ses boudjoux. Il n'y a que deux obstacles à cela : c'est que Fatma est amoureuse folle du tambour-major Michel, qu'elle a pris, à son énorme plumet tricolore, à son baudrier doré, à son pantalon soutaché d'or, et surtout à sa grande canne à pommeau d'argent, pour le personnage le plus important de l'armée française; et que le coiffeur est poursuivi par une Ariane, marchande de modes, qui admettrait peut-être la polyandrie à la façon des Thibétaines, mais non la polygynie à la façon des musulmans. Le tambour-major, qui s'est introduit dans le harem en séduisant l'eunuque Ali-Bajou, au moyen d'une bouteille de parfait-amour qui à complétement grisé cet être glabre et à voix grêle, voit de très-mauvais œil le petit coiffeur aller sur ses brisées, et le somme de renoncer à toute prétention sur la main de Fatma ; la modiste Virginie menace, de son côté, le malheureux Birotteau de lui déchirer la figure à belles griffes, et de lui percer le cœur comme une pelote avec une épingle noire. Entre la canne du tambour-major et l'épingle noire de la modiste, le coiffeur n'hésite pas : il se contentera des vingt mille boudjoux que le caïd, récemment bâtonné par lui dans l'obscurité, ne lui refusera pas. Michel épouse Fatma à la façon de Barbarie, et Virginie Birotteau, son coiffeur, qui s'en passerait bien. Le caïd reçoit, comme formule talismanique contre la bastonnade, la recette authentique de la pommade du lion.

Cet opéra, d'une gaieté folle et chanté avec beaucoup d'entrain et de brio par Hermann-Léon, Boulo, Sainte-Foy, mesdames Ugalde-Beaucé et Decroix, a provoqué, d'un bout à l'autre, un rire large et franc ; c'est à la fois une imitation et une parodie du genre bouffe italien. La musique de M. Ambroise Thomas, heureuse et facile, tantôt naïvement charmante, tantôt spirituellement ironique, a la grâce d'une conception originale et le piquant d'une critique enjouée; la mélodie et la charge se marient, dans sa partition, avec un rare bonheur.

15 janvier.

GYMNASE. *Madame Marneffe, ou le Père prodigue.* — M. de Balzac n'est pas, comme on pourrait le croire d'après les quatre voix seulement qu'il vient d'obtenir à l'Académie, un homme peu connu et d'un talent médiocre; il a, au contraire, une réputation européenne, un talent immense et beaucoup de génie, oui, de génie, quoiqu'il soit notre contemporain très-vivant et très-vivace. Il ne lui manque que d'être défunt pour se voir juché sur un piédouche à l'état de buste : que voulez vous! tout le monde ne peut pas être mort depuis deux cents ou deux mille ans et ne jouit pas de cet avantage d'avoir sur le corps six pieds de terre glaise. Cependant, quoiqu'on lui reconnaisse à peine le quart des qualités qu'il possède, il n'en a pas moins une grande célébrité.

Doué d'une originalité profonde, et qui, comme celle de tous les maîtres, s'accentue tous les jours davantage, M. de Balzac est peut-être l'écrivain le plus romantique qui ait jamais existé. En effet, il n'emprunte rien à la tradition classique. Tout chez lui est essentiellement moderne, français, parisien surtout! Il n'a besoin ni de la perspective du passé ni de celle de l'avenir. Le regret et la chimère lui sont étrangers; le présent l'occupe seul. L'actualité ne lui fait pas éprouver ces répugnances qu'elle inspire à des rêveurs plus timides. Il aborde la vie civilisée avec ses trivialités, ses défauts et ses misères.

Toutes ces minuties et ces laideurs, qui dégoûtent les poëtes, prennent pour lui de hautes significations; où nous ne voyons qu'une ride ou une tache que l'art doit supprimer dans son idéalisation, Balzac voit un symptôme, une révélation, une histoire, et, lorsque son œil d'aigle ne suffit pas, il prend le microscope et jette la plume pour le scalpel : il y a dans sa nature du médecin et du procureur. Certains passages de son œuvre ressemblent à des physiologies et à des réquisitoires. L'analyse y prend le caractère de la nosographie et de l'acte d'accusation; on dirait que l'auteur veut opérer ou faire guillotiner ses personnages; d'autres endroits semblent d'un moine qui trahirait le secret des confessions reçues ou plutôt arrachées avec un jésuitisme digne de Sanchez.

Ne croyez pas pourtant que Balzac soit froid et léché dans le rendu des mille détails que nécessite sa manière; s'il ressemble à quelque maître hollandais, c'est à Rembrandt, car il sait donner à la vérité un accent si étrange, à la laideur une touche si fière, qu'il est à la fois réel et fantasque, condition indispensable de l'art sans laquelle une description ne serait qu'un procès-verbal. Comme tout artiste supérieur, il donne aux objets copiés le caractère, qui est aux choses ce que le style est à l'idée. Il fait le portrait, et non le daguerréotype, défaut où tombent quelquefois de très-fins observateurs, Henry Monnier, par exemple, dont les descriptions de portier tirent le cordon toutes seules!

Quoiqu'il puisse tout comprendre avec cette force d'intuition qu'il possède plus que personne, on sent que Balzac n'a pas le sentiment ou plutôt le goût de l'antiquité; il préfère assurément à l'azur du ciel attique la fumée de notre ciel, et à la Vénus de Milo la Parisienne furtive, lorsque, armée de sa robe, qui est sa beauté, elle se glisse vers quelque mystère, en rasant les maisons. Aucun rêve blanc de paros ou de pentélique ne trouble sa veille, et les lauriers-roses de l'Eurotas ne l'inquiètent guère. Montmartre, pour lui, vaut mieux que l'Hymette; car, de sa butte, on découvre une multitude de toits dont chacun cache un drame ou une comédie.

La Comédie humaine, tel est le titre inscrit par M. de Balzac sur son œuvre, et personne ne l'accusera de trop d'ambition. *La Divine Comédie* n'est pas plus complète pour le monde invisible que *la Comédie humaine* pour le monde réel. Aussi, pour faire un pareil livre, a-t-il fallu être profondément imbu de la pensée moderne, et avoir rompu sans retour avec les réminiscences grecques et latines, et la sérénité de l'idéal antique. M. de Balzac, tout en connaissant à fond les laideurs et les misères de l'existence civilisée, aime cette vie, s'y rattache, s'y intéresse, en épouse les passions et les manies, et n'en désire guère d'autre. Les horreurs l'en amusent, comme certains cas rares et monstrueux excitent la joie des naturalistes.

A l'inverse des poëtes et des rêveurs, qui trouvent que la roue du char de la vie est sortie de son ornière et ne savent à quoi s'occuper, il connaît le but, les moyens et les mobiles de notre société. Au *pourchas* de la maîtresse, c'est-à-dire de la beauté idéale, personnifiée dans une figure de femme comme la forme la plus parfaite, il a substitué la poursuite de l'argent ou de la position; il a écrit des romans dont l'héroïne est une propriété, et où des séducteurs pleins de ruse et de hardiesse enlèvent des maisons, Clarisses Harlowes vierges d'hypothèques de ces Lovelaces d'un nouveau genre; il a fait, de l'échéance, la fatalité, et, d'une banqueroute, un poëme sentimental plein de charme et d'intérêt.

Depuis Molière, personne, à notre avis, n'a mieux soutenu un caractère que M. de Balzac, et, depuis Shakspeare, nul n'a envoyé dans le monde, pour y vivre de cette vie sur laquelle le temps ne peut rien, une si prodigieuse quantité de personnages, ayant chacun sa physionomie, son parler, son geste, son tic ineffaçable. Ces types sont empreints d'une vitalité si forte, qu'ils se confondent avec les êtres véritables. Qui n'a eu l'idée de négocier un emprunt avec Nucingen ou du Tillet, ou, étant malade, d'envoyer chercher Desplein et Bianchon? Nous connaissons des bibliophiles qui cherchent les poésies de Canalis et s'étonnent de ne pas les trouver.

L'un des derniers romans de M. de Balzac, les Parents pauvres, a obtenu un succès assez grand pour émouvoir le parquet, qui voulait en faire entrer l'héroïne à Saint-Lazare et placer quelques-unes des figures secondaires sous la surveillance de la haute police, craignant les ravages que pourrait faire dans les familles madame Marneffe et ses hideux acolytes, dont ces naïfs gens de justice ne mettaient pas l'existence en doute une seule minute.

C'est ce drame terrible et pris au cœur même de la société parisienne, dont le papier pouvait à peine supporter les développements, que M. Clairville a essayé d'encadrer dans le salon nankin du Gymnase; entre ces coulisses pareilles à des feuilles de paravent, où l'on ne peut guère jouer que des proverbes ou de petits actes de M. Scribe. Nous ne lui en faisons pas reproche; car il a mis loyalement sur l'affiche, le nom de M. de Balzac, et, au moins, n'a pas démarqué le foulard qu'il prenait. Mettre madame Marneffe au théâtre, l'auteur lui-même n'y eût pas songé et n'y eût peut-être pas réussi; mais, pour un vaudevilliste aussi exercé que M. Clairville, une pareille difficulté n'est qu'un jeu.

Tout le monde a lu les Parents pauvres et sait les frasques du baron Hulot, ce tempérament fait baron de l'Empire, ce faune en habit noir; les douleurs d'Adeline, les jalousies de Bette, les scélératesses de madame Marneffe, cette Circé qui changeait les hommes en animaux immondes rien qu'en les touchant de sa baguette. Nous n'apprendrions rien à personne en faisant une analyse de ces pages présentes à toutes les mémoires.

M. Clairville a supprimé la cousine Bette avec un tact qui lui fait honneur. La cousine Bette était la pensée et la cheville ouvrière de de l'œuvre; elle personnifiait la jalousie secrète qui dévore, dans les familles, les parents qui ont moins réussi que les autres et se vengent des bienfaits dédaigneux dont on les humilie. Cette effrayante figure de l'envie des petits contre les grands, occupée à ce travail dissolvant que M. de Balzac appelle quelque part le travail des tarets, ainsi enlevée, l'œuvre n'a plus de sens. C'est ce que M. Clairville a parfaitement senti; mais il est reconnu par les experts que rien ne nuit plus à une pièce de théâtre qu'une idée, et l'on ne saurait trop le louer d'avoir évité le péril.

Que pensez-vous que l'habile *carcassier* ait fait de madame Marneffe, ce joli monstre, cette délicieuse stryge, cette harpie parfumée? Une rosière! Ceci n'est pas une exagération bouffonne; à la fin de la pièce, madame Marneffe, agenouillée sur un coussin de satin blanc, reçoit, de la main d'Adeline Hulot, une couronne et un bouquet de fleurs d'oranger. Après Marneffe, Hulot, Crevel, Montès, elle est plus ingénue que jamais, et sa virginité augmente avec ses conquêtes. Voilà qui est prodigieux! tout s'explique cependant par une de ces raisons absurdes que le théâtre accepte volontiers.

Madame Marneffe, qui n'est autre qu'une sœur inconnue de madame Adeline Hulot, s'est mis en tête de venger un outrage quelconque qu'elle croit avoir été fait autrefois à sa famille, et, pour cela, elle soutire deux cent mille francs à Hulot, une maison à Crevel, qui a aussi quelques peccadilles à solder, aidée par Marneffe, lequel n'est pas son mari, mais simplement un spadassin à ses ordres. Reconnaissant à temps qu'Adeline est sa sœur, elle rend les deux cent mille francs et l'hôtel, et épouse, cette fois-ci pour de bon, un Brésilien jeune, riche et beau, qui, malgré les apparences, a toujours cru à la pureté de sa Valérie. N'est-ce pas merveilleusement imaginé?

Eh bien, cette fin absurde, quand on y réfléchit, répond à un secret sentiment du cœur humain : le désir du pur et de l'honnête, et ce dénoûment, ridicule au point de vue de l'art et de la vérité, se conçoit jusqu'à un certain point; la virginale réhabilitation de l'infâme madame Marneffe est une espèce de pardon demandé à la pudeur publique de lui avoir présenté ce type honteux et vrai; c'est l'idéal qui reprend ses droits bêtement, mais non sans quelque apparence de justice.

Il est bien entendu que nous réservons ici toutes les franchises de l'art, et que nous ne poussons nullement à l'intronisation de Paméla; il est bon que la société sache quelquefois où elle en est : les madame Marneffe ne manquent pas à Paris. Chaque quartier, chaque rue a les siennes, qui, avec moins de charmes, d'esprit et de séduction, font faire une foule de choses incroyables à des tas de Hulots encore plus abrutis que celui de Balzac.

Madame Rose Chéri jouant une rouée, tel est le contraste sur lequel on a compté pour le succès. Ces espérances pourraient bien se réaliser. L'intelligente actrice a trouvé plusieurs effets piquants dans ce rôle opposé à sa nature, où elle a été fort bien secondée par Tisserant, très-bel Hulot, quoique un peu jeune.

22 janvier.

ITALIENS. *Réouverture.* — *La Cenerentola.* — *Madame Alboni.*
— Voici les Italiens rentrés dans leur cage mélodieuse, et c'est Ronconi qui est le directeur de la troupe. Nous vivons dans un monde si singulier et la maxime de Beaumarchais « Il fallait un calculateur, on prit un danseur, » est toujours si vraie, que ce fait tout naturel d'un Italien à la tête d'un théâtre italien, et d'un musicien à la tête d'un théâtre de musique, ne s'était pas produit depuis bien longtemps : il a fallu une révolution pour cela.

Le nouvel impresario a gardé toute la troupe; mais il l'a augmentée de l'Alboni, qui, pour sa bienvenue, a joué *la Cenerentola*, un de ses triomphes. C'est toujours, et plus que jamais, ce timbre argentin et frais, cette force suave, cette puissance facile, cette délicatesse vigoureuse, ce mélange bizarre et charmant d'une voix de jeune fille, qui cause dans le même gosier avec une voix de jeune homme ; cette égalité sans rivale, cette perfection inouïe, ces colliers de perles sonores prodigieusement égrenés, tout ce beau chant si hardi, si net et si pur, si classique et si jeune, si plein d'élégance et de vigueur, où l'on ne sent jamais ni la fatigue ni l'effort. Elle a exécuté le rondo du du second acte avec une agilité merveilleuse, se jouant des difficultés, exécutant les sauts les plus hardis et les fioritures les plus exquises.

Nous avons vu avec plaisir que les traditions de l'autre régime n'étaient pas perdues, du moins en fait de musique : madame Alboni a été applaudie, rappelée, bombardée de bouquets, comme s'il ne s'était rien passé depuis la saison dernière. Ronconi et Lablache ont eu leur bonne part de bravos.

Dans l'entr'acte, l'Alboni, après une petite annonce préalable, a fait cette galanterie au public de lui chanter deux couplets de *la Fille du régiment*, à l'honneur de la France, et en français presque sans accent ou avec un accent qui n'était qu'une grâce de plus.

29 janvier.

Du privilége des théatres. — Une commission dramatique a été instituée pour examiner la question de savoir si les théâtres doivent être privilégiés ou libres.

Qu'on pose une pareille question sous une république, cela nous semble fort. Elle est résolue par son énoncé même. Ce mot *privilége* ne sonne-t-il pas creux et faux sous un régime où tous les priviléges sont abolis de fait ou de principe? Pourquoi n'est-il pas permis d'ouvrir un théâtre comme on ouvre une boutique, comme on bâtit une maison?

On objectera la dignité de l'art; mais en quoi le privilége sauve-t-il cette dignité? Est-ce que les théâtres de vaudeville et de mélodrame, bien qu'ils aient le monopole de ces denrées dramatiques, la respectent beaucoup? et croit-on que la libre concurrence la respecterait moins? — Impose-t-on, d'ailleurs, aux directeurs de théâtre qui obtiennent des priviléges des conditions morales, artistiques et littéraires? sont-ils tenus à un certain luxe, à des recherches d'hygiène et de confortable? Nullement. Ils peuvent jouer toutes les pauvretés imaginables dans des salles incommodes, étouffantes, fétides, aussi malsaines pour l'esprit que pour le corps. — Les théâtres à subvention, et c'est le petit nombre, sont soumis à un cahier des charges qui n'est jamais suivi bien exactement; quant aux autres, ils jouissent sans aucune servitude d'un privilége inique.

Il y a deux manières d'envisager la question : ou bien le gouvernement prend tous les théâtres à son compte, fait composer par des poëtes à ses gages des pièces où ses doctrines sont exposées, et s'en sert comme d'un moyen d'instruction et de moralisation; ou bien l'art dramatique est abandonné à lui-même comme tous les autres arts, avec les chances de chute et de réussite. — La première manière ne peut convenir qu'à un gouvernement théocratique comme celui de l'Égypte, où le pouvoir possède le corps et l'âme des sujets, et réglemente leur sort dans ce monde et dans l'autre : nul doute qu'on n'arrivât à de grands résultats en suivant cette ligne; mais le monde n'est plus un enfant, et le temps des pédagogies solennelles est passé : la leçon aurait beau être bien faite, personne ne l'écouterait. La seconde manière, celle de la liberté illimitée, est la seule rationnelle, logique et possible aujourd'hui.

A-t-on peur, après l'abolition des priviléges, de voir s'élever des théâtres à chaque coin de rue? Et, d'abord, où serait le mal? Mais qu'on se rassure. Le moindre bouge dramatique exige une mise de fonds de cinq ou six cent mille francs avant que la toile se lève pour la première fois; et un demi-million ne se trouve point dans le pas d'un cheval. — Les nouveaux théâtres qui auraient en eux quelque chance de viabilité, qui parleraient à des instincts du public non satisfaits, resteraient debout, les autres tomberaient, et l'équilibre entre les spectacles et les spectateurs serait bien vite établi. L'autorité s'inquiète-t-elle si un limonadier fait peindre, dorer et couvrir de glaces un café splendide, dans une rue déjà garnie d'établissements de ce genre? Le public ne peut que gagner à la concurrence. Il va où il se trouve plus délicatement et plus élégamment servi.

Il n'y a donc aucune raison pour que chacun ne soit pas libre d'élever un théâtre ou même plusieurs : sous le régime du privilége, l'art est tombé à un tel degré d'abaissement, que bien des fois, rendant compte de tant de pauvretés, un remords et une pudeur nous ont pris de raconter des choses pareilles, et que nous avons été près de briser notre plume. A ce point de vue, la liberté ne produira rien de pire que le privilége : il est impossible, quand même il y aurait quatre théâtres dans chaque rue, de jouer des pièces plus mauvaises que celles qu'on voit sur les scènes privilégiées, et il y a quelque chance d'en voir de meilleures; des spéculateurs plus hardis et plus intelligents, des littérateurs et des poëtes plus fins connaisseurs, arrivant à posséder un théâtre, feront des essais et des efforts dont quelques-uns seront heureux, il faut l'espérer.

Paris, ce cerveau du monde, n'a pas déjà tant de bouches pour exprimer sa pensée : qu'il puisse parler par autant de scènes qu'il voudra; c'est le mot qu'on ne dit pas qui est le mot dangereux. Que le club pérore et jase, que le théâtre déclame, que la feuille imprimée vole sans être alourdie par le fisc, qu'importe! là n'est pas le péril. On n'assassine pas sous le réverbère, mais dans la ruelle obscure. Ne rendez pas le pays ténébreux; ce qui peut se dire au grand jour et sous les feux éblouissants du gaz, ne faites pas qu'on aille se le chuchoter à l'oreille au fond des caves avec une lanterne sourde.

Il est bien entendu qu'en demandant l'abolition des priviléges de théâtre, nous demandons également celle de la censure, sous quelque forme que ce soit. Que l'humanité puisse dire sa pensée et son rêve à ses risques et périls ! Après six mille ans de silence, il est bientôt temps que le monde se décharge le cœur. Ayons confiance au verbe : l'univers a été fait d'un mot, une parole a créé la lumière. Telle phrase que le censeur biffe de son encre rouge, c'est peut-être l'avenir rayé d'un trait de plume : l'idée nouvelle, le salut de la civilisation peuvent disparaître sous un coup de ciseau.

Couper une pensée, c'est un crime plus grand que de couper une tête. Mutiler l'âme d'un peuple, émasculer son intelligence, qu'y a-t-il de plus honteux, de plus horrible, de plus impie !

N'écoutez pas les hiboux, les chauves-souris et tous les hideux oiseaux crépusculaires qui piaillent et croassent, demandant qu'on mette des abat-jour et des éteignoirs au flambeau de la pensée. Que le mot de Gœthe mourant soit la devise de toute nation intelligente et libre : « Qu'il entre plus de lumière (*Dass mehr licht hereinkomme*) ! »

Plus de lumière ! tel doit être le cri des nations modernes : et, pour arriver à ce but, il faut que la parole soit libre au théâtre, au club, dans le journal, partout ! — Contrairement au proverbe, nous pensons que toute vérité est bonne à dire : sans doute, quelques amours-propres seront froissés, on commettra des excès ; mais la libre réponse balancera la libre attaque, et bientôt l'harmonie s'établira.

Depuis que la censure est supprimée, a-t-on dit des choses bien monstrueuses sur les théâtres ? Les revues, avec leurs prétentions aristophaniques, ont-elles agité la société jusque dans ses fondements ? Pas le moins du monde. La froideur ou le mépris du public ont fait justice des inconvenances et des pensées mauvaises ; chaque jour, un murmure ou un sifflet font rayer un mot, une phrase ou une scène ; il ne reste que les choses comiques et les traits qui portent.

Loin de limiter le nombre des théâtres, nous voudrions que chaque poëte en eût un où, sans contrôle, il pût faire jouer ses œuvres comme il l'entend, dans toute la liberté de son caprice : on n'est même grand poëte dramatique qu'à ce prix. Shakspeare, Molière, Gœthe, Schiller, avaient chacun leur théâtre, qu'ils dirigeaient en maîtres : un théâtre est un outil aussi nécessaire à un poëte qu'une plume.

Que cette antique et absurde législation soit brisée, et l'on verra de quoi est capable l'industrie d'un grand peuple, délivrée d'entraves ; mais, avec la suppression des priviléges, il faut la suppression de la censure : à quoi les bouches serviraient-elles si l'on maintenait le bâillon ?

ITALIENS. *L'Italiana in Algeri.* — La rue était inquiète; les patrouilles circulaient, plus nombreuses que les rassemblements. La journée avait été orageuse, et les journaux du soir se débitaient avec cette promptitude qui montre une curiosité fiévreuse, et pourtant la salle des Italiens avait vu arriver peu à peu son public rassuré.

C'est une chose singulière, après une journée de préoccupations politiques, sous un ciel gris et froid, d'écouter, dans un lieu lumineux et tiède, cette bienheureuse musique de Rossini, si gaie, si claire, si vive, si insouciante de tout, qu'elle vous fait tout oublier. Dès que nous entendons un air de Rossini, il se fait tout à coup dans les plafonds une trouée bleue, le soleil brille, une mer d'azur piquée de voiles blanches s'étend à l'infini ; des citrons et des oranges, comme dans la chanson de Mignon, mûrissent soudainement sous des feuillages d'émeraudes; des yeux noirs étincellent et de blancs sourires brillent dans des visages basanés ; les plaques de cuivre des tambours de basque frémissent ; les peaux d'âne ronflent sous le pouce des danseuses de tarentelle, et, comme un accompagnement moqueur à cette poésie, la friture siffle dans les poêles, les *acquaioli* crient leur marchandise, le macaroni blond et doré tombe en cascade perpétuelle, au milieu d'une poussière de parmesan râpé qui lui sert d'écume.

L'heureuse nonchalance d'esprit des contrées méridionales, qu'animent la prestesse de geste et la volubilité de langage, respire dans ces mélodies faciles et légères, éblouissantes fusées sonores qui partent subitement, s'épanouissent et s'évanouissent sans autre motif que de briller et de crépiter dans la nuit veloutée et sereine. Quelle bonne humeur inépuisable! quelle santé parfaite! quel brio étincelant! Comme on se sent malade et morose à côté de cette verve saine et franche! comme on sent qu'on s'est laissé obscurcir par les brouillards d'Allemagne et d'Angleterre, et comme le clair de lune du Brocken paraît livide auprès de cet éclatant soleil italien!

Rien n'est bouffon comme cette cohue de Turcs ridicules, plus extravagants, s'il est possible, que les faux Turcs amenés par Covielle dans la cérémonie du *Bourgeois Gentilhomme*. C'est le plus joyeux carnaval qu'on puisse imaginer. Là, florit le Turc traditionnel, avec son turban à croissant, sa veste soutachée et son pantalon à la mameluck. Ce n'est pourtant pas si drôle que les Turcs de *Bajazet*, avec leurs dolimans abricot bordés de fourrure et leurs moules de gâteau de Savoie sur la tête; mais la farce n'est pas obligée à tant de gaieté que la tragédie. Ronconi en caïmakam vaut M. Jourdain en mamamouchi; il n'y a que la dignité de changée.

L'Alboni a délicieusement chanté cet air ravissant qui fit une émeute d'enthousiasme à l'Opéra lorsqu'on l'entendit pour la première fois. Elle l'a exécuté avec une perfection plus parfaite, qu'on nous permette cette battologie et ce pléonasme, qui seront compris de tous ceux qui ont assisté à cette représentation. — Un jeune homme très-timide, très-embarrassé de sa personne, mais doué d'une voix fraîche et bien timbrée, qu'il conduit avec art, M. Bartolmi, a débuté dans l'emploi difficile de ténor avec assez de succès. Un peu plus d'assurance et d'usage de la scène lui permettront de déployer plus librement les moyens qu'il possède.

Le grand trio des *papatacci*, parfaitement chanté par Ronconi, Morelli et le nouveau ténor, a été *bissé*, ainsi que tous les morceaux de l'Alboni, rappelée et bombardée de bouquets à chaque acte.

Il y avait bien dix ans que *l'Italienne à Alger* n'avait été représentée, et c'était une nouveauté pour une portion du public. Ceux qui la connaissaient l'ont revue avec plaisir, et ceux qui ne la connaissaient pas ont été heureux de la voir sous les traits de l'Alboni; car, malgré son embonpoint tout à fait de mise dans un sérail, jamais plus légère Isabelle n'a gazouillé ce rôle, plein de traits et de fioritures.

IV

FÉVRIER 1849. — Théâtre de la République : *l'Amitié des Femmes*, comédie de M. Mazères. — Un adepte de M. Scribe. — Variétés : *le Berger de Souvigny*, par MM. Bayard et de Biéville. — Des grands acteurs et des rôles léonins. — Bouffé. — Théâtre-Historique : *la Jeunesse des Mousquetaires*, drame de MM. Alexandre Dumas et Auguste Maquet. — Les personnages d'Alexandre Dumas. — Ses romans et son théâtre. — Mélingue, mademoiselle Person. — Italiens : *la Gazza ladra*. — Madame Alboni dans le rôle de Ninetta. — Mademoiselle Méric, Ronconi. — Théâtre de la République : *Louison*, comédie de M. Alfred de Musset. — Querelle d'ami. — Variétés : *l'Habit vert*, par MM. Alfred de Musset et Émile Augier. — La pièce et les acteurs.

12 février.

THÉATRE DE LA RÉPUBLIQUE. — *L'Amitié des Femmes!* Vous avez déjà compris que ce titre est une antiphrase ; des femmes qui s'aiment se détestent nécessairement. Leur amitié n'est qu'une haine hypocrite, à ce que disent les moralistes et ceux qui prétendent lire couramment ce livre indéchiffrable du cœur humain.

Mais, si l'amitié des femmes est perfide, croit-on celle des hommes plus sincère ? — M. Scribe prétend que non et l'a démontré dans son vaudeville *O Amitié!* Le fait est qu'il y a de faux couples d'amis d'un sexe ou de l'autre groupés par le hasard, réunis par des attraits superficiels ; mais on est toujours fidèle à son *vrai* ami comme à sa *vraie* maîtresse ; il arrive souvent qu'on passe sa vie sans les rencontrer, tant les relations sont difficiles, mensongères et rompues à tout moment par les mille obstacles du monde mal organisé et du milieu hostile dans lequel nous vivons.

S'il est difficile qu'une femme ait pour une autre une amitié profonde, dévouée et constante, c'est que les femmes ont moins de liberté que les hommes ! L'amitié naît du compagnonnage, de la franc-maçonnerie des idées, des goûts satisfaits ensemble, des études communes, des rapports fréquents que des êtres qui dépendent toujours de quelqu'un, mère, père, frère ou mari, ne peuvent avoir.

Les amies de M. Mazères vivent en parfaite intelligence dans le château de M. Brémont, où elles se trouvent en villégiature. Cette entente, aussi cordiale au moins que celle de la France et de l'Angleterre, dure jusqu'à l'arrivée de M. de Bargy, qu'une voiture versée jette sans plus de façon au milieu de l'amitié de madame de Maranges et de madame Durval.

Dès l'entrée de ce personnage invincible, les deux amies commencent à se trouver mille défauts dont elles ne gardent pas le mystère pour elles. Si l'amour de M. de Bargy est aveugle, ce ne sera pas leur faute, car elles lui relèvent joliment le bandeau. M. de Bargy trouve qu'elles ont parfaitement raison toutes les deux, et n'a pas envie de les épouser l'une plus que l'autre. Ce n'est pas pour elles que la chaise de poste a versé, mais bien pour mademoiselle Marguerite, jeune et charmante personne que M. de Bargy, officier d'artillerie, a sauvée, dans une émeute de province, des mains des insurgés, qui la voulaient retenir en otage et l'*entraînaient* déjà !

A travers les amitiés tournées en haine de madame de Maranges et de madame Durval, qui décochent à M. de Bargy leurs coquetteries les plus assassines, l'amour pur et naïf de la jeune fille pour son libérateur va son petit bonhomme de chemin et se découvre en faisant quelques hachures très-tremblées et très-incertaines à une tête au crayon noir en présence du vaillant officier. Marguerite dessine si mal ce jour-là, que l'on comprend toute la profondeur de sa passion pour le jeune homme. — Après une tête d'Endymion ou de Léonidas aussi manquée que cela, il ne reste plus qu'à marier une jeune fille ; c'est ce que M. Brémont se hâte de faire, au grand contentement de M. de Bargy et au grand dépit des deux amies, que ce dénoûment satisfait peu, bien qu'il leur reste la perspective d'épouser, si elles le veulent, un certain M. Crapouillard ou Chapoussard, ami du médecin de la maison, qui promène de l'une à l'autre son amour alternatif.

La pièce est jouée avec ce soin et cet ensemble qu'on ne trouve encore qu'à la Comédie-Française. Nommer Provost, Samson et Regnier, c'est suffisamment les louer. Madame Allan a toujours cette netteté, ce mordant qui ont fait son succès dans *un Caprice*. Mademoiselle Nathalie, dans un rôle presque identique à celui de madame Allan, a fait de louables efforts pour lui donner une nuance particulière; et, si elle n'a pas complétement réussi, c'est que M. Mazères avait peut-être trop compté, pour différencier les caractères des deux amies, sur le rose et le bleu de leurs robes.

VARIÉTÉS. *Le Berger de Souvigny*, — Voici bien longtemps qu'on cherche pour Bouffé un de ces succès qui lui ont valu la réputation méritée dont il jouit. On ne retrouve pas la vogue du *Gamin de Paris*, de *Michel Perrin* et autres pièces de son ancien répertoire. A quoi cela tient-il? le talent de l'artiste a-t-il baissé? Non. Les gens qui font les vaudevilles où il joue sont-ils moins capables? Nullement. Comment expliquer alors que Bouffé, depuis cinq ou six ans, n'ait pas rencontré une réussite pareille à celle qu'il obtenait autrefois?

Cela tient à une seule chose, à ce que Bouffé est devenu un grand acteur.

Un grand acteur! ce mot dit tout : on compose des pièces et des rôles pour lui; les auteurs, attentifs, notent les phrases qu'il dit bien; les mots qu'il jette avec bonheur font en quelque sorte un cahier de bonnes expressions choisies dans son jeu ; ensuite, tout cela se place plus ou moins laborieusement ; telle scène est souvent construite pour un effet qui a déjà réussi et qu'on intercale comme la belle note d'un chanteur que le musicien fait revenir à satiété. La pièce est un moyen et non plus un but; tout est sacrifié à ce rôle principal, espèce de monologue alterné d'échos et de courtes répliques. Les autres personnages, effacés à dessein, se meuvent autour de la figure centrale comme des ombres grises, sans forme, sans couleur et sans vie; ils essayent bien de balbutier de loin en loin quelques phrases; mais on leur coupe immédiatement la parole, et ils rentrent dans leur néant d'un air humble, tandis que le rôle unique se carre, se prélasse, se piète, prend ses temps et ses aises, accapare les plaisanteries et les traits, débite les tirades, chante les couplets, occupe la scène tout entière et cherche à démontrer l'inutilité du reste de la troupe.

Il n'y a là ni esprit d'exclusion, ni jalousie, ni envie de dominer; c'est un résultat tout simple auquel les auteurs, le directeur et le public contribuent chacun pour leur part. Ne semble-t-il pas raisonnable d'abord que l'acteur le plus capable, le grand acteur en un mot, ait le rôle le plus long, soit placé sous le plus beau jour et conduise la pièce ? S'il se rencontre un trait spirituel ou à effet, ne vaut-il pas mieux que ce soit lui qui le dise ? Cette phrase charmante, ce cri du cœur, les confiera-t-on à un acteur de second ou de troisième ordre ? Le public, d'ailleurs, n'est-il pas heureux de voir le grand talent qu'il aime rentrer rarement dans la coulisse, et se prodiguer généreusement à ses admirateurs ? Voilà la pente très-naturelle sur laquelle on glisse, et qui mène sinon aux chutes, du moins aux insuccès.

Avec ce système, on arrive à faire des pièces dans le goût chinois, sans ombre ni perspective. Le grand acteur veut être toujours en pleine lumière, ne consent à aucune sacrifice, et repousse tout clair-obscur.

Qu'en advient-il ? La figure qui, baignée d'ombres, nuancée de demi-teintes, ravivée de reflets, eût été pleine de relief, de vie et d'effet, ne tourne pas, paraît plate, et ne fait pas plus illusion qu'un grotesque de paravent.

Un moyen infaillible, mais qu'on n'emploiera pas, pour rendre à Bouffé sa vogue, ce serait de lui faire jouer un second rôle dans une pièce qui n'aurait pas été faite pour lui : il serait alors obligé de se plier aux exigences du personnage et trouverait sans peine la physionomie originale qu'on lui cherche si péniblement ; il n'aurait pas besoin de se torturer pour être admirable.

Que les grands acteurs, ou, tout au moins, ceux qui ont la prétention de l'être, se mettent bien ceci dans la tête : il faut, dans toute action dramatique, une dualité, une lutte, de même qu'il faut à tout tableau l'ombre et la lumière. Un rôle n'est bon qu'à la condition d'être accompagné de rôles importants. Quand un maître d'armes veut donner une idée de son habileté dans un assaut, il ne va pas choisir un homme qui n'a jamais tenu une épée, mais bien un prévôt de salle qui riposte vivement et lui rende la parade, car il ne peut s'escrimer dans le vide.

Avec ces rôles taillés sur le même patron, l'on finit par tuer les talents les plus vivaces, et Bouffé lui-même n'y résisterait pas. Il peut faire autre chose que des gamins et des vieillards. Son talent, bien qu'il procède plus du calcul que de l'inspiration, est réel : qu'importe, si l'on arrive au résultat, que ce soit par la préméditation ou la spontanéité ? Sans doute, nous aimons mieux un éclair de génie qu'un effet longuement calculé ; mais, en art, tout ce qui porte coup est bon, et chacun arrive par ses voies.

Le Berger de Souvigny n'a rien de très-neuf, mais les scènes, connues pour la plupart, en ont été arrangées par MM. Bayard et de Biéville avec cette adresse mécanique qui dénote des praticiens consommés dans l'art du vaudeville.

19 février.

THÉATRE-HISTORIQUE. *La Jeunesse des Mousquetaires.* — Malgré sa liberté toute shakspearienne, personne n'a jamais pris plus au sérieux que M. Alexandre Dumas le précepte d'Horace :

Segnius irritant animos demissa per aurem
Quàm quæ sunt oculis subjecta fidelibus et quæ
Ipse sibi tradit spectator.

Son procédé est tout ce qu'il y a de plus opposé au récit de Théramène. A coup sûr, s'il eût composé une *Phèdre*, il nous eût mis sous les yeux le monstre dont Racine fait une si étrange description ; Hippolyte eût été emporté par des chevaux réels et non par des alexandrins éperonnés d'épithètes.

Ce soin de remplacer partout le récit par l'action donne aux romans de M. Alexandre Dumas un attrait singulier ; tout est visible et palpable, tout s'arrange sous une forme plastique, et l'on pourrait retirer la parole aux acteurs sans que pour cela la pièce devînt inintelligible. Tout drame bien fait a pour squelette une pantomime.

Les Mousquetaires ont une telle célébrité, qu'ils sont également connus des lettrés et des ignorants. Les délicats et les incultes ont pris le même plaisir à lire leurs aventures prodigieuses, espèce de contes des *Mille et une Nuits*, d'autant plus merveilleux qu'il n'y a ni fée ni talisman. D'Artagnan, Athos, Aramis et Porthos figurent dans ce Valhalla des types populaires; — Porthos surtout, type intermédiaire d'Hercule et de Sancho Pança, obtient les sympathies générales, et, lorsqu'il paraît pour enlever les portes de Gaza comme Samson, pour arrêter du doigt les meules de moulin comme Bernard de Carpio, pour arracher les grilles comme le géant d'Ocana, l'hilarité ne connaît plus de bornes.

Alexandre Dumas a ce grand honneur, d'avoir mis un type en circulation : il a renouvelé et habillé à la Louis XIII la légende des quatre fils Aymon, dont les prouesses, reléguées dans la Bibliothèque bleue, commençaient à tomber en désuétude.

Chose bizarre et à laquelle il n'a probablement pas pensé, cette interminable histoire de mousquetaires, que personne ne veut voir finir, malgré les trois suites, de plus de dix volumes chacune, se trouve être, en dépit de ses allures cavalières, superbes et fringantes, un long plaidoyer en faveur de l'association. D'Artagnan, ayant à son service l'intelligence, la bravoure et la force de ses trois acolytes, devient une espèce de Briarée et d'Hécatonchire capable d'escalader l'Olympe.

Lorsque, dans une situation périlleuse, un ou plusieurs des quatre amis vient ou viennent au secours de celui qui est en danger, la satisfaction éprouvée par le public est telle, qu'il faut que le sentiment de la solidarité ait de bien profondes racines dans le cœur humain. Ce plaisir permet même souvent à l'auteur de ne pas amener ces apparitions avec toute la vraisemblance désirable.

Nous n'avons pas besoin de raconter comment d'Artagnan et ses compagnons, à travers une foule d'aventures et d'histoires plus prodigieuses que celles de Belleforêt, parvinrent à châtier ce démon féminin connu sous le nom de Milady et à venger du même coup l'assassinat de Buckingham et vingt autres crimes diaboliques. Tout le monde sait cela par cœur. Ce qu'il importe de constater, c'est l'effet produit.

Le microcosme dramatique d'Alexandre Dumas a un aspect particulier. On s'y agite avec une rapidité éblouissante, et l'action y va si vite, que souvent elle disparaît comme les rayons de ces roues qui ne sont plus qu'un disque étincelant. On va, on vient, on court, on monte, on descend, on se bat, on s'embrasse, on se poignarde, sans jamais reprendre haleine ; personne ne s'assoit ; les acteurs se jettent en courant une moitié de phrase, un mot, une exclamation, dont ils n'ont pas le temps d'attendre la réponse. A peine avez-vous ouvert les lèvres, qu'ils sont déjà en selle et ont fait trente lieues au pourchas de quelque incident, à travers trois ou quatre changements de décoration ; c'est tout au plus si Porthos s'attable pour boire et si Buckingham s'agenouille pour faire sa déclaration d'amour à la belle Anne d'Autriche, la reine aux blanches mains ; jamais l'activité ne fut poussée plus loin. D'Artagnan, la raison sociale de la compagnie, semble vraiment avoir le don d'ubiquité : aussitôt qu'il a conçu un projet, un hippogriffe tout harnaché se présente et l'emporte dans un tourbillon de fumée et de poussière ; au bord de la mer, un vaisseau toujours prêt l'attend. Si le vaisseau n'était pas là tout à point, n'ayez pas peur, d'Artagnan est homme, pour ne pas faire languir l'action, à sauter la Manche à pieds joints. Jamais de réflexion ni d'hésitation : on pousse un cri, on saute aux épées, et vite le pied à l'étrier ! Hamlet, avec ses irrésolutions, ferait sourire de pitié ces gaillards-là.

Ce qui donne un charme particulier à *la Jeunesse des Mousquetaires*, c'est la gaieté mêlée au romanesque des aventures : la mixture du grotesque et du sérieux recommandée par la préface de *Cromwell* n'a jamais été opérée dans des proportions plus exactes ; toutes les scènes qui se passent dans la maison à compartiments de M. Bonassieux sont du plus franc comique. Le judas par lequel frétille toujours une paire de pieds ou de mains, selon l'étage où l'on se trouve, et qui sert à pêcher les jambons et les bouteilles, dans la chambre inférieure, est une invention des plus drolatiques.

Même lorsqu'il fait du métier, Alexandre Dumas a une manière légère, spirituelle, ailée en quelque sorte qui le maintient aisément au-dessus du vulgaire troupeau des mélodramaturges : il peut être faible ou négligé, mais il n'est ni pesant ni emphatique, et, sinon par le soin du style, du moins par un tour net et franc, par une supériorité générale dans la conduite des scènes, il reste toujours artiste et poëte.

La pièce est mise en scène avec cette propreté de détails, ce luxe de décorations, cette exactitude de costumes dont le Théâtre-Historique a le secret.

Mélingue est l'acteur par excellence de ces épopées mêlées d'amours, d'intrigues et de grands coups d'épée; il y apporte une bonhomie héroïque, une aisance chevaleresque, un air de bon compagnon et de parfait gentilhomme qui le font la réalité même du rôle; il a de la rondeur et de la noblesse, du comique et du pathétique, de la jeunesse et de l'élégance, et une stature qui rend vraisemblables toutes les prouesses.

Crette, dans Porthos, a été d'un drolatique colossal. Madame Person a donné au rôle de Milady sa fascination de vipère et cette couleur sombre et profonde dont elle teint les rôles scélérats qu'on lui confie habituellement.

Le succès a été aussi franc, aussi complet, aussi californien que possible.

26 février.

ITALIENS. *La Gazza ladra.*—*La Gazza ladra* est une des œuvres de Rossini composées dans le système purement italien, où la beauté de la mélodie en elle-même s'accorde le mieux avec le sens de l'action, et qui, par cela même, doit faire le plus d'impression sur un public français.

Outre l'attrait de l'œuvre en elle-même, une immense curiosité s'attachait à cette représentation, l'Alboni, ce type, ce modèle, cet idéal du contralto, allait pour la première fois aborder un rôle de soprano; de Pippo, elle passait à Ninetta; elle franchissait un Rubicon musical à faire hésiter tous les Césars du chant!

La tentative a été des plus heureuses : avec sa voix si fraîche, si pure, aux notes hautes, argentines, et sa méthode si parfaite, l'Alboni a fait l'illusion d'un soprano de premier ordre, avec un charme de plus, un certain accent mystérieux, étrange, indéfinissable, venant en partie de ce qu'on est habitué à entendre sortir une autre nature de sons de cette bouche, et aussi de la transposition même de la voix, qui, tout en donnant les notes de soprano, leur prête un timbre particulier. Des portions du rôle, laissées dans l'ombre par les autres cantatrices, se sont illuminées soudainement : d'autres se sont un peu éteintes ; mais le rôle, transfiguré par cette interprétation nouvelle, a pris une physionomie originale et en quelque sorte inédite.

L'Alboni, dans le rôle de Ninetta, outre la surprise de sa voix, en a fait une autre au public. — Jusqu'à présent, les rôles mâles de contralto ne lui avaient pas fourni l'occasion de montrer de la sensibilité, et elle a dit avec beaucoup d'âme les passages touchants ou pathétiques soupirés par la pauvre servante injustement accusée. L'air *Di pi cer mi balza il cor* a été transposé pour elle, ainsi que quelques autres peu importants, mais de façon à ne pas dénaturer la physionomie de l'ouvrage.

Le duo dans la prison offrait cette singularité d'être chanté par deux contralti : l'Alboni d'abord, et mademoiselle Méric ensuite, qui remplaçait son chef d'emploi dans le rôle de Pippo. Elle s'est fait applaudir dans ce terrible voisinage. C'est le plus grand éloge qu'on puisse faire d'elle.

Ronconi, qui, dans le rôle du podestat, avait à lutter contre les terribles souvenirs de Lablache, s'en est tiré en chanteur consommé et en comédien plein d'intelligence. Il a composé son personnage dans une couleur toute différente, tirant parti de ses ressources particulières, et il a créé un podestat imbécile, luxurieux, scélérat, et pourtant bouffon, qui semble être le type nécessaire du rôle.

Théâtre de la République. *Louison*. — Le grand succès qu'ont obtenu les comédies et les proverbes d'Alfred de Musset vient de ce qu'elles n'ont pas été faites pour le théâtre. Écrites avec un caprice qui n'a de compte à rendre à personne, elles contiennent la pensée vraie et la sincère originalité du poëte.

Sûr de n'être pas joué, et il ne l'a été que par un enchaînement de circonstances qui pouvaient se faire attendre toujours, comme elles se sont fait attendre dix ans, Alfred de Musset a osé être lui et a produit cette collection de petits chefs-d'œuvre dont madame Allan a prouvé la possibilité scénique.

Le public, par l'accueil qu'il a fait au *Caprice*, à *Il faut qu'une porte soit ouverte ou fermée*, a montré que, si on lui jetait des perles, il saurait très-bien les apprécier ; et nous trouvons que, dans sa nouvelle comédie, Alfred de Musset n'a pas eu assez de confiance au parterre intelligent qui avait applaudi ses charmantes fantaisies.

En prenant la plume pour écrire expressément en vue du théâtre, il semble que le poëte ait été saisi d'appréhension. On sent qu'au lieu de s'exciter, il se contient ; il se défie de lui et de sa verve : il ne fait pas d'efforts en plus, il en fait en moins. Ses succès précédents, au lieu de l'enhardir, l'ont rendu timide.

Nous aurions voulu le voir, dans *Louison*, aussi libre, aussi fantasque que dans *A quoi rêvent les jeunes filles*. C'était là ce qu'on attendait de lui ; quelque chose de leste, de vif, de tendre et de gracieux, comme tout ce qu'il écrit, et de tout à fait en dehors des routines théâtrales, dont on est rassasié.

Disons tout de suite que l'attente générale a été trompée. On était disposé d'avance à excuser les hardiesses, les caprices et même les folies d'un poëte aimé ; à lui laisser tout mettre en désordre sur le théâtre, déchirer les falbalas avec les éperons de ses bottes comme un hussard dans un bal ; se griser d'esprit et de vin de Champagne, baiser sur le cou de la soubrette la pensée de la maîtresse, et rire de ce rire mouillé si près des larmes, dont il a le secret. Au lieu du libertin ingénu, du chérubin qui s'est fait des moustaches avec une épingle noircie aux bougies de la toilette de Rosine, du blond étudiant allemand qui veut mener la vie de don Juan tout en ayant l'âme de Werther, du fou charmant qui s'est si bien personnifié dans Fantasio, nous avons eu un auteur écrivant, sous le feu de la rampe, une pièce ordinaire, correcte et possible.

Ces épithètes ne se prennent pas d'ordinaire en mauvais sens ; mais Alfred de Musset ne doit pas se contenter de si peu. Nous comprendrions chez lui volontiers l'extravagance, mais non la froideur. Qui donc osera marcher, lorsque le poëte de *Rolla* et de *Namouna* hésite et ne pose un pied qu'après avoir assuré l'autre sur la planche qu'il devrait parcourir d'un pas agile et sûr ? Si nous parlons avec cette franchise, c'est que nous admirons assez de Musset pour ne pas lui cacher la vérité. D'ailleurs, cette vérité n'a rien de bien désagréable. Nous le querellons de ne pas s'être livré franchement à son inspiration ; de s'être, par défiance de lui-même, absenté de son œuvre, et d'avoir pensé peut-être plus aux bourgeois qu'aux artistes.

Tout ce que nous disons là n'empêche pas *Louison* d'être une œuvre qui ferait la réputation d'un autre poëte, et, si nous insistons sur ce côté défavorable, c'est qu'arrivé à la maturité de son talent, l'artiste a quelquefois pour les œuvres de sa jeunesse qui l'ont illustré une espèce de dédain sévère qui explique et ne justifie pas le désir d'un style plus châtié ; il jette souvent un froid regard sur ces ardentes ébauches, sur ces esquisses turbulentes où quelques incorrections sont rachetées par mille jeunes qualités ; sur ces poëmes pleins d'amour, de fraîcheur et de flamme qui éclatent de vie comme une grenade aux mille grains roses; c'est l'heure où l'on quitte Shakspeare pour Racine, Rubens pour Ingres, Beethoven pour Hændel, où l'on commence à préférer le gris à l'écarlate, le vin de Bordeaux au vin de Bourgogne, et les cols de chemise en guillotine au rabat à la Van Dyck ; on a la maladie du style, mais cela passe chez les talents bien constitués, et bientôt la plume et la brosse reprennent leur ancienne furie.

Louison nous paraît avoir été composée dans cette période transitoire où le poëte, las de lui-même, cherche une nouvelle manière et ne l'a pas encore trouvée : l'habileté est toujours là, mais non plus le caractère et l'individualité. — La seconde manière d'un artiste ne doit pas être l'atténuation de la première ; en avançant dans l'art et dans la vie, on doit laisser en arrière les imitations, les procédés empruntés, et accentuer chaque jour davantage le côté qui vous appartient en propre : l'originalité dégagée de ce qui l'obstruait et développée de plus en plus librement, voilà ce qui constitue la manière suprême du poëte et du peintre, ayant la science de la vie. Enfin maître de son instrument, l'artiste doit mettre hardiment dehors tout ce qu'il a dans l'esprit et le cœur. Il faut qu'il cherche plutôt à ce que toutes ses touches portent, qu'à les lisser et les polir : il faut qu'il fouille son œuvre plus profondément et non qu'il la ratisse ; en art, il n'est pas mauvais d'avoir quelque chose de choquant. Le choquant, comme le paradoxe, qui n'est qu'une vérité dite trop haut, résulte d'une beauté prématurée. Le jour où rien n'accroche dans votre ouvrage, ne vous félicitez pas outre mesure : c'est que le public est aussi fort que vous et vous a rattrapé.

Alfred de Musset, dans sa nouvelle pièce, a été préoccupé d'un désir de réussite dont un grand poëte comme lui n'a pas besoin. Il eût mieux fait de risquer les sifflets et de se laisser aller à son libre caprice, comme dans *les Marrons du feu*. L'audace, même folle, l'eût mieux servi que cette froide prudence ; ce n'est pas que nous voulions la ramener, comme au temps de ses fougues romantiques, à jeter des vers par les fenêtres pour voir comme ils se cassent en tombant dans la rue : chaque chose a son temps ; mais l'on peut, sans briser les vitres et rosser le guet, avoir encore la démarche pimpante et porter son chapeau sur l'oreille.

Louison a, dans la maison de M. le duc ***, une position qui n'est pas très-bien définie. Si le duc avait des enfants, elle serait gouvernante ; mais il n'en a pas. Si le duc était garçon, elle serait soubrette pour tout faire ; mais il est marié à une charmante femme, ce qui ne l'empêche pas, en vrai comte Almaviva, de courtiser cette nouvelle Suzanne avec le laisser aller insolent et l'aplomb superlatif d'un grand seigneur qu'il est. Rien ne lui semble plus facile que de triompher de cette vertu en cornette et en tablier ; il lui passe au doigt un beau diamant, et, tout en pirouettant sur son talon rouge et chassant les grains de tabac d'Espagne des plis de son jabot avec beaucoup d'élégance, il lui assigne un rendez-vous pour le soir, pendant le bal de l'Opéra, où il doit mener sa femme, qu'il compte bien y perdre. Louison n'accepte pas le rendez-vous et veut rendre la bague, bien différente en cela des Lisettes de l'ancienne comédie. Mais elle ne s'appelle pas Louison pour rien, et ce nom présage des allures moins délurées. Le duc, accoutumé à ne pas trouver de cruelles en plus haut lieu, ne fait pas la moindre attention aux refus de cette petite et s'apprête pour le bal.

Malheureusement, la duchesse a changé d'avis. Elle est triste, fatiguée, peu en train de sortir ; elle a mal aux nerfs, et s'allonge sur son sofa dans une pose vaporeuse. Son mari insiste avec une colère polie, et lève toutes les objections qu'on lui fait ; mais c'est peine perdue. La résistance douce et mélancolique de la duchesse ne faiblit pas, et le duc, exaspéré, part, comptant, en analyste profond du cœur humain, sur l'esprit de contrariété naturel aux femmes pour amener la sienne à l'Opéra. La duchesse sent vaguement que son mari la trompe ou veut la tromper, et sa jalousie, pour ne se fonder sur rien, n'en est pas moins en éveil. La maréchale, son amie et sa confidente, plus clairvoyante qu'elle, remarque au doigt de Louison le diamant qui scintille et jette des feux accusateurs; elle vous entreprend la pauvre fille d'un ton altier et rogue, et lui adresse les plus sanglants reproches.

Forte de son innocence et de ses bonnes intentions, Louison relève la tête et s'indigne d'être traitée ainsi. La maréchale s'apaise un peu, et Louison, que la duchesse revêt de son domino, va à l'Opéra intriguer et désabuser le duc. La vertueuse soubrette, qui se sacrifie à la paix de la maison, se prétend amoureuse d'un certain Lucas, aspirant apothicaire, espèce de Jocrisse tout de jaune habillé, qu'on a vu circuler à travers l'action, commençant un discours qu'il ne peut jamais achever; et, pour prouver qu'elle l'aime, elle l'épouse. Faute de Suzanne, l'Almaviva retourne à Rosine, faisant contre fortune bon cœur, et se disant qu'au pis-aller on peut bien aimer sa femme, lorsqu'elle est jeune, pure, belle, et qu'elle vous adore.

Tout cela se débite en vers aisés, naturels, où l'esprit ne manque pas, mais pourrait être taillé en arêtes plus vives: toujours par suite du système que l'auteur semble avoir adopté d'amortir et d'éteindre sa manière. Il a pu juger, au plaisir que la salle éprouve lorsque quelques-uns de ces vers cavaliers et pimpants, comme il sait si bien les faire, passent devant la rampe en faisant siffler leur cravache, combien il aurait tort, sous prétexte de sagesse et de correction, de pratiquer les tons grisâtres et les formes pâteuses.

VARIÉTÉS. *L'Habit vert*. — Le poëte des *Contes d'Espagne et d'Italie* et le poëte de *la Ciguë*, réunis pour un tout petit acte de vaudeville, c'est une prodigalité superbe, un luxe qu'on eût autrefois appelé royal! Nous ne querellerons point les deux auteurs, accoutumés à de plus sérieux succès, d'être allés faire une petite débauche d'esprit sous la tonnelle des Variétés; la main qui pince les cordes de la lyre peut faire aussi tinter les grelots du vaudeville.

L'Habit vert est une fraîche et légère esquisse de la vie d'étudiant et de rapin, dans le genre de *Mimi Pinson*.

C'est dimanche : un gai rayon de printemps entre dans une mansarde d'artiste, avec d'autant plus de facilité qu'il n'y a ni persiennes, ni rideaux : maigre inconvénient, car les jeunes habitants de ce nid aérien ne peuvent être espionnés que par les hirondelles et les anges, si les anges s'amusent à voltiger au-dessus du quartier latin. La rue est pleine de bourdonnements joyeux ; la brise apporte les parfums lointains des lilas des Prés-Saint-Gervais ; à l'horizon que peuvent apercevoir les deux amis, hôtes de ce belvédère, verdoient les bois de Meudon et de Saint-Cloud ; en se pendant sur le gouffre de leurs six étages, ils voient les grisettes pimpantes, en robe blanche et en chapeau de paille, se pendre au bras de leurs amoureux, et se diriger, qui vers les fritures de l'île Saint-Denis, qui vers le veau de Romainville, qui vers les matelotes de Saint-Cloud.

Hélas ! ces délices sont interdites à Raoul et à son camarade Henri : le soleil, qui luit pour tout le monde, au dire des enseignes menteuses, ne luit pas pour eux ; il leur faudra garder le logis. Pour eux, pas de repas sur l'herbe, pas de fromage à la crème arrosé de piquette, pas de tir au pistolet, pas de courses à âne : la caisse est vide, si ce mot n'est pas trop ambitieux pour des capitalistes dont les fonds ont toujours tenu à l'aise dans une poche de gilet ou un gousset de pantalon. Sans périphrase, ils n'ont pas le sou, ce qui s'appelle pas le sou : un tableau de *Roméo et Juliette*, sur lequel la communauté comptait, n'a pu se vendre ; force est de rester dans la mansarde un dimanche. C'est à navrer le cœur !

Henri a bien une montre, la montre de ses pères, oignon vénérable, mais tombé en désuétude, qu'il aime comme souvenir et que Raoul apprécie pour l'épaisseur de la boîte ; en portant ce joyau de famille au mont-de-piété, cet ami de la jeunesse toujours prêt à obliger et à donner de l'argent à ceux qui lui apportent de l'or, on aurait au moins vingt-cinq francs ! et, à vingt ans, avec vingt-cinq francs, on a tout. Henri défend sa montre ; mais voici que, la bouche en cœur, le nez au vent, le bonnet sur l'oreille, une rose au corsage, arrive mademoiselle Marguerite, cousine de Bernerette et de Mimi Pinson : elle trouve les deux amis perplexes et les tire d'embarras, car une grisette n'est jamais embarrassée de rien ; elle découvre dans un tiroir un vieil habit vert élimé, blanchi sur toutes les coutures, piteux, fané, recroquevillé, déteint par la pluie et le soleil, valant bien trente sous pour un fripier consciencieux.

C'est de cet habit que Marguerite veut avoir vingt francs. On fait venir le juif Munius, qui les donne. Pour expliquer le miracle, il faut dire que le juif a trouvé une fois cinq francs dans la poche d'un des gilets vendus par les deux amis, et que Marguerite a glissé la montre dans le vieil habit vert où les doigts crochus du juif l'ont sentie; la vente faite, Henri, qui cherche sa montre partout, la retrouve dans l'habit, et Munius, qui n'a pas la conscience très-nette et ne craint rien tant que les explications devant l'autorité, se retire confus et furieux sans revendiquer la monnaie. Quel joyeux repas ont dû faire Raoul, Henri et Marguerite sous le berceau de chèvrefeuille d'une guinguette, en pensant à ce bon tour, et combien de contredanses hasardeuses ils ont dû danser le soir à la Grande-Chaumière!

Mademoiselle Page est charmante dans le rôle de Marguerite. Henri, Raoul et Munius sont très-bien représentés par Charles Pérey, Cachardy et Rébard.

V

MARS 1849. — Vaudeville : *la Poésie des amours et...*, par MM. Duvert et Lauzanne. — Le style arnalesque. — L'énigme du titre expliquée. — Gymnase : *les Grenouilles qui demandent un roi*, par MM. Clairville et Jules Cordier. — La fable de la Fontaine retournée. — Le coup de pied de l'âne. — Théâtre de la République : représentation de retraite de mademoiselle Anaïs Aubert. — *Le Moineau de Lesbie*, comédie en vers, de M. Armand Barthet. — Mademoiselle Rachel. — Gymnase : *la Danse aux écus*, par MM. Marc Fournier et Henri de Kock. — Interdiction de la pièce. — Vaudeville : *la Foire aux idées*, par MM. de Leuven et Brunswick. — La satire politique au théâtre.

5 mars.

VAUDEVILLE. *La Poésie des amours et...* — Voilà un titre énigmatique et singulier : *la Poésie des amours et...* Que signifie cette suspension mystérieuse ? Rien de bon, sans doute, et cet *et* nous paraît proche parent du *mais* qui vient trop souvent corriger de sa particule restrictive une phrase heureusement commencée. Cette originalité, qui commence dès l'affiche, ne nous surprend pas de la part de MM. Duvert et Lauzanne, collaborateurs inséparables qui ont inventé à eux deux un genre unique. Chose rare chez les vaudevillistes, ils ont, non pas du style, mais un style : la forme les préoccupe ; tout ce qu'ils font est frappé à leur coin ; leur monnaie n'est pas toujours d'un or ou d'un argent bien pur, souvent même c'est du billon de Monaco ; mais chacune de leurs pièces porte, nette et visible, l'effigie accolée de Duvert et de Lauzanne.

Leur phraséologie a un dictionnaire spécial et une syntaxe particulière ; leurs mots s'accouplent d'après des lois bizarres et en raison inverse de leurs convenances. Ces vaudevillistes pleins de fantaisie créent dans leur dialogue des chimères grammaticales à tête de lion, à corps de chèvre et à queue de serpent. Ils transportent dans le domaine du flonflon le génie de l'arabesque lexique ; nous croyons MM. Duvert et Lauzanne capables d'avoir fait des pièces tout exprès pour y placer une comparaison pharamineuse, un choc de vocables supercoquentieux ; peu à peu, ils se sont fait, au sein de la langue mère, un dialecte qui embarrassera terriblement les commentateurs de l'avenir, et qui, dès aujourd'hui, donne de la tablature aux traducteurs.

Figurez-vous un honnête et naïf étranger qui croit savoir le français parce qu'il lit couramment *Télémaque* et quelques autres livres anodins du même genre, et qui s'est chargé de transporter en espagnol, anglais, allemand ou russe, un monologue sentimental ou philosophique d'Arnal écrit dans cet idiome plein d'excentricité : il comprendrait plus facilement les définitions de l'amour par Pierre Leroux.

Toutefois, le style est une si grande chose, que cette recherche de tours et d'agencements étranges sépare MM. Duvert et Lauzanne de la tourbe vaudevillisante, et fait que leurs physionomies se détachent nettement du groupe. Cette manière est, du reste, si tranchée, si nette, si spéciale, qu'elle ne peut convenir qu'à un seul acteur : cet acteur est Arnal, dont MM. Duvert et Lauzanne ont autant besoin qu'il a besoin d'eux. Ils forment entre eux une triade indissoluble. Ces deux auteurs, comme des compositeurs connaissant le fort et le faible du gosier d'une cantatrice, savent seuls écrire pour la voix d'Arnal, qui est gêné lorsqu'il chante d'autre musique que la leur. Il faut ces situations et ce style à son air effaré, à ses cheveux en coup de vent, à ses lèvres où sourit une bêtise narquoise et pleine de fatuité. Aussi, quand on veut un succès pour Arnal, on va chercher MM. Duvert et Lauzanne.

La pièce nouvelle nous montre Arnal amoureux! Différent en cela des comiques qui n'ont que les tribulations de l'amour sans les bénéfices, Arnal ne se laisse jamais damer le pion par le jeune premier : il accepte bien quelques contre-temps grotesques, mais il épouse à la fin, et la jeune fille qui a pu rire de lui revient, au dénoûment, sur sa première impression. — En deux mots, la phrase interrompue du titre : *la Poésie des amours et...* peut s'achever ainsi : *le Bonheur de la famille.*

Arnal a joué son rôle avec cette verve bizarre et cette désinvolture fantastique qui caractérisent son talent.

GYMNASE. *Les Grenouilles qui demandent un roi.* — C'est la fable de la Fontaine mise en action, avec cette différence que la conclusion du bonhomme est républicaine, et que celle de MM. Clairville et Jules Cordier est ce qu'on appelle aujourd'hui réactionnaire. Le vaudeville de 1848 pousse à l'absolutisme, tandis que la fable écrite sous Louis XIV poussait à la liberté. Étrange progrès !

Ces rapsodies politico-satiriques nous déplaisent et nous dégoûtent profondément; nous aurions excusé de pareils vaudevilles dans les premiers mois de la République, parce que le courage excuse tout, et que confesser une opinion, même erronée lorsqu'il y a danger de le faire, est toujours honorable; mais, maintenant, dans l'état où en sont les choses, ces agressions sans péril rappellent le coup de pied de l'âne, car il faut que le lion soit bien mort pour que le vaudeville ose lui lancer ainsi ses ruades.

Nous qui ne sommes d'aucun parti, ou plutôt qui appartenons à une idée dont l'avenir est bien lointain encore, nous assistons en spectateur tout à fait désintéressé à tout ce qui passe, et ce n'est qu'au point de vue de la pudeur publique et de la dignité humaine que nous protestons; nous trouvons honteux qu'en moins d'une année il se soit fait de si complètes palinodies.

Il est triste de le dire, mais le public ne se montre pas assez sévère pour ces gentillesses; assurément, les erreurs, les fautes et les ridicules politiques sont du ressort de la scène, et nous ne prétendons pas les interdire au poëte; mais il faut que ces satires soient faites à un point de vue élevé, aient une portée philosophique, un sens moral, que toutes les fantaisies de l'exécution laissent deviner : nous admettons les tendances les plus opposées. Aristophane faisait, sous la république d'Athènes, des pièces d'un sentiment aristocratique : conservateur déclaré, il bafouait les utopistes de son temps; mais quel bon sens impitoyable! quelle profonde connaissance du cœur humain et des ridicules de notre pauvre espèce! qualités qui, jointes à la plus admirable poésie et à la bouffonnerie la plus audacieuse et la plus folle, n'ont pas empêché les idées qu'il combattait de prévaloir, et Socrate d'être remis sur son piédestal par la postérité. Mais à quoi bon susciter ces grands souvenirs à propos de pareilles choses? Le plus grand effort d'imagination de MM. Clairville et Jules Cordier est dans l'invention des noms dont ils baptisent les habitants de leur marais; en voici quelques-uns : Crapaudin, Grenouillet, Grouillant, Têtard, Clapote, Barboline, Grassouillette, Gonflette, de la Vase, Verdoyant, et autres ingéniosités pareilles. C'est un chœur tout formé pour chanter, comme dans *les Grenouilles* d'Aristophane : *Brekekekex, coax, coax! brekekekex, coax, coax!*

26 mars.

THÉATRE DE LA RÉPUBLIQUE. *Représentation de retraite de mademoiselle Anaïs. — Le Moineau de Lesbie. — Mademoiselle Rachel.* — Mademoiselle Anaïs se retire : pourquoi? Elle prétend qu'elle a débuté sous Louis XVIII. Voilà la raison qu'elle donne. Si tout autre qu'elle disait cela, personne ne le croirait. Eh quoi! cette taille fine, cette démarche leste, cette voix argentée de la jeunesse, ce sourire ingénu et mutin, cet œil limpide, tout étonné de la vie, Agnès, Chérubin, Peblo, Louison, tout ce charme printanier, toutes ces grâces de quinze ans datent de la Restauration? eh quoi! nous voilà, nous autres, vieux, ridés, à moitié grisonnants, et le temps, qui pour nous a volé, s'est arrêté pour elle !

Bien que personne ne pût croire à la sincérité d'une retraite si prématurée, et qu'on n'eût pas voulu prendre au sérieux ces adieux solennels, la salle était comble ; car, à l'attrait du *Don Juan d'Autriche*, où mademoiselle Anaïs jouait Peblo, au charme d'un air chanté par madame Ugalde, la cantatrice à la mode, se joignait la très-vive et très-légitime curiosité de voir mademoiselle Rachel, après avoir déposé le masque de Melpomène, prendre celui de Thalie, et passer de la vie épique de la Grèce à la vie familière de Rome. Dans la même soirée, Phèdre devait se transformer en Lesbie et pleurer son moineau avec ces yeux pleins encore de larmes tragiques.

La pièce de M. Armand Barthet, qui rappelle *la Ciguë* d'Émile Augier, brille plutôt par la grâce et la fraîcheur des détails que par l'intrigue : Catulle veut se marier et fait des libations, avec ses camarades, aux dieux de la jeunesse, qu'il abjure pour épouser Sexta ; Lesbie arrive, inquiète, triste, et a bientôt éconduit les jeunes débauchés qui prétendent à la succession d'Alexandre : est-ce la mort de son moineau ou la perte de son amant qui la rend ainsi intraitable et farouche ? Catulle, qui revient, a bientôt résolu la question.

La jeune femme et le poëte, qui croyaient ne plus s'aimer, sentent se rallumer leurs anciennes flammes, et comprennent, au moment de se quitter, qu'ils ne peuvent vivre l'un sans l'autre ; Lesbie, dans une charmante scène de coquetterie, ouvre la boîte de bijoux destinés à sa rivale et se pare d'un diadème qui lui va si bien, que Catulle n'a pas la force de l'ôter du front de sa maîtresse pour l'envoyer à l'épouse.

Mademoiselle Rachel, que la tragédie n'a, jusqu'à présent, laissé voir que sous un aspect sévère et terrible, dans ce rôle de Lesbie, qui ne l'obligeait à aucun froncement de sourcil, à aucune contraction de lèvres, a profité de l'occasion pour montrer combien elle est jeune, souriante, gracieuse, coquette et profondément féminine : elle a produit un effet de beauté tel, qu'en la regardant on oubliait de l'écouter. Quel regard velouté ! quel rose et blanc sourire ! quelles souples ondulations de cou ! quelle élégance vraiment antique ! et comme cette couronne de grappes de raisin, ces grains d'or, ces fils de perles, cette tunique rose aux plis fripés ainsi que les draperies de Phidias lui allaient admirablement! Il est fâcheux que cette étincelante apparition ne dure que quelques minutes : cette charmante scène du raccommodement est bien courte, mais elle ne pouvait être longue; avec ces yeux si vifs dans leur langueur, cette voix enjouée et amoureusement assouplie, Lesbie n'avait qu'à se montrer pour battre Sexta, prudemment reléguée dans la coulisse.

GYMNASE. *La Danse aux écus.* — *La Danse aux écus* a été interdite par le ministère à sa troisième représentation. Cela suspend de notre part toute critique ; il serait peu généreux d'attaquer après sa mort une pièce que les muets de l'arbitraire ont étranglée à la turque.

La situation des théâtres est grave. Ils sont placés entre la suppression et la censure : de ces deux maux, la suppression nous paraît encore le moindre, car on ne l'accepte pas, on la subit ; c'est un fait brutal, voilà tout. Au lieu qu'aller présenter humblement à la censure des manuscrits qu'elle peut rayer de ses griffes rouges, c'est reconnaître une autorité illégale et donner force de loi à un abus.

La Danse aux écus a été supprimée parce que les représentations en étaient tumultueuses : ce motif ne nous paraît pas suffisant. Sans doute, l'ordre est une belle chose ; mais il ne faut pas confondre l'ordre avec l'immobilité, le mutisme, le non-être. L'endroit le plus paisible, c'est le cimetière, et, nous l'espérons, ce n'est pas à cette tranquillité-là qu'on veut nous ramener. La vie est bruyante, agitée, et c'est pour cela qu'elle est la vie. Pour notre part, nous ne voyons pas le grand mal qu'il y a, dans une salle de spectacle, à ce qu'une moitié des spectateurs siffle tandis que l'autre applaudit ; il n'y a rien de subversif là dedans, et le public ne fait qu'user de son droit. Vous êtes charmé, vous battez des mains ; vous êtes choqué, vous appliquez votre clef forée à vos lèvres : c'est une liberté dont le moindre clerc, au dire de Boileau, jouissait sous le monarque le plus despotique.

Oh ! gouvernants, n'ayez pas peur; laissez tout arriver au public, le souverain juge. Il fera sa police lui-même, et d'une façon bien plus rigoureuse que vos censeurs. L'intelligence générale aura bientôt trié le bon du mauvais. Pourquoi cette défiance du bon sens humain? pensez-vous en savoir plus long à vous seuls que tout le monde?

Sans doute, quelque temps encore, des auteurs enivrés d'une liberté dont on n'a pas l'habitude risqueront des pièces hasardeuses au point de vue des convenances politiques ou morales : croyez-vous que la société sera renversée de fond en comble? Nullement. Les huées des spectateurs feront disparaître bien vite l'ouvrage dangereux, coupable ou prématuré : est-ce que le vide de la salle n'équivaut pas à la suppression de la pièce? Ne faites pas un martyr d'un homme qui aurait été sifflé. — Le peuple qui choisit son président et ses représentants a bien assez d'esprit pour choisir ses vaudevilles.

Toute atteinte portée à l'idée est un crime. L'idée, ce qu'il y a de plus insaisissable, de plus immatériel, de plus divin au monde, ne doit pas voir tomber une seule plume de ses ailes sous les ciseaux de la censure. Que tout verbe s'exprime librement! une pincée de poudre brûle en donnant une flamme légère; comprimée, elle fend les rocs et fait sauter les maisons.

VAUDEVILLE. *La Foire aux idées.* — Le succès de *la Propriété, c'est le vol*, où les charges spirituelles de Cham étaient mises assez heureusement en scène, poussent le Vaudeville dans une voie politique qu'il ferait bien de quitter. Le public commence à se lasser de ces scènes à tiroir mêlées de couplets, où un personnage, posé en démonstrateur de lanterne magique, fait défiler des actualités, toujours les mêmes.

Nous concevons au théâtre la comédie et même la satire politique; mais ces revues sans plan, sans intrigue, sans suite, dont presque tout l'esprit est emprunté aux caricatures et aux petits journaux, nous paraissent avoir fait leur temps. Que dans une action comique on mette les systèmes aux prises et les utopies en action; qu'on fasse une réalisation grotesque et anticipée des sociétés que rêvent certaines sectes; qu'on nous montre, avec leurs conséquences poussées jusqu'à l'absurde, l'Icarie, le phalanstère, la commune, toutefois en ne les calomniant pas, rien de plus juste : la critique philosophique aime à s'exercer sur de pareils sujets. Il est bien entendu que phalanstériens, communistes, icariens, auront la faculté de répondre par des pièces qui contiendront la critique de la société à leur point de vue.

Les vaudevilles-revues, bien que privés de philosophie et de style, satisfont jusqu'à un certain point les préoccupations de l'intelligence publique, et il est à regretter que de vrais poëtes ne se soient point emparés de ce cadre.

Dans *la Foire aux idées*, les personnalités sont poussées très-loin ; c'est là une question délicate. Un marchand de joujoux a en magasin une collection de marionnettes politiques, patriotiques et autres qui se remuent en tirant certaines ficelles ; après que le marchand a montré aux acheteurs le secret de ses principaux pantins, la toile du fond se lève et laisse voir une vue très-exacte de la chambre des représentants, peuplée de polichinelles, d'arlequins, de pierrots, jetés sur les bancs avec les poses nonchalantes et les bras inertes des marionnettes dans la coulisse.

Certes, cela n'est guère respectueux pour l'Assemblé nationale, mais les caricatures dans lesquelles on croque ces messieurs ne sont pas des prodiges de réserve. On ne se gêne guère non plus à leur endroit dans les journaux : faudra-t-il censurer les caricatures et les journaux ? spécifiera-t-on qu'à l'avenir on ne pourra plus mettre de représentants à la scène ? Mais alors les banquiers, les avocats, les notaires, les confiseurs et les gendarmes auront droit aussi à être épargnés, et le théâtre deviendra tout bonnement impossible.

Avec la vie publique, il faut accepter résolument cette guerre à la sarbacane : tant pis pour les susceptibilités ! Ces plaisanteries et ces sarcasmes font rire une fois ; à la seconde, leurs pointes émoussées ne piquent plus et tombent à terre.

VI

AVRIL 1849. — Opéra-Comique : *les Monténégrins*, paroles de MM. Gérard de Nerval et Alboize, musique de M. Limnander. — La pièce et la partition. — Madame Ugalde, Bauche. — Variétés : *Vendredi*, vaudeville de M. Joseph Bouchardy. — *Tu quoque!* — Bouffé. — Théâtre de la République : *Adrienne Lecouvreur*, drame de MM. Scribe et Ernest Legouvé. — Mademoiselle Rachel dans les pièces modernes. — La prose et la poudre. — Le rôle d'Adrienne. — Théâtre de la Nation : *le Prophète*, paroles de M. Scribe, musique de M. Meyerbeer. — Événement musical. — Qualités dramatiques de M. Meyerbeer. — Ses précédentes œuvres. — Son nouvel opéra. — La pièce, la partition et la mise en scène. — Roger, madame Viardot-Garcia.

2 avril.

OPÉRA-COMIQUE. *Les Monténégrins.* — L'Opéra-Comique ne se soucie ordinairement pas beaucoup de l'histoire ; *les Monténégrins*, tout en se pliant à la forme du genre, pourraient cependant, à l'appui de presque tous leurs détails, apporter des documents officiels et des attestations authentiques.

Le livret montre, uni à l'habileté de faiseurs éprouvés, un sentiment littéraire et une couleur poétique assez rares dans ces sortes d'ouvrages.

Sur une action toute réelle, puisqu'elle est consignée dans les bulletins de l'Empire, les auteurs ont fait planer un peu de cette terreur fantastique, de cette horreur religieuse qui tombe des hautes montagnes et des noires forêts de la Thessalie voisine. Le Monténégro, la Bosnie, l'Herzégovine sont tout peuplés de fantômes, de vampires, d'aspioles, de brucolaques ; la croyance au mauvais œil y règne sans conteste, et des légendes comme celles d'Hélène et de la Tour maudite, n'y ont pas besoin d'explications naturelles à la fin.

Ce mélange de réel et de fantastique, ce contraste de la vie des camps et de la vie libre des montagnes, offraient au musicien des ressources dont il a tiré le meilleur parti.

M. Limnander, compositeur belge dont cet ouvrage est le début au théâtre, est connu chez nous par une symphonie et des *Scènes druidiques* exécutées avec succès au Conservatoire.

Si le mot *savant* n'était pas, aux yeux de beaucoup de monde, le synonyme d'*ennuyeux*, nous dirions que la musique de M. Limnander est savante, ce qui ne l'empêche nullement d'être riche de motifs, mouvementée et dramatique; l'harmonie et l'ingénieux travail de l'orchestre viennent très à propos chez lui au secours de la mélodie; il chante comme un ignorant et écrit comme un contrapuntiste : l'inspiration et l'habileté peuvent, quoi qu'on dise, très-bien s'unir.

Les phrases de M. Limnander se développent avec cette fermeté, cette certitude d'allure que donne la connaissance profonde d'un art. Sa pensée musicale a du relief et se saisit aisément sans tomber dans la vulgarité des contredanses et des pont-neufs ; il a de l'originalité sans bizarrerie et toutes les qualités nécessaires pour réussir au théâtre, comme le prouve, du reste, le succès des *Monténégrins*, où pourtant il n'a pu encore se rendre compte de la perspective scénique et acquérir cette habileté pratique que rien ne remplace.

La partition brille par des qualités éminentes de mélodie et d'orchestration; plusieurs morceaux, après avoir été accueillis avec un enthousiasme digne des dillettantes de la Scala de Milan, ont été *bissés* aux applaudissements de toute la salle.

Madame Ugalde-Beaucé, qui jouait le rôle principal, se pose décidément comme cantatrice de premier ordre : elle est en train de passer à l'état d'étoile, d'astre, de *diva* : sa voix souple, étendue, hardie et légère, lui permet d'aborder toutes les difficultés et de prendre toutes les expressions. Cette représentation n'a été pour elle qu'un long triomphe; le *bis* suffisait à peine au fanatisme des admirateurs.

Le ténor Bauche, malgré une émotion visible, a montré qu'il était un chanteur consommé. Sa voix délicate, sympathique et tendre, qui rappelle un peu celle de Poultier, a beaucoup de charme, et il la conduit avec un art extrême.

L'administration n'a rien épargné pour *les Monténégrins*. La mise en scène en est splendide, et le mélange des uniformes français et des costumes à moitié orientaux des montagnards produit un contraste très-agréable à l'œil.

10 avril.

Variétés. *Vendredi.* — L'illustre Joseph Bouchardy, l'Apollon romantique du boulevard, l'auteur de *Gaspardo*, du *Sonneur de Saint-Paul*, de *Lazare le Pâtre*, le grand homme qui a inventé la complication scénique, et dont aucun feuilletoniste n'a jamais pu analyser un drame, tant les incidents y sont entassés, pressés, bourrés ; ce roi du mélodrame dont la postérité mettra le nom à côté, sinon au-dessus de Guilbert de Pixérécourt et de Victor Ducange, vient de commettre un vaudeville, un simple vaudeville en un acte, sans nœud, sans intrigue, aussi uni que *Madelon Friquet* ou toute autre berquinade innocente.

O Bouchardy ! nous pouvons te dire, toute proportion gardée, comme César à Brutus : *Tu quoque, Brute !* Toi aussi, tu nous plonges un vaudeville dans le cœur, au moment où nous ne nous y attendions pas ! toi, notre ami et compagnon de 1830 ! toi, le romantique chevelu, barbu, à moustaches, qui avais des sourcils bleus sur un front jaune d'or, comme un prince javanais, et près de qui nous marchions, secouant une crinière mérovingienne, véritable enseigne de Scapiglione, et jurant sur le poignard de Pétrus Borel d'exterminer tous les bourgeois *à menton glabre*, qui n'admiraient pas suffisamment le point sur l'*i*, la ballade du *Burgrave*, ou *le Pas d'armes du roi Jean !* Est-ce ainsi que tu soutiens l'épithète de Cœur-de-Salpêtre que le Lycanthrope t'avait décernée dans la préface des *Rapsodies !*

Hélas ! à quoi servent ces récriminations inutiles ? A retarder l'analyse du vaudeville perpétré par notre ami et complice dans les grandes saturnales romantiques d'*Hernani* et de *Lucrèce Borgia*.

Bonami a une caisse, un cœur et des superstitions ; il craint le vendredi, le sel renversé, les couteaux en croix, le nombre treize, la rencontre des araignées, et mille choses dont rient tout haut les esprits forts, en ayant soin de s'y conformer en cachette. Ce modèle des caissiers a beaucoup d'affection pour son filleul André, qu'il voudrait voir marié avec la fille du patron ; un commis, détestable farceur, qui procure au pauvre Bonami les présages les plus épouvantables, imagine d'écrire une lettre annonçant un héritage énorme pour André.

Croyant son filleul désormais riche, Bonami n'hésite pas à tirer de sa caisse six mille francs, somme nécessaire pour compléter le prix d'achat d'une maison qu'il faut qu'André acquière, afin d'épouser la fille du patron, qui ne veut pour gendre qu'un propriétaire. L'héritage n'arrive pas, et vous jugez aisément de l'inquiétude, du trouble, et du désespoir de Bonami, qui ne peut remettre dans la caisse la somme qu'il en a extraite. Avec quelle amertume il se reproche cet acte de complaisance funeste ! Heureusement, la maison s'est revendue avec bénéfice. André, enrichi, peut rendre à Bonami les six mille francs, acheter une autre propriété et se marier avec celle qu'il aime.

On se figure aisément la manière dont Bouffé doit jouer le rôle de Bonami. Ce mélange de poltronnerie, de sensibilité et de probité va bien à son talent, trop bien peut-être. Nous l'avons déjà dit, et nous ne saurions trop le redire, Bouffé n'aura maintenant de grand succès que dans une pièce faite pour un autre que lui. Les auteurs, par une pente bien naturelle, se laissent aller à lui faire des marqueteries de scènes et des effets qui l'ont fait applaudir mille fois déjà. Un rôle pour lequel on n'aurait pas pensé à lui, opposé même à sa nature, voilà ce qu'il lui faudrait. Son talent trouverait bien le moyen de s'approprier le personnage rebelle, et d'y plier sa physionomie.

16 avril.

THÉATRE DE LA RÉPUBLIQUE. *Adrienne Lecouvreur.* — La représentation d'*Adrienne Lecouvreur* était attendue avec impatience par le public et surtout par les littérateurs ; ce n'était point la pièce en elle-même qui excitait cette curiosité : M. Scribe a donné la mesure de son talent depuis longues années, et l'on sait à quoi s'en tenir sur son compte; mais mademoiselle Rachel devait, ce soir-là, franchir le Rubicon, quitter l'alexandrin pour la prose, et jouer pour la première fois un rôle de drame.

L'éminente actrice s'était, jusqu'à présent, renfermée dans le vieux répertoire tragique, et consacrée au culte des poëtes morts ; les quelques rôles acceptés par elle, en dehors de Corneille et de Racine, avaient été tracés exprès sur les patrons et les formes antiques, et l'art contemporain lui était, pour ainsi dire, resté complétement étranger.

Chose singulière! mademoiselle Rachel, qui semblait avoir la terreur ou l'aversion de la poésie de son temps, ne s'apercevait pas qu'elle réussissait dans la tragédie par le sentiment tout moderne qu'elle y apportait. Le jeune sang qu'elle faisait circuler dans les veines de ces pâles fantômes leur donnait l'apparence de la vie, et attirait la foule, qui ne court que là où quelque chose palpite : s'imagine-t-elle par hasard que ce sombre regard, cette voix rauque et profonde, cette pâleur maladive, ce front chargé de toutes les mélancolies de notre âge, ce jeu nerveux, cette rage froide, ce débit dégagé de mélopée, où la césure, la rime et la période poétique se font à peine sentir, ne soient pas du bel et bon drame, et nullement de la tragédie comme on l'entendait dans le grand siècle et aux époques qui conservaient encore les saines traditions du genre ?

Cet élément dramatique, introduit à son insu par la jeune actrice dans la forme solennelle du passé, a redonné, pendant dix années, une existence à des chefs-d'œuvre que l'on négligeait pour des pièces moins parfaites sans doute, mais où nos préoccupations et nos goûts se réfléchissent.

Comme le nombre de ces chefs-d'œuvre est petit, le choix qu'on en fait extrêmement borné, il fallait, un jour ou l'autre, que l'illustre tragédienne arrivât à demander à l'art de son temps ce que celui d'autrefois ne pouvait plus lui fournir.

Tout en regrettant qu'elle ne l'ait pas prise plus tôt, nous féliciterons mademoiselle Rachel de la résolution qu'elle vient de prendre, et qui lui ouvre une vaste carrière théâtrale qu'une plus longue opiniâtreté rétrospective lui eût fermée bientôt. Nous la croyons appelée, dans cette voie, à des succès qui n'auront rien à envier à ses succès tragiques.

La Marseillaise, avec laquelle elle a produit un effet si immense, quelque temps après la révolution de février, est le premier rôle moderne joué par mademoiselle Rachel. Nous mettons cette création au niveau, sinon au-dessus, de Phèdre, d'Hermione et de Camille; avec quelques strophes, moitié chantées, moitié parlées, elle a fait tout un drame plein de grandeur et de passion, où frémissait l'âme d'un peuple s'éveillant à la liberté; il ne s'agissait plus là des plis droits de l'art grec et d'attitudes de bas-relief. C'était bien le tocsin révolutionnaire qui vibrait dans sa voix, et la fièvre de la vengeance qui faisait trembler son corps frêle.

Dans *le Moineau de Lesbie*, jolie petite étude romaine, l'intelligente actrice semble avoir voulu ménager, par le sourire de Lesbie, la transition du sérieux tragique aux familiarités de la prose et du drame. On eût dit aussi que, par la fantaisie plus libre et plus coquette du costume, elle habituait l'œil à la voir autrement que sous le péplum et le manteau.

Le sourire, la couronne de pampres, les perles dorées et le récit de la mort du moineau furent accueillis de manière à montrer à mademoiselle Rachel qu'elle pouvait prendre à son gré le masque pâle de Melpomène ou le masque rose de Thalie.

Cependant elle hésitait encore, et ne se décida qu'après un concile de journalistes, à jouer Adrienne Lecouvreur, tant il lui paraissait redoutable de quitter le cothurne pour le soulier à talon, et les grands mots de six pieds pour la prose humble et courante.

Les journalistes consultés répondirent en gens d'esprit qu'il fallait risquer la chose, et l'actrice docile obéit. Avec quel succès, on l'a pu voir samedi.

Une autre question, non moins grave que celle de parler en prose, faisait balancer mademoiselle Rachel. Mettrait-elle ou non de la poudre, comme les modes du temps l'exigeaient? De la poudre sur le front grec d'Hermione! de la poudre sur les noirs cheveux de Camille! Melpomène en perruque blanche, avec un hérisson, des crêpés, des repentirs! Divinités du Pinde, chaste chœur des Piérides, qu'eussiez-vous dit de cela?

Nous avouons que cette idée a en soi quelque chose d'énorme, d'extravagant, de monstrueux, qui effraye, désarçonne et renverse à première vue : grand Dieu ! mademoiselle Rachel, cette tragédie incarnée, ce marbre, cette statue antique, s'enfariner la tête, se faire neiger, avec une houppe de cygne, de l'amidon sur la nuque, cela peut-il se supporter ! Trois fois l'actrice avança le front sous le blanc nuage, trois fois elle se retira, et le cœur lui a définitivement défailli pour un si grand sacrifice. Adrienne Lecouvreur a paru avec ses cheveux noirs comme l'aile du corbeau, au milieu des têtes poudrées de ses camarades.

Nous concevons très-bien ce caprice, qu'on peut pardonner à une actrice aimée ; mais nous sommes sûr que la poudre siérait à ravir à mademoiselle Rachel, et nous l'engageons fort à en faire l'essai aux représentations suivantes ; elle y gagnerait d'être charmante d'une manière nouvelle, et ferait cesser une disparate choquante.

Quelques poëtes regrettaient que la grande actrice n'eût pas opéré son passage de la tragédie au drame dans une œuvre de plus de valeur littéraire qu'*Adrienne Lecouvreur*. Nous croyons qu'il valait mieux pour elle jouer une de ces pièces où l'habileté tient lieu d'inspiration et dont le style sans caractère n'occupe ni n'inquiète le public. Le drame importait peu, pourvu qu'il marchât sans secousse, et laissât à l'actrice la libre disposition de ses moyens : Adrienne Lecouvreur était précisément ce qu'il fallait pour cette épreuve.

La pièce, dans des mains moins habiles à donner de la ductilité à un sujet, n'eût guère fourni qu'un vaudeville en deux actes dans ce genre un peu noir et violent qu'affectionne aujourd'hui le Gymnase ; mais, nourrie de scènes incidentes, peuplée de caractères épisodiques, elle fournit, sans languir et sans ennuyer, sa carrière de cinq actes, qui n'en est pas moins un peu longue pour M. Scribe.

Maurice de Saxe est attaché à la princesse de Bouillon par une de ces chaînes de fleurs qui valent bien des chaînes de fer, et dont il a peine à se délivrer, tout héros qu'il est. La princesse est jalouse ; elle est tourmentée de ces vagues soupçons qui avertissent une femme qu'elle a une rivale : un bouquet que porte Maurice lui semble suspect ; elle le lui demande, et fait l'observation qu'il est lié par un fil d'or, magnificence peu usitée parmi les bouquetières de la rue, où le comte de Saxe prétend l'avoir acheté.

La princesse ne se trompe pas ; ce bouquet a été donné à Maurice par mademoiselle Adrienne Lecouvreur, jeune actrice de la Comédie-Française, qu'il a protégée à la sortie d'un bal masqué contre l'insolence de quelques fats, et qui lui sait le gré le plus tendre de cette héroïque conduite. Madame de Bouillon garde le bouquet, au grand déplaisir de Maurice, qui n'ose insister pour le ravoir, de peur de confirmer la jalousie de la princesse.

Jusque-là, mademoiselle Rachel n'avait pas encore paru, et, comme à la représentation du *Lion de Mysore*, où l'on entendait le protagoniste rugir derrière la toile, tout semblait long, froid, insipide ; on eût voulu voir tout de suite la bête féroce.

Enfin, au second acte, l'envie des spectateurs a été satisfaite. Dans une décoration représentant le foyer de la Comédie-Française d'alors, mademoiselle Rachel a fait son entrée en costume de Roxane très-maniéré, très-élégant et très-fantasque.

« Elle va parler en prose ! » se disait-on de toutes parts ; et cela paraissait aussi extraordinaire que si, au milieu d'un ballet, une danseuse prenait la parole.

Les trois ou quatre premières phrases ont été écoutées avec le plus profond et le plus religieux silence ; car beaucoup de gens s'imaginaient que cette bouche harmonieuse ne pouvait se servir que de la langue des dieux.

C'était là, en effet, la grande attraction de la soirée, la question d'avenir.

La jeune tragédienne, loin d'être gênée, comme on en avait peur, par l'absence de l'alexandrin, semblait, au contraire, plus à son aise avec les phrases courtes, les périodes irrégulières et les tours familiers de la prose.

Ce résultat a paru surprendre plusieurs personnes ; il ne nous a pas étonné, car mademoiselle Rachel n'a jamais dit les vers prosodiquement et mélodiquement ; elle les a toujours récités selon le sens et non selon la mesure (ceci ne veut pas dire qu'elle les fausse). Les périodes poétiques deviennent des phrases dans sa bouche, et elle les prononce sans déclamer, sans chanter, plus soucieuse de la parole que de la musique ; en un mot, elle débite une tirade en vers comme si elle était écrite en dehors du rhythme et de la rime. Ce système, qui était aussi celui de Talma, prépare merveilleusement à dire la prose, et mademoiselle Rachel en a été la preuve l'autre soir.

Adrienne Lecouvreur va jouer Roxane, et la présence de Maurice, qu'elle prend pour un jeune officier de fortune, loin de la troubler ou de la distraire, comme le craint Michonnet, vieux confident tragique dont toute l'ambition est de devenir sociétaire, redouble son désir d'être applaudie, exalte son inspiration, et lui fait battre à plates coutures la Duclos, sa rivale.

La représentation se joue à la cantonade ; on entend les applaudissements dans les coulisses ; les comédiennes qui ne sont pas en scène causent avec les seigneurs, les abbés et les militaires, papillons du foyer. Acomat et Bajazet jouent au trictrac dans l'intervalle d'une tirade à l'autre, et M. de Bouillon, qui doute de la fidélité de la Duclos, sa maîtresse, qu'il ne serait pas fâché de prendre en défaut, espère, d'après un renseignement charitable, la trouver en bonne fortune dans sa petite maison de la rue Grange-Batelière ; pour confondre la perfide d'une façon plus éclatante, M. de Bouillon invite toute la Comédie-Française à souper sur le théâtre même de l'infidélité.

Ce n'était pas la Duclos qui devait aller dans la petite maison, comme l'avait fait croire au prince un billet surpris ou livré, c'était la princesse de Bouillon elle-même. Madame de Bouillon voulait traiter tout à son aise avec Maurice du rachat d'une certaine lettre de change de soixante mille livres possédée par un certain comte suédois qui la voulait vendre à l'ambassadeur de Russie, lequel espérait par ce moyen faire mettre Maurice en prison et l'empêcher d'aller conquérir la Courlande ; et ces négociations s'amènent plus facilement à bien dans une petite maison que dans un hôtel.

L'arrivée des joyeux convives qui précèdent le prince et l'abbé, fait fuir la princesse, mais pas si vite que le pan de sa robe et le bout de son voile, disparaissant par la porte dérobée, n'avertissent de la présence d'une femme le prince de Bouillon et son ami l'abbé, qui, la prenant pour la Duclos, font fermer les portes de la petite maison, et défendent qu'on laisse sortir personne avant le jour.

La situation de la princesse est terrible; elle n'en sort que grâce au dévouement d'Adrienne Lecouvreur, qui a reconnu son amant dans le comte de Saxe et qui la fait sortir, les lumières éteintes, à l'aide d'une clef de la porte du jardin qu'on lui a donnée pour qu'elle pût entrer toute seule, la représentation finie. Madame de Bouillon s'enfuit, plus préoccupée de savoir quelle est la femme qui la sauve, et en qui elle pressent une rivale, que du danger qu'elle court; en s'éloignant, elle laisse tomber un bracelet de diamants que son mari lui a donné la veille même : ce bracelet est ramassé par Adrienne.

La duchesse est en proie à toutes les fureurs de la jalousie; elle ne rachète pas la lettre de change, espérant que la prison lui répondra de la fidélité de Maurice : cette femme, elle n'a pu voir ses traits, et, cependant, cette voix ne lui est pas inconnue. Voilà donc la princesse épiant les intonations de toutes les femmes qu'elle croit capables de plaire à Maurice.

Enfin, un hasard lui livre le secret qu'elle cherche. Mademoiselle Lecouvreur, dans une soirée que donne la princesse, débite une tirade de *Phèdre*, et dit des vers qui marquent sa rivale comme autant de fers rouges. Madame de Bouillon a reconnu la voix qu'elle cherche, et il s'ensuit, entre la grande dame et la comédienne, une scène d'ironie et de rage où, sous des formes insolemment polies, elles se déchirent le cœur du mieux qu'elles peuvent : seulement, la comédienne a le dessus. Le bracelet ramassé par elle dans la petite maison, et naïvement reconnu par le mari, confondrait la princesse si une pareille femme pouvait rougir.

Maurice, dont Adrienne a payé la lettre de change en engageant ses diamants, arrive et complète le triomphe de l'actrice, triomphe qu'elle paye cher; car la princesse de Bouillon, imbibant du poison le plus subtil le bouquet du premier acte, l'envoie, de la part du comte, à mademoiselle Lecouvreur, qui le respire et meurt dans les bras de son amant, après une admirable agonie, qui est à elle seule tout le cinquième acte.

Ce drame est un prétexte très-suffisant aux effets de mademoiselle Rachel, qui a montré beaucoup plus de souplesse dans la composition de ce rôle qu'on n'aurait pu l'attendre de ses habitudes tragiques. Elle a été affectueuse, bonne enfant avec Michonnet, tendre et passionnée avec le comte Maurice de Saxe, polie avec les grands seigneurs, pleine de dignité, étincelante de sarcasme, superbe de noblesse révoltée dans ses différentes scènes avec la princesse de Bouillon ; elle a parcouru avec facilité toute la gamme dramatique.

Ce premier pas dans une voie nouvelle doit l'encourager : qu'elle ne redoute donc plus les poëtes, quelle se fie au génie de notre siècle, qui est un grand siècle, quoi qu'en puissent dire les envieux et les cuistres, et elle verra quelle moisson de couronnes lui réserve l'art moderne.

23 avril.

THÉATRE DE LA NATION. *Le Prophète.* — *Le Prophète* avait une tâche bien difficile à remplir : réaliser l'idéal que chacun, enfiévré de curiosité et de désir, avait pu se faire, d'après le nom de Meyerbeer, d'une œuvre si longuement élaborée, et, chose plus malaisée encore, se défendre contre la gloire de ses aînées. *Le Prophète* a surmonté glorieusement tous ces obstacles, dont le dernier n'était pas le moins redoutable.

Le génie musical de Meyerbeer ne peut être contesté par personne, et, pour l'attaquer, il faut lui demander des armes à lui-même. L'Envie aux abois, n'ayant pas de rival sérieux à opposer à un grand homme, tâche de détruire une moitié de sa réputation avec l'autre ; elle le coupe en deux parts qui se combattent : de la première, elle fait un géant, et de la seconde, un nain, et jouit d'assister à ce combat inégal, où tous les coups portent, car celui qui les donne les reçoit et saigne doublement. Par bonheur, *le Prophète* est revêtu d'une bonne armure de Milan, cannelée, ciselée et damasquinée, à l'épreuve de la masse d'armes de *Robert le Diable* et du poignard des *Huguenots*, et, la bataille terminée, il a pu s'asseoir sans blessure à côté de ses frères, dont on aurait bien voulu faire des frères ennemis.

L'œuvre nouvelle de Meyerbeer est tout un monde, et il faut plus de trois auditions pour en discerner chaque détail ; mais, dès à présent, l'on peut affirmer qu'elle vient d'ajouter, dans le talent de l'auteur, un cercle ascendant à cette spirale que Gœthe présente comme l'emblème du progrès.

Jamais Meyerbeer ne fut plus *maître* que dans *le Prophète* : il a pris de l'ampleur, de la sérénité, une sorte de tranquillité grandiose qu'on ne trouve pas dans ses autres ouvrages. Bien que touffu, le travail est clair et laisse jouer l'œil dans ses profondeurs. L'effort n'est nulle part sensible; il n'y a ni encombrement ni fatigue. Un art souverain use à son gré des ressources musicales, dessinant avec la mélodie, coloriant avec l'harmonie, mettant le chant sur le théâtre ou dans l'orchestre, faisant donner en masse toute l'armée des instruments, ou n'en employant que quelques-uns, mais toujours produisant l'effet voulu, et surtout ne manquant jamais à la situation; car Meyerbeer est, depuis Gluck, le compositeur le plus essentiellement dramatique qui se soit fait entendre à l'Opéra : il a l'entente du théâtre au plus haut degré, et c'est, à notre sens, la qualité distinctive de son génie. Les péripéties violentes, les grands mouvements, les luttes où la politique, la religion et l'amour sont en jeu, lui conviennent par-dessus tout, et, plus l'intérêt scénique est vif, plus il se montre grand musicien. Son talent s'exalte avec la situation, et c'est là qu'il se développe, plutôt que dans les places où l'action, moins rapide, laisse à la fantaisie le temps de s'épanouir; on voit que le théâtre est son lieu naturel, plus que la symphonie, l'oratorio, la musique de chambre ou la romance. On trouverait à Meyerbeer, parmi les compositeurs illustres, des rivaux pour plusieurs parties de l'art; d'autres l'ont égalé par le génie ou par la science, par l'invention ou le style, aucun ne l'a dépassé en effet dramatique; nul n'a su trouver mieux que lui la note qui s'allie au cri de la passion, l'accompagnement qui gronde orageux et troublé sous une situation suprême. C'est là sa couronne particulière et en quelque sorte son rayon spécial.

Aussi, le choix du livret est-il pour Meyerbeer d'une importance majeure, et la négligence italienne en fait de poëme ne saurait-elle lui convenir. Tantôt, c'est une magnifique légende comme dans *Robert le Diable*, la plus belle donnée musicale après *Don Juan* peut-être; tantôt un grand sujet historique comme *les Huguenots*, où l'habileté de M. Scribe a transporté la passion de la *Chronique de Charles IX* de Mérimée, ou bien, comme dans *le Prophète*, une des grandes évolutions de l'humanité, la protestation de tout un peuple employant les formules religieuses pour renverser la tyrannie féodale, un tableau brillant et dramatique de ce mouvement étrange qui fit, d'un tailleur, un prophète, un roi, presque un dieu.

Robert le Diable, c'est le catholicisme avec ses superstitions, ses demi-jours mystérieux, ses tentations, ses longs cloîtres bleuâtres, ses démons et ses anges, toutes ses poésies fantastiques. *Les Huguenots*, c'est l'esprit d'analyse, le fanatisme rationnel ; la lutte de l'idée contre la croyance, du devoir contre la passion, de la négation contre l'affirmation ; c'est l'histoire qui se substitue à la légende, la philosophie à la religion. *Le Prophète*, c'est l'hypothèse, l'utopie, la forme confuse encore des choses qui ne sont pas, s'ébauchant dans une esquisse extravagante.

Ces trois opéras composent une immense trilogie symbolique pleine de sens profonds et mystérieux ; les trois phases principales de l'esprit humain s'y trouvent représentées : la foi, l'examen, l'illuminisme. La foi correspond au passé, l'examen au présent, l'illuminisme à l'avenir. Pour se rendre visible, chacune de ces idées a pris sa forme nécessaire : *Robert le Diable*, le conte bleu ; *les Huguenots*, la chronique ; *le Prophète*, le pamphlet. Les anabaptistes et les paysans ont des dialogues qu'on pourrait croire taillés dans la prose des journaux communistes.

Par une coïncidence bizarre, chacun de ces opéras se rapporte exactement au sens historique de l'époque où il a été fait ou joué. *Robert le Diable*, composé dans les dernières années de la Restauration, quoique joué plus tard, représente assez bien l'esprit chevaleresque, catholique et plein de retours au moyen âge de cette période. *Les Huguenots*, où les protestants ont le beau rôle, ne peignent-ils pas les tendances sceptiques, bourgeoises et constitutionnelles du règne qui vient de s'écouler ? *Le Prophète* semble fait à souhait pour les préoccupations du moment. Outre ces sens religieux, cette trilogie musicale en a de purement métaphysiques qui s'y ajoutent et les continuent : elle caractérise l'inspiration, la pensée et le rêve.

Probablement, Meyerbeer, en écrivant ses immortelles partitions, n'a pas eu l'intention précise d'y renfermer les emblèmes que nous y trouvons. Mais le génie, à son insu, résume dans ses œuvres le sens des époques où il travaille, et dit le mot que tout le monde murmure, de même que l'homme articule ce que la nature balbutie.

Maintenant que nous avons indiqué, plutôt qu'expliqué, la portée philosophique et générale de l'œuvre du maître, arrivons à l'examen du *Prophète*.

Après quelques mesures d'introduction qui remplacent l'ouverture, la toile se lève et nous ouvre une large perspective sur une campagne aux bords de la Meuse, dans les environs de Dordrecht; un horizon verdoyant et bleuâtre où les troupeaux nagent à plein poitrail dans un océan de hautes herbes, hérissé de ces jolis moulins à vent de Hollande, dont la blanche tourelle porte une pittoresque collerette de charpente, dentelé de clochers et de donjons féodaux comme on en voit dans Teniers, Wynantz ou Camille Roqueplan, avec un premier plan de gentilles chaumières, coquettement rustiques, toits qui surplombent, poutres sculptées, vitrages maillés de plomb, posées comme une antithèse devant un sombre manoir à pont-levis et à tours en poivrière.

Le vent se repose et les moulins désœuvrés étirent, comme des bras, leurs grandes ailes paresseuses : les meuniers profitent de ce que le tictac du moulin fait silence pour chanter en chœur une chanson joyeusement nonchalante, tout en s'accoudant aux tables où fume le repas du matin.

A la gaie chanson des meuniers se mêle bientôt un chant de fauvette, un frais soupir virginal : c'est Berthe, la fiancée de Jean, une pauvre orpheline que celui-ci a sauvée au moment où elle se noyait dans la Meuse, et qui célèbre l'aurore du bonheur. Fidès, la mère de Jean, vient la chercher pour la conduire à son fils, qui l'attend avec impatience; mais Berthe est vassale attachée à la glèbe, et ne peut quitter la contrée et se marier sans l'agrément du comte Oberthal, son seigneur et maître. Accompagnée de Fidès, Berthe met le pied sur les premières marches de l'escalier qui conduit au château, lorsqu'un air lugubre fait entendre ses notes de plain-chant, et qu'au sommet du tertre, comme trois chauves-souris humaines, apparaissent trois personnages vêtus de longues robes noires, qui descendent vers les paysans de ce pas lent, mesuré, solennel, des gens dominés par une idée unique; ils psalmodient à l'unisson le texte latin qui formule leur croyance : c'est une phrase sombre, plus fatale encore que religieuse, presque fantastique, comme Meyerbeer seul sait en trouver; et, chaque fois qu'elle revient dans l'ouvrage, elle produit un effet sinistre et saisissant.

Iterum ad salutares undas,
Ad nos, in nomine Domini,
Ad nos, venite, populi!

Ce sont les apôtres anabaptistes Jonas, Zacharie et Matthisen, qui parcourent les campagnes, prêchant leurs doctrines religieuses et politiques, lesquelles n'étaient pas tout à fait celles que M. Scribe leur prête; mais, en matière de livret, l'exactitude n'est pas de rigueur.

Les paysans, favorablement disposés à ces prédications insurrectionnelles par les pilleries, les extorsions et les mauvais traitements des seigneurs, se pressent autour du noir trio ; ils s'exaltent à la pensée de leurs misères et de la revanche qu'ils vont prendre sur leurs oppresseurs.

Le chœur, qui a commencé presque comme un commérage, s'enfle, grandit, et, s'enivrant de son propre bruit, que coupe à temps égaux la phrase sacramentelle des anabaptistes tombant comme un bruit sourd de hache sur un billot, passe du caquetage aux vociférations, du murmure au tonnerre, et devient immense et formidable comme la colère d'un peuple. On brandit les pioches, on agite les fléaux, on montre le poing au donjon impassible, qui, noir et morne, regarde fourmiller cette émeute à sa base.

Le comte Oberthal, chaud de vin et de luxure, sort de son manoir. Vous croyez peut-être qu'il va être écharpé par cette multitude furieuse; pas le moins du monde. Il reconnaît dans un des apôtres un de ses anciens sommeliers, chassé comme ivrogne, menace les deux autres de les faire pendre aux créneaux de la tour, et, d'un geste, fait rentrer toute cette canaille dans le devoir, tant l'habitude de l'esclavage rabaisse le courage humain.

Fidès et Berthe s'approchent d'Oberthal, et, dans une jolie romance à deux voix, où les timbres heureusement mariés de mesdames Viardot et Castellan expriment une pensée pleine de fraîcheur et d'émotion, lui demandent la permission nécessaire pour le mariage. Oberthal, trouvant la vilaine jolie, refuse le plus galamment du monde son autorisation, et ne veut pas qu'une perle si précieuse sorte de ses domaines. Les paysans, ameutés par Fidès, insistent; un regard du comte suffit encore à les disperser. Cependant la phrase lugubre des anabaptistes, qui s'éloignent, gronde au fond du théâtre comme une menace de vengeance : ces trois lignes de latin, psalmodiées et grommelées par trois fanatiques, renverseront ce puissant seigneur, et feront ployer comme du carton les fortes murailles de son nid crénelé.

Le théâtre change, et nous sommes à l'auberge de Jean, dans un des faubourgs de Leyde. Zacharie, Jonas et Matthisen, accoudés à une table, devant une mesure de bière, regardent Jean avec des yeux pénétrants et rêveurs : ils trouvent que le cabaretier ressemble à s'y méprendre à la statue du roi David, qu'on admire dans la cathédrale de Munster, et ils pensent que cette ressemblance pourra les servir dans leurs projets. — Ils lient conversation avec Jean, que sa piété et ses lectures bibliques ont déjà prédisposé à l'exaltation; Jean leur raconte un rêve qu'il a eu : il s'est vu, pendant son sommeil, couronné roi, sacré prophète, encensé dans la cathédrale, salué du nom de David et de Messie, entouré de flammes et poursuivi par deux voix dont l'une lui criait; « Malédiction ! » et l'autre : « Clémence ! » Les anabaptistes voient là un avertissement du ciel, et, comme les trois sorcières à Macbeth, ils disent à Jean : « Tu seras roi ! »

Ce quatuor est d'un effet superbe, et l'une des parties capitales de l'ouvrage : le trouble de Jean contraste très-heureusement avec le ton affirmatif et dogmatique des trois apôtres, immuables comme la fatalité.

Jean, quoique le rêve ait produit dans sa cervelle le premier ébranlement de l'hallucination, ne peut ajouter foi à de semblables prédictions; d'ailleurs, il n'a qu'un désir, vivre heureux avec Berthe sa fiancée. Mais ces vœux si modestes ne seront pas remplis : Berthe, qui s'est échappée à grand'peine des mains d'Oberthal, accourt pieds nus, échevelée, demandant à Jean de la cacher, car elle est poursuivie par les sergents du comte. « Livre-la, dit le chef des hommes d'armes, qui ne tarde pas à entrer, ou ta mère, que nous gardons en otage, va être mise à mort sous tes yeux. » En effet, un soudard lève la hache sur la tête de Fidès.

Jean, à ce spectacle, après un court combat entre l'amour du fiancé et l'amour du fils, va chercher dans sa cachette Berthe, qu'il livre aux gens du comte.

Fidès exprime sa reconnaissance à Jean dans une phrase émouvante, cri du cœur qui va au cœur, et que madame Garcia lance admirablement. Tout le reste de la mélodie est plein de larmes, d'effusions maternelles et de sentiment religieux. Le fils, morne, froid, distrait, glacé, ne répond pas aux élans de sa mère, qu'il écarte pour se livrer aux accès de sa rage impuissante. Resté seul, il éclate en cris, en imprécations, en souhaits de vengeance.

Au milieu de sa fureur, comme une goutte d'eau froide dans une chaudière en ébullition, se fait entendre le psaume des anabaptistes, qui rôdent autour de la maison comme des esprits tentateurs, toujours prêts à paraître quand on les évoque. Ils arrivent à l'appel de Jean, et lui promettent la vengeance s'il veut servir leurs projets. L'Allemagne n'attend pour se soulever que la venue du Messie annoncé, et Jean réunit tous les signes qui l'attestent. A dater de ce jour, il n'a plus de mère, plus de lien terrestre ; il appartient tout entier à la foi nouvelle, et les apôtres l'entraînent sans lui permettre de poser un dernier baiser sur le front de Fidès, endormie dans la chambre voisine. — Tout ce morceau est plein d'entraînement, de verve fanatique, car le trio sinistre croit à demi à sa propre imposture, et produit un immense effet dramatique et musical.

Au troisième acte, l'insurrection a éclaté. Jean de Leyde, à la tête des anabaptistes, attaque les nobles dans leurs châteaux, les moines dans leurs couvents, les évêques dans leurs villes. Suivi d'une troupe de fanatiques sincères et de pillards non moins consciencieux, il pousse devant lui les populations effrayées, comme des troupeaux de moutons : la terreur le précède, et il remporte victoires sur victoires.

Le camp anabaptiste est devant Munster, sur les bords d'un étang glacé, à la lisière d'une forêt.

Jamais peut-être l'art de la décoration n'a été porté plus loin : ce n'est plus de la peinture, c'est la réalité même. Le givre a suspendu sa peluche au squelette de la forêt ; les terrains sont glacés çà et là de lames de neige ; l'étang, pris jusque dans ses profondeurs, montre la rayure blanche des patins ; au fond, la silhouette de Munster avec ses églises, ses clochers, ses tours, ses beffrois, se dessine tantôt en clair, tantôt en vigueur, sur un ciel variable où la bise promène les nuages. Jusque-là, ce ne sont que des merveilles pour ainsi dire habituelles à l'Opéra ; mais ce qu'on n'a pas vu encore, ce sont ces dessous d'arbre estompés de vapeur, ce brouillard qui s'élève et ouate tout le paysage à l'approche de la nuit : ce changement complet du blanc au noir, ce soleil perçant au matin les cinquante voiles de la brume et inondant le théâtre d'une lumière si vive, que les acteurs ont des ombres portées, chose inconnue à la scène ; c'est ce ton gris, fin, argenté, cette localité d'hiver qu'on croirait transportés de Van de Velde et de Van der Heyden, et qui fait, de la décoration de M. Despléchin, un véritable chef-d'œuvre.

L'acte s'ouvre par un chœur d'un rhythme féroce, d'une grandeur sauvage et d'une énergie diabolique : les formules religieuses, se mêlant aux cris d'anathème et de destruction, désignent bien le caractère tout particulier de cette insurrection. On veut massacrer les prisonniers ; mais Matthisen suspend les haches par cette simple idée qu'il ne faut pas tuer ceux qui peuvent payer rançon, et la plupart des captifs sont des nobles, des abbés, des duchesses qui rachèteront leur vie plus cher qu'elle ne vaut.

A ce chœur terrible, dont les vers recommencent obstinément par ces mots rouges : « Du sang ! du sang ! du sang ! » succède une marche triomphale et guerrière. Un autre corps d'anabaptistes rentre victorieux au camp ; ceux-là sont des soldats et non des coupe-jarrets : leur enthousiasme est plus noble et plus héroïque ; leur chant est un hymne de victoire, et non une ululation de bêtes fauves à la curée.

Fatigués de leur expédition, les anabaptistes font fête aux provisions que leur apportent les paysannes des environs, sur la tête ou en traîneau, suivant l'usage de Hollande, quand l'hiver a glacé les canaux et les étangs. C'est un spectacle original, curieux et charmant que cette multitude de gens arpentant la scène sur de véritables patins, faisant des coulés, des glissades, décrivant des demi-cercles, s'évitant, se cherchant, pivotant sur eux-mêmes, se livrant à toutes les évolutions imaginables, comme s'ils dessinaient leurs arabesques sur une glace véritable. C'est un de ces tableaux de l'hiver comme on en voit dans l'œuvre des vieux maîtres de Hollande et de Flandre, et aussi ingénieusement peint que possible par M. A. Mabille, avec des figurants et des figurantes pour couleurs.

Le théâtre, peuplé tout à l'heure, se fait solitaire, et l'on ne voit plus que les torches des paysans qui s'éloignent en glissant sur leurs patins et filent à l'horizon comme des météores.

Une tente se développe et encadre le théâtre de ses pans entr'ouverts, qui laissent voir l'horizon brumeux : c'est celle de Zacharie. Il a envoyé Matthisen sommer le vieux Oberthal, père du comte libertin, de rendre la ville de Munster dont il est gouverneur. Le vieux seigneur, outré de rage de ce qu'on a brûlé le château de son fils, jure de se défendre jusqu'à la dernière extrémité. Pourtant, il faudrait à toute force s'emparer de Munster, car l'empereur approche; et comment lui résister en rase campagne? Jean de Leyde, que les anabaptistes nomment le Prophète, paraît soucieux, incertain; il semble douter de sa mission; tant de crimes l'effrayent, et il refuse d'aller plus loin. Ce n'est pas le compte de l'ambitieux Zacharie, pour qui le Prophète est un instrument qu'il espère bien briser plus tard, et dont il a besoin à présent pour enflammer les imaginations et rallier les masses.

Comme Zacharie se livre à ces idées peu riantes, on amène un homme qu'on a trouvé rôdant autour du camp. Est-ce un espion? est-ce une recrue? Si c'est une recrue, qu'il jure de se conformer aux statuts des anabaptistes. — Le nouveau venu jure tout ce qu'on veut; et alors les bons apôtres veulent trinquer avec un si bon compagnon; ils choquent les verres en chantant un refrain à boire, dont l'allure biblique et la tournure de psaume forment avec le sens des paroles un contraste d'un comique sombre et bizarre qui s'adapte merveilleusement au sujet. Ces serments sinistres, coupés de strophes bachiques, font un effet étrange; toute cette partie est pleine d'humour et petille de ce grotesque demi-terrible dont Shakspeare a le secret, noire gaieté septentrionale qu'ignore le Midi. L'imitation du briquet, lorsque Jonas bat le fusil pour mieux voir la physionomie du nouveau camarade, est faite très-adroitement et très-spirituellement : c'est une jolie curiosité musicale.

La lampe s'allume, et la figure d'Oberthal le jeune apparaît aux anabaptistes surpris et furieux, qui l'enverraient au supplice si le Prophète, couvert comme l'archange saint Michel d'une armure étincelante et d'une longue robe blanche traînante, n'intervenait et ne sauvait le comte pour connaître le sort de Berthe. — Berthe, à ce que dit le jeune seigneur, repentant de son action, est dans Munster. « Qu'on donne l'assaut tout de suite à Munster ! » s'écrie le Prophète agitant son épée flamboyante, et entraînant après lui ses troupes, électrisées par l'air radieux et la physionomie illuminée de leur chef, sur la tête duquel le soleil levant semble mettre une couronne d'or. Cet hymne de triomphe est dit par Roger avec une foi et une exaltation admirables, et clôt victorieusement le troisième acte.

La ville de Munster a été prise d'assaut, et la première décoration du quatrième acte, peinte par Thierry comme une aquarelle de Bonnington, nous montre un coin de la cathédrale et l'hôtel de ville, où les bourgeois vont porter les contributions forcées ; ils redescendent les mains vides l'escalier qu'ils ont monté les mains pleines, et murmurent bien bas des malédictions contre le Prophète. Une pauvre femme, que sa misère met à l'abri des exactions, se repose et gémit sur une pierre ; elle pleure son fils, qu'elle croit mort, et demande l'aumône pour avoir de quoi lui faire dire une messe. La romance qu'elle chante, avec accompagnement de violons en sourdines et de cor anglais, a une grâce touchante et plaintive qui attendrit les bourgeois de Munster comme de simples spectateurs, et elle a bientôt plus d'argent qu'il n'en faudrait pour faire passer Jean du purgatoire en paradis.

Une autre figure éplorée se montre à l'autre coin de la place, sous une robe de pèlerine : c'est Berthe, qui s'imagine que Jean a été tué par ordre du Prophète, et veut venger son amant sur lui. La mère et la fiancée confondent leur douleur. Berthe sera la Judith de ce nouvel Holopherne !

La place se transforme en cathédrale : par un artifice de perspective très-bien entendu, la décoration, prise obliquement, ne représente qu'une portion de l'église, le point d'intersection du transept avec la grande nef. Les colonnes, qui montent jusqu'aux frises, ne se terminent pas : ce qui fait de ce fragment de vaisseau une cathédrale plus vaste et plus haute que Notre-Dame de Paris, le Munster de Strasbourg et le tronçon colossal de Cologne.

Un splendide cortége, dont la profonde nef a déjà bu la moitié, est en train de défiler. Deux batteries d'orgues croisent leurs tonnerres ; les saxhorns jettent leurs fulgurantes fanfares : un chœur, composé de tout un peuple, pousse des acclamations à chaque grand dignitaire qui passe dans sa robe de drap d'or, d'hermine ou d'écarlate. Sur ce fond de sonorité se découpe le chant grêle et clair des enfants de chœur et des vierges, accompagné par un tintement argentin des clochettes d'un effet neuf et charmant.

Quand le cortége a défilé, paraît, sous un dais de brocart, rayonnant, transfiguré, vêtu d'une robe de lumière, comme un nouveau Christ sur un autre Thabor, le Prophète, qui va, au fond du sanctuaire invisible, dans le mystère du saint des saints, poser sur sa tête la tiare à trois couronnes, dont le premier cercle veut dire *roi*, le second *pontife* et le troisième *fils de Dieu !*

Fidès, agenouillée dans un coin de la nef, reconnaît son enfant dans l'être radieux et constellé de pierreries qui, seul debout parmi tout un peuple incliné, redescend pensif les marches de l'autel.

Ce dieu, qui prétend n'avoir été conçu ni porté dans le sein d'aucune femme, et se dit descendu du ciel en droite ligne, c'est pourtant son fils ; elle l'a tenu tout petit entre ses bras, ce prophète au front ceint d'auréoles. On peut tromper un peuple, mais non une mère. Aussi, le premier cri qu'elle jette sur le passage du dieu, c'est : « Mon fils ! — Si tu la reconnais, elle est morte ! » murmure Jonas à l'oreille du Prophète, qui se tourne froidement vers sa mère et dit : « Quelle est cette femme ? »

Le peuple, aux accents passionnés de Fidès, hésite et doute. Les anabaptistes crient au sacrilège, à l'imposture, et menacent la pauvre femme de leurs poignards. « Arrêtez ! dit le Prophète, ne voyez-vous pas que cette femme est en démence ? Je vais la guérir par un miracle ! » Et il fixe sur Fidès des regards impérieux, écrasants, chargés d'effluves magnétiques, qui l'étourdissent, la ploient, la mettent à genoux, sans force, sans volonté, n'ayant d'autre pensée que celle qu'il lui transmet. « Tirez vos épées, et, si cette femme dit encore qu'elle est ma mère, frappez-moi, voilà mon sein, je ne suis qu'un imposteur. »

Fidès, qui a compris dans ce regard que son fils la reconnaît, et qu'un mot d'elle peut le perdre, se relève et dit :

Peuple, je vous trompais : ce n'est pas là mon fils !

Cette situation, du plus grand effet dramatique, est traitée par l'illustre compositeur avec une grandeur, une passion et un sentiment admirables. L'art a disparu; la note, c'est la parole même; y a-t-il des choses remarquables dans l'accompagnement, on n'en sait rien. La scène se passe devant vous et en vous, vous l'apercevez à la fois par l'oreille, les yeux et le cœur. Quant aux moyens, personne n'y songe.

Mille périls entourent le Prophète : Berthe veut l'assassiner; Zacharie, Jonas et Matthisen comptent le livrer à l'empereur, qui s'approche et le payerait cher; mais tout le souci de Jean, c'est de reconquérir le cœur de sa mère. Il descend dans le caveau voûté où il l'a fait conduire, met sa couronne à ses pieds, et implore son pardon avec toute la tendresse et toute l'humilité possibles; mais la mère outragée rappelle la scène de la cathédrale, et ne veut plus du fils qui l'a méconnue.

A la fin, elle se laisse toucher, mais à la condition que Jean rentrera dans la vie obscure, expiant ses sacriléges par la pénitence. Au moment où ils vont sortir, entre Berthe, une torche à la main. Elle sait où est la poudrière, et veut faire sauter le Prophète pour venger la mort de Jean. En reconnaissant son fiancé dans le chef des anabaptistes, elle est prise d'un vertige d'effroi et d'horreur, et se poignarde. Jean, après avoir fait éloigner sa mère, remonte dans son palais et choisit pour sa fin celle de Sardanaple.

Couché nonchalamment sur une estrade couverte de tapis précieux, entouré de vases d'or, de parfums brûlants, de courtisanes aux poses voluptueuses, il célèbre la fête de son couronnement, comme si l'empereur n'était pas aux portes de Munster; puis, au moment où le trio funèbre s'avance, le sourire de Judas aux lèvres, il fait un signe : les grilles d'airain se referment ; des fumées étranges commencent à percer les compartiments de la mosaïque, les vitraux rougissent vaguement ; bientôt une flamme passe sa langue rouge à travers le pavé et lèche le talon d'une danseuse. La salle du festin posait sur un enfer. L'idée de Berthe n'a pas été perdue, et Jean veut s'abîmer dans ce cratère préparé par lui, avec ses trésors, ses femmes, ses ennemis, avec tous ses amours, toutes ses haines. De larges pans de muraille croulent, les colonnes chancellent comme des hommes ivres, les détonations redoublent, et tout le palais s'écrase, au milieu d'un tourbillon de flamme, sur le Prophète, que sa mère est venue rejoindre malgré l'incendie, et qui, du moins, meurt en se sentant pardonné.

Le succès du nouveau chef-d'œuvre a été immense et augmentera tous les jours.

Roger a joué et chanté le rôle long et difficile du Prophète, de manière à dépasser toutes les espérances. Il a été admirable surtout dans la scène de l'église.

Madame Viardot-Garcia, qu'on savait éminente cantatrice, mais qu'on n'avait pas eu l'occasion de juger à Paris sous le rapport dramatique, a composé le rôle de Fidès avec beaucoup d'art et de sentiment. Son extérieur et son costume, très-artistement arrangés, semblent copiés d'une de ces naïves peintures d'Emmanuel ou de Van Eyck, qu'on voit à Bruges.

L'ouvrage est mis en scène avec un luxe, un soin, un art, une intelligence qu'on ne saurait trop louer. Les décorations sont des merveilles, et jamais MM. Cambon, Thierry et Despléchin n'ont rien fait de plus splendide, de plus prestigieux et de plus vrai : les costumes ont l'air d'avoir été dessinés par Holbéin ou Albert Durer ; et, puisque nous avons prononcé ces deux grands noms, auxquels on pense involontairement pendant tout l'ouvrage, disons que la partition, faite avec un sentiment si profond de l'Allemagne au moyen âge, semble une immense fresque dessinée et peinte par l'un de ces maîtres suprêmes.

VII

MAI et JUIN 1849. — Concert de madame Pleyel. — Ambigu : *un Drame de famille*, par MM. Jules Barbier et Michel Carré. — Un poëte à tous crins. — Paulin Ménier. — De la parodie du romantisme. — Italiens : représentation de retraite de mademoiselle Georges. — Clytemnestre et Lucrèce Borgia. — Poëtes, compositeurs, peintres et comédiens. — Le feuilleton de l'avenir. — Vaudeville : *l'Ane à Baptiste, ou le Berceau du Socialisme*, parodie du *Prophète*, par MM. Clairville et Siraudin. — Caïn et Prométhée. — Mort de madame Dorval. — Sa carrière dramatique, son talent, ses principales créations.

7 mai.

CONCERT DE MADAME MARIE PLEYEL. — A l'encontre des oiseaux, qui se taisent l'hiver et gazouillent l'été, les concerts se hâtent de fredonner leurs chansons quand le tiède souffle de mai agite les feuillages naissants ; sans doute pour ne pas faire double emploi, les musiciens finissent quand les rossignols commencent. Madame Pleyel aurait pu continuer ; mais, après trois soirées, les plus brillantes de la saison, elle a refermé impitoyablement le piano, cette boîte de bois qui, dans ses mains, est un écrin de perles mélodiques, un trésor inépuisable d'harmonie.

Comme Listz, dont elle est sœur par le talent, madame Pleyel traverse de temps à autre notre ciel musical en comète éblouissante : quelque brillante que soit une étoile, elle n'est sûre de son éclat que lorsque, dans la lumière de Paris, aucun de ses rayons n'a pâli ; étinceler sur ce fond clair, formé de tous les talents et de toutes les gloires, c'est le rêve suprême de l'artiste. A chaque passage, madame Pleyel a vu sa scintillation devenir plus vive.

Chose qui ne paraissait pas possible ! elle a toujours fait des progrès et ajouté à un talent déjà complet ; la première fois que nous l'avons vue face à face avec le piano, on eût dit qu'elle voulait magnétiser l'ingrat instrument et lui communiquer une âme; ses mains erraient sur le clavier avec des passes somnambuliques; de son regard bleu et profond qui n'apercevait rien dans l'assemblée, des effluves descendaient sur l'ivoire et l'ébène des touches : elle fascinait le piano plutôt qu'elle n'en jouait; c'était un spectacle étrange et charmant que cette belle femme immobile et pâle, dont les yeux fixes semblaient faire jaillir des étincelles sonores de cette froide table devenue frémissante et phosphorescente.

Plus tard, nous l'avons entendue faire pleurer, rire, soupirer, babiller, danser cet assemblage de bois et de laiton, comme un être qui aurait dans ses veines la pourpre et dans ses poumons le souffle de la vie : elle lui avait donné la passion, la rêverie, la grâce et la gaieté.

Maintenant, ce piano qu'elle avait éveillé à la vie et qui était devenu un ami, un confident, elle en a fait un esclave. Après l'avoir séduit, elle a vécu avec lui comme un amant avec sa maîtresse pour finir par le dominer impérialement : elle a eu le charme d'abord, ensuite la passion, puis la force, cette qualité rare et suprême, ce cachet souverain des maîtres; la force, sur qui s'appuient si fraternellement l'Amour et la Grâce, ce couple divin.

Aussi, quand elle s'assied aujourd'hui au piano, plus de regard magnétique ou amical comme autrefois; ses yeux distraits errent dans la salle, où sa bouche fait scintiller l'éclair blanc de son sourire, tandis que ses mains victorieuses s'enfoncent triomphalement dans le clavier soumis. — Sous ses doigts, qui tombent comme au hasard, et pendant que l'esprit songe à autre chose, jaillissent des torrents d'harmonie, éclatent des feux d'artifice de notes : tantôt ce sont des ouragans de sonorité, tout le bruit d'un orchestre aux cent voix; tantôt des sons ténus, argentins, filés comme sur la chanterelle; le piano tremblant ne se refuse à rien de ce qu'on lui demande, et il répond, comme le courtisan : « Si c'est possible, c'est fait; si c'est impossible, on va le faire. »

Madame Pleyel a joué trois fois : chez Érard; à la salle Sainte-Cécile, pour la Société de l'Union musicale, et au concert de madame Mira, chez Herz.

Au premier concert, elle a joué dans le *trio* de Beethowen, pour violon, basse et piano, avec une sévérité classique, une intelligence parfaite du maître et un profond sentiment de la musique allemande. Dans *le Petit Enfant*, de Quidant, jolie bluette musicale, elle a été tendre et gracieuse; dans *la Partenza*, de Listz, pleine de mélancolie, de regrets étouffés et d'amour contenu; franchement italienne et mélodieuse dans le *Souvenir de Guillaume Tell* ; légère, pétulante et folle dans la délicieuse *Sicilienne* de Ravina, qu'elle a exécutée avec une agilité éblouissante, un brio, un feu, un enivrement sans pareils. Il semblait entendre, à travers le petillement des notes, le bruissement des plaques de cuivre des tambours de basque, le froufrou des guitares et le rhythme marqué par les talons des danseurs. Ce morceau entraînant a été redemandé à grands cris et joué la seconde fois avec une frénésie, un délire de bacchante à faire gambader des momies de pharaon.

Alors a commencé le bombardement de bouquets. La grande musicienne, faisant ployer les plis épais de sa belle robe de moire à ferrets de diamants, inclinant sa tête émue et pâle sous sa blanche couronne de marguerites étoilée de pierreries, en a ramassé autant que ses belles mains en pouvaient contenir, et s'est retirée avec une de ces nobles et gracieuses révérences de cour dont le secret se perd.

A la salle Sainte-Cécile, la meilleure peut-être de Paris pour la sonorité, et qui était comble malgré son énorme étendue, elle a exécuté la grande fantaisie sur *Norma* avec cette largeur et cette puissance magistrale qui caractérisent son talent. Rappelée trois fois, il a fallu qu'elle ajoutât à la fantaisie sur *Norma* la *Tarentelle*, cet étincelant babil de notes où l'oreille peut à peine suivre les doigts de l'artiste.

Au concert de mademoiselle Marie Mira, un duo à deux pianos, sur des motifs des *Puritains*, nous a fait voir la promesse auprès de la réalité, la fleur près du fruit, le bouton près de la rose : madame Pleyel et mademoiselle Mira. La jeune fille a été intelligente, correcte et gracieuse, et a fait preuve des plus heureuses dispositions. Ce voisinage terrible, aimablement ménagé, loin de lui nuire, lui a servi.

La *Sicilienne*, redemandée, a produit son effet irrésistible. Bravos, applaudissements, bouquets, rappels, rien n'a manqué à l'enthousiasme.

14 mai.

Ambigu. *Un Drame de famille.* — Ce titre promettait un mélodrame corsé, et eût tenu ses promesses si l'introduction d'un personnage épisodique n'avait changé la face des choses. Ce personnage est celui d'un poëte romantique et blond, copié, ainsi que plusieurs situations du drame, d'une nouvelle ou d'un roman de M. Charles de Bernard; cet être chevelu, barbu et moustachu, a tellement plu au public, que le reste du drame en a souffert : on attendait son retour avec impatience, et les scènes dont il n'était pas paraissaient des longueurs. Un poëte très-oseur et un critique très-spirituel, M. Auguste Vacquerie, l'auteur de *Tragaldabas*, de *l'Enfer de l'esprit* et des *Demi-Teintes*, le feuilletoniste de *l'Époque* et de *l'Événement*, a déclaré se reconnaître dans ce portrait de fantaisie; une imitation assez drôle de deux fameux sonnets trisyllabiques, contenus dans le dernier volume de vers du fougueux romantique, donnent, en effet, de la vraisemblance à cette supposition ; seulement, les vers des deux sonnets de M. Vacquerie ont, dans leur bizarrerie elliptique, savante et compliquée, quelque chose de plus abrupte, de plus étrange, de plus désorientant, de plus abracadabrant. La parodie est ici au-dessous de l'original. Le vers flasque et mal rimé qu'emploie d'ordinaire l'école du bon sens, est d'une qualité trop inférieure pour imiter, même dérisoirement, le vers romantique dans ses excentricités. Les défauts de l'école romantique sont des qualités poussées à l'excès; les qualités de l'école dite du bon sens consistent en mérites négatifs : timidité, froideur, prudence, amour du commun. Les peintres de l'Empire pouvaient se moquer de Rubens, de Rembrandt, de Tintoret, de Ribera et autres maîtres violents: mais en faire un pastiche ou une caricature, avec leur dessin poncif et leur coloris de papier de salle à manger, leur eût été parfaitement impossible. Ce que nous disons là pour MM. Jules Barbier et Michel Carré, à l'endroit de M. Vacquerie, est vrai de toutes les parodies en vers que l'on a faites des pièces de Victor Hugo. Ces parodies sont écrites en vers plus classiques que le récit de Théramène, et singent bien plutôt *Andromaque* que *Hernani*, et *Bérénice* que *les Burgraves*. Quelques cassures de vers absurdes, que n'ont jamais employées les romantiques, très-habiles dans la métrique, et les plus grands harmonistes de rhythmes qu'ait possédés la littérature française, constituent tout le comique de ces parodies molles, fades, inintelligentes.

Cette fois, si la manière a été un peu mieux attrapée, cela tient à ce que M. Carré fut jadis un romantique à tous crins, hugolâtre et racinophobe; nourri dans l'école, il en sait les recettes et les procédés comme un transfuge qui connaît les ressources de l'ennemi. Un romantique seul peut faire la parodie d'un autre romantique : le style ferme, vigoureux, coloré, imagé, un peu barbare, si vous voulez, de cette école, la seule vraie, la seule vivante, même détourné dans le sens burlesque, est hors de la portée des aimables imitateurs de Colardeau et de Campistron.

En écrivant ces lignes, nous nous apercevons que nous faisons comme le public, et que nous oublions la pièce pour ne nous occuper que du poëte, joué par Paulin Ménier, avec un naturel et un comique parfaits. — Est-ce bien la peine de raconter le côté par où la pièce est ennuyeuse et retombe dans la tragédie ou le drame du boulevard, après avoir dit le côté par où elle est amusante et touche à la comédie?

Quoique nous approuvions plusieurs des doctrines présentées comme ridicules par MM. Jules Barbier et Carré, au moyen de leur Vacquerie blond, leur aristophanisme ne passe pas les bornes, et nous l'admettons comme de bonne guerre.

21 mai.

ITALIENS. *Représentation de retraite de mademoiselle Georges.* — Jamais carrière dramatique ne fut mieux remplie que celle de mademoiselle Georges : douée d'une beauté qui semble appartenir à une race disparue et avoir transporté la durée du marbre dans une chose ordinairement si fragile et si fugitive, que sa comparaison naturelle est une fleur, mademoiselle Georges a rendu des services égaux aux deux écoles; personne n'a mieux joué le drame; les classiques et les romantiques la réclament exclusivement. « Quelle Clytemnestre! s'écrient les uns. — Quelle Lucrèce Borgia ! » s'écrient les autres.

Racine et Hugo l'avouent pour prêtresse et lui confient leurs plus grands rôles.

Par la pureté sculpturale de ses lignes, par cette majesté naturelle qui l'a sacrée reine de théâtre à l'âge des ingénues, par cet imposant aspect dont la Melpomène de Velletri donne l'idée, elle était la réalisation la plus complète du rêve de la muse tragique, comme, par sa voix sonore et profonde, son air impérieux, son geste naturel et fier, son regard plein de noires menaces ou de séductions enivrantes, par quelque chose de violent et de hardi, de familièrement hautain et de simplement terrible, elle eût paru à Shakspeare l'héroïne formée exprès pour ses vastes drames.

De longtemps, on ne verra une pareille Agrippine, une semblable Clytemnestre; ni Lucrèce Borgia, ni Marie Tudor, ne trouveront une interprète de cette force : le souvenir de mademoiselle Georges se mêlera toujours à ces deux formidables rôles, où elle a vraiment collaboré avec le poëte, et ceux qui n'auront pas vu les deux pièces jouées par la grande actrice n'en comprendront pas aussi bien l'effet irrésistible, immense.

Souvent, dans notre carrière de feuilletoniste, nous avons eu à regretter des retraites, à jeter des fleurs sur ces comédiens si glorifiés qui rentrent dans l'oubli, et ce spectacle nous a toujours inspiré une tristesse profonde.

Aucun artiste n'a certainement les jouissances d'amour-propre de l'acteur ; — quand nous disons acteur, l'épithète de *bon* est sous-entendue ; — sa gloire lui est escomptée sur-le-champ, et il n'a pas besoin d'attendre d'être un buste de marbre pour se voir triomphalement couronné de lauriers. Les bouquets pleuvent sur lui de l'avant-scène ; les mains gantées de blanc des fashionables et des belles dames ne dédaignent pas de se rapprocher en sa faveur; on le fait revenir après la chute du rideau ; on crie, on trépigne, on hurle, on cogne le plancher avec sa canne, on casse les banquettes, on mettrait volontiers le feu au théâtre pour lui exprimer plus chaudement son admiration ; mais, s'il a cette douce satisfaction d'être applaudi tout vif et de toucher sa renommée du doigt, il a aussi ce malheur de ne rien laisser de lui et d'être oublié ou contesté après sa mort. La chose a déjà lieu pour Talma, qui est à peine refroidi dans son suaire drapé à l'antique; la jeune génération sourit aux miracles qu'en racontent les hommes de l'Empire, et préfère le toupet de Frédérick, dans *l'Auberge des Adrets*, à la napoléonienne perruque de Sylla.

C'est ce qui fait que le comédien, plus que le poëte, plus que le compositeur, plus que le peintre, a besoin de critique. Sans critique, le comédien n'existe pour ainsi dire pas; le poëte imprimé est comme Dieu, il est divisible et reste toujours un :

> Chacun en a sa part, et tous l'ont tout entier !

à moins, cependant, que l'édition ne reste intacte chez le libraire. De ces cinq petites raies barbouillées de noires et de croches vont jaillir, au premier coup d'archet, de suaves harmonies. La toile survit au peintre, et l'on ne s'aperçoit que Raphaël est mort, que parce qu'il ne fait plus de tableaux : sa pensée existe tout entière, et il nous sourit aussi doucement par les tendres lèvres de ses Madones, que s'il vivait encore, le divin jeune homme !

Il n'en est pas ainsi du comédien. Le comédien est en même temps le peintre et la toile. Sa figure est le champ où il dessine; il réalise sa création sur lui-même; ses couleurs ne sont que du fard; il esquisse avec un geste, et n'a, au lieu d'une touche qui reste, qu'une intention qui s'en va; aussi Hamlet, Oreste, Othello, Iphigénie, Cléopâtre, Mérope, selon le sexe, descendent avec lui dans la tombe. Il n'y a point, hélas ! de galerie où l'on puisse aller admirer son œuvre après sa mort.

La parole est ailée; le geste ne laisse pas de trace; comment conserver à la postérité ce froncement de sourcils tout à fait olympien, qui faisait trembler jusqu'aux moucheurs de chandelles et aux banquettes elles-mêmes? dans quel esprit de vin confire ce son de voix si majestueusement caverneux; ce fameux *hein!* du troisième acte de *Lucrèce Borgia*, par exemple? Il faudrait, pour cela, avoir la recette des « mots de gueule gelés » dont parle maître François Rabelais, et dont le secret s'est malheureusement perdu.

Il y a sans doute, nous ne savons où, quelque part, très-haut et très-loin, une région vague, un lieu de refuge quelconque où va ce qui ne laisse ni corps ni fantôme, ce qui n'est rien ayant été, comme le son, comme le geste, comme la beauté des femmes qui sont devenues laides et les bonnes intentions qui n'ont pas été remplies.

Un feuilleton bien fait pourrait être cet endroit là pour les fugitives et impalpables inspirations de l'artiste dramatique. Ces fleurs idéales, au parterre enivrant, aux couleurs éclatantes, ces pauvres anémones de la poésie, qui naissent d'un souffle et meurent d'un souffle, entre les planches de la scène, sans avoir jamais vu d'autre soleil que le lustre, devraient y laisser leur délicate empreinte, comme ces plantes que les faiseurs d'herbiers compriment entre deux feuilles de papier blanc pour en obtenir un duplicata exact; le parfum n'y est plus, il est vrai, mais le port, l'attitude, la forme des pétales et des pistils s'y trouvent fidèlement reproduits, et il est aisé de reconnaître sur ce spectre de fleur ce que la fleur elle-même a été, fraîche épanouie.

Malheureusement, le feuilleton est encore bien jeune en comparaison du livre, qui date du commencement du monde, et ses procédés sont imparfaits comme ceux de toute invention nouvelle. Il faudrait en faire une espèce de daguerréotype théâtral où on saisirait tous les profils et les aspects du comédien, où, sur une phrase, plus sensible encore que la légère planche d'argent recouverte d'iode, se reproduiraient les inflexions de voix, les jeux de physionomie, les poses, les gestes, les manières de marcher, de se draper, d'entrer, de sortir, de se tenir debout et de s'asseoir, de tous les grands acteurs, comme Frédérick Lemaître, mademoiselle Rachel, mademoiselle Georges, dont on conserverait ainsi tous les rôles, notés son par son, avec le soin religieux d'une partition de maître.

Nous ne doutons pas que les jeunes poëtes qui se préparent dans les bouillonnements des révolutions, n'accomplissent un jour le feuilleton que nous en sommes à rêver.

En attendant, revenons à cette curieuse et triomphante représentation où s'est produit un phénomène bien rare, celui d'un soleil levant et d'un soleil couchant vis-à-vis l'un de l'autre, c'est-à-dire mademoiselle Rachel et mademoiselle Georges, la fleur qui grandit, la splendeur qui va s'envelopper d'ombres; l'espérance et le souvenir, hier et demain, bonjour et bonsoir. C'était une belle lutte que celle de ces deux femmes, toutes deux la gloire du théâtre : l'une que nos pères ont admirée, l'autre qu'admireront nos fils. C'était un intéressant spectacle que cette bataille tragique à grands coups d'alexandrins, où personne n'a été vaincu.

Des intermèdes de chant et de danse, un air par madame Pauline Viardot-Garcia, ajoutaient encore à l'attraction puissante de ces deux noms : Rachel et Georges. Rachel, qui joue pour la dernière fois avant de partir pour son grand congé; Georges, qui ne jouera plus !

VAUDEVILLE. *L'Ane à Baptiste, ou le Berceau du Socialisme.* — Le principal comique de cette parade consiste dans l'affiche, pour laquelle les auteurs ont réservé leurs drôleries les plus folichonnes. *L'Ane à Baptiste* est, comme vous l'avez sans doute déjà deviné, une parodie du *Prophète*. Jean de Leyde s'appelle *Gent-de-Lettres;* Zacharie, *Sac-à-riz;* Matthisen, *Ma-Tisane;* Jonas, *Jaunasse;* Bertha, *Bêtasse;* Obertal, *Oh-c'te-balle*. Quant à Fidès, elle est remplacée par un âne fait de deux enfants soudés et recouverts d'une peau.

Cette parodie, que ses auteurs ont nommée *grande folie lyrique*, se chante d'un bout à l'autre, comme un opéra; ce qui n'est pas fort agréable, car les chanteurs de vaudeville sont des ténors extrêmement légers et des basses peu profondes. — La pièce est travestie exactement, acte par acte, scène par scène. Les seuls frais d'invention qu'aient faits les auteurs, c'est une vision de Gent-de-Lettres où se déroule l'histoire du socialisme, ainsi que l'entendent MM. Clairville et Siraudin. Le premier *honnête et modéré*, d'après eux, serait Abel; le premier socialiste, Caïn.

Il y aurait bien quelque chose à dire sur ce pauvre diable de Caïn, qui voyait toujours ses sacrifices rejetés, et se donnait un mal du diable pour nourrir sa famille, tandis que son frère était *favorisé de Dieu* et se promenait nonchalamment derrière ses brebis; mais, comme il est toujours très-laid de tuer son frère, même au commencement du monde, nous abandonnons Caïn à MM. Siraudin et Clairville; nous leur disputerons seulement Prométhée, qu'ils nous montrent comme second socialiste; ce qui, dans leur idée, veut dire affreux gredin.

Prométhée le Titan est le bienfaiteur de l'humanité; il a volé pour elle la flamme céleste; c'est le Christ antique. Il a souffert à cause de nous sur les croix du Caucace, — *crucibus Caucasorum,* — comme disait Tertullien. Il a défendu la race des éphémères contre la tyrannie des Olympiens, avec un courage et un désintéressement admirables ; car il pouvait se joindre aux oppresseurs, lui Titan, lui éternel, lui doué de l'esprit prophétique, et, insensible aux maux de l'humanité, se rassasier de nectar et d'ambroisie sur les hautes cimes habitées par les races divines, et nous laisser fourmiller dans notre fange, transis de froid, sans lumière, n'ayant ni la connaissance du temps, ni celle des astres ; plus brutes que les animaux, qui, au moins, ont l'instinct, et livrés sans défense aux invasions des castes supérieures descendant de leurs Olympes couverts d'armures d'or forgées par Ephaïstos, comme les burgraves descendant des burgs dans leurs armures de fer.

Cela nous a fait une vraie peine de voir, au Vaudeville, Prométhée tourné en ridicule et tourmenté par une oie. MM. Clairville et Siraudin ont fait là une allégorie profonde et pleine d'un sens effrayant : les oies ont, en effet, plus dévoré d'hommes de génie que les vautours.

1er juin.

Mort de madame Dorval. — Madame Dorval n'est plus ! Cette fois, ce n'est pas le choléra qui est coupable : ce qui a tué madame Dorval, c'est sa trop vive sensibilité, c'est la passion, l'enthousiasme, l'âme trop prodiguée, l'huile brûlée vite dans une lampe ardente, l'indifférence, le dédain de certains grands théâtres, le silence qui se faisait autour d'un nom naguère retentissant, et surtout le regret d'un enfant perdu ; car, ainsi que le dit Victor Hugo, le grand poëte :

> Ces petits bras sont forts pour vous tirer en terre !

Nous connaissions à peine madame Dorval, et, cependant, il nous semble avoir perdu une amie intime : une part de notre âme et de notre jeunesse descend dans la tombe avec elle ; lorsqu'on a de longue main suivi une actrice à travers les transformations de sa vie de théâtre, qu'on a pleuré, aimé, souffert avec elle, sous les noms dont la fantaisie des poëtes la baptise, il s'établit entre elle et vous, elle figure rayonnante, vous spectateur perdu dans l'ombre, un magnétisme qu'il est difficile de ne pas croire réciproque.

Quand de cette bouche aimée s'envolent les pensées secrètes de votre cœur avec les vers du maître admiré que vous récitez en même temps qu'elle, il vous semble que c'est pour vous seul qu'elle parle ainsi, pour vous seul qu'elle trouve ces accents qui remuent toute une salle, pour vous seul qu'elle a choisi ce rôle, pour vous seul qu'elle a mis cette rose dans ses cheveux, ce velours noir à son bras ; réalisant le rêve des poëtes, elle devient pour le critique une espèce de maîtresse idéale, la seule peut-être qu'il puisse aimer. Les vers d'Alfred de Musset :

> S'il est vrai que Schiller n'ait aimé qu'Amélie,
> Gœthe que Marguerite et Rousseau que Julie,
> Que la terre leur soit légère, — ils ont aimé !

s'appliquent tout aussi justement aux feuilletonistes qu'aux poëtes.

Adèle d'Hervey, Ketty Bell, Marion Delorme, vous avez vécu pour nous d'une vie réelle ; vous ne fûtes point de vains fantômes fardés, séparés de nous par un cordon de feu ; nous avons cru à votre amour, à vos larmes, à vos désespoirs : jamais chagrins personnels ne nous ont serré le cœur et rougi la paupière autant que les vôtres ; et, si nous avons survécu à votre mort de chaque soir, c'est l'espérance de vous revoir le lendemain plus tristes, plus plaintives, plus passionnées et plus charmantes qui nous a soutenu. Ah ! comme nous avons été jaloux d'Antony, de Chatterton et de Didier !

Un grand vide se fait dans l'âme lorsque les choses qui ont passionné votre jeunesse disparaissent les unes après les autres : où retrouver ces émotions, ces luttes, ces fureurs, ces emportements, ce dévouement sans borne à l'art, cette puissance d'admiration, cette absence complète d'envie qui caractérisèrent cette belle époque, ce grand mouvement romantique qui, semblable à celui de la renaissance, renouvela l'art de fond en comble, et fit éclore du même coup Lamartine, Hugo, Alexandre Dumas, Alfred de Musset, Sand, Balzac, Sainte-Beuve, Auguste Barbier, Delacroix, Louis Boulanger, Ary Scheffer, Devéria, Decamps, David (d'Angers), Barye, Hector Berlioz, Frédérick Lemaître et madame Dorval, disparue trop tôt de cette pléiade étincelante, dont elle n'était pas une des moins lumineuses étoiles.

Frédérick Lemaître, que nous venons de nommer, et madame Dorval formaient un couple théâtral parfaitement assorti. C'était la vraie femme de Frédérick, comme Frédérick était son vrai mari, — sur la scène, bien entendu. — Ces deux talents se complétaient l'un par l'autre et se grandissaient en se rapprochant. Frédérick était l'homme qu'il fallait pour faire pleurer cette femme; mais aussi comme elle savait l'attendrir quand sa fureur était passée! quels accents elle lui arrachait! Qui ne les a pas vus ensemble, dans *le Joueur* par exemple, dans *Peblo, ou le Jardinier de Valence*, n'a rien vu; il ne connaît ni tout Frédérick, ni toute madame Dorval. Frédérick doit aujourd'hui se sentir bien veuf.

Ce bonheur d'avoir rencontré un talent pareil au sien, avec qui elle puisse engager une de ces belles luttes dramatiques qui soulèvent les salles, a manqué, jusqu'à présent, à mademoiselle Rachel.

Le talent de madame Dorval était tout passionné, non qu'elle négligeât l'art, mais l'art lui venait de l'inspiration; elle ne calculait pas son jeu geste par geste, et ne dessinait pas ses entrées et ses sorties avec de la craie sur le plancher; elle se mettait dans la situation du personnage, elle l'épousait complétement, elle devenait lui, et agissait comme il aurait agi : de la phrase la plus simple, d'une interjection, d'un *oh!* d'un *mon dieu!* elle faisait jaillir des effets électriques, inattendus, que l'auteur n'avait pas même soupçonnés. Elle avait des cris d'une vérité poignante, des sanglots à briser la poitrine, des intonations si naturelles, des larmes si sincères, que le théâtre était oublié et qu'on ne pouvait croire à une douleur de convention.

Madame Dorval ne devait rien à la tradition. Son talent était essentiellement moderne, et c'est là sa plus grande qualité : elle a vécu dans son temps, avec les idées, les passions, les amours, les erreurs et les défauts de son temps; dramatique et non tragique, elle a suivi la fortune des novateurs, et s'en est bien trouvée. Elle a été femme où d'autres se seraient contentées d'être actrices : jamais rien de si vivant, de si vrai, de si pareil aux spectatrices de la salle ne s'était montré sur un théâtre : il semblait qu'on regardât, non sur une scène, mais par un trou, dans une chambre fermée, une femme qui se serait crue seule.

Le Théâtre-Français doit avoir le remords de ne s'être pas attaché cette grande actrice, comme il aura plus tard le regret d'avoir laissé Frédérick, un acteur plus grand et plus vaste que Talma, s'abrutir à la Porte-Saint-Martin ou courir la province.

Dans la douleur que cette mort nous cause, nous avons au moins une consolation : ces éloges, fleurs funèbres que nous jetons sur la tombe de la grande actrice, nous n'avons pas attendu qu'elle y fût couchée pour les lui offrir : elle a pu, vivante, jouir de cette admiration compréhensive et passionnée, de ces louanges enthousiastes, ambroisie plus douce aux lèvres des artistes que le vin de la richesse dans des coupes d'or ciselées. Nous ne sommes pas de ces panégyristes posthumes qui n'exaltent que les défunts, et vous reconnaissent toutes les qualités possibles dès que vous êtes cloué dans la bière. Pourquoi ne pas être tout de suite, pour les contemporains de génie ou de talent, de l'avis de la postérité ? pourquoi ces effusions lyriques adressées à des ombres ?

Le plus lointain souvenir que nous ayons sur madame Dorval, c'est la première représentation de *Marion Delorme*. Le drame venait de la prendre au mélodrame ; la poésie au patois du boulevard. Aussi comme elle était heureuse et fière et rayonnante ! comme elle semblait à son aise dans cette grande passion et dans ce grand style ! comme elle planait d'une aile facile, soutenue par le souffle puissant du jeune maître ! Nous la voyons encore avec ses longues touffes de cheveux blonds mêlés de perles, sa robe de satin blanc, et se faisant défaire par dame Rose.

Le dernier rôle où nous l'ayons vue, c'est Marie-Jeanne, une autre Marie, car ce nom qui était le sien lui sied à merveille. Ce n'était plus la brillante courtisane attendrie et purifiée par l'amour, c'était la pauvre femme du peuple, la mère de douleurs du faubourg, ayant dans le cœur les sept pointes d'épée, comme la *Marie au Golgotha*.

Ce n'était plus la haute poésie dramatique, mais c'était du moins la vérité simple et touchante qu'il fallait à son talent naturel, qu'elle avait un peu compromis dans des tentatives tragiques, dans la *Lu-*

crèce de Ponsard, par exemple ; car elle aussi, la pauvre femme, ignorante dans toutes ces discussions, et qui ne savait que son cœur, avait eu un instant de doute et de faiblesse. Elle s'était laissée aller à l'école du bon sens et avait voulu débiter des songes comme une tragédienne du Théâtre-Français. Heureusement, elle n'a fait qu'un pas dans cette voie fatale. Elle avait reconnu à temps qu'il ne faut pas sortir de son sillon, et que les idées et les passions de la jeunesse doivent se continuer dans la maturité du talent, non pas châtiées et refroidies, mais éperonnées et poussées avec plus de fougue et de fureur encore : tels ces génies qui vieillissent en devenant plus sauvages, plus ardents, plus altiers, plus féroces, exagérant toujours leur propre caractère, comme Rembrandt, comme Michel-Ange, comme Beethowen.

VIII

JUILLET et AOUT 1849. — Ambigu : *le Juif errant*, drame de M. Eugène Sue. — Vaudeville : *la Foire aux idées* (suite), par MM. de Leuven et Brunswick. — Les insultes aux vaincus. — Théâtre de la République : reprise de *la Mère coupable*. — Le Beaumarchais comique et le Beaumarchais dramatique. — Tort que l'un a fait à l'autre. — Du *simplisme* dans les arts. — Les premiers pas du drame en France. — La préface d'*Eugénie* et la préface de *Cromwell*. — Madame Mélingue, Bouchet, Samson, Geffroy. — Beaumarchais inventeur de la *science des planches*. — Qualités rhythmiques de sa prose. — Un couplet de Figaro. — Variétés : *les Compatriotes*, par M. Henry Monnier. — De l'inconvénient d'être né quelque part. — Galerie d'originaux. — Les types populaires d'Henry Monnier.

19 juillet.

AMBIGU. *Le Juif errant*. — Ce n'est pas la première fois que le Juif errant arpente les planches du boulevard ; nous avons déjà entendu le *Marche ! marche !* qui le pousse à travers les décors de tous les temps, jusqu'à cette éternelle apothéose où Dieu désarmé lui pardonne. Mais, cette fois, il s'agit du *Juif errant* d'Eugène Sue, être de fantaisie, assez éloigné de la légende, et qui n'apparaît que rarement dans une action peuplée de personnages de notre temps. M. Eugène Sue a beaucoup mangé du jésuite dans ce roman, les circonstances y aidaient alors ; les moyens vulgaires n'ont pas été épargnés non plus dans le courant de l'action ; cependant, la conception générale est remarquable, les types principaux sont tracés avec vigueur, le mélange du fantastique et du réel est habilement ménagé. On dirait une esquisse sombre du révérend Maturin ou de Lewis, sur laquelle se découpent çà et là des personnages de Gavarni.

C'est une belle idée que cette lutte des volontés d'un mort contre les forces multiples d'une association puissante. Peut-être aurait-elle gagné à être dégagée de l'élément fantastique. — Un homme va périr dans les cachots de l'Inquisition. Il est parvenu à mettre à l'abri une somme considérable, et, par un testament confié à un de ses amis, il a voulu que cette fortune se cumulât avec les intérêts pendant cent cinquante ans. La somme qui deviendra le résultat de cette combinaison, sera partagée, à un jour donné, entre tous les héritiers de cet homme, et devra servir le plus possible à tirer vengeance de la puissante société de Jésus. Le capital, qui paraît avoir été placé sur une solide maison de banque, ne s'élève pas, au jour du partage, à moins de cent cinquante millions. On comprend que les jésuites, de leur côté, font tous leurs efforts pour empêcher les héritiers de se réunir et pour palper le trésor. Là est l'intérêt des caractères et des détails.

Personne n'a oublié le vieux Dagobert et son chien, les deux orphelines, Gabriel, mademoiselle de Cardoville, la reine Bacchanal, la Mayeux, l'abbé d'Aigrigny, Rodin et tant d'autres types pleins de vie et de couleur. L'Ambigu a conservé les plus saillants, et a mis en relief avec bonheur la physionomie de Rodin, grâce au talent de Chilly.

Cette lanterne magique est éclairée surtout par les deux amours de la Mayeux et de la reine Bacchanal. La première, la pauvre bossue, aime, en amante, un ouvrier qui ne peut l'aimer qu'en frère. — Quoi qu'on puisse dire, il y a quelque chose de triste dans cette situation. L'amour platonique convient aux êtres disgraciés, le dévoûment les illumine et les relève ; la bonté, la tolérance, l'amabilité, si ce n'est la grâce, peuvent leur donner les moyens de faire oublier leurs imperfections et d'obtenir même une place plus solide et plus durable que tant de sympathies vagues qui ne se fondent que sur les charmes extérieurs. — Mais est-il bon qu'un brave jeune homme bien constitué, solide, plein d'énergie, épouse une pauvre fille contrefaite, grêle et nerveuse? Au point de vue socialiste, cela serait déplorable, et cette idée, toute chrétienne et toute imprégnée de renoncement, nous étonne dans l'œuvre philosophique de M. Eugène Sue.

Quant à la reine Bacchanal et à son amant Jacques, ils sont parfaitement *nature*, et, de leur liaison immorale, il résulterait certainement des êtres beaucoup mieux constitués que ceux qui seraient le fruit de l'hymen vertueux de la bossue et de l'ouvrier.

La pièce est jouée avec beaucoup d'ensemble, et l'on peut citer, comme l'une des scènes principales, celle où Dagobert (Saint-Ernest) vient demander raison à l'abbé d'Aigrigny, ancien militaire, de la mort des deux orphelines. Leur duel est on ne peut plus dramatique, et contraste heureusement avec la physionomie comique de Rodin, qui passe de temps en temps sa tête à la porte, en disant : « Peut-on entrer ? »

Le naufrage du second acte et le tableau du jugement dernier sont d'un grand effet de décoration et de mise en scène.

La pièce s'est terminée au milieu des applaudissements et du rappel de tous les acteurs sans exception, — ce qui est d'usage immémorial à l'Ambigu. On n'a pas rappelé les décorations de MM. Cambon et Thierry, et c'est un tort, car elles ont eu une bonne part dans le succès.

VAUDEVILLE. *La Foire aux idées*. — Ce nouveau numéro de *la Foires aux idées* a obtenu un grand succès que nous constatons, mais qui eût été plus honorable, il y a quelques semaines. Beaucoup d'allusions, qui n'étaient alors que des malices, sont devenues des cruautés. Nous vivons dans un temps si brusque en événements, que les répétitions d'un vaudeville, cette chose essentiellement éphémère, durent plus longtemps que les hommes ou les ridicules qu'ils frondent. Le couplet fait contre un tribun, peut-être tout-puissant demain, ne s'adresse plus qu'à un fugitif. On croyait avoir été courageux, on n'est que barbare : on frappe un absent, un captif, un cadavre. Si, à Rome, il y avait des insulteurs gagés qui poursuivaient de leurs injures les triomphateurs dans leur marche au Capitole, il est triste que des hommes libres se fassent d'eux-mêmes les insulteurs des vaincus. MM. de Leuven et Brunswick nous répondront sans doute, comme l'abbé Vertot, que leur siége était fait ; mais il nous semble qu'au prix du sacrifice de quelques mots spirituels, de quelques couplets bien tournés, les auteurs eussent dû respecter ces convenances morales que commande le malheur, fût-il mérité. Le public leur a donné raison en applaudissant leur pièce, et pourtant nous en voudrions voir disparaître certains passages regrettables par la signification qu'ils prennent des circonstances.

30 juillet.

Théatre de la République. *La Mère coupable.*—Beaumarchais, toujours par suite de cette idée qu'ont les Français de localiser l'aptitude et de restreindre chaque talent à une spécialité étroite, est beaucoup plus connu comme auteur comique que comme auteur dramatique ; tout le monde connaît *le Barbier de Séville, le Mariage de Figaro;* mais *les Deux Amis, Eugénie* et *la Mère coupable* ne sont appréciés que de rares lecteurs.

On ne veut pas, en France, que le même homme vous fasse rire et vous fasse pleurer. Singulière poétique, qui parque l'auteur dans un seul côté du cœur humain, et lui donne à cultiver, comme une plate-bande séparée, les roses de la joie ou les scabieuses de la douleur ! Bizarre amour de la symétrie, qui continue dans l'âme le parc de Versailles, et aligne les passions comme les charmilles ! A cette idée de régularité, si contraire à la nature ondoyante et multiple, nous devons la distinction des genres en tragédie et comédie, genres également faux si l'on en veut maintenir l'intégrité, car rien n'est toujours triste, pas plus que rien n'est toujours gai ; cinq actes de pleurs et cinq actes de rires, s'ils étaient possibles, seraient assommants. Il y a des choses comiques dans les actions les plus solennelles, des choses profondément douloureuses dans les scènes les plus bouffonnes.

Pour avoir méconnu cette vérité, ou plutôt pour avoir écouté sur ce point les cinq ou six pédants en vogue de leur temps, Corneille, Molière, Racine se sont privés de grands effets, de contrastes hardis et philosophiques, et n'ont pas atteint à la haute taille de Shakspeare, le Titan poétique.

Le défaut des Français est d'être *simplistes*, pour nous servir d'une expression empruntée au vocabulaire phalanstérien : simplistes en littérature, en peinture et en musique; il faut qu'on leur présente les choses une à une, bien étiquetées, bien nettes, bien claires; rien ne leur est désagréable comme de passer d'une sensation à une autre, et surtout d'éprouver deux sensations à la fois. Intelligences vives et distraites, ils veulent comprendre et ne pas faire attention.

Aussi, le tableau qu'on saisit sans l'étudier, la pièce à laquelle on assiste en causant, la musique qu'on n'a pas besoin d'écouter, les charment-ils par-dessus tout. Ne leur parlez pas de Michel-Ange, de Shakspeare et de Beethowen. Quoique l'école romantique ait mis ces grands noms à la mode, au fond les œuvres de ceux qui les portent sont peu goûtées, excepté par quelques adeptes.

Tout cela vient d'une fausse notion de l'ordre. L'art véritable n'est pas de traiter avec lucidité une idée unique, c'est de faire marcher ensemble plusieurs idées, plusieurs sentiments, plusieurs passions. C'est un moyen de police médiocre, pour empêcher que les rues ne soient encombrées, de n'y laisser passer qu'une voiture à la fois? Que diriez-vous d'un clavier où, pour éviter les discordances, on n'aurait conservé qu'une note?

La nature, une dans son plan, varie dans l'exécution et le détail; elle est simultanée, mélange toutes les formes, emploie tous les tons, harmonies et couleurs, et pose perpétuellement en face l'un de l'autre, la terre et le ciel, la nuit et le jour, la joie et la douleur, la vie et la mort, ces éléments impérissables et toujours diversement combinés du grand drame humain.

Il est vrai que ce mode d'opérer a toujours paru beaucoup trop compliqué en France, et qu'on y préfère les quinconces aux forêts où les violettes poussent aux pieds des chênes, où les branches non taillées s'enchevêtrent comme le rire et les pleurs dans le drame.

Le drame a toujours eu beaucoup de mal à s'établir parmi nous. Diderot avec son *Père de Famille*, Beaumarchais avec son *Eugénie*, ont trouvé nombre de contradicteurs.

Nanine, *l'Enfant prodigue*, *Mélanie*, *Cénie*, *l'Écossaise*, *le Philosophe sans le savoir*, déplaisaient également par ce mélange du comique, du tempéré et du touchant, qui pourtant est le procédé même de la nature.

Dans l'éloquente préface d'*Eugénie*, il faut voir avec quelle raison et quelle puissance de dialectique Beaumarchais proclame la poétique de l'école nouvelle; ce qui n'a pas empêché Victor Hugo d'écrire son admirable préface de *Cromwell*. On avait à peu près alors accepté le drame en prose, en le flétrissant du nom de mélodrame ; mais, pour le drame en vers, le travail était à recommencer !

La Mère coupable a été jouée, sinon avec supériorité, du moins avec ensemble au Théâtre-Français. Madame Mélingue a montré beaucoup de sensibilité dans le rôle de la Rosine repentante; Bouchet a composé le personnage difficile de Beggears, le tartufe de mœurs, avec talent. Samson a été très-bien dans le rôle du vieux Figaro, et Geffroy, qui, ce nous semble, eût été mieux à sa place dans le rôle du vieux major irlandais, a donné au comte Almaviva une physionomie noble, mais un peu lugubre, où le souvenir du pétulant jeune homme qui grattait la guitare sous les balcons de Séville, était peut-être trop effacé.

En voyant cette pièce, qui ne passe pas pour une des bonnes de Beaumarchais, on est frappé de la différence qu'elle offre avec celles de l'ancien répertoire. — Ce qu'on appelle la *science des planches*, semble avoir pris naissance chez lui ; les grands maîtres du temps passé, Molière y compris, ne s'en doutent pas, et leurs charpentes, composées de trois ou quatre madriers emmanchés à angles droits, font sourire de pitié les *carcassiers* modernes. Un vaudevilliste de troisième ordre démolirait aisément, au point de vue scénique, la plupart des chefs-d'œuvre.

Beaumarchais seul résisterait peut-être à l'habileté pratique des faiseurs : il sait à fond l'art des entrées et des sorties, des jeux de théâtre ; il occupe la scène, ménage les surprises, prépare le dénoûment de longue main, dispose les accessoires et pousse le soin de la mise en scène si loin, que, dans *Eugénie*, les entr'actes sont remplis par des jeux muets de domestiques ou de personnages secondaires allant et venant, allumant les flambeaux, rangeant les meubles, débouchant les flacons, et destinés à représenter, sans laisser le théâtre vide, ces silences qui se rencontrent dans l'action la plus serrée. Une chose remarquable, c'est que la prose de *la Mère coupable* renferme beaucoup de vers blancs de huit pieds.

Beaumarchais, qui, malgré quelques chansons spirituelles, ne fut jamais qu'un poëte médiocre, avait pourtant le sentiment du rhythme à un haut degré : il a dans la phrase des recherches harmonieuses assez curieuses, des allitérations, des assonances, des portements de son, des cascades, des arrêts, des hachures et beaucoup d'artifices de style tendants à impressionner l'oreille; quand il veut donner du nombre à une sentence ou faire porter un trait, il en fait un vers blanc octosyllabique. Le dernier couplet de Figaro, dans *la Mère coupable*, en renferme plusieurs.

« A moi, monsieur? Non, s'il vous plaît. — Moi gâter par un vil salaire le bon service que j'ai fait. — Jeune, si j'ai failli souvent, que ce jour acquitte ma vie. — O ma vieillesse! pardonne à ma jeunesse (assonance), elle s'honorera de toi. — Un jour a changé notre état ! — Plus d'oppresseur, d'hypocrite insolent (vers de dix pieds). — Chacun a bien fait son devoir. — Ne plaignons pas quelques moments de trouble (vers de dix pieds). — On gagne assez dans les familles quand on en expulse un méchant. »

On voit avec quel soin, quelle recherche du rhythme toute cette tirade est écrite.

13 août.

VARIÉTÉS. *Les Compatriotes*. — Henry Monnier n'est pas la représentation approximative d'un type, c'est le type lui-même. Brahma comique, il a le don de s'incarner dans toutes sortes de personnages grotesques. Ses rôles sont des *avatars*.

Dans *les Compatriotes*, la vérité est poussée jusqu'au tragique ; les malheurs d'Atrée et de Thyeste, les désagréments d'Hippolyte, le *prince déplorable*, ne sont rien à côté des infortunes de Lavenaz ;

la taquinerie et l'insupportabilité prennent, dans la pièce de Monnier, des proportions gigantesques. Nous qui sommes né dans le Midi, nous avons frissonné en pensant que nous aurions pu avoir des compatriotes avec le même accent que Destouzac, Mermès et madame de la Bastide. Si un séjour continu à Paris depuis l'enfance ne nous avait séparé du lieu de notre naissance, notre sort eût sans doute été pareil à celui de Lavenaz, l'homme le plus à plaindre qui ait jamais été traduit sur la scène. Cette idée lugubre, horripilante, nous tenait enchâssé dans notre stalle, plein d'une muette terreur; nous nous disions : « Tu aurais pu être Lavenaz ! »

Nous sommes encore pâle de cette pièce effroyable et féroce dont l'horreur peut se varier à l'infini, en substituant aux Gascons des Marseillais, des Alsaciens, des Poitevins, des Picards !

Lavenaz est né dans un département, et ce département abuse, avec la plus impatientante cruauté, de ce fait malheureux ; tous les compatriotes disposent de lui comme d'un agent d'affaires : ils s'installent dans sa maison, s'asseyent à son bureau, boivent son café, lui empruntent son argent, brisent ses chaises, lutinent sa servante, se donnent des rendez-vous et s'invitent à dîner chez lui, tout cela sous le prétexte que les rives de la Garonne les ont vus naître. Oh ! trois et quatre fois heureux l'homme qui a reçu le jour dans une des rues de Paris, la grande ville, où personne ne sait qui naît, vit et meurt à côté de soi !

C'est Henry Monnier qui fait à lui seul toute cette bande de charabias, dont il nuance la physionomie et l'accent avec un art merveilleux, tout en conservant à chaque type le cachet indélébile de l'endroit.

D'abord, c'est Destouzac, un de ces aventuriers méridionaux qui viennent chercher fortune sur le pavé de Paris, homme à projets sans cesse détruits et sans cesse renaissants, moitié dupe, moitié fripon ! Qu'il est superbe avec son pantalon jaspé de crotte, ses bottes éculées où toutes les boues de la ville ont déposé leur couche, sa lévite d'alpaga boutonnée jusqu'au col, dissimulant un linge absent ou douteux, et laissant voir un bout de cravate rouge tournée en corde ! Quelle bonne tête, quel nez bizarre et quels favoris de macaque !

O Lavenaz ! que tu es débonnaire, patriarcal et plein de mansuétude, de ne pas jeter un pareil ami par la fenêtre, après l'avoir soigneusement trépigné !

Le tic de Destouzac, c'est de n'être pas gênant ; il ne veut pas vous déranger ; ne faites pas attention à lui, il n'a qu'un mot à dire, il s'en va, il passe, il serait désolé de vous faire perdre une minute de votre précieux temps ; mais l'infâme charabia, avec sa prétendue discrétion, est le plus assommant des fâcheux ! Il fait au pauvre Lavenaz toutes les *scies* et toutes les *misères* imaginables, il met plus de temps à dire : « Je m'en vais, » qu'un autre à rester franchement, et il entame avec sa victime une de ces interminables histoires pleines de parenthèses, de phrases incidentes, de sinuosités, et de complications qu'Henry Monnier sait embrouiller et enchevêtrer d'une manière si fantasque. Cette histoire aboutit à un emprunt de trois louis qu'il aime mieux devoir à son ami qu'à un certain capitaliste, qui les lui a offerts spontanément à l'estaminet, mais qui lui fait l'effet d'être un agent provocateur. — Au moins, celui-là ne reparaîtra pas : trois louis pour être délivré d'un pareil compatriote, ce n'est pas cher.

Celui-ci n'est pas plus tôt parti, que voici un autre compatriote qui arrive : Mermès, officier de cavalerie, grand gaillard à la mine ouverte et franche, portant l'impériale et la moustache sur une physionomie rougeaude ; il n'a rien des allures équivoques de Destouzac, mais il n'en est pas moins ennuyeux pour cela ; il est de quartier et ne sait à quoi passer son temps jusqu'à l'heure de la parade ; il vient flâner chez son ami. Quel garçon sans gêne ! Il se campe dans le fauteuil de Lavenaz, se renverse, allonge sur la table ses bottes ergotées d'éperons, frappe sur les cartons avec sa cravache, écrase les chaises un peu trop frêles en y appuyant sa forte main de soudard, boit le café apporté par Théréson à son maître, tout en déclarant que c'est de la *lavasse*, dérange tous les meubles, soulève la pendule pour chercher sous le socle une allumette, oubliant qu'il a un briquet dans sa poche, et remplit de bleuâtres spirales de fumée le cabinet de Lavenaz, qui tousse comme un chat qui a avalé des plumes. Ce n'est pas tout : ledit Mermès s'invite à dîner avec cinq compatriotes fraîchement descendus de la diligence et qu'il n'a pas voulu laisser aller à l'auberge, pour l'honneur du département; — puis il s'étonne énormément que Lavenaz s'impatiente, il trouve que le caractère de son ami est vraiment devenu intolérable, et sort tout fâché.

Il y a une telle dissemblance de taille, de voix, d'allure entre d'Estouzac et Mermès, qu'on a toutes les peines du monde à croire que ce soit le même acteur qui joue les deux rôles.

Hélas ! les infortunes de Lavenaz ne sont pas terminées : voici madame de Labastide avec des malles, des cartons à chapeau, des caisses énormes, qu'on ne peut faire entrer qu'en abattant un pan de mur, comme pour le cheval de Troie. Madame de Labastide aurait cru faire injure à son compatriote en descendant à l'hôtel. Tudieu ! quelle commère ! comme elle avale les verres de madère ! comme elle raconte, sans la moindre gaze, les histoires les plus égrillardes, malgré la présence de la fille de Lavenaz. Ce n'est plus elle qui loge chez Lavenaz, c'est Lavenaz qui loge chez elle, tant elle s'est emparée de la maison. Aussi, de quel ton lui dit-elle : « Mon bon, fais comme chez toi, ne te gêne pas ! » Grand Dieu ! un garçon de bains entre coiffé d'une baignoire de zinc ! Allons-nous assister au déshabiller de madame de Labastide ?

Heureusement Lavenaz, exaspéré, arrivé au dernier paroxysme de rage, balaye sa maison de tous ces intrus, et marie sa fille, pour terminer la pièce, à un jeune homme dont le plus grand mérite à ses yeux est d'être né dans un département du Nord. S'il eût été de Toulouse, de Mont-de-Marsan ou de Tartas, jamais Lavenaz ne lui eût accordé la main de mademoiselle Léonie.

Henry Monnier n'est pas moins étonnant dans le personnage de la vieille folle, que dans ceux de l'emprunteur et de l'officier. Ce n'est pas de la charge, c'est la vérité pure. L'analyse philosophique et théâtrale ne saurait être poussée plus loin.

Aussi ces pièces sont-elles conçues au point de vue de celles des grands maîtres. Le sujet, l'intrigue, l'accident y tiennent peu de place. Les dénoûments ne viennent que parce qu'il faut finir. L'important, c'est le dessin des types, le développement des caractères, l'observation de la nature. L'art qu'on appelle l'art des planches a tué la vérité au théâtre : tout est sacrifié à une adroite précipitation vers le dénoûment ; aussi ne voit-on plus dans les pièces modernes que des figures insignifiantes, toujours préoccupées d'entrer ou de sortir à propos. La vue de cent vaudevilles, même entre les plus spirituels, ne vous laisse pas l'impression d'un seul type humain : ce sont de vagues silhouettes qui s'agitent, sautillent, babillent et disparaissent, au lieu que dans les scènes d'Henry Monnier se meuvent des êtres animés d'une vie particulière. On se souvient de chacun de ses personnages comme de quelqu'un qu'on aurait connu dans la réalité, et c'est là ce qui sépare si profondément Henry Monnier des faiseurs et des comédiens ordinaires.

IX

OCTOBRE 1849. — Porte-Saint-Martin : *Rome*, drame à spectacle, de MM. Ferdinand Laloue et Fabrice Labrousse. — Optique des faits, nécessaire au théâtre. — Mise à la scène des personnages religieux. — Les mystères et les *auto-sacramentales*.— La pièce de MM. Laloue et Labrousse. — Les décorations. — Effet produit sur le public. — Mazzini et Garibaldi acclamés. — Du rétablissement de la censure. — Gymnase : *Graziella*, tiré des *Confidences* de Lamartine, par MM. Jules Barbier et Michel Carré. — Les créations de Lamartine. — Le salon nankin submergé. — Madame Rose Chéri.

1er octobre.

PORTE-SAINT-MARTIN. *Rome*. — Découper devant la rampe de l'histoire toute crue, toute vivante pour ainsi dire, puisque le dénoûment est encore dans le laboratoire mystérieux où des mains invisibles préparent les événements de l'avenir, c'était là, certes, une rude tâche, peut-être même une tâche impossible; les faits, comme les tableaux, ont besoin d'être vus à une certaine distance pour être compris. Quelle doit être cette distance? Un an, un lustre, un siècle? C'est ce qu'il est fort difficile de fixer. Pourtant, il semble qu'on devrait attendre que les gens fussent rentrés dans la coulisse de la mort avant de faire paraître leur image sur les planches du théâtre. Il y a quelque chose de bizarre à penser que l'homme vivant, joué sur la scène, peut se trouver dans la salle et faire évanouir, par sa réalité, le vain fantôme créé par l'acteur. Nous parlons ici au point de vue de l'art seulement, car il n'entre pas dans nos opinions d'imposer à la pensée humaine d'autres restrictions que le jugement de tous.

A la Porte-Saint-Martin, la difficulté se compliquait du caractère sacré de la personne mise en scène, avec tous les égards et tous les ménagements possibles, nous devons le dire tout de suite.

Un pape au théâtre, c'est une liberté à laquelle doit nous avoir préparés le cardinal de *la Juive :* cependant il y a quelque différence d'un pape vivant à un prélat de fantaisie.

La question de savoir s'il est licite de mettre des prêtres en scène a été souvent agitée et résolue en divers sens. Nous pensons que, les prêtres faisant partie de la comédie humaine, le poëte dramatique a le droit de les employer comme il fait des rois, des guerriers, des savants, bien que nous préférions les pièces où ils ne figurent pas.

Ces représentations ne sont pas si contraires qu'on le pense au sentiment catholique ; au moyen âge, Dieu, la Vierge, les anges et les saints étaient les acteurs habituels des mystères, et, en Espagne, la mode des *auto-sacramentales* s'est prolongée fort longtemps ; personne n'était choqué d'y voir, mêlés aux êtres célestes et aux abstractions allégoriques, des prélats, des moines, des martyrs, des apôtres.

Il est singulier que l'emploi du prêtre, comme type théâtral, nous froisse plus, nous autres sceptiques, voltairiens, ou tout au moins gens de foi attiédie, que les populations naïvement dévotes des siècles passés.

La *Rome* de la Porte-Saint-Martin est la vie de Mastaï, devenu pape, sous le nom de Pie IX. Comme on sait, le pape actuel a été officier de dragons et a fait la campagne de Russie. Un amour malheureux le tourna, dit-on, aux idées religieuses. Ordonné prêtre, bientôt évêque d'Imola, puis cardinal, et, enfin, posant sur sa tête la triple tiare de saint Pierre, il vit l'aurore de son pontificat saluée par les cris d'enthousiasme de l'Italie reconnaissante, et, trop tôt effrayé de son œuvre, voulut reprendre d'une main ce qu'il avait donné de l'autre. Vous savez le reste : le triumvirat, le siége de Rome, l'entrée des Français dans la ville éternelle.

Tels sont les événements que les auteurs ont reproduits dans une espèce de panorama dramatique qui aurait demandé la large touche de Shakspeare dans ses pièces-chroniques.

Ces messieurs ont fait de louables efforts pour ne blesser aucune susceptibilité, et n'ont mis dans la bouche du pape que les paroles les plus évangéliques. Ils se sont gardés de tourner en ridicule le triumvirat, acceptant chaque conviction pour sincère et honorable. Mais, de cette impartialité, qu'on doit approuver au point de vue moral et philosophique, il résulte pour la pièce une sorte d'indécision et de froideur. Un drame a autant besoin de passion que de justice.

Quoiqu'elle remue les idées à l'ordre du jour, la pièce de MM. Laloue et Labrousse n'est nullement une œuvre politique ; c'est avant tout une pièce pittoresque, un drame à grand spectacle. M. Laloue et son collaborateur ont fait, au Cirque-Olympique, l'épopée militaire française : la République, l'Empire, la Restauration, la monarchie de 1830 elle-même leur ont fourni de nombreux tableaux ; ce n'est pas de leur faute si la jeune République n'a pas d'autre fait d'armes à glorifier que la prise de Rome, et d'autre personnage à mettre dans un drame militaire que le pape.

Comme spectacle, il n'y a que des éloges à leur faire.

La fête du rameau d'or, la tarentelle, sont réglées avec beaucoup de goût. Mesdames Camille, Nehr, et le danseur comique Espinosa se trémoussent très-agréablement dans une décoration dont les échappées laissent voir la mer bleue et le Vésuve qui fume à l'horizon.

Le cortége du pape, descendant les rampes majestueuses du Capitole et passant devant cette statue de bronze de Marc-Aurèle, est d'un bel effet. Les Suisses, avec leur costume à la Schomberg, les cardinaux écarlates, les thuriféraires agitant leurs encensoirs, les segettaires portant sous un dais de drap d'or le pape agenouillé, vêtu de blanc et rafraîchi par de grands éventails de plumes, rappellent avec bonheur le tableau si connu d'Horace Vernet. La décoration, imitée de l'eau-forte de Piranèse, encadre magnifiquement ces groupes, disposés d'une façon pittoresque.

Il y a aussi une très-belle vue de Rome au clair de lune, prise de la terrasse du Vatican. L'eau du Tibre miroite par places dans l'ombre bleuâtre, et des rayons égarés ébauchent çà et là les grandes masses des édifices.

Le tableau de la fin, sur lequel le rideau baisse trop brusquement, et qui représente l'entrée triomphale de l'armée française — ce qu'au Cirque on appelait l'apothéose — est aussi très-beau. La grande silhouette ébréchée du Colosseum clôt magnifiquement la perspective.

Parlons maintenant de l'effet produit par ce drame, non sur le public indifférent et blasé des loges, mais sur les spectateurs plus impressionnables du parterre et des amphithéâtres.

Jusqu'à la moitié, à peu près, la pièce a été écoutée silencieusement. L'orage a commencé sur une phrase attribuant aux étrangers les mouvements insurrectionnels de la population romaine. Et, à partir de là, la représentation a été très-tumultueuse, entremêlée de sifflets et d'applaudissements : tous les passages ayant trait à Mazzini et à Garibaldi ont été applaudis avec un enthousiasme extrême.

Ce n'est pas que la pièce donnât lieu par elle-même à tout ce tapage, car les auteurs se sont efforcés de garder la neutralité; mais les événements transperçaient à travers les scènes adoucies, et il ne faut dire qu'un mot pour servir de point de départ aux passions politiques..

Quelques représentations un peu bruyantes, qui ont eu lieu dans ces derniers temps, ont paru nécessiter la réinstallation de la censure à des esprits honnêtes sans doute, mais trop timides, et que la peur égare. La censure, outre les inconvénients contre lesquels nous nous sommes élevé tant de fois, en a un très-grave au point de vue gouvernemental ; elle empêche que le pouvoir n'ait conscience de l'esprit public, du sentiment et même du préjugé populaire, qu'il ne faut pas dédaigner, car c'est une force immense.

Si vous ôtez des pièces toutes les scènes, tous les mots qui peuvent émouvoir et passionner les spectateurs, vous obtenez une soirée plus tranquille, mais vous ignorez ce que cette foule aime ou hait ; mille ressentiments s'amassent à votre insu dans son cœur, pour éclater plus tard, à votre grande surprise. Une représentation comme celle d'hier est une excellente pierre de touche, et un ministre intelligent devrait chercher plus souvent à entendre le son que rend le public frappé par une idée; on éviterait ainsi bien des illusions et des déceptions. Ce serait une étrange fantaisie de supprimer le vent quand on tient l'écoute de la voile et qu'on veut marcher ; mais elle n'est pas plus singulière que celle de vouloir supprimer l'impulsion populaire pour conduire la barque gouvernementale.

25 octobre.

GYMNASE. *Graziella*. — Ils se sont mis deux poëtes pour toucher à la prose de Lamartine. Ce n'est pas trop; mais dix vaudevillistes y auraient perdu leurs ficelles; car, s'il y a au monde quelque chose de difficile à transporter sur le théâtre, c'est une création de Lamartine : un de ces types faits de vapeur, de parfum et de lumière, dont le corps est déjà une âme, et dont le burin de Finden ou de Robinson pourrait seul donner une idée lointaine dans un de ces livres de beauté, suprême expression de l'art anglais. Évoquer Graziella devant la rampe du Gymnase était certes une action hardie!

Le salon nankin et les deux pavillons du Gymnase ont dû rentrer dans le magasin pour cette fois, et laisser une vague bleue de cette mer d'Ischia, qui murmure toujours dans les *Méditations* et les *Harmonies*, dérouler sa volute frangée d'argent sur le parquet tant de fois piétiné par les héros de M. Scribe; le fauteuil où Ferville, en clignant ses petits yeux, étale, en redingote de colonel, ses rhumatismes gagnés sur les champs de bataille de l'Empire, est remplacé par un banc de pierre au pied d'une muraille blanche que festonne une brindille de folle vigne, et dont la niche abrite la *Madonna col Bambino*.

MM. Jules Barbier et Michel Carré, avec cet instinct du poëte, plus sûr que toutes les adresses, ont laissé simple ce qui était simple, touchant ce qui était touchant; et, sans se préoccuper autrement des entrées et des sorties, ont conservé à chaque personnage son type et sa poésie.

Madame Rose Chéri, vêtue du riche costume des femmes d'Ischia et de Procida, qui donne à des filles de pêcheur l'air de jeunes princesses de l'Orient, prête à Graziella une physionomie aimable et touchante, et réalise, autant que possible, l'idée que fait naître le livre. Nous disons autant que possible, car Graziella elle-même, si quelque charme magique l'évoquait du tombeau où elle dort sur le rivage, au doux bruit de la plainte marine, et sous la pluie parfumée de l'oranger, ne remplirait pas les conditions de son idéal : et c'est un grand danger pour une actrice de traduire sur sa personne les descriptions d'un poëte tel que M. de Lamartine. Ce danger, on peut dire que madame Rose Chéri l'a surmonté : elle a été charmante dans la scène de coquetterie où elle a revêtu le costume français, croyant ainsi plaire davantage à son amant ; la scène de l'aveu a été dite avec beaucoup d'ardeur et de chasteté et l'agonie finale vaut celle de Clarisse Harlowe. Madame Rose Chéri meurt parfaitement bien.

X

NOVEMBRE 1849. — Théâtre de la République : *le Testament de César*, drame en vers, de M. Jules Lacroix. — *Humaniores litterœ.* — Le *César* de Voltaire et le *César* de Shakspeare. — Emprunts que leur a faits M. Jules Lacroix. — Le caractère de Brutus. — Épilogue de la pièce nouvelle. — La griffe d'un maître. — Style et versification de M. Lacroix. — Geffroy, Beauvallet, Ligier. — Théâtre-Historique : *le Comte Hermann*, drame de M. Alexandre Dumas. — Retour de l'auteur d'*Antony* à sa première manière. — Variétés : *la Vie de Bohème*, par MM. Henry Murger et Théodore Barrière. — Le théâtre et le journalisme. — La bohème de l'art. — L'esprit de M. Murger. — Mademoiselle Thuillier, Charles Pérey.

19 novembre.

THÉATRE DE LA RÉPUBLIQUE. *Le Testament de César.* — La pièce de M. Jules Lacroix a ce mérite, singulièrement rare aujourd'hui au théâtre, d'être faite par un *lettré*. Maintenant, les gens qui réussissent d'ordinaire aux choses dramatiques sont étrangers à ce qu'on appelait autrefois *humaniores litteræ;* en français : ils n'ont pas fait leurs *humanités,* belle expression qui indiquait que, pour être vraiment digne du nom d'homme, il fallait connaître à fond ces nobles secrets de la pensée et du style, ce précieux dépôt légué par l'antiquité au monde moderne.

Sans doute, ils ont beaucoup d'habileté, de savoir-faire, d'esprit même et d'observation, mais ils écrivent un patois vulgaire; on ne sent pas, dans leur phraséologie insipide, la forte saveur des origines. C'est une bonne fortune, pour un critique, de rencontrer un de ces ouvrages écrits avec la sérieuse conscience du savant et du poëte, car c'est vraiment une besogne repoussante que de passer sa vie à peser le néant dans des plateaux de toiles d'araignée, avec des grains de poussière pour poids.

Le Testament de César a les qualités mâles et robustes que nous aimons : tout y respire la force virile, et cela n'est pas étonnant. M. Jules Lacroix s'est nourri de moelle de lion, de Juvénal et de Shakspeare, qu'il a traduits tous deux avec une âpre fidélité et une vigueur peu commune.

Nous sommes heureux, pour l'honneur du public, que *le Testament de César* ait si bien réussi.

Voltaire et Shakspeare ont fait tous deux une tragédie dont le grand Jules est le sujet. Voltaire s'applaudit beaucoup d'avoir retranché les femmes de sa pièce, ce qui lui donne, dit-il, un air plus sévère et plus romain. Ce point de vue est bizarre et rappelle les tragédies de collége que les Jésuites faisaient jouer aux vacances. Dans Shakspeare figurent Porcia, femme de Brutus, et Calpurnie, femme de César. M. Jules Lacroix a renforcé ce personnel féminin de Cythéris, hétaïre grecque, et de Cléopâtre, reine d'Égypte. Il n'a pas oublié que, d'après un dicton dont nous ne pouvons citer que la moitié, car la seconde est trop latine pour les oreilles françaises, on appelait César le mari de toutes les femmes, et il a justifié ce nom en peuplant sa pièce de gracieuses figures qui forment un heureux contraste avec les barbes républicaines et les mines farouches des conspirateurs.

Le Testament de César est un heureux titre; il a l'avantage de désorienter l'imagination et de l'écarter de la catastrophe trop prévue d'avance; en outre, il rajeunit un sujet un peu usé.

M. Jules Lacroix, outre ce qu'il a apporté de son propre fonds, s'est inspiré librement de Voltaire et de Shakspeare. Au premier, il a emprunté la supposition que César était le père de Brutus, supposition fondée sur un passage de Plutarque où il est dit que Jules César avait été l'amant de Servilie, mère de Brutus; au second, les scènes de Porcia et de Brutus, plusieurs détails, et la magnifique harangue d'Antoine sur le cadavre sanglant de César, et une portion de l'épilogue.

Dans le drame de Shakspeare, c'est Brutus qui est le héros. Jules César, bien qu'il donne son nom à la pièce et la fasse vibrer de son souffle puissant, y paraît à peine, et ne fait que la traverser pour aller tomber sanglant au pied de la statue de Pompée. Dans l'œuvre de M. Jules Lacroix, César occupe le premier rang. C'est la figure dessinée avec le plus de soin et d'amour.

Le poëte a-t-il bien fait d'admettre que Brutus était fils de César? Nous ne discutons pas ici la possibilité historique, mais la possibilité humaine. Shakspeare n'a pas fait usage de ce moyen un peu mélodramatique, il faut le dire. Sans doute, le poëte aura été séduit par une sorte de parallélisme : aux deux bouts de cette stoïque race de Brutus, un sacrifice des sentiments naturels à l'idée, un père tuant ses fils, un fils tuant son père; on peut voir là une sorte de reversibilité dramatique et d'antithèse théâtrale capables de produire des effets ; seulement, le cœur admet difficilement une pareille résolution. Pour accomplir un devoir pareil, Brutus manque au devoir général : il n'y a pas de considération politique qui justifie l'assassinat d'un père par son fils; celui d'un ami est déjà révoltant.

Brutus, quoique son passage sur le monde ait été signalé par une action sanguinaire et terrible, n'était pas féroce. Il passait pour doux et l'était. Le meurtre qu'il commit, il n'y fut pas poussé par une fureur grossière : ce ne fut que la conclusion d'un syllogisme, une abstraction pure : s'il eût connu un autre moyen de supprimer César, il l'eût employé; il aimait comme homme celui qu'il détestait comme principe.

Chose singulière! Brutus, qui se croyait républicain, n'était que conservateur. L'idée nouvelle, l'idée libre et féconde, ce n'était pas lui, c'était César qui la représentait; Brutus ne formulait que le passé. Nourri des traditions stoïciennes, il voulait opérer un retour violent aux vieilles mœurs, prenant la dureté primitive pour de la vertu ; il comprenait peu l'homme, et, comme tous les monomanes, ignorait la vie réelle. Pur, austère, sobre, il avait toutes les qualités négatives ; aucun de ces défauts qui rendent sociable ne déparait ce caractère tout d'une pièce, mais médiocre, quoi qu'on en ait pu dire, médiocre surtout relativement à César, la plus grande figure humaine qui se soit jamais promenée sur notre petit monde. Il était classique et cherchait dans les philosophes des autorités pour le meurtre. Quant à son époque, il ne s'en était pas douté; il n'avait pas senti les tressaillements de vie universelle qui faisaient palpiter le sein de César, et ne soupçonnait pas le monde nouveau qui allait surgir ; les hommes d'un livre ou d'une idée sont toujours dangereux, il y a longtemps qu'on l'a dit, mais c'est surtout pour ce livre ou pour cette idée. L'action de Brutus a rendu la République impossible pendant bien des siècles, et la liberté saigne encore par les blessures de César.

Tout cela n'est pas pour rabaisser Brutus outre mesure ; aucune ambition personnelle, aucun intérêt particulier ne le guida ; ce ne fut pas l'esprit de haine et de vengeance qui lui mit le couteau à la main ; seul peut-être de tous les conjurés, il agit au point de vue du bien général, comme il l'entendait du moins ; il se considéra, non comme un meurtrier, mais comme un sacrificateur; qu'il ait été le fils ou seulement l'ami du grand Jules, ce *Tu quoque, Brute!* si doux, si bienveillant, si chrétien presque par anticipation dans sa surprise douloureuse, dut lui entrer plus avant au cœur que le poignard dans le sein de la victime.

Tuer César, c'était le délivrer du seul ennemi qu'il pût avoir, c'est-à-dire de lui-même ; c'était le rendre tout-puissant, faire disparaître dans la lumière de l'apothéose les petites misères de la vie, les mille souillures de détail qui amoindrissent les héros aux yeux contemporains. La bouche de César vivant était bien éloquente, mais les vingt et une blessures parlaient bien plus haut par leurs lèvres saignantes.

Brutus eut donc raison de douter, à son heure suprême, de la légitimité de son action. Ce fut là son châtiment, et le seul qu'il méritât. A un homme qui avait eu foi dans l'absolu, Némésis devait infliger le doute pour supplice.

Le mot de Brutus : « Vertu, tu n'es qu'un nom ! » ce cri d'agonie, cet *Elohi! lema sabakht anny!* de la République expirante, nous a toujours fait une impression profondément lugubre et sinistre; il contient d'immenses douleurs, ce pieux blasphème ! C'est la théorie cédant au fait, le rêve sentant entrer dans son cœur le glaive froid de la réalité, l'écroulement tardif de la croyance, la vie remise en question à l'heure où il n'est plus temps ! Brutus doutant de la vertu, Brutus est mort : il n'a plus de raison d'être; l'épée tenue par Straton ne rencontre qu'un corps inerte.

Le sujet en lui-même, nous n'avons guère besoin de le raconter; il n'en est pas de plus connu, de plus présent à la mémoire des hommes, pourtant si oublieuse : on dirait que tout cela s'est passé hier, tant l'impression est vive et récente.

L'épilogue, de M. Jules Lacroix, en partie imité de Shakspeare, nous montre la veille funèbre de Brutus, l'apparition de son mauvais génie, son suicide à l'arrivée d'Antoine et d'Octave victorieux, d'Antoine déjà amoureux de Cléopâtre, d'Octave rêvant d'escamoter le monde à son profit, et qui se le fera pardonner plus tard sous le nom d'Auguste, grâce à Virgile et à Horace.

Le début de M. Jules Lacroix est un coup de maître. Les précieux conseils de M. Alexandre Dumas, chez qui le sentiment du théâtre est inné, lui ont fait éviter les écueils où se brisent beaucoup de jeunes talents.

Son style est net, ferme, sa versification solide, nerveuse, correcte. Le seul reproche qu'on puisse adresser à l'un, c'est d'être quelquefois un peu trop tendu, à l'autre d'être trop rigoureuse, trop carrée, trop chargée en richesse à la rime, magnifiques défauts dont le poëte, en dépit de la critique, fera bien de ne pas trop se défaire.

La pièce est admirablement jouée : Geffroy, qui est un peintre distingué et un comédien d'élite, a composé le rôle de César avec une intelligence parfaite de l'antique et du personnage : il y a été grand, simple, familier, charmant. — Brutus ne pouvait avoir un meilleur interprète que Beauvallet. Beauvallet n'a pas fait du noble Brutus un traître de mélodrame, ce qui était l'écueil à redouter, et représenté ce républicain, dont les aïeux remontaient aux premiers temps de Rome, sous l'aspect d'un savetier courroucé et refrogné. Il s'est montré froid, calme, digne, sévère, presque sacerdotal, comme l'impassible exécuteur d'une pensée grande et terrible. Ligier a dit avec beaucoup d'art, d'éloquence et d'entraînement la magnifique harangue sur le corps de César. Et c'était là, certes, un morceau difficile à faire passer devant un public français, en face d'un cadavre sanglant, et en agitant un manteau souillé comme un linge de boucherie.

La mise en scène est très-soignée, et, grâce à MM. Martin Hubé et Noleau, les habiles décorateurs, nous sommes enfin sortis de l'éternel portique à colonnes vertes sous lequel se commettent tous les meurtres tragiques!

22 novembre.

Théatre-Historique. *Le Comte Hermann*. — *Le Comte Hermann* est de la famille d'*Antony*, si le mot famille peut s'employer à propos d'un bâtard. C'est un drame simple, émouvant, pathétique, un drame de cœur, qui n'emprunte pas ses effets au machiniste, et qui a obtenu un grand et légitime succès, dont nous ne profiterons pas, comme on le fera sans doute, pour dénigrer les romans dialogués joués habituellement au Théâtre-Historique, et dont le mérite, outre l'intérêt qu'ils peuvent offrir, est de déshabituer des vieilles unités d'Aristote, plus puissantes encore qu'on ne croit.

Alexandre Dumas n'a pas de collaborateur dans *le Comte Hermann* : nous l'en félicitons ; quoique l'association soit au théâtre un fait des plus acceptés, nous avons peine à comprendre ce mode de travail. L'analogie qui se poursuit dans toutes les opérations de la nature semble s'arrêter à la génération intellectuelle. Il faut pour tout fils un père et une mère, pour tout fruit une semence et de la terre ; *un* résultat toujours de *deux*. L'idée naît sans hymen et n'a qu'un père à la fois objectif et subjectif. C'est ce que les anciens ont admirablement symbolisé dans le mythe de Pallas jaillissant tout armée du cerveau de Jupiter, accouchement laborieux qui a besoin pour forceps du marteau de Vulcain, c'est-à-dire du labeur opiniâtre représenté par ce forgeron noir de fumée et de limaille. La pensée, comme l'amour, a sa pudeur : tout témoin la gêne, et le collaborateur est un témoin.

C'est un gentilhomme accompli que le comte Hermann ; sa noblesse remonte aux temps fabuleux ; il descend en droite ligne d'Arminius ; il est brave, loyal, instruit, un peu revenu de tout pour y être allé ; mais, quoiqu'il ait beaucoup vu les hommes, il ne les hait ni ne les méprise : il croit au bien et au beau. Le bien, il l'a dans son cœur sincère ; le beau, sur sa figure harmonieuse.

Au moment où s'ouvre la pièce, le comte Herman arrive du nouveau monde, accompagné de son médecin ordinaire, le docteur Fritz Sturler. Il souffre d'une blessure au poumon, reçue en Amérique, dans un duel au couteau avec un gaucho, jaloux d'une jolie fille de couleur. Le comte ne vit que grâce aux soins intéressés du docteur, qu'il regarde comme son ange gardien.

Cependant, au théâtre, il faut se méfier des anges gardiens vêtus de noir, boutonnés jusqu'au col et qui portent des bottes molles par-dessus leur pantalon, et, si le comte Hermann, qui a parcouru toute la terre, était allé quelquefois au boulevard du Crime, il saurait à quoi s'en tenir sur son docteur ; mais il n'a jamais pris d'avant-scène à la Gaieté, ni au Théâtre-Historique, ni à la Porte-Saint-Martin.

Bade, où le comte vient prendre les eaux, est peuplé d'une foule bigarrée, grands seigneurs et chevaliers d'industrie de toutes nations, désœuvrés et malades, de ceux-là moins que d'autres : ce microcosme s'agite et fourmille dominé par la voix monotone du croupier : « Noire perd, rouge gagne, rien ne va plus. »

Le comte, inquiet sur le sort de Karl, son neveu, qu'il aime comme un fils, et qui, en ce moment, se bat en duel pour une jeune fille insultée à la promenade, et dont il a pris la défense, s'est fait du jeu un moyen divinatoire. Il consulte les cartes comme un oracle. La rouge représente la vie ; la noire représente la mort. Hermann met sur la rouge, qui sort avec l'opiniâtreté la plus rassurante et crie par sa vivace couleur que Karl est bien portant. Le comte gagne une somme énorme à cette cartomancie de nouvelle espèce ; il serre dans son portefeuille une liasse de billets de banque et dans ses bras son neveu Karl, sorti d'affaire sans la moindre égratignure. Mais ce que le comte Hermann a gagné en s'obstinant sur la rouge, le baron Frantz de Stauffenbach l'a perdu en s'obstinant sur la noire. Ce jeune fou, emporté par la vertigineuse ivresse du jeu, pour pouvoir continuer à tenter la fortune, emprunte au comte, sur un château, le dernier qu'il possède et dont il puisse disposer, une somme considérable qu'il est hors d'état de rendre.

Ce Frantz a une sœur charmante, fiancée à Fritz Sturler pour un pot de vin de trois cent mille livres, que celui-ci s'est engagé à lui payer le jour de la célébration du mariage. Ce marché n'est pas des plus délicats ; mais Fritz n'est qu'un gredin et Frantz ne vaut guère mieux.

Les choses s'arrangent à souhait pour Fritz Sturler : le comte va visiter le château de Stauffenbach et voit la belle Marie, qui vit chaste et paisible dans cette retraite féodale, montant et descendant, d'un air rêveur, l'escalier en colimaçon qui conduit des appartements intérieurs à son nid de colombe, ne se doutant pas du malheur qui la menace. Cette Marie est la jeune fille insultée, pour qui Karl s'est battu. Elle a revu son défenseur une fois ; mais, étant fiancée à un autre, elle a dû comprimer le soupir qui soulevait son corsage virginal et détourner ses yeux des yeux pleins d'amour du jeune homme.

Tant de grâce, de beauté et d'innocence émeuvent le comte, qui n'a pas un instant la pensée d'exproprier la châtelaine de Stauffenbach et trouve Fritz Sturler un heureux coquin. Le méchant docteur, qui devine l'amour naissant du comte, conçoit aussitôt une idée digne de Machiavel et de Méphistophélès : il feint un dévouement surhumain, sublime, et sacrifie en apparence sa passion à son bienfaiteur. Il dit au comte : « Il n'y avait au monde qu'une jeune fille assez pure, assez belle, assez parfaite pour vous rendre heureux ; elle m'appartient, je vous la donne ; nous voilà quittes. » Le comte Hermann, qui se croyait grand et généreux, se trouve bien mesquin à côté de Fritz. Marie, qui n'avait qu'une passion médiocre pour ce petit médecin verdâtre et bilieux, vraie figure d'empoisonneur, après un vague regret donné à Karl, accepte, avec reconnaissance et bonheur, la main du comte Hermann, jeune encore, beau, riche, plein d'esprit et de cœur. Le comte Hermann est, en effet, un magnifique parti, et toute jeune fille doit être fière de mettre sa main dans la sienne.

Quel peut être le motif de ce maraud sinistre et ténébreux, pour renoncer à Marie et promettre un million à Frantz, qui doit l'aider dans cette infernale intrigue? Fritz, en sa qualité de médecin, sait que le comte Hermann n'a pas longtemps à vivre; les biens immenses du comte reviendront à sa veuve, que Fritz, en sa qualité d'ancien fiancé, se fait fort d'épouser. Il aura ainsi la femme et la fortune du comte. Il ne le tue pas, mais il le laisse mourir; car il pourrait le sauver, s'il voulait. Seulement, Fritz n'a pas tout prévu. Karl, appelé par Hermann, est venu vivre à Stauffenbach; il aime Marie, il est aimé d'elle, et cette passion, que les deux enfants n'osent pas s'avouer à eux-mêmes, le comte l'a devinée. Pur et loyal, il a confiance dans leur vertu, et, sentant la vie lui échapper, il réunit la main de Karl et celle de Marie, en disant à Karl : « Allez dans l'Inde, bien loin ; restez un an absents, et, quand vous reviendrez, le deuil de la comtesse Hermann sera bien près de finir. »

Ceci ne fait nullement l'affaire de Fritz Sturler; aussi se met-il à médicamenter le comte de telle façon, que celui-ci redevient vigoureux, frais, bien portant, et sonne du cor à faire trembler les biches au fond des forêts, avec ces mêmes poumons, qui, au moindre effort, envoyaient à ses lèvres une écume sanglante. Karl a dû être instruit de ce merveilleux retour à la vie, de cette résurrection aussi surprenante qu'intempestive; mais Fritz a jugé à propos de supprimer les lettres du comte, en sorte que le pauvre jeune homme, l'année révolue, arrive pour épouser Marie, qui n'est pas veuve le moins du monde.

Avec la santé, le comte Hermann a repris les ardentes passions de l'homme. Son sang, dont la riche pourpre court à flots pressés, monte plus vite de son cœur à sa tête. Ce Wolmar agonisant, qui admettait à son foyer l'amant de sa femme avec une confiance philosophique, s'est transformé en Othello. Il est jaloux, épie sa femme, écoute les rapports de son garde-chasse, et redevient un mari vulgaire. La position de Karl et de Marie est atroce ; Karl veut s'éloigner à tout jamais; mais son cœur se déchire, il n'en a pas la force, et, pour en finir, il demande à Fritz un poison sûr, que celui-ci lui délivre après quelques façons, comme l'apothicaire de Vérone livrant la vénéneuse mixture à Roméo.

Marie aussi veut mourir, ce qui dérange les projets de Fritz ; mais un contre-poison raccommoderait les choses. Malheureusement pour cet abominable docteur, Frantz de Stauffenbach, dans un moment de repentir, découvre la trame au comte Hermann, qui chasse Fritz ; et comprenant, comme le Jacques du roman de madame Sand, qu'il est de trop en ce monde, prend le parti de se supprimer pour ne pas nuire au bonheur de deux êtres qu'il aime. Caché dans la spirale de cet escalier qui mène à la chambre de Marie, il a tout entendu.

Si Marie hésite au moment suprême, elle est convenue avec Karl d'élever un flambeau à la fenêtre. Cette lueur le rappellera.

Le comte élève le flambeau et boit le poison que Marie a préparé pour elle et laissé sur la table. La comtesse Hermann, cette fois, est veuve sérieusement et pourra épouser Karl.

Les deux grandes situations qui dominent ce drame, amenées avec cette habileté que personne ne possède au même point que Dumas, ont produit un immense effet, et l'intérêt n'a pas langui un instant, dans les portions que l'on pourrait appeler intermédiaires et que soutiennent des détails heureusement dramatisés, et ce style chaud, rapide et franc, qui ne fait jamais défaut à Dumas, surtout lorsqu'il tient la plume lui-même.

Variétés. — *La Vie de Bohème*, immense avantage du théâtre, a révélé en une seule soirée, le nom de M. Henri Murger, et cependant, ce n'est pas d'aujourd'hui que M. Murger sème à pleines mains les perles de son esprit dans les petits journaux, que les grandes feuilles auraient tort de mépriser, car ce sont eux qui cueillent la virginité de presque tous les jeunes talents. Qu'il ne se repente pas, à présent que le succès vient de lui poser sur la tête sa première couronne, de ce gaspillage intellectuel, où, quoi qu'on dise, le poëte gagne plus qu'il ne perd ; il faut être riche pour jeter les louis par la fenêtre, et ces louis-là rentrent toujours.

Le journalisme a cela de bon qu'il vous mêle à la foule, vous humanise en vous donnant perpétuellement votre mesure, et vous préserve des infatuations de l'orgueil solitaire ; c'est une escrime qui rompt et assouplit.

La bohème de M. Henri Murger n'est pas la bohème où Balzac fait régner le prince de la Palferine, ce digne successeur du grand Maxime de Trailles ; c'est une bohème dans le genre de celle que nous avions installée, il y a quelque quinze ans, au fond de la rue du Doyenné, ce désert en plein Carrousel, Camille Rogier, Arsène Houssaye, Gérard de Nerval, votre serviteur, et ce pauvre Ourliac, le *gracioso* de la troupe, mort de mélancolie dans les pratiques de la plus austère dévotion : un cénacle de rapins ayant l'amour de l'art et l'horreur du bourgeois.; tous, les uns de poésie, les autres de peinture ; celui-ci de musique, celui-là de philosophie ; poursuivant bravement l'idéal à travers la misère et les obstacles renaissants. Cette bohème-là se constitue toutes les fois que cinq ou six jeunes gens enthousiastes et amoureux se rencontrent, et c'est en cela que l'œuvre de M. Henri Murger, malgré son apparence capricieuse, est d'un intérêt si vrai et si général : c'est le tableau de la jeunesse avec ses joyeuses misères, ses généreuses folies, ses tendres erreurs et ses défauts charmants, qui valent mieux que les vertus de l'âge mur.

La fable dans laquelle M. Théodore Barrière a dû faire tenir, sans le gêner, tout l'esprit de M. Murger, est des plus simples et n'en vaut que mieux.

Un jeune homme, Rodolphe, que son oncle, M. Durandin, veut marier à une jeune veuve, madame du Rouvre, artiste au fond de l'âme, suit une troupe de gais bohèmes, peintres, poëtes, philosophes, entremêlés de grisettes et de lorettes, et partage avec eux la vie de travail, de plaisir, de privation et d'abondance momentanée, qui est celle de tous ceux qui poursuivent l'art en dédaignant le métier; il a rencontré une jeune orpheline, mademoiselle Mimi, qu'il a épousée devant l'autel de la nature, autrement dit à la mairie du treizième arrondissement.

Ce petit ménage vivrait heureux sans l'obstination de M. Durandin, qui voudrait voir son neveu établi, et fait ce qu'il peut pour désunir les deux amants. Une infidélité supposée de Mimi ramène Rodolphe aux pieds de madame du Rouvre. Mais, reconnaissant son erreur, il retourne auprès de la pauvre enfant, dont toutes ces émotions ont brisé la frêle existence et qui meurt, montrant à M. Durandin « que tout cela n'était pas un jeu. » La fin, on la prévoit, bien qu'elle ne soit qu'indiquée : Rodolphe épousera madame du Rouvre, qui, touchée de tant d'amour, était venue au secours de la pauvre grisette.

Ce que nous venons de raconter là, bien qu'exact, ne donne aucune idée de la pièce.

Nous ne savons si M. Henri Murger a lu sa comédie à cet ami judicieux qui recommandait à l'auteur de *l'École du Monde* de saupoudrer sa pièce d'infiniment de traits d'esprit ; mais, en tout cas, il a suivi le conseil. Jamais on ne vit un pareil feu d'artifice de mots et de traits ; à chaque instant étincelle, dans une phrase nette, brève, imagée, une pensée ingénieuse, philosophique ou attendrissante, car, don rare et merveilleux, l'esprit de M. Murger est plein de cœur ; le rire, chez lui, touche aux larmes et n'a pas cet éclat sec et strident qui blesse ; le caprice ne nuit en rien à la vérité ; tout est observé, ressenti, souffert, pour ainsi dire ; on voit que cette œuvre a été vécue avant d'être écrite.

Le caractère de Musette est d'une originalité charmante, et diffère entièrement de toutes ces lorettes de convention dont on a soin, au théâtre, de faire des choristes de l'Opéra pour leur donner un état dans le monde : cette Manon Lescaut du mont Bréda, malgré toutes ses infidélités, aime cependant son Desgrieux, et lui revient toujours ; car ses amours sont une chanson en beaucoup de couplets, dont Marcel est le refrain. — Schaunard, le philosophe, et Baptiste, le domestique, sont d'excellentes figures, des silhouettes prises sur le vif.

Quant à Mimi, elle est dessinée avec une grâce triste, un sentiment douloureux qui rappelle la Marie de Sterne ; elle peut prendre place dès à présent à côté de Mimi Pinson et de Bernerette, ses aînées et ses sœurs.

Mademoiselle Thuillier a joué le rôle de Mimi avec un naturel, un sentiment, une passion qu'on ne saurait trop louer. Le récit de sa tentative de suicide, sa mort sur le théâtre, sont d'une actrice de premier ordre ; elle a çà et là des intonations d'une vérité poignante, que madame Dorval trouvait toujours, et que mademoiselle Rose Chéri rencontre quelquefois, de ces accents qui viennent du cœur et qui y retournent.

Musette a pour interprète la jolie mademoiselle Page, et mademoiselle Delphine Marquet fait de madame du Rouvre une vraie femme du monde. Percy, dans Schaunard, est étourdissant de verve et de gaieté.

XI

DÉCEMBRE 1849. — Odéon : *François le Champi*, drame de madame George Sand. — La bienvenue à l'auteur. — Sa nouvelle œuvre dramatique. — Le cadre et le tableau. — Les paysans nature. — Le style berrichon. — Clarence, Deshayes, mesdames Laurent, Moreau-Sainti et Volnais. — Théâtre de la République : *Gabrielle*, comédie en vers, de M. Émile Augier. — Mœurs théâtrales nouvelles. — Décadence du jeune premier. — Georges Dandin triomphant, et Clitandre confondu. — La comédie de M. Augier; l'idée, le style et les interprètes. — Chicane philosophique.

4 décembre.

ODÉON. *François le Champi*. — C'est avec joie que nous saluons le retour de madame Sand au théâtre, d'où elle s'était tenue éloignée depuis l'échec de *Cosima*. Nous serons toujours heureux de voir les poëtes — et personne n'est plus digne de ce nom que madame Sand, quoiqu'elle n'ait pas écrit un seul vers — aborder la scène; il est temps que les vendeurs soient chassés du Temple à grands coups d'étrivières. Jésus, qui était le plus doux des hommes, s'est laissé aller, en cette seule occasion, aux violences et aux voies de fait. Rien n'est plus révoltant que de voir l'ignoble foule des marchands pulluler sous les blanches colonnes du temple de l'art, et étaler leurs denrées frelatées sur ses marches de marbre. Il est temps de désobstruer cette noble architecture ainsi déshonorée.

François le Champi a obtenu un succès légitime, et encouragera sans doute madame Sand à persister dans ses tentatives dramatiques. Une chute et un succès, il n'en faut pas davantage à une intelligence comme celle de madame Sand, pour lui donner une expérience complète du théâtre.

La toile se lève et nous montre un intérieur rustique très-simple, mais pas étudié dans sa simplicité : une excellente décoration à laquelle on ne prend pas garde, qui n'attire pas violemment les yeux, et qui persuade doucement comme la réalité. Au bout de quelques minutes, on croirait être dans une vraie chaumière : les murs nus, crayeux, plaqués çà et là de quelques gravures sur bois coloriées grossièrement, le Juif errant, le portrait d'*Eugène Beauharnais*, la *Mort de Crédit, Poniatowski sautant dans l'Elster*, la *Notre-Dame-de-Liesse* et autres sujets populaires; au-dessus de la cheminée, pendu à deux clous, le vieux fusil à la crosse usée, au canon bronzé; dans le dressoir sont rangées les assiettes de faïence à fleurettes rouges et bleues, et quelques pots de terre, échantillons de la céramique berrichonne. A travers les fenêtres, on aperçoit un petit bout de ciel pommelé et quelque verte *traîne* s'enfonçant dans les terres. Vous voyez que cela ne ressemble en rien aux chaumières d'opéra-comique et que nous n'avons pas affaire à des Jeannots et à des Colins.

François le Champi est un enfant trouvé; — *champi*, en patois du Berry, a cette signification; — cet Antony de village a été recueilli par de braves paysans, et élevé jusqu'à l'âge d'homme comme un fils de la maison; mais, comme le meunier est un gros vilain jaloux, François, un peu trop joli pour un fils adoptif, a été cordialement prié d'aller chercher sa vie ailleurs. Le temps s'est écoulé : le meunier est mort. Il n'y a pas grand'perte, car c'était un libertin qui portait le plus clair de son bien à une méchante femme, la Sévère. Madeleine, restée veuve, a fait une grave maladie : la misère s'est glissée dans la triste demeure, et le moulin ne moud pas grand'chose sous ses meules. François, qui a ramassé une petite fortune, revient au pays, chez sa bienfaitrice, chez sa mère d'adoption. Comme la vieille servante s'étonne de le voir si beau, si grand et si fort, avec de la barbe *qui pique!* comme la pauvre Madeleine est émue! comme son cœur palpite en revoyant son enfant! Mariette aussi rougit, et se dit tout bas qu'une femme serait heureuse avec un mari tel que François.

François, en effet, c'est la vie, c'est la joie, c'est la force, c'est la santé qui reviennent dans la chaumière désolée. D'une main ferme, il reprend le timon des affaires ; il déjoue, par une scène d'innocente rouerie, les intrigues de la Sévère, qui veut se faire payer deux fois une somme dont le reçu a été égaré. Il fait épouser Mariette à M. Jean, un paysan finaud mais honnête. Il finit lui-même par épouser Madeleine, pour laquelle il éprouvait, sans le savoir, une tendresse plus que filiale. Madeleine est belle encore, elle n'a pas plus de trente ans. Est-ce donc une union si mal assortie! Le moulin, d'ailleurs, a besoin d'un meunier aux bras robustes, qui sache remuer les sacs de grains et de farine, et François payera sa dette de reconnaissance en amour : la meilleure monnaie qui soit au monde.

Telle est, en peu de mots, la donnée de la pièce : rien n'est moins compliqué ; mais ce qui donne de la valeur à l'œuvre, c'est le naturel parfait, le sentiment profond de la nature rustique, déployés par l'écrivain. Les paysans d'Adolphe Leleux ne sont pas plus vrais, plus naïfs, plus robustement plantés sur leurs jambes que ceux de madame Sand : point de tons papillotants et satinés ; une bonne couleur locale grise et fine, de fermes empâtements, une touche juste, un effet sobre : voilà les qualités de *François le Champi* ; qualités peu brillantes, mais qui pénètrent et sont plus sensibles à l'âme qu'à l'esprit. L'impression causée par la pièce est lente et douce, l'émotion vous gagne peu à peu et l'on se surprend l'œil humide, sans pouvoir citer un mot ou un trait saisissant.

Sous le rapport de la langue, *François le Champi* offre une étude très-curieuse : des tours vieillis à tort, des locutions gauloises, tombées dans le patois, y sont employés avec art, rajeunis heureusement, et, quoiqu'à la longue une pièce écrite en style paysanesque doive fatiguer, on écoute celle-ci avec plaisir. Madame Sand, qui a vécu longtemps à la campagne en libre familiarité avec les paysans, en possède à fond le langage, et en imite avec une rare perfection la malicieuse bonhomie et la naïve éloquence.

La pièce est parfaitement jouée par Clarence, Max Deshayes, admirable comédien dans le rôle comique de Jean, par madame Laurent, madame Moreau-Sainti et mademoiselle Volnais. Ajoutons que les costumes sont d'une fidélité et d'une exactitude rares, tout à fait en harmonie avec le style simple et vrai de l'œuvre. Les acteurs ont été tous redemandés, et c'était justice. Des salves d'applaudissements, très-bien nourris, ont salué le nom glorieux de l'auteur, qui, nous l'espérons, ne s'en tiendra pas là.

17 décembre.

Théatre de la République. *Gabrielle.* — Il règne depuis quelque temps, dans les romans et dans les drames, une tendance à réhabiliter le mari au préjudice de l'amant, grave symptôme, poétique nouvelle, et qui marque un changement dans l'esprit public. Le Sganarelle, le Georges Dandin, puisque la pruderie moderne n'ose plus se servir du mot propre dont Molière ne se fait pas faute avec sa vieille liberté gauloise, est devenu le personnage intéressant, le héros : il ne fait plus rire, il fait presque pleurer. Son apparition, qui jadis excitait un immense éclat de rire, tire aujourd'hui les mouchoirs des poches.

Quant à Clitandre, on le regarde comme un intrus, un drôle, une tortueuse canaille, on l'a pris en horreur : il est le bouc émissaire de la pièce, on le raille, on le berne, on le chasse; il est devenu odieux comme le traître du mélodrame ; les maris l'attendent à la sortie des acteurs pour lui montrer le poing et lui dire des injures. L'emploi de jeune premier sera bientôt si désagréable, qu'il faudra donner à ces pauvres amoureux une prime, comme aux vaincus des batailles du Cirque, pour compenser les avanies et les mystifications dont on les accable.

M. Émile Augier vient, avec sa comédie nouvelle, de porter le dernier coup à cet infortuné Clitandre, qui, pour vivre, s'était transformé en Antony : le malheureux n'osera plus reparaître, après avoir été mis si triomphalement à la porte ; de désespoir, il ira faire un mariage de raison en province ; c'est dommage, nous le regrettons, sinon dans la vie, du moins dans les pièces de théâtre, où il tenait agréablement sa place. Décampe, Amour, et renverse ton carquois aux flèches inutiles ! Hymen, secoue ta torche et ton voile jaune sur le monde !

Voici la fable très-simple qui sert de canevas à la morale de M. Émile Augier :

Julien a pour femme Gabrielle ; Julien est un homme actif, travailleur intrépide, entendu aux affaires, d'une tendresse plus réelle qu'apparenté, qui adore sa femme sans le dire, croyant avoir assez fait en lui rendant l'existence heureuse et facile, en prenant pour lui toutes les épines de la vie, et en lui laissant les roses. Gabrielle, cependant, se trouve malheureuse ; rien ne lui manque, et tout lui manque ; elle éprouve ce vague ennui, cette inquiétude secrète qui appelle et précède l'amour. Un mari, qui s'occuperait un peu moins de ses affaires et un peu plus de sa femme, lui plairait sans doute davantage. Que faire de ses longues journées ? Saler le pot, raccommoder les chausses et mettre des boutons aux chemises.

Ces divertissements, accordés aux femmes par les sectateurs des doctrines de Chrysale, et qui, dans toute maison douée d'un peu d'aisance, sont très-justement laissés à la cuisinière et à la ravaudeuse, ne lui suffisent pas : elle aime donc un Clitandre sous le nom de Stéphane. Ce Stéphane, que nous n'osons louer, tant est grande la défaveur attachée maintenant au rôle de jeune premier, est vraiment un charmant garçon — auquel on ne peut rien reprocher, sinon qu'il n'est pas marié, grave défaut ! — Il a une figure agréable, une jolie tournure ; il s'est battu en paladin discret pour Gabrielle ; quoique amoureux, il ne manque ni d'esprit, ni de délicatesse, et, s'il était seulement un peu chauve et un peu ventru, il serait parfait.

Julien, avec cette obstination caractéristique des maris, installe Stéphane dans sa maison de campagne, malgré les airs froids et les mines compassées de Gabrielle, qui lutte contre son propre penchant, et succomberait bientôt, sans les conseils de madame Tamponet, sa tante, femme fort experte et fort sensée, et qu'une faute ancienne, très-excusable quand on regarde madame Tamponet, a éclairée sur les inconvénients de l'amour. Cette faute unique, connue de M. Tamponet, est comme un boulet qu'elle a traîné au pied toute sa vie. Un pardon rancunier, pire que la vengeance, lui distille chaque jour un fiel mielleux qu'elle est forcée de boire. Les grandes âmes seules peuvent oublier, et M. Tamponet n'est pas une grande âme, malgré ses aspirations à la lune et ses méditations devant la nature.

Madame Tamponet a beau prémunir Gabrielle contre l'amour, lui dire quels ravages affreux font dans le cœur ces passions dont on ne voit d'abord que le beau côté, et comment, au bout de peu de mois, un amant devient aussi intolérable qu'un mari, la jeune femme ne peut s'imaginer que rien de cela lui arrive avec Stéphane ; mais, pressée par sa tante, elle fait, après avoir donné des espérances et une fleur à son amant, quelques vertueux efforts pour le renvoyer. Stéphane, outré, feint d'avoir reçu des lettres de son père, et annonce qu'il va partir. Julien veut le retenir, disant qu'un jeune homme ne peut s'aller ainsi enterrer en province ; mais madame Tamponet le pousse dehors par les épaules, avec ces vers incisifs et mordants :

> ... On dirait, à vous entendre tous,
> Que les départements soient des pays de loups.
> Je vous jure, monsieur, que ce sont des contrées
> Habitables à l'homme et point hyperborées.
> Les naturels n'ont pas le cerveau plus transi,
> Et l'esprit ne s'y perd ni plus ni moins qu'ici.
> Votre père a raison : c'est un rôle plus mince
> De végéter chez nous que de vivre en province.
> Être peu dans Paris, c'est n'être rien du tout,
> Et, sans un piédestal, nul n'y semble debout. .
> En province, être peu, c'est être quelque chose ;
> Sur ses jambes chacun en évidence y pose.
> Et l'on vous rend service en vous y rappelant,
> Puisque le piédestal manque à votre talent.

Malgré la tirade, Stéphane reste et ne va pas chercher en province une position et une dot de cent mille écus ; car Gabrielle lui a dit tout bas, d'une voix altérée par la passion et la jalousie : « Ne vous mariez pas. »

Ce revirement subit contrarie madame Tamponet, l'ange gardien de Gabrielle. Elle soupçonne avec raison que des mots de raccommodement ont dû être échangés entre les deux amants, et elle se promet bien de faire triompher la vertu. Elle descend au jardin, et sermonne Stéphane. Cette scène, vue de la fenêtre par le jaloux Tamponet, — car ce notaire admirateur des étoiles est jaloux, — lui semble une scène d'amour, et il se cache avec Julien pour surprendre ce secret coupable ; mais, hélas ! éclaircissement funeste ! découverte fatale ! ce n'est pas de madame Tamponet, c'est de Gabrielle que Stéphane est amoureux, c'est d'elle qu'il est aimé !

Julien, foudroyé, reste debout pourtant : tout n'est pas perdu. L'honneur peut se sauver encore : sa femme a de la vertu, et, si l'on vient à son aide, elle ne succombera pas. Stéphane n'est pas un libertin blasé, un froid séducteur de profession ; en faisant appel à ses bons sentiments, à ses nobles instincts, il s'amendera et renoncera à à un amour coupable. Le féroce Tamponet trouve Julien un mari bien débonnaire et de pâte philosophique, et se retire en ricanant.

Ici, se trouve un mouvement très-beau, très-vrai, très-pathétique, qui a enlevé le succès de la pièce et provoqué des applaudissements frénétiques. Julien, resté seul, éclate en sanglots ; son âme trop pleine déborde ; l'amant passionné, caché sous ce froid mari, se révèle ; les cendres grises, qui cachaient ce cœur brûlant, s'envolent, et l'ardent foyer paraît. Ah ! si Gabrielle avait pu supposer une telle poésie amoureuse, sous la froide prose conjugale, comme Stéphane eût eu peu de chances ! Mais c'est le défaut des maris : ils ont des écrins pleins de perles et de diamants ; seulement, ils ne les ouvrent jamais, et les femmes aiment les joyaux pour s'en parer. Cette concession faite à la nature, Julien reprend sa tranquillité apparente et part pour un jour, comptant bien que les amants profiteront de cette absence.

Stéphane doit enlever Gabrielle ; mais Julien revient à temps, rapportant pour l'amant de sa femme une place de secrétaire du ministre, que celui-ci, troublé par le sentiment de sa faute, ne veut pas accepter. Alors commence une scène d'une grande beauté, où Julien, fixant des yeux perçants sur sa femme et sur Stéphane, décrit les malheurs de ces amours illégitimes.

Stéphane répond faiblement, et, dans cette plaidoirie dramatique entre la passion et la raison, c'est la raison qui a raison, — qu'on nous pardonne ce pléonasme, — et cela devait être dans une pièce de l'école du bon sens.

Cette analyse ne peut donner qu'une faible idée de la pièce, qui abonde en détails charmants, en vers heureux et francs, en traits d'esprit du meilleur aloi, et où brille cette gaieté attendrie, ce rire qui touche aux larmes, ce mélange de sensibilité et de bonne humeur, note caractéristique du talent de M. Émile Augier.

La versification de M. Émile Augier est nette et ferme, à part quelques archaïsmes et quelques négligences voulues : la phrase a du tour et de l'allure. On sent que le poëte, en maître de sa forme, dit ce qu'il veut, chose assez rare en vers français, où la rime joue trop souvent le rôle d'une servante maîtresse. Peut-être use-t-il trop souvent des idiotismes de Molière, recherche plus sensible dans une pièce en frac que dans toute autre.

Quant à l'idée même de la pièce, elle est irréprochable, au point de vue de la morale, trop irréprochable peut-être. La leçon eût gagné à être moins directe et à se déduire des événements. Philosophiquement, on peut dire de la pièce de M. Émile Augier que l'instinct naturel y est trop sacrifié à la forme sociale : le portrait du mari nous a paru aussi un peu flatté, non pas que nous nous refusions à admettre Julien comme vrai ; mais, pour un mari de sa sorte, il y en a cent d'autre manière, dont les nuits, au lieu de s'employer à des veilles laborieuses, se dissipent en parties effrénées de lansquenet, soupers fins avec des lorettes et promenades au bal de l'Opéra. Les amants sont de franches canailles, nous l'accordons avec plaisir à M. Émile Augier ; mais les époux ont bien aussi quelques légers défauts, et il ne suffit pas d'être mari, avocat et père de famille pour posséder toutes les qualités d'une épitaphe.

Cette légère chicane ne nuit en rien au mérite de l'œuvre de M. Émile Augier, qui a obtenu le succès le plus éclatant et le plus unanime. *Gabrielle* prendra une place glorieuse à côté de *la Ciguë*, de *l'Homme de bien*, de *l'Aventurière*.

L'ouvrage a été très-bien joué par Regnier, très-beau dans sa grande explosion ; par Samson, fort grotesque dans le rôle de Tamponet, notaire élégiaque et méconnu ; par Maillart, chargé du personnage difficile de l'amant sacrifié ; par mademoiselle Nathalie, pleine de trouble et de passion, et madame Allan, si fine, si prudente et si raisonnablement moqueuse. N'oublions pas la charmante petite fille de Montalant, qui égaye la pièce de son frais sourire et du regard malicieusement naïf de ses yeux noirs.

XII

JANVIER 1850. — Gymnase : *Diviser pour régner*, par M. Adrien Decourcelles. — Milord à la recherche d'une position commode. — Bressan.—Théâtre de la République : anniversaire de la naissance de Molière. —Une représentation, en 1665, de *l'Amour médecin*..— Avis au lecteur.— Entr'actes dialogués de M. Alexandre Dumas. — L'illusion du théâtre. — Les spectateurs sur la scène. — L'homme à grands canons des *Fâcheux*. — Mesdemoiselles Judith, Augustine Brohan, Delphine Fix et Marie Favart. — Un public peu lettré. — Molière *chuté* pour Dumas.

7 janvier 1850.

GYMNASE. *Diviser pour régner.* — M. Decourcelles est un esprit très-vif et très-alerte, qui appartient à la jeune génération du vaudeville, et marche à grands pas sur les talons de M. Rosier. Il se plaît aux conversations rapides, aux parties de raquettes dialoguées, où le mot rebondit sur le mot. Dans cette escrime ingénieuse, qui est comme le ferraillement spirituel de la conversation, M. Adrien Decourcelles est un prévôt déjà fort. Ses vaudevilles ne dépassent jamais le paravent du proverbe, et il ne sort pas des comédies atomiques et poudrées. *Diviser pour régner* n'est pas une comédie machiavélique, comme on pourrait le croire; le titre n'est qu'un écriteau pour une pièce Pompadour, une enseigne à côté. Le peintre Jadin avait autrefois une suite de croquis représentant son bouledogue Milord essayant plusieurs attitudes pour se coucher délicatement ; l'un des dessins portait l'inscription : *Milord, se trouvant bien, essaye d'être mieux* ; le suivant disait : *Milord soupçonne que le mieux est quelquefois l'ennemi du bien;* le troisième montrait le bouledogue revenu à sa position primitive, avec cette légende : *Milord reconnaît noblement son erreur et se recouche en rond.*

S'il est permis de comparer un bouledogue à un homme, c'est un peu l'histoire du comte de M. Decourcelles. Il avait une charmante maîtresse ; il la quitte pour en chercher une autre plus charmante encore ; mais il n'est pas plus heureux que Milord à la recherche d'une position commode, et il veut reprendre la première. Ce n'est pas facile : la place est déjà occupée, ou du moins assiégée. Le comte, habile stratégiste dans les choses d'amour, détruit le galant nouvellement en faveur, par un autre galant plein de grâce et d'esprit, qui ne réussit que trop bien, et qu'il est obligé de supprimer à son tour, à grand renfort de délicieuses rouries. Ayant divisé, le comte règne, et justifie le titre du vaudeville.

Bressan est délicieux dans *Diviser pour régner*.

11 janvier.

Théâtre de la République. *Anniversaire de la naissance de Molière.* — Une représentation, en 1665, de *l'Amour médecin.* — Dans l'avis au lecteur, qui précède *l'Amour médecin*, Molière s'exprime ainsi : « Ce n'est ici qu'un simple crayon, un petit impromptu dont le roi a voulu se faire un divertissement. Il est le plus précipité de tous ceux que Sa Majesté m'a commandés, et, lorsque je dirai qu'il a été proposé, fait et appris en cinq jours, je ne dirai que ce qui est vrai. Il n'est pas nécessaire de vous avertir qu'il y a beaucoup de choses qui dépendent de l'action ; on sait bien que les comédies ne sont faites que pour être jouées, et je ne conseille de lire celle-ci qu'aux personnes qui ont des yeux pour découvrir dans la lecture tout le jeu du théâtre. Ce que je vous dirai, c'est qu'il serait à souhaiter que ces sortes d'ouvrages pussent toujours se montrer à vous avec les ornements qui les accompagnent chez le roi, vous les verriez dans un état beaucoup plus supportable ; et les airs et les symphonies de l'incomparable M. Lulli, mêlés à la beauté des voix et à l'adresse des danseurs, leur donnent, sans doute, des grâces dont ils ont toutes les peines du monde à se passer. »

M. Arsène Houssaye, le nouveau directeur du théâtre de la République, a entendu le vœu de Molière. Il a rendu à *l'Amour médecin* ses airs, ses symphonies, ses entrées de ballet. Il nous l'a produit entouré de Jeux, de Ris, de Plaisirs, de Trivelins et de Scaramouches, essaim joyeux et bigarré dont l'avait privé jusqu'ici la sobriété classique. *L'Amour médecin*, grâce au jeune directeur, s'est « montré au public avec les ornements qui l'accompagnaient chez le roi. »

Non content d'avoir joué Molière tel qu'il est, M. Arsène Houssaye a voulu nous le faire voir dans le milieu où il s'est produit. Sur sa requête, Alexandre Dumas lui a improvisé un public de 1665, et une comédie en trois entr'actes pleine de détails charmants et de traits de mœurs finement sentis, qui vous représentent la société de l'époque et le monde théâtral d'alors. L'allumeur de chandelles y coudoie le marquis; l'orateur de la troupe cause avec l'abbé; le chevalier circonvient le financier; la Truffardière, espèce de gentillâtre campagnard, genre Pourceaugnac, s'endort à côté du connaisseur difficile, qui, à chaque élan de joie de la salle, s'écrie d'un ton chagrin : « Ris donc, sot parterre ! » On se croirait vraiment sous le règne du roi-soleil.

La toile se lève. On voit, suspendue à ses équipes, la Gloire, d'où doivent descendre la Comédie, la Musique et le Ballet,

Pour donner du plaisir au plus grand roi du monde.

Subtil allume une à une les chandelles, éclairage naïf qui a précédé les rampes de quinquets, remplacés à leur tour par les becs de gaz, qui bientôt vont disparaître devant la lumière électrique. Tout en mettant le feu aux mèches de ses suifs, Subtil cause avec Chantourné des affaires du théâtre, de la rivalité de la Duparc et de la Ducroisy, qui se disputent les amants et les rôles, ou plutôt les rôles et les amants (car l'amour-propre est encore plus jaloux que l'amour); des médecins que M. de Molière a mis en scène sous des noms grecs, fournis par le savant M. Despréaux, et autres menus propos, pendant lesquels arrivent seuls, ou par groupe, les seigneurs qui doivent occuper les trois rangs de fauteuils, placés le long des coulisses, en face des musiciens, également campés sur le théâtre.

Il faut l'avouer, cet arrangement devait singulièrement nuire à ce que, nous autres modernes, nous appelons l'illusion du théâtre. Il est vrai qu'avec les siècles, les imaginations se font paresseuses, et que le public d'aujourd'hui ne se contenterait pas, comme au temps de Shakspeare, à la place de décors, de poteaux portant écrit : *place publique, forêt, chambre*, selon l'occurrence.

Non contents d'obstruer les côtés de la scène, il arrivait quelquefois que des marquis outrés, des impertinents du bel air se plantaient au beau milieu du théâtre, le dos tourné au parterre, sans s'inquiéter des cris et des huées de la foule offusquée. La chose ne paraîtrait pas croyable, si elle n'était consignée dans ces vers des *Fâcheux* :

> J'étais sur le théâtre, en humeur d'écouter
> La pièce, qu'à plusieurs j'avais ouï vanter;
> Les acteurs commençaient, chacun prêtait silence,
> Lorsque, d'un air bruyant et plein d'extravagance,
> Un homme à grands canons est entré brusquement
> En criant : « Holà ! ho ! un siége promptement ! »
> Et, de son grand fracas surprenant l'assemblée,
> Dans le plus bel endroit a la pièce troublée.
> . . . .
> Les acteurs ont voulu continuer leurs rôles,
> Mais, l'homme, pour s'asseoir, faisait nouveau fracas,
> Et, traversant encor le théâtre à grands pas,
> Bien que dans les côtés il pût être à son aise,
> Au milieu du devant il a planté sa chaise,
> Et, de son large dos morguant les spectateurs,
> Aux trois quarts du parterre a caché les acteurs.

La rivalité de la Duparc et de la Ducroisy, dont l'une fait disparaître l'autre au milieu de la représentation, donne lieu à cette singularité d'un rôle joué par deux actrices. Cet incident comique a permis de faire voir, sous la cornette et la jupe courte, mademoiselle Judith et mademoiselle Augustine Brohan.

La Comédie est représentée par mademoiselle Delphine Fix, qui, avec ses traits fins et délicats, ses yeux vifs, sa bouche souriante, et ses beaux bras, fait une Thalie fort convenable ; Lucinde a pour interprète mademoiselle Marie Favart, une charmante amoureuse, qui a l'âge de son emploi, chose rare au Théâtre-Français, où les jeunes filles font ordinairement les rôles de duègne et de nourrice, tandis que les ingénuités sont jouées par les quinquagénaires. Got est très-drôle dans la Truffardière.

Louer mademoiselle Brohan pour une Marton ou une Lisette est devenu une espèce de lieu commun dans lequel il faut bien retomber toutes les fois que joue la spirituelle actrice ; mademoiselle Judith est plus forte pour le demi-sourire de Marivaux que pour le large et franc éclat de rire de Molière; mais elle s'est tirée avec beaucoup d'intelligence de sa moitié de Lisette. Tout le monde a fait son devoir dans cette soirée.

Une particularité assez bizarre, c'est que plusieurs personnes, à qui le petit répertoire de Molière n'est pas familier, ont accueilli par des *chut!* la scène de l'Opérateur et des Trivelins, qu'elles croyaient intercalée par Alexandre Dumas, qui a eu, du reste, plusieurs fois dans la soirée, le périlleux honneur de voir sa prose confondue avec celle du grand maître.

XIII

FÉVRIER et MARS 1850. — Théâtre de la République : reprise de *Mademoiselle de Belle-Isle*, de M. Alexandre Dumas. — Mademoiselle Rachel. — Concert de madame Sontag (comtesse Rossi). — La femme et la cantatrice. — *Iphigénie en Tauride*. — Gaieté : *le Courrier de Lyon, ou l'Attaque de la malle-poste*, drame de MM. Siraudin, Moreau et Delacour. — *L'Ouvrier de Messine*, de Caigniez. — Lesurques. — Les erreurs de la justice humaine. — Théâtre de la République : *Charlotte Corday*, drame en vers, de M. Ponsard. — La pièce et le sujet. — Caractère de l'héroïne. — Portraits de Danton, de Robespierre et de Marat. — Mademoiselle Judith, Geffroy, Bignon.

1er février.

THÉATRE DE LA RÉPUBLIQUE. Reprise de *Mademoiselle de Belle-Isle*. Mademoiselle Rachel, qu'une assez grave indisposition a tenue quelque temps éloignée de la scène, a profité des loisirs de sa convalescence pour opérer sa transformation dramatique, et elle vient de rentrer par le rôle de mademoiselle de Belle-Isle, dans la pièce d'Alexandre Dumas qui porte ce nom.

Il ne manquera pas, à cette occasion, de faux amis de l'art qui pousseront des *nénies;* mais la jeune actrice aurait tort de les écouter; son passage de la tragédie au drame, c'est-à-dire du passé au présent, de la mort à la vie, du récit à l'action, était devenu inévitable. Il lui fallait tôt ou tard franchir ce Rubicon, et tôt vaut mieux que tard. Mademoiselle Rachel a eu, pendant dix ans, le tort de refuser aux poëtes modernes le concours de son talent, ce que n'ont fait ni Baron, ni Lekain, ni mademoiselle Champmeslé, ni mademoiselle Clairon, ni Garrick, ni Kean, ni Talma, ni mademoiselle Mars, ni mademoiselle Georges, ni madame Dorval, ni Frédérick Lemaître, ni aucun des grands acteurs de tout temps et de tout pays. Nous concevons jusqu'à un certain point cette crainte : la jeune prêtresse habituée à marcher sur les dalles du temple, sous ses blanches draperies, suivie de son pâle troupeau de confidentes et de princes déplorables, devait hésiter, en effet, à se jeter dans le tourbillon diapré et tumultueux de la vie. Et cependant il est impossible de s'abstraire complétement de son époque, d'adorer avec une foi imperturbable les dieux d'une autre civilisation, et de faire pour la tragédie ce que Julien l'Apostat essaya pour le paganisme. L'archaïsme peut se soutenir quelque temps ; mais l'existence moderne revendique bientôt sa part. On vit avec des hommes, non avec des fantômes, et il faut toujours en revenir au costume, au langage et aux mœurs de son temps. Une actrice qui se vouerait exclusivement à l'ancien répertoire tragique, nous produirait l'effet d'un poëte qui, dédaigneux de l'instrument dont Lamartine, Victor Hugo et de Musset ont tiré de si beaux sons, ne voudrait écrire qu'en vers latins, à la manière de Vida, de Sannazar et du père Vanière. Mademoiselle Rachel, qui possède un sens très-fin et très-juste, a compris cela, et, malgré les doléances de ces gens pieux outre mesure qui la voudraient parquer dans le culte des morts, elle vient d'aborder résolument de l'autre côté de la rive, et, pour que l'essai fût bien complet, elle n'a pas choisi un rôle en vers : dona Sol ou Marion Delorme, qu'elle jouera plus tard ; elle n'a pas voulu entrer dans le drame soutenue par l'hexamètre ; Alexandre Dumas, avec sa prose facile, vive, alerte, qui fuit emportée par les ailes de l'action, lui a fourni ce qu'il lui fallait pour cette expérience, qui a très-bien réussi en présence d'une salle remplie ou plutôt bourrée de spectateurs à éclater.

La curiosité et l'anxiété étaient grandes parmi les bienveillants ;

car, si *Adrienne Lecouvreur* n'est pas une tragédie, c'est au moins une tragédienne qui se souvient des meilleures tirades de ses rôles, et l'on n'avait pu juger le nouvel avenir de la grande actrice sur cet échantillon. Dans *le Moineau de Lesbie*, les familiarités de la comédie étaient en quelque sorte palliées par l'allure antique du vers et le splendide costume de la coquette Romaine.

Dans *Mademoiselle de Belle-Isle*, plus de subterfuge, plus de déguisement. Malgré l'œil de poudre qui neige sur les chevelures, le drame est franchement moderne, du moins relativement à *Phèdre*. Si un siècle déjà nous sépare du sujet, l'exécution est tout actuelle.

Le public a été un peu surpris d'abord de la manière dont mademoiselle Rachel a pris son rôle ; il s'attendait à des airs impérieux et souverains, à des intonations d'Hermione et de Roxane, sans penser que mademoiselle de Belle-Isle n'est nullement une princesse tragique. Mademoiselle Rachel s'est défaite tout d'un coup, et c'est là une grande difficulté vaincue, de la récitation rhythmique, de la mélopée et des cadences qu'exige le débit des vers.

Elle a pris avec bonheur le style pédestre, les façons de parler simples et naturelles que demande la prose ; on ne peut mieux rendre, à notre avis, l'émotion inquiète, l'étonnement craintif et la chaste révolte de cette belle personne, ange pur égaré dans cette insouciante bacchanale de la Régence. C'est bien la noble fille de Bretagne, pleine de croyance, d'amour et de foi, choses inconnues de ces aimables roués, que leurs gentillesses conduiraient aujourd'hui aux galères, se trouvant enlacée dans une intrigue infâme et sauvée par le caprice jaloux d'une maîtresse.

Avec son costume sobre et triste, un peu puritain, elle caractérise admirablement cette austère noblesse de province qui ne participait pas aux désordres de la cour, désordres tapageurs et *voyants* que l'on prendra longtemps encore pour les mœurs de tout ce siècle. Sans doute, de vieux amateurs lui préféreront mademoiselle Mars dans ce rôle. Nous ne sommes pas de cet avis. Mademoiselle Mars détaillait davantage ses tirades, et tirait la pièce à elle. Mademoiselle Rachel se laisse aller au courant du drame, ne cherchant pas à primer la situation, acceptant le plan où la pose l'intérêt, sans venir perler ses phrases devant la rampe, lorsque la pièce exige qu'elle passe rapidement au fond du théâtre.

Revenu bientôt de son étonnement, le public s'est enthousiasmé et a éclaté en bravos et en applaudissements qui se traduiront par des recettes de quatre ou cinq mille francs pendant deux mois.

4 mars.

Salle du Conservatoire. *Concerts de madame Sontag.* — La curiosité qu'éveillent les concerts de madame Sontag tient à plusieurs causes, dont le talent de la cantatrice n'est peut-être pas la plus décisive. Une grande artiste, à l'aurore de ses triomphes et de sa beauté, échange sa couronne de reine théâtrale contre une vulgaire couronne de comtesse; vingt ans après cette abdication, des revers de fortune la forcent à remonter sur le trône qu'elle a déserté. Voilà, en deux mots, toute l'histoire de madame Sontag. Tant que cette grande artiste s'est contentée d'être la comtesse Rossi, elle a dû se borner aux applaudissements gantés de blanc, aux ovations à huis clos de quelques salons aristocratiques.

Aujourd'hui qu'elle nous est enfin rendue, ses anciens admirateurs et toute la génération de ceux qui ont grandi ou sont nés depuis ceux-là accourent à l'appel. L'aristocratie, qui l'avait adoptée et dont elle faisait les délices, se réunit fidèlement encore autour de celle à qui elle disait naguère : « Vous êtes des nôtres. »

Nous qui sommes assez porté à ne reconnaître d'autres noblesses que celles du cœur, du talent et de la beauté, disons tout d'abord que c'était beaucoup moins la comtesse Rossi, qui nous attirait, que madame Sontag; avouons même qu'en nous rendant au concert de mardi dernier, nous songions assez tristement aux années écoulées, depuis ces soirées mémorables, où, avec la pauvre Malibran, mademoiselle Sontag se partageait l'enthousiasme des dilettanti européens, et nous nous demandions s'il était permis à de si brillantes étoiles de s'éclipser bénévolement, à des gosiers si mélodieux de priver ainsi tout un public idolâtre? Au moins, Malibran a, pour ne plus chanter, cette excuse, si plausible, qu'elle est morte.

Au milieu de ces réflexions, nous nous trouvâmes assis dans cette petite salle du Conservatoire, envahie jusqu'aux combles. Après l'ouverture de *Prométhée*, de Beethoven, exécutée par un maigre orchestre, et un duo entre MM. Calzolari et Belletti, écouté avec une bienveillante attention, malgré l'impatience générale de voir la *diva*, elle s'est avancée calme et souriante, tenant à la main un petit livre de velours bleu, armorié d'une couronne de comte. Ce petit livre nous a paru bien mériter son titre d'album, quoiqu'on y trouve de tout, du Rossini, du Bellini, du Donizetti, du Gluck et du Mozart au besoin.

Ce n'est pas de madame Sontag qu'on pourrait dire avec la brutalité du poëte latin : *Facies tua computat annos*. Le temps ne l'a touchée que d'une aile légère. Elle a gardé sa taille élégante, de beaux cheveux blonds, un sourire blanc et vermeil. Elle n'a pas, chose à redouter après une si longue absence, l'air du spectre d'elle-même : elle est reconnaissable à la figure comme à la voix.

Si, maintenant, nous jugeons la cantatrice, il est évident qu'elle appartient à cette génération dont la Catalani et madame Damoreau présentent les plus illustres modèles : talents purs, corrects, irréprochables, d'une limpidité cristalline comme l'eau de roche, maîtres d'eux-mêmes, pleins de convenance, de mesure et d'une justesse qu'on ne saurait trouver un instant en défaut. Mais le mouvement, la passion, le *mens divinior*, qui fait qu'une grande artiste devient quelquefois une sibylle envahie par son dieu, ne sont peut-être pas compatibles avec une égalité si parfaite dans la correction, et ces talents si accomplis sont froids et laissent désirer un défaut.

Madame Sontag relève de cette école plus musicale que dramatique, ce qui ne veut pas dire qu'il faille moins l'admirer. Dans un concert surtout, on ne voit guère ce qu'on pourrait lui reprocher. Elle a merveilleusement bien chanté le duo de *Linda* avec Calzolari, et des variations de Rode où elle a fait des prodiges de vocalise. L'air d'*Iphigénie en Tauride*, qui doit être autant déclamé que chanté, comme toute la musique du vieux Gluck, n'a pas aussi bien réussi à l'illustre cantatrice.

C'est Alexis Dupont, Baroilhet et madame Elvina Froger qui ont bien voulu se charger des solos de cet ouvrage, auquel nous ne sommes pas nous-même tout à fait étranger, car c'est nous qui en avons *arrangé* les syllabes.

18 mars.

Gaieté. *Le Courrier de Lyon, ou l'Attaque de la malle-poste.* — Ce fut le 10 mars 1797 que Lesurques subit la peine capitale. Quelques années après, sous l'Empire, un mélodrame de Caigniez, sous le titre de *l'Ouvrier de Messine*, fut représenté à l'Ambigu. Lesurques était déjà le héros de cette pièce sous un nom d'emprunt. Cette fois, plus d'un demi-siècle s'est écoulé depuis sa mort, et les auteurs n'ont pas balancé à mettre en scène Lesurques lui-même.

Ce nom est aujourd'hui devenu presque célèbre dans les annales judiciaires, les journaux et les revues, qui ont souvent reproduit les documents de cette sanglante affaire; de nombreuses demandes de réhabilitation ont été adressées successivement à tous les gouvernements en faveur d'une infortune que la justice condamna, et que l'opinion publique absout; bref, il n'est guère personne qui ne sache que Lesurques était un honnête homme innocent, fatalement compromis par sa ressemblance avec un scélérat. La jurisprudence de tous les pays a de ces torts à se reprocher. Venise a, sous ce rapport, un boulanger aussi connu que Calas et la servante de Palaiseau en France; et les églises de Londres ont souvent été tendues de deuil pour faire faire une réparation éclatante et trop tardive aux victimes de la justice anglaise. Si la justice française imitait cet exemple, ne devrait-elle pas rendre aux descendants de Lesurques l'honneur et la fortune dont la loi les a injustement dépouillés?

Les véritables assassins du courrier de Lyon s'appelaient Touriol, Duboscq, Durochat, Vidal et Rossi; le hasard ou plutôt la fatalité sembla présider à toute cette histoire et y mêler Lesurques comme dans un réseau inextricable. Ce furent deux femmes, madame Santon, maîtresse d'auberge à Mongeron, et Jeannette, fille d'auberge à Lieursaint, qui, les premières, crurent reconnaître dans Lesurques un des complices de l'assassinat; elles avaient été appelées comme témoins chez Daubenton, juge de paix de la division du pont Neuf et officier de police judiciaire, chargé de l'instruction préliminaire par le bureau central; malheureusement pour Lesurques, il était lié d'amitié avec Daubenton et les deux femmes, que nous venons de nommer le rencontrèrent dans l'antichambre du magistrat.

D'autres témoins vinrent ensuite confirmer cette déposition ; elle fut appuyée surtout par Chambeau, aubergiste à Lieursaint, et par madame Chatelain, limonadière dans le même endroit, qui tous deux assurèrent qu'ils reconnaissaient Lesurques pour l'avoir reçu chez eux dans la société des autres meurtriers. Par une singularité fatale, Lesurques, cependant, ne dut pas tant sa condamnation aux témoins qui l'accusaient qu'à ceux qui tentaient de le faire acquitter.

Il s'agissait d'établir un alibi qui devait prouver l'innocence du prévenu en démontrant que Lesurques se trouvait à Paris au moment même où le crime se commettait sur la route de Lyon. Un ami de Lesurques, nommé Legrand, bijoutier, voulait donner plus de force à son témoignage ; il déclarait que Lesurques avait dîné chez lui le jour même où l'assassinat fut commis, et qu'ils avaient passé ensemble la soirée de ce jour, c'est-à-dire le 8 floréal an IV de la République. Legrand, pour mieux préciser la date, assurait que, ce même jour, il avait fait un échange de bijoux avec un autre bijoutier nommé Aldenoff ; mais, quand le registre fut apporté au tribunal, on reconnut que la date de l'opération avait été surchargée ; c'est le 9 floréal que l'échange de bijoux avait eu lieu... Legrand avait marqué cet échange seulement le lendemain, et ensuite, pour sauver son ami, il s'était évertué à faire un 8 d'un 9.

D'autres circonstances fortuites, mais non moins accablantes, achevèrent de convaincre les juges de la culpabilité de Lesurques, malgré l'obstination généreuse que mirent les assassins à nier son identité avec leur complice ; il fut donc condamné par le tribunal criminel siégeant au palais de justice, et de par un jury. Néanmoins, son innocence paraissait encore une question en litige : la conviction de Daubenton lui-même, qui avait conduit l'affaire, semblait chanceler à mesure que l'heure suprême arrivait pour la victime ; malheureusement, le droit de grâce n'existait pas à cette époque, encore chaude de la tourmente révolutionnaire.

Au dernier moment, un sursis fut demandé au Directoire, qui s'empressa de s'adresser au corps législatif ; mais le corps législatif passa à l'ordre du jour... Quelque temps après, un brigand, nommé Duboscq, avouait, en mourant sur l'échafaud pour d'autres crimes, qu'il avait été le principal instigateur de l'assassinat du courrier de Lyon, et que Lesurques avait été injustement exécuté à sa place.

Disons maintenant que MM. Siraudin, Moreau et Delacour, sans dérouler ces faits dans leur dramatique simplicité, ont tiré de la donnée un excellent mélodrame, tout incidenté de péripéties, et fort bien conduit au milieu de toutes ses complications.

20 mars.

THÉATRE DE LA RÉPUBLIQUE. *Charlotte Corday.* — Il nous serait facile, à l'aide de Michelet, de Lamartine, de Buchez, de Thiers, de faire ici une petite histoire de la Révolution française ; mais nous aimons mieux nous en tenir à la question d'art, sûr qu'assez d'autres traiteront la pièce au point de vue politique.

M. Ponsard, en traitant un sujet historique parfaitement connu, et dont toutes les péripéties sont prévues à l'avance, n'a pas cherché l'intérêt dans les aventures de quelques personnages épisodiques, rattachés aux figures principales par le caprice du poëte.

Les quelques suppositions amoureuses auxquelles peut donner lieu la légende plutôt que l'histoire de Charlotte de Corday, ont été négligées ou rejetées par M. Ponsard, dont le talent mâle et sobre s'accommode assez bien de cette austérité ; et Voltaire, qui admirait tant les tragédies politiques sans amour, eût été content de ce drame.

A part deux ou trois tendres velléités de la républicaine Charlotte pour le beau Barbaroux, enveloppées des réticences les plus pudiques et plutôt pressenties qu'exprimées, rien ne rappelle les faiblesses du cœur dans cette pièce toute virile. L'amour tient beaucoup de place dans la vie, mais il n'y tient pas toute la place, et nous admettons très-bien, sans toutefois l'admirer plus qu'une autre, une œuvre dramatique où ce ressort manque.

Le sujet de *Charlotte Corday* est-il un de ceux qui se puissent adapter heureusement au théâtre? Charlotte conçoit dans la solitude le projet de délivrer sa patrie de Marat, qui symbolisait pour elle le mauvais côté de la Révolution. Elle part, achète un couteau, tue et meurt. Pas de ressentiment vulgaire, pas de banale vengeance ; elle sacrifie froidement un monstre sur l'autel de l'idée. Sa résolution, mûrie dans le calme et la solitude, inconnue de tous, et qu'il eût été impossible aux plus clairvoyants de soupçonner, ne peut donner lieu qu'à des monologues. Le combat fut tout intérieur; les luttes qu'elle eut à subir, rien ne les a trahies. L'intuition du poëte a pu les deviner, mais il ne saurait les traduire par une forme visible.

Le silence est même une des beautés de cette figure douce et terrible, de ce blanc fantôme aux lèvres rouges, sortant de l'ombre avec un éclair d'acier qu'il éteint dans une poitrine livide; *l'ange de l'assassinat*, comme l'appelle M. de Lamartine, peut traverser, ce nous semble, plus facilement un roman qu'une pièce. Cette Judith de la Gironde n'a pas même d'Holopherne à séduire, et, bien qu'elle donne son nom à la pièce, elle n'en est cependant pas le principal ressort; les deux véritables personnages, les protagonistes, pour employer un mot dont se servent les étrangers et qui nous manque, sont la Gironde et la Montagne; la dualité du drame s'établit entre ces deux terribles adversaires.

Le premier acte nous fait voir une fête chez madame Roland, qui semble avoir été la tête de la Gironde, comme Charlotte Corday en fut le bras. Danton, qui, malgré ses violences, était un homme d'État, cherche à se rapprocher des girondins, dont la vertu un peu pédante ne veut pas l'accueillir. Voyant ses avances repoussées, il se rejette dans le parti extrême; l'orage éclate, et les girondins effrayés se dispersent.

A l'acte suivant, Barbaroux, Guadet, Louvet, Buzot et Pétion errent dans la campagne, cherchant la route de Caen, que leur montre une jeune fille qui dirige, dans une prairie, les travaux des faneuses. Tout ce commencement a un suave parfum d'idylle et un coloris frais et tendre qui contrastent heureusement avec le ton général de la pièce. La jeune fille n'est autre que Charlotte Corday, qui ne tarde pas à reconnaître, dans les voyageurs égarés, ses chers girondins, les proscrits, objet de son enthousiasme et de son admiration. Après quelques mots échangés, ils se sont devinés fidèles de la même communion politique.

Ici la décoration change, ou plutôt devrait changer à vue, car rien n'est plus facile; mais le Théâtre-Français tient trop à sa vieille routine, et l'on baisse un rideau de manœuvre, pour enlever une toile de fond et repousser six coulisses.

Nous voyons l'intérieur de la maison de Charlotte Corday, ou plutôt de sa vieille tante, qu'elle entoure des soins d'une piété filiale.

C'est un vrai cabinet d'antiques, où la génération précédente s'est conservée; pauvres gentilshommes campagnards qui ont entrevu la cour, douairières ridées et cassées, pour qui Marat est un loup-garou, avec des yeux phosphorescents la nuit; société tremblante, effrayée du temps présent, qu'elle ne peut comprendre, et ne voyant qu'une aveugle boucherie dans les efforts de la France pour conquérir la liberté : tout ce monde continue, sous le vert abat-jour des bougies, une éternelle partie de cartes commencée sous l'ancien régime et que l'échafaud interrompra peut-être.

Charlotte, agitée de la rencontre des girondins, qui se sont réfugiés à l'hôtel de l'Intendance, a des airs préoccupés qu'elle cherche à voiler sous des soins affectueux. Sa tante lui propose de passer en Angleterre, où l'attend un abri sûr. Charlotte refuse; car, si elle déteste les excès révolutionnaires, elle aime la liberté. Seule, dans cette famille noble et royaliste, elle est dévouée à la République. Petite-fille de Corneille, ce mâle génie dépaysé sous le règne absolu de Louis XIV, nourrie de Plutarque et de Jean-Jacques, familière avec les grands écrivains de l'antiquité, Charlotte Corday a cet héroïsme classique qu'inspire la lecture des Grecs et des Romains, et s'éloigner de la patrie dans un tel moment de crise est pour elle une chose impossible.

Elle trahit devant les vieillards étonnés son admiration pour les girondins, et l'acte suivant nous la montre à l'hôtel de l'Intendance, sous la garde d'une vieille servante, assistant à la revue de l'armée des fédéralistes, et se faisant faire par Barbaroux les portraits physiques, politiques et moraux de Danton, de Robespierre et de Marat. Ces portraits sont très-bien faits comme morceaux détachés et assez justes dans l'acception générale. Celui de Marat n'est pas flatté et fixe la résolution de Charlotte Corday, qui part pour Paris en jetant au jeune et beau girondin un adieu énigmatique.

Voici ces portraits, ou du moins leurs principaux linéaments :

BARBAROUX.

Certes, je hais Danton : septembre est entre nous.
Tout lui semble innocent, par la victoire absous;

L'audace et le succès, voilà sa loi suprême ;
De sa propre vigueur il s'enivre lui-même,
Et, montant d'un excès à des excès plus grands,
Il sert la liberté comme on sert les tyrans.
Mais, enfin, ce n'est pas un homme qu'on méprise,
Madame. Il est puissant dans les moments de crise...
Cruel et généreux, il connaît la pitié ;
Il frappe sans remords, mais sans inimitié ;
De crime et de grandeur, formidable assemblage,
La Révolution l'a fait à son image...

CHARLOTTE.

Et Robespierre ?

BARBAROUX.

Oh ! lui, c'est chose différente :
Ame sèche et haineuse, et vanité souffrante,
Dans tous ses ennemis, il voit ceux de l'État,
Et, dans sa propre injure, un public attentat.
En ce point seulement à Danton il ressemble,
Qu'auprès du sang versé l'un ni l'autre ne tremble,
Ignorant tous les deux que le péril pressant
N'excusera jamais la mort d'un innocent.
Ils diffèrent, d'ailleurs, d'esprit et d'apparence,
Comme la passion de la persévérance...
Quel sera le plus fort, Robespierre ou Danton ?
La médiocrité l'emportera, dit-on.
En somme, quoique l'un souille son énergie,
Quoique de plus de sang il ait la main rougie,
Que sa soif des plaisirs puise partout l'argent,
Au lieu que l'autre est pur, au point d'être indigent ;
Quoiqu'il ne croie à rien, si ce n'est à lui-même,
Au lieu que Robespierre a foi dans son système,
On aura pour Danton une moindre rigueur :
La passion l'excuse ; on sent en lui du cœur.

Barbaroux passe ensuite au crayon de Marat :

Tantôt il cherche l'ombre et tantôt la lumière,
Selon qu'il faut combattre ou qu'il faut égorger ;

Présent pour le massacre, absent pour le danger...
Les caves d'un boucher et celles d'un couvent,
Pendant des mois entiers, l'ont enterré vivant.
Là, seul avec lui-même, aux lueurs d'une lampe,
Devant l'encre homicide où sa plume se trempe,
N'ayant d'air que celui qui vient d'un soupirail,
Dix-huit heures penché sur son méchant travail,
Il entasse au hasard les visions qu'enfante
De son cerveau fiévreux cette veille échauffante ;
Puis un journal paraît qu'on lit en frémissant,
Qui sort de dessous terre et demande du sang...

CHARLOTTE.

Dieu puissant ! c'est un fou !

BARBAROUX.

C'est un fou ; mais, madame,
C'est un fou qui s'adresse aux passions en flamme...
On l'a hué, flétri, bafoué, confondu ;
A chaque flétrissure un crime a répondu.
Vainement les soufflets sont tombés sur sa joue ;
Le crime allait croissant, le sang lavait la boue.
Ceux qui l'ont offensé sont tous morts ou proscrits,
Et l'épouvante enfin l'a sauvé du mépris.

La décoration change et représente le Palais-National à l'endroit où Camille Desmoulins a fait, d'une branche de tilleul, la cocarde de la Révolution naissante. Charlotte Corday sort de la boutique d'un coutelier où elle vient d'acheter l'instrument du meurtre. A peine a-t-elle serré dans sa robe le couteau dont la froide lame glace son sein, qu'une jolie petite fille vient à elle, et, la voyant triste, lui fait d'innocentes caresses ; car Charlotte Corday, elle le remarque elle-même, exerça toujours beaucoup d'attraction sur les enfants. La mère de la petite fille engage la conversation avec l'étrangère et lui offre un asile qu'elle n'accepte pas, ne voulant point compromettre son hôte. Cette jeune femme heureuse, ce bel enfant joueur, tout cela attendrit Charlotte : ce bonheur aurait pu être le sien.

Mais un ignoble discours, tenu par un orateur en plein vent, qui célèbre Marat et commente son affreux journal, ravive la colère de l'héroïne, qui s'éloigne résolument.

A l'acte suivant, qui est le cinquième, Marat, Robespierre et Danton ont ensemble une grande conversation politique. « La Révolution est à nous, dit Danton ; qu'en ferons-nous ? — La Révolution n'est à personne, répond aigrement Robespierre. — Pousserons-nous les choses à l'extrême, ou nous arrêterons-nous ? » continue Danton, chez qui l'instinct révolutionnaire n'obscurcit jamais l'homme d'État. Marat trouve Robespierre tartufe et Danton tiède.

> Je ne pense pas, moi,
> Que tout soit terminé dès qu'on n'a plus de roi.
> C'est le commencement. Je sais que, chez les nôtres,
> Quelques-uns ne voulaient que la place des autres,
> Et tiennent que chacun doit être satisfait
> Quand ce sont eux qui font ce que d'autres ont fait.
> Leur révolution se mesure à leur taille.
> Ce n'est pas pour si peu, Danton, que je travaille.
> Ami du peuple hier, je le suis aujourd'hui.
> J'ai souffert, j'ai lutté, j'ai haï comme lui.
> Misère, oubli, dédain, hauteur patricienne,
> Ses affronts sont les miens, sa vengeance est la mienne.
> Il le sait, il défend celui qui le défend ;
> Or, je porterai loin son drapeau triomphant.
> Il ne me suffit pas d'un changement de forme ;
> Au sein des profondeurs j'enfonce la réforme.
> Je veux, armé du soc, retourner les sillons.
> A l'ombre les habits ! au soleil les haillons !
> Je veux que la misère écrase l'opulence ;
> Que le pauvre à son tour ait le droit d'insolence ;
> Qu'on tremble devant ceux qui manqueront de pain,
> Et qu'ils aient leurs flatteurs, courtisans de la faim.
> Chapeau bas ! grands seigneurs, bourgeois et valetaille,
> Vos maîtres vont passer : saluez la canaille !…

DANTON.

> Morbleu ! la liberté ne veut pas de despote.
> Chapeau bas, grand seigneur ! chapeau bas, sans-culotte !

Et saluez la loi, non les individus,
Car ce n'est qu'à la loi que ces respects sont dus...

MARAT.

Tu n'y comprends rien.

DANTON.

Non, je n'ai pas de génie.
Je veux tout simplement briser la tyrannie;
Qu'elle vienne d'en haut, qu'elle vienne d'en bas,
Elle est la tyrannie, et je ne l'aime pas.

Un entretien commencé de la sorte ne peut pas bien finir, et chacun sort avec son idée. Marat reste, car c'est chez lui qu'a lieu la conversation. On le met au bain. Charlotte Corday arrive et lui donne un coup de poignard derrière un rideau qui n'est pas rouge, comme celui derrière lequel Égyste pousse la Clytemnestre de Guérin, mais bien d'un vert assez placide. On la saisit et on l'emmène.

Au dernier tableau, avant de marcher au supplice, elle a, dans son cachot, avec Danton, une conversation qui est la pensée politique de la pièce : c'est que le meurtre est toujours inutile et coupable, qu'on le commette pour une raison d'État ou par fanatisme. Idée vraie et généreuse, qui nous rappelle quelques lignes de Michelet, que nous transcrivons ici, pour les offrir aux méditations des féroces de tous les partis.

« Ceux qui ont dit que le crime était un moyen de force, un cordial puissant pour faire un héros d'un lâche, ceux-là ont ignoré l'histoire, calomnié la nature humaine. Qu'il sachent, ces ignorants coupables, qui jasent si légèrement sur ces terribles sujets, qu'ils sachent la profonde énervation qui suit de tels actes. Ah! si le lendemain des plaisirs vulgaires (quand l'homme, par exemple, a jeté la vie au vent, l'amour aux voluptés basses), s'il rentre chez lui triste et hébété, combien plus celui qui a cherché un exécrable plaisir dans la mort et la douleur, l'acte le plus contre nature, qui est certainement le meurtre, brise cruellement la nature dans celui qui le commet; le meurtrier voit *après* que lui-même il s'est tué. Il s'inspire le dégoût que l'on a pour un cadavre, éprouve une horrible nausée et voudrait se vomir lui-même. »

Cette représentation, que l'on craignait turbulente, a été paisible, sauf quelques signes de désapprobation après la chute du rideau, et qui avaient un sens plus politique que littéraire.

M. Ponsard, dans son appréciation des principaux personnages de la Révolution, a montré beaucoup d'impartialité, trop peut-être, car ni les rouges ni les blancs ne seront entièrement satisfaits. Il a préféré être vrai et n'a pas, comme cela se pratique très-souvent aujourd'hui, interprété l'histoire dans un sens systématique et fait converger de force les événements vers un but fixé d'avance : il aurait pu peut-être, sans manquer à la gravité du sujet, disposer plus dramatiquement certains incidents, mouvementer certaines scènes davantage ; mais, ce qu'on peut louer sans réserve chez lui, c'est la qualité ferme et sobre du style, la forme nette et carrée du vers, le ton mâle et sérieux des entretiens politiques qui sont les morceaux à effet de la pièce.

Il y a aussi de la grâce et de l'aisance familière dans les détails de la vie privée : le mot propre est abordé franchement, quoique, çà et là, quelques tournures un peu trop cornéliennes viennent jeter leurs grands plis romains sur la carmagnole de l'époque.

Mademoiselle Judith a parfaitement compris le rôle de Charlotte Corday, à qui elle ressemble de physionomie et de taille ; et, tout en gardant les grâces de la femme, elle a su prendre le ton mâle qui convient à l'héroïne républicaine ; dans les scènes avec sa vieille tante, elle s'est montrée filiale, soumise, caressante, et doucement maternelle avec la petite fille qui vient à elle lorsqu'elle sort de la boutique du coutelier ; elle a été énergique dans les moments qui exigent de la force. Ce rôle a révélé son talent sous une nouvelle face.

Bignon, qui représente Danton, « est entré carrément dans la peau du bonhomme. » Nous copions ici cette appréciation naïve de Bignon sur lui-même, car elle est parfaitement vraie.

Geffroy a été prodigieux dans Marat, qu'il n'a pas joué en acteur, mais en résurrectioniste. Il semblait avoir volé la tête du tableau de David et se l'être ajustée sur les épaules. C'était effrayant.

XIV

AVRIL 1850. — Théâtre-Historique : *Urbain Grandier*, drame de MM. Alexandre Dumas et Auguste Maquet. — La pièce et la mise en scène. — Porte-Saint-Martin : *Toussaint Louverture*, drame en vers, de M. Alphonse de Lamartine. — La politique et la littérature. — Une *Marseillaise* noire. — Le caractère de Toussaint. — Frédérick Lemaître, mademoiselle Lia Félix. — Variétés : *la Petite Fadette*, tirée du roman de George Sand, par MM. Charles Lafont et Anicet Bourgeois. — Le *rurodrame*. — Les paysans au théâtre. — Les paysans de M. de Balzac et ceux de madame Sand. — Charles Pérey, mademoiselle Thuillier.

2 avril.

Théatre-Historique. *Urbain Grandier.* — Voici, sans contredit, le plus beau drame et le plus pompeux spectacle que le Théâtre-Historique nous ait offert depuis son ouverture; imaginez-vous la fable la plus intéressante, jointe à la mise en scène la plus splendide; les péripéties du boulevard et les magnificences de l'Opéra; le génie d'un des plus grands poètes de ce temps et de son illustre collaborateur, secondé par tous les prestiges de la décoration scénique; et puis ajoutez à cela les différents genres des œuvres théâtrales réunis dans une seule œuvre, la tragédie coudoyant le ballet, le drame s'enchevêtrant dans la comédie, et toute cette variété de détails se filigranant avec un art suprême dans un ensemble unitaire et harmonique; et vous comprendrez alors l'éclat et la valeur du nouveau fleuron que MM. Dumas et Maquet viennent d'ajouter à leur couronne dramatique : perle désignée dans leur éblouissant écrin, sous l'étiquette d'*Urbain Grandier*.

La main du grand maître se révèle dès les premières scènes; l'exposition, vigoureusement conduite, ne laisse pas languir un seul instant l'attention de l'auditoire; l'intérêt naît, augmente, se développe avec chacun des nouveaux personnages qui paraissent tour à tour, et tout ce monde là devient bientôt si réel, si vivant; on sent si bien les cœurs battre sous ces oripeaux de soie et de velours ; on est tellement subjugué par les effets de ce galvanisme de l'art ressuscitant les morts, nous initiant à leurs mystères, à leurs passions, et nous les montrant tels qu'ils devaient être quand le souffle de la vie animait leurs poitrines ; on finit par s'intéresser si vivement aux fantômes qu'évoque la magie du poëte, qu'on les prend pour les individualités historiques dont il a voulu remuer les cendres, et qu'on assiste réellement à toutes les catastrophes qui conduisirent à l'échafaud l'infortuné martyr de Loudun.

L'action ne tarde pas à se nouer d'une façon hardie, et hardie même pour le drame moderne, ce grand pourfendeur passé maître en hardiesse. Urbain Grandier a embrassé la vie religieuse par un désespoir d'amour : la supérieure des Ursulines est éprise du jeune moine ; c'est elle qui enferme sa fiancée, Ursule de Sablé, au fond d'un horrible souterrain, car Ursule n'est pas morte, elle est enterrée vivante ; or, Urbain exerce une puissance inexplicable pour lui-même sur son jeune frère ; et c'est ce frère qui, sous l'influence du magnétisme, amène Urbain dans le caveau, où il retrouve la bien-aimée de son cœur.

Cette histoire des amours d'Urbain Grandier est entremêlée de l'épisode des amours du comte de Sourdis et de Bianca, jeune et noble Italienne, que sa famille veut enfermer malgré elle dans un cloître ; Bianca se débat et résiste en vain ; l'heure de sa prise de voile est arrivée ; déjà le ciseau fatal va couper ses cheveux, déjà le voile de la nonne est étendu sur sa tête ; en ce moment, le comte pénètre dans l'église, s'élance au milieu de la foule, l'épée à la main, et veut arracher Bianca à ses bourreaux mystiques ; un prêtre ordonne alors au comte de se retirer, s'il ne veut avoir le poing coupé pour avoir tiré l'épée dans une église ; et, un instant après, le frère de Bianca, caché derrière un pilier, s'avance en montrant un ordre du cardinal Richelieu, qui enjoint de continuer la cérémonie. Bianca n'a plus qu'à se résigner, quand Urbain Grandier apparaît comme un libérateur pour elle, et, parlant au nom de Dieu, qui est plus encore que le cardinal, déclare que la jeune fille doit être rendue à son amant, parce qu'il est plus agréable à Dieu qu'elle soit une bonne épouse qu'une mauvaise religieuse.

Cette désobéissance d'Urbain Grandier aux volontés de Richelieu, cette audace généreuse qui le pousse à travers la puissance du formidable cardinal-duc, voilà la première cause de la perte du savant et poétique prêtre; puis, comme l'autorité sacerdotale vient l'arrêter pour cette infraction à la discipline religieuse, on découvre, avec une sainte horreur, une femme cachée dans sa cellule : c'est Ursule de Sablé, qu'Urbain Grandier a retirée de son caveau funéraire. Nouveau sujet de culpabilité.

Puis, enfin, dans la dernière partie du drame, se déroulent tous les incidents de cet étrange procès intenté par la superstition à la science : aux charges accablantes qui précèdent vient se joindre l'accusation de sorcellerie, cette opiniâtre croyance du moyen âge qui, vers la même époque, conduisait aussi à l'échafaud la spirituelle et infortunée maréchale d'Ancre; ainsi qu'elle fut brûlée en place de Grève, Urbain Grandier monte sur le bûcher de Loudun. Rien ne peut le sauver, ni le courageux dévouement de son frère, ni la passion tour à tour fatale et tutélaire de la supérieure des Ursulines, qui travaille au salut d'Urbain, après avoir travaillé à sa perte. Ces derniers tableaux du drame, encore supérieurs à ceux du commencement et du milieu, abondent en situations saisissantes, en effets de terreur et de larmes. Le dénoûment seul aurait suffi à établir un éclatant succès.

Nous ne parlerons pas de la couleur locale; chaque détail comme chaque costume est de la plus parfaite exactitude sous ce rapport. Nous ne dirons rien non plus du mérite littéraire de l'ouvrage; quel éloge ne serait aujourd'hui banal pour Alexandre Dumas, quand le papier de ses œuvres, déployé page par page ferait le tour de la France, et quand l'esprit de ces mêmes œuvres fait aussi le tour du monde ?...

Nous nous bornerons à dire qu'au point de vue de la pièce amusante, Alexandre Dumas n'a rien fait de mieux réussi qu'*Urbain Grandier*, depuis et y compris la *Tour de Nesle*.

La belle troupe du Théâtre-Historique a fait assaut de talent dans l'exécution de cette biographie dramatisée.

8 avril.

Porte-Saint-Martin. *Toussaint-Louverture*. — Nous aimons à voir, au bas d'une affiche de théâtre, ce nom de Lamartine, qui naguère signait les décrets et les actes du gouvernement. L'affiche de théâtre, à nos yeux, est tout aussi honorable que la proclamation, et nous savons gré au poëte qui a tenu la France entre ses mains, de n'avoir pas renié l'art : il sait bien, lui qui a soulevé les deux poids, que la lyre est plus lourde à porter que le monde ; car ce n'est que lorsqu'il a été fatigué de l'une qu'il a pris l'autre pour se reposer.

Tous les événements qui paraissent si énormes aux contemporains seront profondément oubliés, que la postérité redira encore *le Lac*. Dans deux mille ans, les biographes raconteront que Lamartine, à ce qu'il paraît, prit une grande part à une révolution dont la cause n'est pas bien connue, et resta quelques années sans faire de vers, chose à jamais regrettable. En rentrant dans l'arène littéraire, nous trouvons que Lamartine remonte, au lieu de descendre, comme pourraient le croire des esprits peu compréhensifs. Quel malheur pour l'univers et l'éternité si Homère, occupé des dissensions d'une des sept villes qui revendiquent l'honneur de lui avoir donné le jour, avait laissé l'*Iliade* inachevée et l'*Odyssée* à l'état de projet !

Jamais plus immense concours de spectateurs n'avait envahi la salle de la Porte-Saint-Martin. On se serait cru aux beaux jours de *Marion Delorme*, de *Lucrèce Borgia* et d'*Antony*.

La toile se lève.

Un splendide coucher de soleil se mire dans une mer étincelante. Des nègres et des négresses dansent autour d'un mât du sommet duquel partent des rubans tricolores que leurs évolutions nattent et dénattent d'une façon pittoresque. De jeunes enfants apprennent et répètent en chœur une *Marseillaise* noire qu'un mulâtre, nommé Samuel, leur enseigne.

SAMUEL.

Enfants des noirs, proscrits du monde,
Pauvre chair changée en troupeau,

Qui de vous-même, race immonde,
Portez le deuil sur votre peau !
Relevez du sol votre tête,
Osez retrouver en tout lieu
Des femmes, des enfants, un Dieu...
Le nom d'homme est votre conquête !

ENFANTS.

Offrons à la concorde, offrons les maux soufferts,
Ouvrons aux blancs amis nos bras libres de fers.

SAMUEL.

Un cri de l'Europe au tropique,
Dont deux mondes sont les échos,
A fait, au nom de République,
Là des hommes, là des héros.
L'esclave, enfin, dans sa mémoire
Épèle un mot libérateur ;
Le tyran devient rédempteur,
Enfants, à Dieu seul la victoire !

La liberté partout est belle
Conquise par des droits vainqueurs ;
Mais le sang qui coule pour elle
Tache les sillons et les cœurs.
La France à nos droits légitimes
Prête ses propres pavillons ;
Nous n'aurons pas dans nos sillons
A cacher les os des victimes.

Au milieu de la joie universelle, s'avance, triste et mélancolique, Adrienne, la jeune nièce de Toussaint Louverture, qu'une tendre sympathie attache à l'un des fils de son oncle, envoyé en France comme otage. Elle soupire ses regrets en ces vers :

Je ne sais quel instinct m'attirait plus vers lui,
Comme si mon étoile à son front avait lui.
Albert, peut-être aussi, j'aime encore à le croire,
J'étais son amitié, comme il était ma gloire.

Quand l'un était absent, l'autre cherchait toujours ;
Nos yeux s'entretenaient sans geste et sans discours.
Le petit Isaac, inhabile à comprendre,
D'un sentiment jaloux ne pouvait se défendre ;
Il nous disait, tout triste, avec son humble voix :
« Pourquoi suis-je tout seul lorsque nous sommes trois ? »
O jours délicieux ! ô ravissante aurore
De deux cœurs où l'amour rayonne avant d'éclore !
Jeux naïfs de l'enfance, où le secret surpris,
Se trahit mille fois avant d'être compris !
Pas qui cherchaient les pas, mains dans les mains gardées ;
Confidences du cœur dans les yeux regardées ;
Promenades sans but, sur des pics hasardeux,
Où l'on se sent complet parce que l'on est deux ;
Source trouvée à l'ombre où la tête se penche ;
Fruits où l'on mord ensemble en inclinant la branche ;
Une heure effaça tout. Le jour vint : il partit...
Je restai seule au monde et tout s'anéantit.

Toussaint Louverture n'est pas présent à cette scène ; mais regardez là-haut, sur ce rocher dont les vagues lèchent la base, cette tourelle dont la fenêtre s'allume comme une étoile à mesure que le couchant s'éteint. Cette tour est sa demeure. Là, il veille, il travaille, il pense pour toute cette multitude émancipée d'hier, dont le cerveau est noir comme le front, et, certes, il n'a jamais eu plus de motifs de méditer, de concentrer son génie, car on vient de signaler en mer la flotte française, qui accourt reprendre aux noirs leur conquête.

Au second acte, nous pénétrons dans le nid de vautour d'où Toussaint Louverture plane sur l'île ; deux de ses généraux, sur qui pèse son écrasante supériorité, et que dévore une secrète ambition, viennent lui tenir des discours embarrassés sur la grande responsabilité d'un commandement unique dans une pareille circonstance. Toussaint n'a pas de peine à les réfuter, et, flairant la trahison dans tous ces scrupules tardifs, se promet de les surveiller.

Resté seul, il médite sur l'importance de sa mission.

Dans un pauvre vieux noir cependant quelle audace !
De prendre seul en main la cause de sa race ;

>De se dire : Selon que j'aurai résolu,
>Il en sera d'eux tous ce que j'aurai voulu !
>Dans mes réflexions, du mot fatal suivies,
>Je pèse, avec la mienne, un million de vies,
>Si j'ai mal entendu... si j'ai mal répété
>Le sens de Dieu !... Malheur à ma postérité !
>Dieu ne sonne qu'une heure à notre délivrance.
>Opprobre à qui la perd ! mort à qui la devance.
>Ah ! combien j'ai besoin d'intercéder celui
>Dont l'inspiration sur tous mes pas a lui.
>Crucifié pour tous ! symbole d'agonie !
>Et de rédemption !... Quelle amère ironie !
>Où se heurte mon cœur lorsque je veux prier ?
>Quoi ! c'est le Dieu des blancs qu'il nous faut supplier ?
>Ces féroces tyrans, dont le joug nous insulte,
>Nous ont donné le Dieu que profane leur culte ;
>En sorte qu'il nous faut, en tombant à genoux,
>Effacer leur image entre le ciel et nous !
>Eh bien, leur propre Dieu contre eux est mon refuge !
>Il fut leur rédempteur ; mais il sera leur juge !
>La justice, à ses yeux, n'aura plus de couleur ;
>Puisqu'il choisit la croix, il aima le malheur.

Pendant la prière de Toussaint, entre le moine qui a été son initiateur à la vie intelligente, qui l'a exhorté et soutenu.

Tout dévoué qu'il est à la cause noire, Toussaint hésite à prendre la défense de l'île, car il ne peut oublier que ses fils, Albert et Isaac, sont en otage aux mains des Français, et qu'en donnant le signal de l'insurrection, il s'expose à faire tomber leur tête.

Le moine inflexible l'exhorte à se sacrifier pour sa patrie : « Mais je suis père ! s'écrie Toussaint. — Dieu ne l'était-il pas ! » répond le moine. Mot sublime à mettre à côté, sinon au-dessus du *Qu'il mourût* de Corneille. Il y a, dans cet hémistiche, tout un monde d'idées et de sentiments.

A cette fulgurante raison, Toussaint ne trouve rien à dire. Son parti est pris : il défendra l'île, et, déguisé en vieil aveugle, il part avec sa nièce, Adrienne, couverte de pauvres vêtements, pour épier et compter les Français.

Toussaint Louverture, parfaitement grimé, s'est installé dans une misérable hutte, près de l'endroit où les Français assoient leur camp. Le faux OEdipe, guidé par son Antigone, le pas lourd, les mains étendues, la tête basse comme un homme qui ne peut plus chercher la lumière au ciel, se promène partout, implorant la pitié d'un ton pleureur, écoutant avec ses oreilles ouvertes, regardant avec ses yeux fermés. Mais voici que les ingénieurs veulent jeter bas cette cabane qui gêne leurs opérations. Le vieux se lamente, et geint, et supplie. La belle Pauline Bonaparte, qui a suivi l'expédition, se laisse toucher par les gémissements du bonhomme et la grâce d'Adrienne, et obtient qu'on laissera son asile au vieillard.

Isaac et Albert, les deux enfants de Toussaint, sont venus avec l'armée française. Albert, plus âgé, est enthousiaste de la civilisation. Il admire le premier consul. Isaac, plus jeune, a conservé un souvenir bien autrement vif de la mère patrie; il n'aime pas les gens qui sont d'une autre couleur que la sienne, et ne fait pas grand cas de Bonaparte, parce que, dit-il,

..... Bonaparte est un blanc.

Isaac fait voir à son frère, dans la vapeur bleue du lointain, au delà de la ligne des soixante vaisseaux de guerre, qui nagent entre le double azur du ciel et de la mer, un point presque imperceptible qu'il prétend être la maison paternelle.

Toussaint, qui les observe et les reconnaît, réprime le cri qui allait lui jaillir de la gorge.

Le général Leclerc, après avoir passé la revue de ses troupes, tient un conseil. Le seul ennemi, c'est Toussaint. Lui pris ou rallié, la guerre est finie; mais où le trouver? Le plus profond mystère l'environne. Il a cent retraites qu'on ignore. Peut-être ce vieil aveugle pourra-t-il donner quelques renseignements sur lui; obligé d'errer perpétuellement pour mendier sa triste vie, il doit savoir beaucoup de choses. On le fait venir et on l'interroge.

Toussaint Louverture, que M. de Lamartine n'a pas fait peut-être assez cauteleux et prudent, comme le sont toutes les natures sauvages en face d'un péril, est au moment de se trahir. Isaac a reconnu, dans la voix du vieux mendiant, l'accent de la voix paternelle; il s'élance vers l'aveugle, qui lui dit avec un accent d'ignorance naïve, admirablement compris par Frédérick : « Je ne vous connais pas. »

Cet interrogatoire terminé, on voit arriver un des deux généraux nègres qui, au second acte, ont eu, avec Toussaint Louverture, cette conversation suspecte à bon droit. Il révèle au général Leclerc le plan du Bonaparte noir, sa retraite et tous ses secrets. Cette trahison est punie sur-le-champ ; l'aveugle plonge son couteau dans le cœur du parjure, jette son manteau de guenilles et se précipite à la mer sous une grêle de coups de fusil dont pas un ne l'atteint.

Adrienne est mise en prison ; mais bientôt, reconnue par Isaac et par Albert, dont l'amour pour elle ne s'est pas éteint, elle trouve moyen de s'échapper. Le général Leclerc, qui a reconnu en elle une fille qu'il a eue autrefois d'une femme de couleur, ne la fait pas surveiller avec un soin bien sévère, et le moine dévoué à Toussaint Louverture aide à son évasion.

Le cinquième acte nous montre l'armée noire, Toussaint Louverture en tête, campée et groupée dans une gorge de montagne ; Adrienne arrive, conduite par le moine. Les scènes terribles qui vont se passer ne l'effrayent pas. Toussaint harangue ses troupes avec une éloquence sauvage ; pour les rassurer sur la crainte qu'elles peuvent avoir de la supériorité des blancs, il leur raconte une espèce d'apologue féroce d'un tigre qui, dans un cimetière, a mangé un blanc et un noir et laissé à nu leurs squelettes absolument pareils. Donc, il n'y a que la peau qui diffère, et cela ne vaut pas la peine d'en parler.

La harangue finie, survient un parlementaire français, suivi à peu de distance des deux fils de Toussaint. L'officier apporte des paroles de paix et d'affranchissement, mais ce n'est qu'une ruse que le moine dévoile. Albert, esclave du devoir militaire, retourne au camp. Isaac reste avec son père, et Adrienne plante au sommet du rocher le drapeau aux sombres plis, qui doit faire soulever l'île entière ; la fusillade commence ; la pauvre enfant tombe frappée de plusieurs balles ; mais Toussaint relève le drapeau, l'agite avec fureur et l'insurrection éclate.

La toile s'abaisse sur ce magnifique tableau, d'un effet à la fois poétique et pittoresque.

Frédérick a été très-beau dans le rôle de Toussaint, surtout au troisième acte, lorsqu'il est déguisé en mendiant. Il est regretter qu'il laisse tomber trop souvent les fins de vers. S'il s'agissait d'alexandrins ordinaires, on s'en consolerait ; mais, pour des vers de Lamartine, c'est autre chose. Mademoiselle Lia Félix, qui débutait par le rôle intéressant d'Adrienne, donne des espérances déjà réalisées ; son débit est juste, bien accentué ; elle a de la sensibilité, de la chaleur, et possède déjà l'art d'écouter, si difficile au théâtre ; ses gestes, ses attitudes, ses poses, dénotent un instinct très-rare de la statuaire.

Toussaint Louverture est la pièce la plus noire que l'on ait encore faite. Excepté au troisième acte, qui se passe dans le camp français, on ne voit sur la scène que nègres, mulâtres, quarterons, métis, griffes et autre variétés de bois d'ébène. Cela est naturel ; mais cela produit un étrange effet. Il semble que la rampe n'est pas levée, à regarder tous ces masques qu'aucun rayon n'éclaire. Nul autre que Lamartine n'eût risqué cette bizarrerie à laquelle il n'a probablement pas songé dans son sublime oubli des choses matérielles.

22 avril.

Variétés. *La Petite Fadette.*—Le succès de *François le Champi* a mis tous les vaudevillistes en appétit de rusticité. Pour peu que cela continue, nous allons être débordés par ce que l'on a comiquement appelé le *rurodrame*. Les chapeaux ronds du Morvan et les *coiffages* berrichons envahiront la scène ; on ne parlera plus qu'un langage patoisé. Avant peu, l'églogue au foin vert lassera le public.

On se tromperait singulièrement à croire que les paysans soient scéniques. Leurs complications de scélératesses se bornent à la ruse patiente du peau-rouge dont ils ont l'allure et l'instinct. Le paysan est, si l'on peut dire, le Hollandais de la terre. Toutes les forces de son esprit, toutes les tendresses de son cœur, il les reporte sur ce sol ingrat où tombent, par les pluies et par les soleils, les sueurs de ses bras amaigris. Les convoitises, les vices et les mouvements des villes passent par-dessus sa tête, car la terre, voilà ses seules amours.

Les bergers, les sorciers, les gardeurs de vaches sont les excentriques de la campagne, dont les exceptions tranchent sur un fond sérieux. Balzac a esquissé quelques profils de paysans avec le soin minutieux et chirurgical qu'il apporte à tous les détails de son œuvre ; mais Balzac, habitué à des natures complexes, a le tort de faire de ses paysans des Talleyrands en blouse et des Metternichs en sabots. Madame Sand y convient mieux, par une candeur puissante et par la placidité de son style; elle sait la campagne pour l'avoir pratiquée, elle marie l'homme à la terre, dans cette nature où chaque vie est un combat, où l'homme dispute son pain au sol, où l'animal dévore l'animal, où, du haut en bas de l'échelle, au milieu des grandes harmonies naturelles, il y a combat, mort et rajeunissement, depuis l'insecte qui bourdonne jusqu'à la feuille qui pousse au premier souffle d'avril.

La petite Fadette, repoussée, montrée au doigt, traitée de sorcière, est une sorte de Champi femelle. A son approche, les peureux s'éloignent d'elle et les hypocrites se signent dévotement. Elle aime en secret, sans se l'avouer peut-être, le beau Landry, le fils du fermier ; elle l'aime de cet amour incurable que font les grandes distances, comme Ruy Blas, le valet, aimait Marie de Neubourg, la reine. Les amours sont aussi violents au degré des infiniment petits. Fadette, la dédaignée, se montre si habile, si aimante ; elle déjoue si bien les intrigues de M. Beaucadet, le mercier narquois du village ; elle est si digne vis-à-vis de la Madelon, si chastement tendre auprès de Landry, qu'elle finit par obtenir sa main, et la petite Fadette, la méprisée, deviendra madame Landry, la fermière.

Ce petit drame intime, qui a pour bordure et pour fond des sentes encaissées dans des haies d'aubépine et de vigne folle, des toits de chaumière chargés de joubarbes et la flèche mélancolique du clocher, cette âme de la campagne, ne peut se raconter scène par scène. Ces pièces-là se voient, se respirent et se sentent, mais ne s'analysent point. Les auteurs y ont mis toute leur habileté, mais par-dessus passait le souffle de George Sand, qui emportait le canevas et laissait voir la passion.

Pérey a parfaitement joué le rôle de Landry. De la petite Fadette, mademoiselle Thuillier a fait une création. Au premier acte, elle a joué avec une force, une énergie, une sorte de rage sourde singulières. Au second acte, elle a été ravissante de câlinerie, de finesse et de simplicité calme. Nous avons retrouvé dans sa voix toutes les qualités de vibration et d'harmonie dont elle avait fait preuve dans la Mimi de *la Vie de Bohème*.

XV

MAI 1850. — Théâtre de la Nation : madame Alboni dans *le Prophète*. — Son jeu et son chant. — Porte-Saint-Martin : *la Misère*, drame de M. Ferdinand Dugué. — Odéon : *le Chariot d'enfant*, drame du roi Soudraka, traduit par MM. Méry et Gérard de Nerval. — Chronologie de la pièce. — Le roi poëte. — Le théâtre chez les Hindous. — Les interprètes du roi Soudraka. — Théâtre de la République : reprise d'*Angelo, tyran de Padoue*. — La prose dramatique. — Lesage, Marivaux, Beaumarchais. — Aventures et inconvénients du vers alexandrin. — Liberté métrique de la poésie théâtrale chez les Anglais, les Allemands et les Espagnols.— — Mademoiselle Rachel dans le rôle de la Tisbé. — Comment mademoiselle Mars jouait ce rôle. — Côté plastique du talent de mademoiselle Rachel. — Étude de son jeu. — Mademoiselle Rébecca, Beauvallet. — Théâtre de la Nation : reprise du *Rossignol*, paroles d'Étienne, musique de Lebrun. — Madame Laborde.

13 mai.

THÉATRE DE LA NATION. Débuts de madame Alboni dans *le Prophète*. — L'Alboni n'était connue à l'Opéra que comme chanteuse de concert : et l'on sait quel succès elle y a obtenu. Jamais, en effet, voix plus fraîche, plus argentée, plus sympathique, plus flexible et mieux conduite ne s'est fait entendre devant un orchestre et un public charmés. Tant de grâce et tant de force, tant de puissance et de légèreté ! une voix si féminine et en même temps si mâle ! Juliette et Roméo dans le même gosier ! une fauvette et un ramier sur la même branche ! Certes, c'était assez de cette jouissance pure, sans mélange de drame, de jeu et d'action. L'oreille avait assez pour s'enivrer de ce bouquet de sons diaprés, de ces gerbes de notes s'épanouissant en pluie lumineuse, s'éparpillant en perles ; mais l'artiste véritable rêve toujours un idéal supérieur : sûr d'un effet, il en cherchera un autre, même au risque de la gloire acquise déjà. C'est cette noble inquiétude qui fait le talent.

A coup sûr, beaucoup d'esprits judicieux, de critiques prudents, auraient conseillé à l'Alboni de ne pas aventurer sa belle méthode italienne dans le dédale allemand du *Prophète*.—Eh quoi! vous, faite pour chanter nonchalamment, le front couronné de roses, en face du ciel bleu, sous le portique de marbre blanc de Rossini, vous allez errer, en costume de sainte femme d'un diptyque de Van Eyck ou de Hemmeling, à travers les arceaux de la cathédrale gothique de Meyerbeer? Mais c'est une folie! Comment aurez-vous l'air d'une mère affligée, vous qui semblez un beau et joyeux garçon avec vos cheveux coupés, votre œil hardi et votre franc sourire? Et puis comment ferez-vous pour vous tirer de nos syllabes sourdes, de nos *e* muets, de nos intonations nasales, vous, accoutumée à ce bel idiome du Midi, doux comme le miel, suave comme un baiser de femme, près duquel nos affreux jargons du Nord font l'effet de croassements de corbeaux enroués et sautant dans la neige?

Certes, tout cela a l'apparence raisonnable ; mais l'Alboni n'en a pas tenu compte, et elle a bien fait. Ce n'est qu'en suivant les bons conseils qu'on se perd. Cette tentative, qui semblait si hasardeuse, a parfaitement réussi, et, contre toute vraisemblance, la nouvelle Fidès a obtenu un immense succès. Rien n'y a nui, ni les paroles françaises, ni la musique allemande, ni les habitudes italiennes de la cantatrice, ni le souvenir tout palpitant encore de madame Viardot-Garcia.

Nous n'aimons pas les comparaisons ; tout diffère dans la nature, et une forêt d'arbres de la même essence ne contient pas deux feuilles pareilles. Nous n'établirons donc aucun parallèle entre l'Alboni et Pauline Garcia. Cette dernière a créé le rôle de Fidès avec un profond sentiment musical et dramatique, auquel nous avons rendu pleine justice ; elle l'a chanté avec une énergie, une intelligence et une passion qui n'ont pas peu contribué à la réussite de l'œuvre de Meyerbeer. Ce qui nous plaît dans l'Alboni, c'est qu'elle n'a aucun rapport avec sa devancière, ni dans l'aspect, ni dans les moyens d'interprétation. Le rôle, tout en restant le même pour la notation, prend une valeur nouvelle, et c'est une des plus délicates jouissances de l'art de voir combien de nuances la personnalité humaine peut trouver dans une même idée.

Au premier acte, Fidès a paru, bien naïvement, tremblante comme une jeune fille du Conservatoire à son début. Elle n'avait pas ridé de lignes de charbon sa ronde et fraîche figure ; mais l'ajustement de sa coiffure, la coupe ample et la couleur sombre de sa robe lui donnaient un âge suffisant : elle avait l'air humble, doux et bon, comme il sied à la mère d'un cabaretier, à une femme du peuple simple et croyante qui s'appelle Fidès ; la question du *physique*, comme on dit en argot de théâtre, était résolue.

Le Maffio, qui porte si gaillardement le surcot du convive de la princesse Negroni, s'était franchement métamorphosé en matrone hollandaise de Mieris ou de Metzu. Dès les premiers mots qu'elle adresse au sire d'Oberthal pour lui demander la permission de marier son fils avec Bertha, on a été heureusement surpris de cette prononciation si pure de tout accent, de cette articulation parfaite qui permet d'entendre chaque syllabe (tant pis pour M. Scribe !), de cette façon toute française de dire et de comprendre. On doutait que ce fût cette italienne du *Brindisi*, qu'on applaudissait si fort, la veille, dans son charmant idiome étranger.

Au second acte, la manière large, tendre et pleine d'effusion dont elle remercie Jean de Leyde pour avoir sacrifié son amour à la piété filiale, a fait comprendre que cette voix si pure et qui charmerait par sa seule beauté, savait s'attendrir et s'imprégner de l'émotion humaine, et ne se contentait pas de vibrer comme la touche de cristal d'un harmonica ; on a deviné tout de suite le parti immense qu'avec les ressources de son organe la cantatrice saurait tirer des admirables situations de l'église et du souterrain. Cet espoir n'a pas été trompé.

La scène de l'église, si difficile, qui est en quelque sorte la pierre de touche du rôle, a été, pour l'Alboni, l'occasion d'un éclatant triomphe ; elle l'a exécutée et jouée supérieurement. Elle a su exprimer, avec quelques gestes sobres et justes, un éclair de l'œil, un pli de la bouche, sans cri, sans grimace, sans convulsion, la surprise, l'indignation, l'épouvante, et cette douleur plus aiguë que les sept glaives plongés dans la poitrine de Notre-Dame, la douleur pour une mère d'être reniée par son fils! Elle rend à merveille les progrès de cette fascination magnétique qui va jusqu'à la prostration, jusqu'à l'écrasement complet de la personnalité. Avec quel sentiment de surprise incrédule et douloureuse elle a dit cette phrase déchirante :

> Qui je suis? moi! qui je suis?

Des bravos frénétiques ont éclaté de toutes parts après cette scène, qui est à elle seule tout un drame.

Le cinquième acte n'a été qu'un long applaudissement. — La cantatrice, qui avait ménagé sa voix avec cet art incomparable dont Rubini semblait avoir gardé le secret, au moment où l'on aurait pu la croire fatiguée, a démasqué des ressources nouvelles et chanté

> Mon pauvre enfant, mon bien-aimé!

avec un charme, une expression et une tendresse pathétique dont on ne saurait se faire une idée.

Elle a rendu aussi l'air,

> Comme un éclair, ô vérité...

d'une façon si énergique, si inspirée, qu'on lui a fait redire la phrase finale, où serpentait comme un trait de feu une cadence d'une netteté étincelante.

Après la chute du rideau, on a rappelé Fidès avec un enthousiasme des plus véhéments et des mieux mérités.

PORTE-SAINT-MARTIN. *La Misère.* — *La Misère*, titre effrayant, sinistre appel aux mauvaises passions! diront les uns. Grave imprudence! diront les autres. Rien de tout cela : il faut appeler les choses par leur nom. A quoi bon faire semblant d'ignorer ce qu'on sait parfaitement. M. Ferdinand Dugué est un poëte distingué, un esprit sérieux, un travailleur volontaire de la pensée, car il n'a pas besoin, pour vivre, des produits de son labeur. Il est riche, ce qui lui donne le droit de parler des pauvres, sans qu'on l'accuse de convoitise. On ne le soupçonnera pas, du moins, de pousser au pillage.

Voici, en peu de mots, la sombre fable — ou plutôt la terrible histoire, car on peut dire de cette pièce, *all is true*, — que M. Dugué a déroulée, l'autre soir, devant le public haletant de la Porte-Saint-Martin.

Une pauvre famille meurt de faim et de froid dans un horrible taudis ; la mère agonise sur quatre brins de paille ; le père rentre avec un pain volé qu'il jette à ses enfants affamés. Le pélican ne donne que son sang à ses petits, celui-ci donne aux siens son honneur. Il se tue pour échapper à l'infamie et à la potence. Des cinq enfants, l'un est adopté par un quaker bienfaisant, les autres se dispersent et vont on ne sait où.

Ce prologue fait froid dans le dos : rien n'est plus triste, plus glacial, plus navrant que cette scène, rendue avec une vérité dont il ne serait peut-être pas nécessaire d'aller chercher le modèle en Irlande ; ce n'est pas là de la misère de convention et de l'effroi à l'eau de rose : le drame de Werner *le Vingt-Quatre Février*, le plus noir du théâtre allemand, est d'une gaieté folle à côté de cela.

Job, le jeune homme recueilli par le quaker, n'a pas oublié les épreuves de son enfance, malgré vingt ans écoulés ; il s'est voué de corps et d'âme à la solution de ce grand problème du paupérisme. Il est devenu un économiste, un écrivain distingué ; mais il ignore ce qu'est devenu le reste de sa famille. Bientôt il la retrouve. Mis en rapport, par un accident romanesque, avec un M. Dickson, riche négociant, qui a pour ami le lieutenant de police, il apprend, par ce dernier, de tristes détails sur ses frères. L'un, tombé au dernier degré de l'abaissement, se roule dans la fange de l'ivrognerie ; car, s'il ne gagne pas de quoi manger, il gagne de quoi acheter du *gin*, de la « ruine bleue, » comme dit la misère anglaise dans son énergique argot ; l'autre est tout simplement voleur ; le troisième est chef des Enfants blancs, des *White Boys* d'Irlande, espèce de francs-juges qui redressent les torts et vengent le peuple à leur manière ; le quatrième, celui qui a le mieux tourné, est domestique du lieutenant de police. Quant à sa sœur, c'est la maîtresse de Dickson, qui lui a fait un enfant, et se marie, ce jour-là même, avec une autre femme. Un duel a lieu entre Dickson et Job, qui, après avoir essuyé le feu de son adversaire, loge une balle dans le front du portrait du séducteur, accroché au mur du salon.

Ce pauvre Job a fort à faire avec sa désastreuse famille : l'ivrogne boit l'argent qu'il lui donne ; sa sœur se sauve avec un jeune lord ; le chef des Enfants blancs, après avoir pendu Dickson pour exactions et duretés dans son domaine, tue son frère le voleur, qui n'a pu résister à ses habitudes de pillage. Le domestique, devenu constable, est obligé d'arrêter le chef des Enfants blancs et de le mener à la prison, d'où il ne doit sortir que pour aller à la potence. La sœur, après toutes les vicissitudes d'une vie de prostitution, revient mourir à l'hôpital, et Job, désespéré, se tuerait s'il n'était consolé par l'amour d'un ange, la veuve de Dickson, qui l'a observé dans toutes ses épreuves et l'apprécie ce qu'il vaut.

Vous ne voyez ici que la carcasse, que le squelette du drame ; les développements philosophiques y tiennent beaucoup de place, comme dans toute pièce qui repose sur une idée et non sur un fait. On sent par tout l'ouvrage, à la sûreté de main, au ton ferme, à la phrase robuste, à la propriété du mot, un écrivain dès longtemps exercé, et qui a l'habitude des scènes supérieures.

21 mai.

Odéon. *Le Chariot d'enfant.* — Ce drame, qui a paru si palpitant et si nouveau au public de l'Odéon, a une vingtaine de siècles d'existence ; c'est ce qui lui donne son air de jeunesse. *Le Chariot d'enfant,* dont le nom sanscrit est *Mritchatchati* (littéralement *le Chariot de terre cuite*), est l'œuvre du roi Soudraka, prince fameux dans l'histoire indienne, et que la chronologie reçue le plus communément place avant l'ère de Vicramâditya, antérieure à notre ère de cinquante-six ans.

Cependant, M. Wilson, grande autorité en fait d'érudition indienne, pense, d'après un passage du *Scanda Pourâna,* que le royal auteur du *Chariot de terre cuite* devait plutôt vivre dans le IIe siècle de notre ère. Seize cents ans, au cas où cette supposition serait fondée, sont toujours un âge fort respectable pour un drame. — Seize cents ans, au bas mot ! On trouve des allusions à cette pièce dans le *Dasa Roupaka,* ouvrage du XIe siècle, comme nous en ferions aujourd'hui aux chefs-d'œuvre classiques. D'ailleurs, la beauté de la poésie, la pureté du style démontrent que le *Mritchatchati* est de la belle époque littéraire indienne, et précède la décadence du goût; on y fait des citations du *Ramayana* et du *Mahâbhârata*, ces grands et antiques poëmes, et l'on n'y parle jamais des *Pouzanao*, dont la forme est plus moderne. Ensuite, et ce qui est une preuve plus concluante de l'ancienneté de l'œuvre, le culte de Bouddha, qui, depuis, fut proscrit, paraît, non-seulement respecté, mais librement pratiqué dans la ville d'Oudjayani, où se passe l'action du *Chariot d'enfant;* et puis il est dit, dans le prologue, que Soudraka, à l'âge de cent ans, sortit volontairement de la vie en se jetant dans un bûcher, après avoir offert l'*aswamedha*, ou le grand sacrifice du cheval. Ce suicide, regardé dans la haute antiquité comme une belle action philosophique, fut défendu dans les âges plus récents.

Certes, c'est une imposante et curieuse figure que ce roi poëte, aux formes majestueuses, à l'œil vif et scintillant, écrivant tantôt en prose, tantôt en vers de toute mesure, depuis l'*anouchtoub* jusqu'au *dandaka*, c'est-à-dire depuis la stance de quatre lignes de huit syllabes chacune, jusqu'à celle qui contient de vingt-sept à cent quatre-vingt-neuf syllabes, un drame plein de philosophie, de lyrisme, de connaissance du cœur humain, et si avancé sous tous les rapports, qu'on ne saurait aller plus loin aujourd'hui; car il contient la réhabilitation de la courtisane par l'amour, et celle du voleur par un sentiment généreux, *Marion Delorme* et *les Mystères de Paris!* deux idées que le Paris du xixe siècle trouve hasardeuses, exprimées par des écrivains démocrates, et que l'Inde, il y a deux mille ans, trouvait toutes naturelles, exprimées par un roi!

Les Indiens, non plus que les Grecs, n'avaient pas de théâtre suivi. Les représentations, mêlées à des solennités religieuses, ne se donnaient qu'à des intervalles éloignés. Les frais en étaient faits par le gouvernement; et il ne paraît pas qu'elles eussent lieu dans un endroit spécial. Chaque palais avait bien, il est vrai, sa *santiga sâlâ*, son salon de musique où l'on donnait des concerts, où l'on exécutait des danses, et même des pièces, mais rien qui répondît à ce que nous entendons par théâtre; les mœurs et le climat s'y opposaient. Les représentations solennelles avaient lieu en plein air, ou dans quelque cour intérieure arrangée pour la circonstance.

C'est donc la première fois que *le Chariot de terre cuite* a été joué sur un théâtre proprement dit, et, pour que ses dix actes ne débordassent pas de tous côtés de notre étroite scène européenne, Méry et Gérard de Nerval, les deux hommes du monde les plus propres à cette besogne, ont réduit l'œuvre du roi Soudraka à cinq actes et sept tableaux, ce qui est fort honnête; mais il n'ont rien élagué de caractéristique, et, si cette vaste forêt vierge indienne est devenue praticable, elle n'en est pas moins restée touffue.

Si l'Inde n'existait pas, Méry l'aurait inventée : il la sait à un tel point, que les Anglais revenant de Calcutta ne veulent pas croire qu'il n'y soit point allé. Les capitaines au long cours lui demandent des détails sur Ceylan, la côte de Coromandel et le Malabar. C'est Méry qui corrige leurs cartes marines; il parcourt les rues de Lahore, de Bénarès et de Seringapatnam, comme celles de Paris, de Londres ou de Marseille; dans une existence antérieure et dont il se souvient, il a dû être pandit ou brahme à la pagode de Jaggernat, et c'est probablement lui qui a reçu le docteur anglais de *la Chaumière indienne*, de Bernardin de Saint-Pierre. Il excelle dans l'art d'entrecroiser les rimes et d'élever les éléphants, comme le roi Soudraka, qui assurément ne connaissait pas aussi bien que lui les mœurs, le caractère et la pensée intime de ces monstres pleins de raison et d'esprit. Dans *Éva*, *la Floride* et *la Guerre du Nizam*, il a fait voir quelle était sa sagacité en ce genre. — Il n'y a qu'un homme au monde qui puisse se reconnaître dans cette formidable théogonie indienne, parmi ces milliers de dieux aux bras multiples, aux têtes grimaçantes, au corps bizarrement soudé, c'est Méry. La religion, l'histoire, la littérature, la topographie, la flore, les arts de l'Inde, il sait tout.

Gérard de Nerval, lui, n'est pas tout à fait aussi Hindou, mais il n'est pas moins oriental; il a vu l'Égypte, la Palestine, l'Asie Mineure, la Turquie; il connaît toutes les religions et tous les mythes, il en fait lui-même; il a eu pour esclave une indienne de Ceylan, espèce de Sacountala ou de Vasentasena, couleur d'or, dont il a raconté l'histoire dans ses *Femmes du Caire;* et l'on a pu voir par ses *Nuits du Ramazan*, où sa légende de *la Reine Balkis* étincelle comme le fabuleux rubis de Glamschid, combien est profonde son érudition thalmudique et biblique. Le roi Soudraka ne pouvait donc espérer de plus dignes interprètes pour se mettre en rapport, à travers les siècles et les océans, avec le public européen, que deux poëtes comme Méry et Gérard de Nerval : Gérard de Nerval a, en outre, le mérite d'avoir traduit le *Faust* de Volfgang Gœthe l'olympien.

Nous n'essayerons pas de faire ici l'analyse du *Chariot d'enfant;* car, à moins de rapporter chaque scène, vers par vers, aucune analyse ne pourrait rendre ce mélange de grandeur et de naïveté, cette grâce efféminée et voluptueuse, cette langueur d'amour, cette profusion de parfums, ces ruissellements de perles, ces bruits d'oiseaux, ces épanouissements de comparaisons fleuries, tout ce luxe indien délicat et barbare qui font, du drame de Méry et de Gérard, une pagode sculptée en vers.

27 mai.

THÉATRE DE LA RÉPUBLIQUE. *Angelo, tyran de Padoue.* — *Mademoiselle Rachel, dans le rôle de la Tisbé.* — *Angelo* est le seul drame en prose que Victor Hugo ait fait représenter au Théâtre-Français; mais une telle prose, si nette, si solide, si sculpturale, vaut le vers; elle en a l'éclat, la sonorité, le rhythme même; elle est tout aussi littéraire et difficile à écrire.

Nous croyons que, jusqu'ici, on n'a pas tiré de la prose, au théâtre, tous les effets qu'elle contient. Presque tous les chefs-d'œuvre de notre répertoire sont en vers, et les quelques exceptions que l'on citerait ne feraient que confirmer la règle. Les pièces régulières de Molière, celles sur lesquelles il comptait, sont en vers ; quand il emploie la prose, ce n'est que comme à regret et lorsqu'il est pressé par les ordres du roi. Son *Festin de pierre,* ou, pour parler plus correctement, son *Convié de pierre,* d'un beau style pourtant, a été versifié après coup par Thomas Corneille, et ce n'est que dans ces derniers temps qu'il a été restitué dans sa forme première; on a cru longtemps que la prose n'était pas quelque chose d'assez achevé, d'assez savant, d'assez poli pour être offert au public raffiné de la Comédie-Française.

Marivaux et Lesage, qui écrivirent en prose, en furent moins prisés par les délicats d'alors, bien qu'ils vinssent à une époque relativement moderne. Beaumarchais fut le premier qui installa victorieusement la prose sur le théâtre, habitué à la mélopée tragique et à l'éclat de rire scandé de la comédie ; mais aussi quelle prose habile, travaillée, taillée à facettes, pleine de science et d'adresse, féconde en ressources inattendues, en ruses acoustiques, en moyens de détacher la phrase, de faire scintiller le mot, d'aiguiser le trait, de produire des effets harmonieux ou saccadés. Cette science est poussée à un tel point, que, dans certains passages, non-seulement les résultats du vers sont atteints, mais encore ceux de la musique, comme dans la tirade de la Calomnie, par exemple, que Rossini n'a eu que la peine de noter en l'accentuant un peu, pour en faire un air admirable.

Une prose, ainsi faite, a toutes les qualités du vers avec plus d'aisance, de rapidité et de souplesse ; elle est peut-être le langage le plus accommodé au théâtre, où elle tiendrait la place entre le vers et la langue vulgaire. Nous manquons pour la scène, et c'est un malheur, du vers ïambique que possédaient les Grecs et les Latins. Nous sommes obligés de nous servir du vers héroïque. L'hexamètre, ou alexandrin, pour lui donner son nom moderne, quoique admirablement manié par de grands poëtes et assoupli avec une prodigieuse habileté métrique dans ces dernières années, garde toujours quelque chose de redondant et d'emphatique. Sa césure mal placée, se fait trop sentir dans le débit et gêne l'illusion. Nous ne voulons pas dire par là que ces difficultés n'aient jamais été surmontées ; elles l'ont été souvent et de la manière la plus brillante.

Quand on est habile, on tire des accords mélodieux d'un roseau, mais une flûte à plusieurs clefs ne gâte rien ; les Anglais et les Allemands ont, au théâtre, une grande liberté métrique. Shakspeare part de la prose pour arriver par le vers blanc au vers rimé. Les Espagnols ont le vers de romance octosyllabique, rapide, chargé d'une légère assonance, ne rimant que lorsqu'il le veut et pour produire un effet. La prose, ainsi que l'ont faite Beaumarchais et Victor Hugo, l'un pour la comédie, l'autre pour le drame, nous paraît parfaitement pouvoir remplacer cet ïambe qui nous fait faute. Cela ne veut pas dire que nous proscrivions le vers de la scène, bien que l'arrangement de la vie ait fait de nous un critique, nous nous souvenons que nous sommes poëte, et ce n'est pas nous qui méconnaîtrons jamais le charme et les droits de la poésie; mais nous pensons que certains sujets peuvent être creusés plus profondément en prose qu'en vers, et qu'un autre ordre d'idées dramatiques s'exprimerait mieux par ce moyen.

Nous étions sûr que mademoiselle Rachel obtiendrait un immense succès dans la Tisbé, et qu'elle serait parfaitement à l'aise avec ces lignes aussi fermes que les alexandrins de Corneille; rien ne va mieux à son débit détaillé et savant, à son accent profond, que ces phrases qui résonnent sur l'idée comme une armure d'airain sur les épaules d'un guerrier, que ce style si arrêté, si net et si magistral, qui vient en avant comme un bas-relief fouillé par le ciseau; en jouant la Tisbé, mademoiselle Rachel s'est emparée du drame comme elle s'était emparée de la tragédie. Elle régnera désormais sans rivale sur l'empire romantique, comme elle régnait naguère sur l'empire classique.

Le rôle de Tisbé a été, comme chacun sait, rempli, d'origine, par mademoiselle Mars : nous n'en avons pas gardé un souvenir bien enthousiaste. Le talent de mademoiselle Mars, nous l'avouons à notre honte, ne nous a jamais fait grande impression dans ce rôle. Tout en rendant justice à ses incontestables qualités, nous trouvions qu'elle n'avait compris la Tisbé que très-imparfaitement. Mademoiselle Mars possédait au plus haut degré la distinction bourgeoise et le bon ton vulgaire, si ces mots ne souffrent pas d'être accouplés ensemble; elle n'avait pas cette élégance native dont une duchesse peut manquer, et qui se trouve quelquefois chez une bohémienne. Ses grâces étudiées, apprises, ne résultaient pas d'un heureux naturel, mais bien d'une volonté patiente. La préoccupation du *comme il faut* était visible chez elle comme chez une femme de banquier, dans une soirée aristocratique. Certes, il n'y avait rien à reprendre, ni dans la voix, ni dans le geste; mais ce n'était pas là la distinction aisée, naturelle, sûre d'elle-même et qui s'oublie sans cesser d'être : — en un mot, elle manquait de race. Le rôle de Tisbé l'effarouchait. Elle l'effaçait plutôt qu'elle ne le faisait ressortir. Elle en apprivoisait les sauvageries, croyant le rendre ainsi de bon goût. Elle faisait de la Tisbé une *dame*, qu'on aurait pu présenter dans les *salons*, et qui n'y aurait pas été déplacée. Elle prosaïsait, tant qu'elle pouvait, pour la rendre convenable, la fougueuse et fantasque comédienne. — Tout le côté pittoresque du rôle avait disparu : le costume n'avait pas la fantaisie bizarre et la folle richesse caractéristique de la comédienne courtisane, qui retient quelque chose à la ville de l'oripeau du théâtre, et, en l'outrant, se venge sur le luxe de ce qu'il lui coûte en honte. C'était quelque chose de décent et de sobre, dans le style troubadour, des turbans et des toques, des jockeys aux manches, un costume avec lequel on eût pu aller en soirée.

Une grande qualité de mademoiselle Rachel, c'est qu'elle réalise plastiquement l'idée de son rôle. Dans *Phèdre*, c'est une princesse grecque des temps héroïques ; dans *Angelo* une courtisane italienne du xvie siècle, et cela, d'une manière incontestable aux yeux. Personne ne s'y trompera. Les sculpteurs et les peintres ne feraient pas mieux. Elle domine tout de suite le public par cet aspect impérieusement vrai. Dans la tragédie, elle semble se détacher d'un bas-relief de Phidias pour venir sur l'avant-scène ; dans le drame, on dirait qu'elle descend d'un cadre du Bronzino ou du Titien : l'illusion est complète. Avant d'être une grande actrice, elle est une grande artiste. Sa beauté, dont les bourgeois ne se rendent pas compte et qu'ils nient quelquefois, tout en en subissant l'empire, a une flexibilité étonnante.

Tout à l'heure, c'était un marbre pâle ; maintenant, c'est une chaude peinture vénitienne. Elle s'est assortie au milieu dans lequel elle doit se mouvoir. Statue sous la colonnade antique, portrait coloré sous le plafond renaissance. Quelle parfaite harmonie entre cette pâleur dorée, ces perles, ces passequilles, ces sequins d'or, ce velours taillardé et ces fresques, ces tapisseries de cuir de Cordoue, ces boiseries de chêne ! Comme c'est bien la figure de cet intérieur ! comme elle se détache vigoureusement du fond ! comme elle vit aisément dans ce siècle et nous fait croire à la vérité de l'action !

Il est impossible de rêver quelque chose de plus radieux, de plus étincelant, d'une plus splendide insolence que la toilette de la Tisbé, quand elle traverse la fête, traînant en laisse le podestat, qui grogne et gronde comme un tigre dont le belluaire tire trop vite la chaîne. C'est bien là le luxe effréné de l'Italie artiste et courtisane de ce temps où Titien peignait les maîtresses de princes toutes nues, et où Véronèse inondait de soie, de velours et de brocart d'or les blancs escaliers des terrasses.

De quel air gracieusement distrait la Tisbé écoute les doléances du pauvre tyran, l'éloignant toujours du but où il veut revenir, et comme elle détaille admirablement ce récit où elle raconte comment sa mère, pauvre femme sans mari, qui chantait des chansons morlaques sur les places, a été délivrée au moment où on la conduisait à la potence pour avoir soi-disant insulté, dans un couplet, la sérénissime république de Venise, par une gentille enfant qui a demandé sa grâce ! Quel sentiment, quelle émotion, sous ce dépit rapide et négligé, fait à contre-cœur et par manière d'acquit, à quelqu'un qui n'est pas capable de le comprendre, et avec quelle aisance de comédienne et de grande dame elle détourne les soupçons du tyran, et comme elle le renvoie pour dire à Rodolfo qu'elle l'aime ! On n'est pas plus actrice et plus femme.

Quelle grâce câline et indifférente à la fois, pour ne pas trop marquer le but dans la scène de la clef et dans la grande querelle de la femme honnête et de la courtisane; comme elle tient aux dents sa victime, comme elle la secoue, comme elle la cogne contre les murs ! quelle fureur sauvage, quelle férocité implacable ! c'est le sublime de l'ironie et de l'insulte ; il semble que, par la voix de l'actrice, s'exhale toute la rancune longuement amassée d'une classe déshéritée et proscrite ; que le paria femelle prend sa revanche en une fois contre les heureuses du monde, à qui la vertu est si facile et qui n'en cachent pas moins des amants sous le lit de l'époux ! La race maudite relève son front et jouit superbement du droit de mépriser celle qu'on méprise, et d'outrager celle qu'on outrage : c'est l'accusé jugeant le magistrat, le patient exécutant le bourreau, c'est tout cela avec plus de rage encore, c'est la courtisane piétinant l'honnête femme qui lui a pris son amant.

Nous n'avons jamais rien vu de plus grand, de plus sinistre, de plus terrible : c'était le même sentiment d'affreuse angoisse que l'on éprouverait à regarder tourner autour d'une gazelle effarée et tremblante une tigresse, les yeux enflammés et les ongles en arrêt ; mais, lorsqu'au crucifix, elle reconnaît, dans Gatarina, la jeune fille qui a sauvé sa mère, comme sa colère tombe! comme on la sent désarmée! Et, plus tard, quand elle comprend que Rodolfo ne l'aime pas, ne l'a jamais aimée, comme elle renonce à la vie et n'a plus d'autre ambition que de lui faire dire quelquefois : « La Tisbé, c'était une bonne fille! »

On peut affirmer hardiment que personne ne jouera mieux la Tisbé que mademoiselle Rachel. Son cachet y est empreint d'une manière indélébile. Ce rôle fait corps avec elle; il lui appartient comme elle lui appartient. Chaque actrice a ainsi dans son répertoire un rôle qui la résume. Mademoiselle Rachel en a deux : Phèdre dans la tragédie, Tisbé dans le drame. Quand on veut voir tout ce qu'elle est, c'est là qu'il faut la voir.

Mademoiselle Rebecca, qui représentait Catarina, jouée autrefois par madame Dorval, n'est pas restée au-dessous de son illustre devancière. Cette jeune sœur de mademoiselle Rachel possède un don précieux, le don des larmes ; elle en verse et en fait répandre en dépit du paradoxe de Diderot sur le comédien, où il est dit que, pour faire éprouver, il ne faut rien sentir. Jamais sensibilité plus communicative n'a soulevé la poitrine d'une actrice. Elle s'est fait admirer à côté de sa sœur : l'étoile n'a pas été éteinte par le rayonnement de l'astre; que dire de plus ?

Beauvallet est toujours le plus redoutable tyran de Padoue qu'on puisse voir et entendre. Ce personnage lui va si bien, que ses défauts mêmes y deviennent des qualités. Avec son masque de marbre et sa voix de bronze, il représente admirablement la haine impassible et froide. On dirait la Fatalité qui marche.

THÉATRE DE LA NATION. Reprise du *Rossignol*. — On vient de reprendre, au théâtre de la Nation, l'opérette du *Rossignol*, pour les débuts de madame Laborde. On se sent tout de suite transporté en 1816, époque où la pièce fut représentée pour la première fois.

Le Rossignol, avec son air vieillot et suranné, amuse l'œil comme ces gouaches et ces dessus de tabatières, où des femmes, coiffées à la Marie-Antoinette, le casaquin lâche, le bout du pied engagé dans des galoches à patins, consacrent des colombes enrubannées sur des autels circulaires. C'était le bon temps des fables égrillardes tempérées d'innocence, des rosières fûtées et des baillis folichons sous leurs vastes perruques à marteaux. Le théâtre représente le village traditionnel, les coteaux, les ormeaux, les hameaux, et l'église, sous le porche de laquelle le ménétrier souffle dans la cornemuse pour la noce qui arrive.

Les gens qui, par-dessus leurs rhumatismes, portent des douillettes en soie puce et des bas chinés, ont encore, dans leur salle à manger, de ces sujets à pendule traités dans la manière de Duval-Lecamus. La pièce se devine. Le bailli, armé d'une canne majestueuse, l'écritoire de corne passée à la ceinture, comme un tabellion, voudrait offrir son cœur et son perroquet à Philis, la bergère. Mais Philis préfère le rossignol de Lubin au nez barbouillé du bailli.

Le rôle de Philis est un prétexte à roulades. Interprété d'une remarquable façon par madame Albert et par madame Damoreau, il a tenté madame Laborde. Cette audace lui a réussi. Sa voix très-belle dans le registre du milieu, s'étend sans effort et monte dans l'air comme une fusée de trilles et d'arpéges éblouissants. L'oiseau caché dans la flûte de Dorus, lui répond, de l'orchestre, dans un dialogue de gammes, de soupirs et de gazouillements, où nul n'est vaincu. Rien n'est plus charmant que cette lutte et cet accord de sons habilement compris.

XVI

JUIN-AOUT 1850. — Gymnase : *Pruneau*, par MM. Cogniard frères. — Inconvénients sociaux d'un nom grotesque. — Charles Potier. — Théâtre de la République : *Horace et Lydie*, comédie en vers de M. Ponsard. — La pièce et le style. — Mademoiselle Rachel dans le rôle de Lydie. — Brindeau, mademoiselle Marie Favart. — Théâtre-Historique : *la Chasse au chastre*, pièce bouffonne, de M. Alexandre Dumas. — Qu'est-ce qu'un *chastre*. — Les infortunes de M. Louet. — Décoration panoramatique. — Numa. — Le chastre symbolique.

3 juin.

GYMNASE. *Pruneau.* — Il y a des êtres innocents, nés sous une étoile fâcheuse, qui traînent après eux le boulet d'un nom grotesque.

Les Dantes du vaudeville, qui racontent en couplets les misères de l'enfer bourgeois, ne devaient pas oublier cette torture. Eût-on la noblesse d'Antinoüs ou les grâces du Bacchus indien, une déclaration signée Lamerluche serait rejetée à grands éclats de rire. Les Alcindors et les Arthurs naissent vainqueurs et ne rencontrent que des sourires tendres et des résistances désarmées ; mais la moindre fillette ne se laissera pas baiser le bout du doigt par Grenouillet. Talent, esprit, grâce, beauté, rien ne peut effacer cette tare.

Pruneau ajoute au malheur de porter un nom désolant, le malheur en surcroît d'être de Tours. Pruneau, de Tours. Le domestique qui l'annonce sourit, les conversations tombent, lorsqu'il entre dans un salon ; les hommes éclatent, et les femmes ne peuvent étouffer le rire dans leur mouchoir. L'épée de Damoclès n'était rien auprès de ce nom. Insupportable à lui-même, obsédé par ce cauchemar vivant, Pruneau quitte la France et arrive dans un Baden quelconque, pour y chercher sinon l'oubli, du moins l'incognito. Comme il s'assied chagrin sous la tonnelle d'une auberge des eaux, à deux pas du salon de conversation, un portefeuille lui tombe sous la main. Pruneau l'ouvre machinalement, afin de le restituer à son propriétaire véritable, si quelque indication le met sur ses traces.

Trois lignes, rapidement tracées au crayon, lui apprennent que M. Horace de Chavigny va, dévoré de soucis, en finir avec la vie et se précipiter dans un glacier voisin. A cette heure, le suicide est consommé, sans doute. Le portefeuille contient un passe-port et des papiers en règle, établissant l'identité de Chavigny. Quelle idée ! Pruneau, maître de ce secret, prendra le nom triomphant de Chavigny. Le véritable propriétaire mort ne peut réclamer, et Pruneau, rebaptisé, est un homme trop délicat pour déshonorer le nom de Chavigny par des scélératesses. Nom oblige. Désormais, il pourra revoir la jeune comtesse prussienne dont il a rapidement ébauché la connaissance sur la route, et qu'il n'ose relancer, n'ayant à mettre à ses pieds que son nom dérisoire de Pruneau.

Il en est là de ses projets, lorsque arrive le vrai Chavigny, en recherche de son portefeuille. Alors s'établit une scène comique où Pruneau, amarré fortement au nom de Chavigny, ne veut pas le lâcher, où Chavigny veut le lui reprendre et rentrer en possession de lui-même. Cependant Chavigny presse Pruneau si vivement, il met une insistance telle à démasquer son Sosie et à le déloger du nom de surprise où le malheureux s'est blotti, que Pruneau avoue sa captation. Chavigny est un gaillard étourdi qui a contre lui une prise de corps pour folies de jeunesse, dettes de turf et de Café de Paris. Un recors l'épie dans l'ombre. Chavigny, en homme intelligent, juge sa situation avec le coup d'œil rapide de l'homme qui se voit cadenassé à Clichy.

Ce nom que Pruneau ambitionne, il le lui laissera avec tous les inconvénients qu'il peut entraîner avec lui. Des inconvénients! qu'importe pour Pruneau, qui ne s'appelle plus Pruneau et fait peau neuve dans la personne de Chavigny! car lui seul, à présent, est Chavigny, le seul, le vrai, l'authentique Chavigny. Il faut voir de quel dédain, de quel sourire narquois il accueille cet autre, qui est Pruneau à son tour, et comme il se venge de tout son passé! Dans la joie de cette substitution, il le crie par-dessus les toits, et, comme Guillot, il mettrait volontiers son nom sur son chapeau.

Cette joie, cependant, doit être courte; arrivent les mécomptes. Chavigny a une lettre de change de quinze mille francs. Pruneau-Chavigny la payera. Hier, Chavigny a marché sur le pied d'un major prussien, grognard à brandebourgs, ne rêvant, sous sa moustache hérissée, que petits verres à avaler et blancs-becs à pourfendre. Pruneau fait des excuses et s'humilie devant ce dogue. Delhomel, l'oncle de Pruneau, prend la saison des bains avec sa fille, qu'il destine à son neveu; mais ce neveu, il ne le connaît pas. Placé, comme Salomon, entre les deux Pruneau, son cœur se décide pour Chavigny, lorsque le major arrive demander pardon à Pruneau, pour lui avoir administré une schlague rondinée sur les épaules avec un moulinet supérieur.

Le major Krackmann tient beaucoup de l'illustre baron de Wormspire; sa comtesse prussienne n'est qu'une doublure d'Éloa; nos deux aigrefins ne s'arrêtent pas au scrupule accessoire d'un nom : ils savent que Pruneau est riche, et, pour eux, la marchandise couvre le pavillon. Pruneau revient à lui-même; il restitue à Chavigny son nom de carton, et, dorénavant, il sera Pruneau comme devant, et cette fois pour toujours.

Cette pièce, de MM. Cogniard frères, a complétement réussi. Charles Potier, a joué avec beaucoup de verve, trop de verve et de remuement peut-être, le rôle de Pruneau; mais les qualités excessives valent mieux que les défauts négatifs, et Charles Potier, qui vient de la Porte-Saint-Martin, pourra varier le répertoire du Gymnase.

24 juin.

Théatre de la République. *Horace et Lydie.* — La scène du *Dépit amoureux* s'est jouée de tout temps avec des variantes de langage et de costume. Elle est éternellement vraie, et, tant qu'il y aura deux amants au monde, elle déroulera ses péripéties touchantes ou comiques; ce thème, profondément humain, sera repris et travaillé par les poëtes de toutes les nations et de toutes les époques. Le spectateur, quelque humble et peu accidentée qu'ait été sa vie, trouve, dans cette situation, des rapports avec sa propre histoire, et chacun a chanté dans sa langue, pour un objet quelconque, le *Donec eram gratus tibi...*

M. Ponsard a eu l'idée de remplacer Éraste et Lucile par Horace et Lydie. Comme le poëte romain a fait l'ode qui résume les querelles des amoureux, il avait droit plus que tout autre, à jouer le rôle qu'il a dessiné en quelques traits, à la manière de la sobre antiquité, et, d'ailleurs, il était curieux de voir mademoiselle Rachel, l'héroïne tragique, faire sa partie dans un de ces petits drames de cœur, dont les principales péripéties sont une larme et un baiser.

Le rideau, en se levant, laisse voir un somptueux intérieur romain peint exprès pour la circonstance; de larges rideaux de pourpre voilent à moitié les fenêtres. Un lit d'ivoire, incrusté d'or, se dérobe dans une demi-teinte rougissante; des bronzes de Corinthe, des marbres gracieux, des statues de Vénus et des Grâces, des fleurs rares dans des vases toscans ornent cet asile, fait pour le repos, l'amour, la poésie et le plaisir élégant.

Lydie, la belle courtisane chérie d'Horace, et que le poëte a célébrée dans une ode éternelle comme l'amour, est assise à sa toilette, en tunique, occupée de ces derniers soins, qui sont comme la touche du maître; Béroé, son esclave, lui présente un miroir de pierre spéculaire. Lydie lui demande si elle la trouve bien coiffée, et si Horace aimera des bandeaux ondés comme la mer où courent les frissons du vent. « Oh! madame est charmante ainsi! répond la flatteuse suivante; Chloé, lorsqu'elle vous a rencontrée ajustée ainsi, en a pâli sous son triple carmin. — Si Chloé a pâli, ne touchons plus à ma coiffure, ce doit être un chef-d'œuvre. Maintenant donne-moi mes bagues, mes colliers, mes unions de perles, mon péplum rose semé d'étoiles d'argent; mais quelle couronne mettrai-je : de roses, de tilleul ou de lierre? Le lierre est le feuillage aimé de mon poëte. — Eh quoi! c'est pour le fils d'un affranchi, passablement libertin, médiocrement beau, que vous vous mettez ainsi en frais de toilette, lorsque les Drusus, les Pison, les Marcius soupirent pour vous et ne demandent pas mieux que de mettre leurs trésors à vos pieds? — Les cadeaux donnés par des gens laids sont trop chers, répond Lydie à la positive Béroé :

> Que celle qui voudra l'or et la perle rare,
> Au poëte amoureux ferme sa porte avare.
> Il ne vient pas chargé de la pourpre de Cos;
> Il n'a que ses chansons et les donne aux échos;
> Mais les dieux sont pour lui; la Muse délicate
> Lui conseille les mots dont la grâce nous flatte;
> La Muse, femme aussi, sait le cœur féminin,
> Et par quel art secret s'y glisse un doux venin.
> Va, je suis autrement que les femmes vénales :
> Je hais l'esprit commun et les phrases banales.
> Je veux, pour reconnaître et nommer mon vainqueur,
> Qu'il s'ouvre par mon âme un chemin à mon cœur.
> L'amour ne connaît pas d'éternelles ivresses;
> Pour lui, la causerie a de calmes tendresses;
> Et quel plaisir alors d'écouter longuement
> La source qui murmure aux lèvres d'un amant,
> Ou bien d'accompagner sur sa tremblante lyre
> Les chants harmonieux que soi-même on inspire!
> Tel l'amour des oiseaux fait résonner les bois.
> Les chants et les amours ont dû naître à la fois.
> Et puis, ô Béroé! n'est-ce pas quelque chose
> Que l'immortalité dont la Muse dispose?

> La soie et les bijoux ne plaisent qu'un instant ;
> Demain sera fané ce péplum éclatant ;
> Mais les vers du poëte échappent aux outrages.
> Hélène aux beaux cheveux vivra dans tous les âges ;
> Tant qu'on reconnaîtra l'empire de Vénus,
> Lesbie et Lycoris auront des noms connus,
> Et, partageant l'honneur de sa muse applaudie.
> Toujours avec Horace on nommera Lydie. »

Ces raisons sont fort belles et très-bien dites, et nous ne sommes pas assez financier pour les trouver mauvaises, mais Béroë, bien qu'elle s'y soumette, n'a pas l'air très-convaincu.

L'eau de la clepsydre s'écoule ; l'heure du rendez-vous se passe. Horace ne vient pas. Lui qui attendait naguère, il se fait attendre maintenant.

Lydie s'irrite de ce retard, causé sans doute par quelque infidélité ou quelque partie de débauche. Et, comme l'ennemi ne paraît pas, elle désarme, c'est-à-dire qu'elle jette sa couronne, défait ses bijoux, retire les anneaux irritants qui blessent ses doigts nerveux ; mais en sera-t-elle moins belle et moins séduisante!

Horace arrive enfin ; il s'est attardé probablement chez Octave, ou à regarder, le long des murs, les combats dessinés à l'ocre rouge ou au charbon ; il entre de cet air innocent qu'ont toujours les coupables, et cherche à se faire pardonner son retard par des caresses et des flatteries. Lydie l'accueille distraitement d'un « Ah ! vous voilà ! » qui montre qu'on ne l'attendait pas, et le prie de ne pas lui chiffonner sa tunique, parce qu'elle se prépare à sortir pour aller faire voir, sur la voie Appia, sa robe assyrienne... Elle ne sort pas, car Horace se disculpe bientôt par cette absence de bonnes raisons, sans réplique quand on aime. Qu'importe que le falerne coule à flots chez Mécène, et qu'on y débouche des amphores scellées sous le consul Tullus, que la conversation politique et philosophique y soit des plus intéressantes, il n'existe au monde, pour Horace, que Lydie. « Que ne dis-tu vrai ! répond la belle. Tu me sacrifies Mécène ; mais me sacrifierais-tu Chloé ? — Chloé ! à peine si je l'ai vue de loin ; on dit qu'elle se farde, qu'elle a d'affreuses dents et que ses cheveux sont achetés à Lesbos. — Tu ne l'aimes pas, au moins ? — Moi ! fi donc ! je n'aime que toi, et le zéphyr soufflera de Thrace avant que je change. Par Jupiter ! par le Styx ! je t'adore ! »

Lydie, qui a ses raisons pour ne pas se fier aux serments parlés, veut écrire ceux-ci sur les tablettes d'Horace, qui cherche à les retenir, sous le prétexte que la cire en est déjà barbouillée d'une ébauche d'ode. Elle arrache les tablettes des mains du poëte et voit que l'ode est adressée à Chloé. — Jugez de sa colère. Horace a beau expliquer qu'il fallait un ïambe à son vers alcaïque, que Lydie est un dactyle, et que, lorsque son cœur disait Lydie, le mètre impérieux disait Chloé, la belle éplorée ne veut pas entendre raison ; elle se lamente d'aimer un poëte ; car les poëtes sont faux, menteurs, inconstants, leur cœur est appauvri par l'imagination ; ils brûlent pour des déesses imaginaires et n'ont plus que des cendres pour les simples mortelles, ou bien leur fantaisie vagabonde ne saurait s'arrêter, et le premier pli de robe qui passe leur inspire l'envie de suivre la jambe qu'il cache, dût une maîtresse fidèle en mourir de chagrin. Elle est à tout jamais guérie des poëtes, et, désormais, elle n'aimera que des imbéciles. « Béroé, va dire de ma part à Calaïs que je l'invite à souper... — Béroé, va dire de ma part à Chloé que j'irai passer la soirée chez elle. »

La maligne esclave part en souriant. — L'entretien continue. « Comme je vais être heureux ! dit Horace. Plus de scène, plus de querelle ; je vais pouvoir cultiver mes amis, rêver sous mon berceau de pampre et mettre dans mes vers les noms qui me plairont. — Oh ! soupire Lydie, mon Calaïs, que tu tardes à venir ! Je compte les moments. Vénus n'est plus dans Chypre, elle est toute dans mon cœur. Viens ! C'est pour toi que ces rideaux jettent leur ombre mystérieuse et que les verveines exhalent leur parfum pénétrant. Viens dénouer ma ceinture, détache ma couronne, fais flotter mes cheveux sur mes épaules. Je rougis, je pâlis, la fièvre d'amour brûle mes veines ! »

Horace, quelque peu troublé de cette déclaration brûlante à un absent, s'approche et intervient dans le rêve de Lydie, qui fait semblant de se réveiller de son extase, et, après une scène de coquetterie où Calaïs et Chloé sont drapés de main de maître, la réconciliation s'opère et le *Donec eram gratus tibi* se chante en strophes alternées.

Cependant Béroé a fait les commissions dont on l'a chargée. Chloé attend Horace, et Calaïs arrive : que Chloé attende, et que Calaïs s'en retourne. Le raccommodement est fait. Horace et Lydie s'adorent jusqu'à nouvel ordre.

Mademoiselle Rachel a été charmante de grâce romaine, et de coquetterie antique dans cette pièce, qui, à vrai dire, n'est qu'une scène ; mais comme elle la joue ! quels fins détails, quelle délicatesse de nuances, quel style et quelle noblesse elle sait conserver dans tout ce manége de courtisane amoureuse !

Brindeau est très-convenable dans le rôle d'Horace, et mademoiselle Favart prête à Béroé ses beaux yeux et des bras qu'il serait bien barbare de percer à coups d'aiguille, comme les femmes romaines le faisaient lorsqu'elles n'étaient pas contentes de leurs habilleuses.

La pièce est écrite avec élégance, sauf quelques lourdeurs çà et là, et dans ce beau sentiment antique et latin familier à M. Ponsard. Nous regretterons seulement quelques inadvertances comme « diantre ! » qui est un jurement chrétien, et le mot « quatrain, » qui est trop moderne pour exprimer une strophe. La manière dont Horace renvoie Calaïs rappelle la façon gauloise de Molière, et nous aurions souhaité quelque chose de plus romain.

6 août.

THÉATRE-HISTORIQUE. *La Chasse au chastre.* — La première question que soulève cette spirituelle fantaisie est celle-ci: « Qu'est-ce qu'un *chastre?* » Méry seul le sait, qui l'a raconté à Dumas, et, probablement, Méry le tenait de M. Louet, lequel, dans son temps, passait pour avoir aperçu, suivi, tiré et même tué un chastre. Pour notre part, nous avons visité bien des musées d'histoire naturelle : celui de Paris, celui de la Haye, où l'on trouve de tout, même des sirènes ; celui de Leyde, presque aussi complet ; nous avons regardé toutes les boutiques du quai Voltaire, et nous y avons vu tous les oiseaux imaginables, mais jamais l'ombre d'un chastre. Le chastre est resté un secret entre les Marseillais et Dieu. Les autres nations l'ignorent ; s'il y avait un chastre dans la plaine Saint-Denis, Paris serait un petit Marseille ; mais on ne peut pas tout avoir. — Il paraît que c'est un oiseau gris et brun, entre l'alouette et le pinson, très-farouche et difficile à tirer, au dire des chasseurs : difficulté qui tient à ce qu'il n'existe pas, prétendent les sceptiques.

Que le chastre soit un volatile réel ou chimérique, bon à mettre sous verre dans une collection ornithologique, ou à placer dans la fable à côté du phénix, cela importe peu. Il sert de prétexte à une pièce charmante, en voilà assez pour qu'on lui donne ses titres de naturalisation.

La toile, en se levant, nous fait voir un salon de l'hôtel d'York, le meilleur hôtel de Nice.

Deux Anglais attablés, se sentant quelque mélancolie dans l'âme, expriment le besoin excentrique d'entendre jouer de la basse. On n'est pas Anglais pour rien. Un air de basse ! tel est leur rêve. Ils s'écrieraient, comme Richard III après la bataille : « Mon royaume pour un air de basse ! » Chez ces insulaires, la digestion se fait mal sans musique. Malheureusement, il n'y a, à l'hôtel d'York, qu'une basse, mais pas de musicien pour en jouer. Le célèbre Barratoni, qui devait venir, a fait défaut, et les Anglais, qui ont écrit dans le plan de leur journée qu'ils entendraient de la musique après dîner, disent qu'ils donneraient vingt-cinq livres sterling pour satisfaire cette fantaisie. L'hôte est désolé de n'avoir pas pensé à mettre la basse sur la carte, parmi les articles du dessert; mais qui eût pu imaginer un pareil goût ?

Les Anglais sortent furieux, la mine splénétique, et méditant des suicides. Alors entre un personnage poudreux, poussiéreux, les habits en désordre, blême, défait, efflanqué, découragé; un carnier vide bat sur les pans flasques de son habit, un fusil noirci appuie ses pas chancelants; il se laisse tomber sur une chaise avec un air d'abattement profond ; d'une voix défaillante, il râle ce cri qui exprime sa fatigue et sa faim : « Garçon, une chambre pour un et un dîner pour quatre ! »

L'aubergiste accourt, saluant avec toute la considération que mérite un hôte si distingué, et, pendant qu'on prépare le dîner, le nouveau venu, qui sent le besoin d'épancher sa douleur, même dans le sein d'un aubergiste, entame un récit beaucoup plus long que celui de Théramène, mais, en revanche, beaucoup plus amusant. Après s'être fait dire le nom de la ville où il se trouve, ce qu'il ignore, car une suite d'aventures bizarres l'ont éloigné de ses foyers domestiques, il commence le récit de son odyssée.

« Je suis, dit-il, chasseur, comme tous les Marseillais. Or, un samedi soir que j'étais allé me mettre à mon poste, j'entends un bruit d'ailes dans les branches; je lâche mon coup. C'était un chastre ! Je ne l'avais pas attrapé... Il va se remiser un peu plus loin... Je le suis. Il se pose, et me regarde d'un air ironique. Pour couper court aux sarcasmes de ce volatile, je lui envoie mon second coup. J'étais trop près : le plomb fait balle et passe à côté; l'oiseau s'envole et va se percher à quelque distance, au bout d'une branche, se dessinant sur le bleu du ciel avec une netteté parfaite. « Cette » fois-ci, » me dis-je, « je ne le manquerai pas. » Je tire; j'étais trop loin : le plomb écarte. Le chastre, plus goguenard et plus intact que jamais, se met à marcher en voletant devant moi, à cent pas de distance, et, m'entraînant à travers champs, halliers, montagnes, dans des régions inconnues, de buisson en buisson, de bouquet de bois en bouquet de bois, de rocher en rocher. Je lui adresse, toutes les fois que je suis à portée, une foule de coups de fusil qui ne l'atteignent pas, ce chastre dérisoire, ensorcelé, damné ! Le canon de mon fusil était noir comme une cheminée d'usine.

» Enfin, une fois je crois l'attraper, mais ce n'était qu'une plume coupée; cette plume, je l'ai ramassée, et je la porte comme un trophée à ma boutonnière. Cependant, la nuit approchait, et je perdis mon chastre de vue. J'étais très-loin de Marseille, exténué de faim et de fatigue; heureusement, il y avait par là un petit village et une auberge dont le maître était mon ami : je lui racontai l'histoire de mon chastre. « Votre chastre, qui est très-connu dans le pays, » me dit-il, « couche habituellement dans des broussailles à l'entrée » du hameau. Nous l'irons voir demain matin à son petit lever, et je » vous prêterai Soliman, un chien admirable, le roi des chiens, qui » reste en arrêt comme un chien de plomb; avec lui votre affaire est » sûre. » On renouvela aussi ma provision de poudre qui était épuisée, et, dès l'aurore, nous nous mîmes en route. Nous trouvons le chastre remisé à son hôtel ordinaire; Soliman tombe en arrêt. J'ajuste, je lâche la détente; mon fusil rate : la poudre était éventée.

» Soliman me regarde d'un air un peu surpris, mais il comprend que le fusil a fait long feu, et se remet en quête, car le chastre s'était envolé. Au bout de quelques minutes, autre arrêt : Soliman se plante en face de l'oiseau, les pattes étendues, l'œil fixe, comme coulé en bronze. Je tire, je manque; la poudre n'avait pas de force et ne portait pas. Soliman me jette un coup d'œil si dédaigneux, que, si un homme m'avait toisé ainsi, je lui eusse donné un soufflet. Transporté de rage, et voulant reconquérir l'estime de l'animal, je recharge mon arme et j'envoie un coup au chastre endiablé, qui secoue ses plumes et s'envole. Soliman, me regardant comme un pleutre achevé, s'approche de ma guêtre d'un air superbe, lève la patte, et fait un geste qui montre qu'il me considère comme une borne. Puis il regagne en trottant le village. A cet outrage suprême, mon exaspération arrive aux dernières limites. Je m'élance à la poursuite du volatile, qui se faisait voir de temps à autre à l'horizon. Je rencontre un lit de rivière que je traverse à la nage dans des flots de poussière : c'était le Var. Je ne foulais plus le sol de ma patrie! Le perfide oiseau m'avait entraîné jusque sous des cieux nouveaux. Mort de fatigue, ruisselant de sueur, noir de poudre, je tombe évanoui, et des paysans, parlant un idiome inconnu, m'apportent dans cette ville et dans cet hôtel, et voilà pourquoi j'ai demandé une chambre pour un et un dîner pour quatre. »

Notre récit, nous le sentons, est bien froid, bien faible; il faut l'entendre dire par Numa, avec cette passion profonde et découragée, cette exaspération froide, cet œil fiévreux et cette lèvre tombante qui le rendent si comique.

L'hôte s'éloigne pour presser le repas. Resté seul, M. Louet — car c'est ainsi que se nomme l'intrépide chasseur, contre-basse au théâtre de Marseille, à raison de six cents francs d'appointements par an — se félicite, se trouvant si loin de ses lares, d'avoir précisément touché son mois de cinquante francs ; cette idée lui fait porter la main à son gousset. O contre-temps inattendu! ô catastrophe! ô désespoir ! ô rage! — les paysans, par trop compatissants, ont débarrassé le pauvre contre-bassiste de sa monnaie, jugeant que l'argent devait être lourd pour un homme si fatigué. Le malheureux se trouve sans le sou à Nizza, charmante ville plus connue en France sous le nom de Nice, et, sous ses deux noms, assez éloignée de Marseille pour quelqu'un de si peu pécunieux.

Accablé de douleur et de mélancolie, le pauvre Louet aperçoit la basse de l'infidèle Barratoni : quand il est embarrassé, c'est à la basse que Louet demande des conseils et des consolations. Il promène donc l'archet sur ce violon géant affectionné par Paul Veronèse et Terburg; les cordes ronflent, les âmes découpées en S boivent le son et le font pénétrer dans cette poitrine de sapin, qui semble respirer comme une poitrine humaine, émue et profonde. Louet est si malheureux, qu'il joue admirablement; les garçons de l'hôtel accourent, puis le maître de l'établissement, comme les ours et les tigres aux pieds d'Orphée.

« Homme sublime! homme divin! vous jouez de la basse, et vous ne le disiez pas! Nous allons improviser un concert, et vous gagnerez beaucoup d'argent, s'écrie l'hôte, qui pense à ses deux Anglais; nous allons faire battre le tambour sur la place, et il y aura un monde fou. Je vous assure cent écus pour votre part de recette. »

Le musicien, en entendant ces paroles mellifues, renaît à l'espoir; il fait rapporter le dîner qu'il avait contremandé, se voyant dénué de capitaux. Le monde arrive en foule; animé par les mets exquis et le vin de Champagne frappé, Louet joue de verve un grand morceau : les deux Anglais se tordent, se pâment et digèrent. L'enthousiasme est au comble, et le capitaine de vaisseau qui doit ramener Louet à Marseille ne veut d'autre payement qu'un air de basse du grand artiste.

La décoration change. On a pris le large. Louet, qui n'a pas le pied marin, est en proie à un horrible malaise et récite mentalement cette oraison de Rabelais, qu'on pourrait appeler les litanies de la mer : « O bienheureux les planteurs de choux! ils ont un pied en terre, et l'autre n'est pas loin! » Il demande vainement qu'on le descende, se trouvant trop mal pour aller plus loin; mais on ne l'écoute pas. On vient de signaler trois vaisseaux anglais; le capitaine donne l'ordre du branle-bas; la canonnade s'engage; un matelot est tué à côté de Louet, qui comprend tous les inconvénients qu'il y a de suivre les chastres trop loin.

Pendant le combat, il s'élève fort heureusement une tempête

effroyable, car le vaisseau français n'aurait pu tenir longtemps contre des forces par trop supérieures, et le capitaine avait promis d'aller fumer sa pipe dans la sainte-barbe. Les vagues s'élèvent comme des montagnes, le ciel devient noir comme de l'encre, puis rouge comme une fournaise, les zigzags de l'éclair sillonnent les nuages, le vaisseau est emporté à tous les diables, jusqu'à Piombino, près de l'île d'Elbe. Là, Louet, après avoir payé son air de basse, se fait descendre à terre jurant de s'en retourner à Marseille par le plancher des vaches.

Tout ce que nous venons de raconter a lieu sur le théâtre ; on voit le vaisseau et les côtes qui fuient, et le ciel qui change de couleur, et les vagues qui défilent, et le tonnerre qui tombe ; c'est pour le Parisien une véritable étude de tempête à laquelle il peut se fier : les *ciels* et les mers sont copiés sur des esquisses de Gudin.

A Piombino, nous voyons la cour d'une locanda encombrée par les carrosses des *vetturini*, reproduits avec une fidélité qui serait peu engageante pour des gens qui vont partir, si rien en fait de véhicule pouvait nous effrayer, depuis que nous avons vu les galères espagnoles et les omnibus algériens.

Après les conversations les plus drolatiques entre le contrebassiste, qui ne parle que le pur marseillais, et le voiturin, qui jargonne un affreux patois italien veiné de français, d'allemand et d'anglais, par la fréquentation des voyageurs, on finit par se mettre en route.

La voiture est réelle, et deux haridelles mécaniques, dont les jambes trottinent, sont censées la traîner. Les roues tournent, les grelots tintent, le fouet claque, et un immense panorama se déroule au fond du théâtre et représente le chemin parcouru.

On voit ainsi un lac tinté de rose par l'aurore qui se lève, des collines, des villages, des rochers, d'où se précipite une cascade, une silhouette de ville haut perchée sur un roc, des forêts de pins-parasols. Le voiturin chante, avec accompagnement de grelots et de coups de fouet, une délicieuse chanson du pays, dont l'air sera bientôt populaire. Louet et ses compagnons de voyage, parmi lesquels se trouve un militaire français, ex-amoureux de mademoiselle Zéphyrine, ex-danseuse du théâtre de Marseille, dont le contre-bassiste connaît beaucoup les jambes, échangent des lazzi ; tout cela donne le temps au panorama de défiler et à la nuit d'arriver : le paysage devient plus âpre et plus féroce. La route s'étrangle dans une gorge de montagne bizarrement éclairée par la lune, et dont les pâles escarpements sont tapissés de quelques barbes de fenouils et de genévriers.

L'endroit est lugubre et propre aux mauvaises aventures. Un coup de sifflet se fait entendre, un bandit sort de chaque buisson ; deux gredins, pittoresquement déguenillés, sautent à la bride des chevaux, qui ne demandent pas mieux que de s'arrêter. On fait descendre les voyageurs, que l'on dépouille consciencieusement, et, comme la bourse de Louet ne paraît pas suffisamment garnie aux voleurs, qui se disent volés, il objecte timidement que les musiciens ne sont pas des nababs, et que l'habitude des contre-bassistes n'est pas d'être cousus d'or.

« Vous êtes musicien ? vous jouez de la contre-basse ? Que ne le disiez-vous tout de suite, grand homme ! font les voleurs charmés. Mais où est votre instrument ? — Je n'ai pas ma contre-basse sur moi, comme vous voyez. — C'est égal ; nous trouverons bien quelque basse à voler. Notre capitaine va-t-il être content, lui qui nous avait tant recommandé de lui apporter un musicien ! »

On emmène Louet dans une espèce de cabaret suspect qui sert de caverne aux voleurs, et fait très-bien ressortir leurs têtes brunes par la blancheur de ses murs crayeux.

Le capitaine a pour maîtresse mademoiselle Zéphyrine, qu'il a fait enlever sur la route, après avoir admiré au théâtre ses entrechats et ses pirouettes. Ce bandit, assez artiste du reste, est très-amateur de chorégraphie, ce qui prouve qu'il n'a pas l'âme si mal située. Il voudrait voir sa maîtresse danser sur la table, après boire, une saltarelle ou une cachucha. C'est une de ses fantaisies voluptueuses. Mais Zéphyrine ne peut danser sans musique. On a déjà le musicien, on cherche l'instrument. Bientôt les basses arrivent de tous les points de l'horizon. Les zélés bandits ont dépouillé tous les orchestres, tous les luthiers du pays.

Zéphyrine exécute son pas pendant que Louet joue avec une perfection aiguillonnée par la peur. Louet, qui n'a jamais de sa vie regardé de danseuse à la figure, reconnaît immédiatement l'ancien sujet du théâtre de Marseille, à son cou-de-pied et à ses mollets.

La danseuse confie au musicien qu'elle s'ennuie beaucoup dans sa condition de maîtresse de bandit, et regrette fort M. Charles, le jeune militaire qui l'a enlevée du théâtre de Marseille. Charles est sur ses traces, car Zéphyrine écrit sur les murailles ou les miroirs des endroits où elle passe, des indications qui la peuvent faire retrouver.

Il paraît que les indications ont été remarquées, car M. Charles arrive avec un peloton de hussards; les bandits sont traqués, désarmés, et Zéphyrine, suivie de Louet, vole dans les bras de son libérateur.

La décoration change et représente la campagne de Rome, admirable toile due aux brosses de MM. Dauzats et Eugène Cicéri.

Rien n'est plus beau que cette immense étendue recouverte d'une herbe brûlée, fauve comme une peau de lion, et qui semble soupirer par ses ardentes crevasses, l'éternel regret des splendeurs disparues. Au bout de l'horizon, Saint-Pierre découpe sa silhouette, grande comme celle d'un montagne.

C'est dans ce site majestueux que Louet, qui n'a pas perdu de vue son idée fixe, parvient à tuer son chastre, qu'il a retrouvé, et à la poursuite duquel il s'est remis.

Avec quel art singulier Alexandre Dumas a mis au théâtre cette bouffonnerie, qui ne semblerait faite que pour être racontée sur un divan, dans la fumée du cigare! Il a rendu palpable la plus vagabonde fantaisie, et montré que désormais rien n'est impossible à la scène. Il ne s'agit que de savoir s'y prendre et d'avoir un théâtre à soi; car tout directeur eût déclaré ce charmant caprice impraticable. Mais il n'y a d'impossible que ce qu'on ne veut pas faire.

Numa est délicieux d'un bout à l'autre dans le rôle de Louet, et tout Paris voudra le voir.

La *Chasse au chastre*, qui n'a l'air que d'une folle et insouciante bouffonnerie, cache une idée triste et vraie comme tout ce qui est comique. C'est l'histoire de la vie. Chacun n'a-t-il pas un chastre qu'il poursuit à travers tout ce qui fait dévier son existence? On part pour tuer des pigeons, mais le chastre paraît, et l'on oublie tout: et Marseille, et le tabouret et le pupitre à l'orchestre; on va, on va tant que les jambes peuvent vous porter, puis on tombe, mais c'est pour recommencer la course, plus âpre, plus ardente, plus acharnée : patrie, devoir, famille, réputation, qu'importe tout cela ? encore quelques pas et l'on prendra le chastre. Les pieds saignent déchirés par les cailloux et les broussailles, on ne s'en aperçoit pas : le chastre est là-bas sur le bout de la branche. On croyait d'abord ne pas sortir de la banlieue, voici qu'on est à Nice, à l'île d'Elbe, à Piombino, à Rome, au bout du monde. On a traversé des batailles, des tempêtes, des bandes de voleurs, et l'on n'a pensé qu'au chastre, à ce chastre insaisissable, qui, plutôt que de se laisser prendre, s'envolerait dans une autre planète. — Le chastre, c'est l'idéal, la chimère, le caprice; c'est l'amour, l'ambition, la poésie; c'est une femme, une place, un succès, une chance à la loterie ou au jeu de cartes; chaque existence a le sien, et, si l'on s'étonne des allures singulières de bien des gens, c'est qu'on ne sait pas que, tout en ayant l'air d'être médecins, propriétaires, rentiers ou artistes, ils sont à la poursuite d'un chastre. Au Théâtre-Historique, Louet attrape le sien; mais, dans la vie, on ne l'attrape jamais, ou, ce jour-là, on meurt, car on n'a plus de raison d'être.

XVII

DÉCEMBRE 1850. — Théâtre-Montansier : *les Extases de M. Hochenez*, par M. Marc Michel. — Retour d'Italie. — Amende honorable. — Le vaudeville cosmopolite. — Bienfaits de la traduction. — Le magnétisme au point de vue comique. — Sainville, Hyacinthe, Kalekaire. — Gaieté : *Paillasse*, drame de MM. Dennery et Marc Fournier. — Frédérick Lemaître. — Théâtre de la République : *le Joueur de flûte*, comédie en vers, de M. Émile Augier. — La forme grecque. — *La Courtisane amoureuse*. — Opéra-Comique : *la Dame de pique*, paroles de M. Scribe (d'après Pousekine), musique de M. Halévy. — La pièce, la partition et la mise en scène. — Une veine heureuse.

15 décembre.

THÉATRE-MONTANSIER. — *Les Extases de M. Hochenez.* — *Le vaudeville cosmopolite.* — « Tant pis, c'est nous ! » Comme don César de Bazan, nous voilà revenu de nos caravanes. Un de nos souliers est resté dans la cendre du Vésuve, et nous avons perdu nos gants ! Le mauvais temps nous ramène ; car il pleut à verse dans la belle Italie, « qu'éclaire un si beau ciel ; » sans cela, nous aurions sauté de la botte dans le triangle, quitté Naples pour Palerme, et Palerme pour Tunis ; mais rien n'est insupportable comme le froid dans un pays chaud. Décembre exige Paris ou Londres, où l'on est pourvu de toutes les accommodations désirables contre le brouillard et la bruine, l'état normal du climat.

Quelquefois, nous l'avouons avec humilité, nous nous sommes permis de parler assez irrévérencieusement de MM. les vaudevillistes, dramaturges, charpentiers, carcassiers et autres planchéieurs ; cela est bien excusable pour quelqu'un qui, depuis près de quinze ans, est chargé de la dissection dominicale de leurs œuvres. Mais nous avons compris, à l'étranger, toute la valeur de ces grands hommes.

En effet, l'Italie de Dante, de Machiavel, de Boccace, d'Arioste, de Tasse, de Guarini, de Métastase, d'Alfieri, de Carlo Gozzi et de Goldoni, ne fait plus que traduire plus ou moins librement les vaudevilles de ces messieurs, dont elle arrange les titres à sa guise.

Une pièce originale, c'est-à-dire non traduite ou imitée du français, est une chose rare en Italie et ailleurs ; car la France, comme l'Espagne autrefois, sert aujourd'hui d'imagination au monde entier. C'est flatteur, mais c'est ennuyeux pour le critique-touriste qui retrouve, sous toutes les latitudes, le même vaudeville avec de légères variations de désinences. Notre répertoire alimente tous les théâtres, et, le jour où Paris se tairait, il se ferait un grand silence dans l'univers.

Les étrangers sont moins sensibles que nous aux défauts de ces pièces habilement construites et d'une invention spirituelle. Le style si incorrect, si négligé, si peu littéraire et qui nous choque tant, disparaît sous la traduction, et, dans la moindre production française, il règne un ordre, une méthode, une proportion qui charment des peuples dépouillés de leur poésie primitive par une civilisation mal comprise ou prématurée.

Les Extases de M. Hochenez, ne peuvent manquer de figurer bientôt sur l'affiche du théâtre Apollo.

Ce vaudeville est une de ces bouffonneries folles comme nous les aimons. Rien n'est plus extravagant et plus drôle, et M. Marc Michel a tiré grand parti du côté comique du magnétisme.

M. Hochenez, qui vient de se marier à Chambly, et veut installer son jeune ménage à Paris, est parti en courrier pour préparer les logements et monter la maison. Il se munit d'un domestique mâle qui s'appelle Joseph, et pourrait s'appeler Joseph Balsamo, car il est aussi fort magnétiseur que le baron du Potet ou M. Marcillet. Joseph a bientôt découvert un sujet dans son maître ; et le scélérat le fascine de regards flamboyants, l'inonde d'effluves, le baigne de fluide, l'enlace de filets magnétiques, le plonge dans des extases et des sommeils sans fin.

Le malheureux Hochenez, passé à l'état de somnambule, privé de son libre arbitre, vidé de volonté, chose inerte, corps sans âme, devient l'esclave de son domestique, qui le fait frotter, balayer, cirer les bottes, battre les habits, et l'envoie coucher sur un grabat, tandis que lui, Joseph, se repose et dort la grasse matinée dans un excellent lit, — le propre lit de son maître!

Non content de cela, il endort Hochenez aux heures des repas, en lui faisant des passes par derrière, et dévore côtelettes, bifteks, perdrix, au grand détriment de l'estomac de l'infortuné, que l'extase ne nourrit pas et qui maigrit de tout l'embonpoint que prend son valet à ses dépens.

Profitant de sa fatale influence, Joseph a fait signer à son maître, plongé dans le somnambulisme, un engagement fort avantageux pour une certaine mademoiselle Mafflée, qui touchera 600 livres, comme femme de chambre future de madame. Cette Mafflée est une petite, fort joufflue et fort vorace, que *protége* M. Joseph. — Non content de cela, le gueux loue son maître, pour un certain nombre de représentations à la cave Bonne-Nouvelle, comme somnambule extra-lucide (style d'annonce), se chargeant de l'amener tout endormi. Ce Joseph est décidément une dangereuse canaille, et il faudra désormais exiger des domestiques, sur leurs certificats : «Fidèle, intelligent, honnête et *sans fluide.* »

Hochenez, ne comprenant rien à son état, fait venir un médecin fort habile, qui n'y comprend pas davantage, mais qui se promet d'observer ce qui se passe : dans une de ses extases, Hochenez, à la grande terreur de Joseph, qui se hâte de le réveiller, voit arriver sa femme, en compagnie de sa belle-mère Vertmenton et du cousin Caudebec; il lit dans leurs âmes toutes sortes de choses qu'il oublie heureusement à l'état de veille.

Le médecin a découvert les infernales manœuvres du Joseph, qui, pour punition, est magnétisé à son tour avec défense de se réveiller jamais ; ce qui ne l'empêche pas de boire, de manger et de très-bien faire son service, comme dans cette histoire d'une jeune personne laissée endormie par un magnétiseur, qu'on vint chercher pour une affaire dont la poursuite le conduisit aux grandes Indes, où il resta deux ans, pendant lesquels la jeune fille se maria, eut des enfants et se conduisit exactement comme une personne dans l'état naturel, et, réveillée au retour du magnétiseur, ne se souvint de rien de ce qui s'était passé, et se trouva fort surprise d'être dans une chambre, à côté d'un monsieur qui lui disait *ma femme*, et d'un marmot qui lui disait *maman*.

Cette folie est très-bien jouée par Sainville, Hyacinthe et Kalekaire.

Gaieté. *Paillasse*. — Paillasse, c'est Frédérick ; Frédérick, que nous avons retrouvé toujours le même et toujours divers. Du jour où Frédéric se retirera, le drame moderne aura comme perdu son âme et sa vraie vie. Hélas! les rangs s'éclaircissent, les vides se font, la mort va fauchant au hasard. Il y a un an au plus, elle emportait, dans une fièvre de misère et de génie, l'admirable Marie Dorval, la frémissante partenaire de Frédérick. Aujourd'hui celle-ci, demain celui-là. *Hodiè mihi, cras tibi*, ainsi que porte le sinistre emblème des enterrements romains. Bocage a le jeu fin, ardent, personnel ; mais Frédérick a la passion. Il emplit le drame, lui souffle la vie ; il le repétrit dans ses mains puissantes, et le voilà qui marche et qui tressaille. Que lui importent le temps, le costume, le héros, la situation ou l'âge! il saisit la vie dans son énergie et le cri dans son explosion.

Les autres sont des masques, Frédérick est un homme. Il passera, dans son panthéisme intelligent, de Ruy-Blas à Pâris le Bohémien, de Kean à don César de Bazan, de Robert Macaire à Paillasse, de Buridan au père Jean, laissant partout sa marque. Les grandes élégances de l'homme du monde, les ambitions sourdes, les avarices âpres, les ironies goguenardes, il se les assimile, il les conçoit et les exécute. Habit de velours des gentilshommes, costumes de parade des acteurs forains, haillons philosophiques du cynisme, garde-robe du pauvre tachée par la misère, travestissements du crime tachés par la débauche, manteau fleurdelisé du ministre, livrée piteuse du valet, abat-jour en taffetas vert de Jacques Ferrand, manteau d'amadou déchiqueté en barbes d'écrevisse de don César, toile à matelas quadrillée et fraise exorbitante de Paillasse, ce sont pour lui des dominos neutres, car son cœur bat là-dessous.

Nul acteur ne peut à ce point se passer du costume, et cependant Frédérick est admirablement grimé. Odry, si comique et si vrai avec son carrick à triple collet dans l'épopée des *Saltimbanques*, n'est pas plus saltimbanque que Paillasse, et il envierait à Frédérick la voix criarde, trempée d'eau-de-vie, enrouée et glapissante, avec laquelle il fait son *boniment* aux villageois réunis. On sent qu'il cache en sa valise des redingotes à brandebourgs, plus soutachées aux manches que des pantalons de tambour-major, avec des lacis de ganse pendant à des olives décousues; évidemment, il doit arracher les molaires à la pointe du sabre, et vendre du vulnéraire suisse et des fioles d'huile incomparable pour la crue des cheveux. Les gobelets sont bossués, les tapis aux exercices élimés, l'X en bois sur lequel se pose la table est bancal, et je ne sais quoi de rance, de graisseux et d'éraillé lustre et salit les costumes de la troupe.

Dans son ménage, Frédérick dépouille le paillasse, et le banquiste devient père. Pauvre femme, comme il l'aime! pauvres enfants, comme pour eux il donnerait sa vie! Le ménage est triste, la femme est délicate, l'enfant est malade. Par un hasard incroyable,—car, s'il n'était pas incroyable, ce ne serait pas un hasard,—la femme de Paillasse est née Montbazon; son noble sang se révolte parfois et Paillasse gémit. Pendant que Paillasse, le ventre creux, va donner une représentation pour alimenter la cuisine, sa femme s'enfuit, non qu'elle n'adore son mari, mais pour rendre à la vie son enfant mourante. Paillasse, ou plutôt Frédérick, revient. Il a dans quelque coin six francs en réserve, qu'il a dépensés en un châle pour la femme et en bimbeloteries pour l'enfant. Ils sont partis! Paillasse ne crie pas, il est à bout de forces, il s'agenouille et pleure, et la salle pleure comme lui.

Cependant, il se met avec son fils à la recherche de sa femme; il pénètre au milieu d'un bal masqué, et, après une scène déchirante, où son fils, faisant la parade, tombe évanoui dans ses bras au souvenir de sa mère perdue, il saisit le traître qui l'a emmenée, et sort terrible, le bâton à la main, hagard comme un lion blessé.

La noble famille des Montbazon est réunie dans un salon ministériel. Paillasse se présente, mais, sous le costume du chevalier de Rollac; il les mystifie, il gronde, il éclate, il se déchaîne en dédains, en emportements dans un jeu pathétique, rapide, éblouissant, des épigrammes sur les lèvres, la rage au cœur.

Ainsi va le drame, ou plutôt Frédérick, tendre, singulier, frémissant, formidable, tenant pendant quatre heures la salle émue, palpitante.

23 décembre.

Théatre de la République. *Le Joueur de flûte*. — L'annonce d'une pièce grecque nous fait toujours plaisir — quand elle n'est pas une menace de tragédie ; — nous aimons à voir ces étoffes blanches ou roses étoilées d'or et descendant de belles épaules, où les retiennent les camées, à plis fins et menus comme les draperies mouillées des marbres de Phidias ; ces colliers de perles d'or, ces couronnes d'acanthe et de fleurs, ces manteaux qui enveloppent le corps comme une caresse, ce noble costume antique qui sera toujours le vêtement naturel de la beauté ; et ce goût n'est pas nouveau chez nous, car nous l'avions déjà, en plein romantisme, sous le règne des surcots armoriés, des pantalons mi-partis et des bonnets à la Hennin ; nous trouvons que le vers — ce langage des dieux — s'harmonise plus heureusement avec la tunique qu'avec l'habit noir, et que le poëte doit être plus libre pour faire parler l'âme humaine derrière ces beaux masques modelés par le génie de la Grèce. Ceci soit dit sans blâmer en aucune sorte ceux qui essayent d'encadrer d'alexandrins les formules de la vie moderne.

Nous avons donc été réjoui en voyant, lorsque le rideau s'est replié, un appartement antique qui nous a rappelé les chambres de Pompéi avec leurs pavés de mosaïque, leurs murs où voltigent des danseuses demi-nues agitant leurs crotales, où Léda tient sur ses mains sa petite famille nouvelle éclose, où les Amours jouent avec les dauphins et les femmes avec les chimères, et nous avons salué de bon cœur cette comédie, sœur ou, du moins, cousine germaine de *la Ciguë*, première et fraîche manifestation de M. Émile Augier.

Le Joueur de flûte, jolie édition grecque de *la Courtisane amoureuse*, a parfaitement réussi. Elle abonde, en vers charmants, en pensées jeunes et fraîches. Chalcidias est un heureux pendant de Clinias. — Dans *la Ciguë*, l'amour vrai sauve et relève le jeune débauché ; ici, il sauve et relève la courtisane. Cette pensée humaine et tendre, à laquelle tous les poëtes ont touché, depuis le roi Soudraka, l'auteur de *Vasantasena*, jusqu'à Victor Hugo, le poëte de *Marion Delorme*, a toujours le don d'exciter l'intérêt.

Nous féliciterons M. Émile Augier, qui avait dit comme Alfred de Musset, en parlant de la rime :

> Quant à ces choses-là, je suis un réformé,

d'avoir mis plus d'exactitude et de richesse dans cette partie de sa métrique.

27 décembre.

Opéra-Comique. *La Dame de pique.* — Le sujet de cette pièce est pris d'une nouvelle du poëte russe Pouschkine, très-mystérieuse et très-intéressante, et M. Scribe en a tiré parti avec beaucoup d'habileté.

L'action se passe en Russie, et s'ouvre dans une salle gothique dont le fond est occupé par une immense cheminée sculptée où flamboie un large feu, et qui porte sur ses murailles des blasons, parmi lesquels on remarque un écusson chargé d'une pièce singulière : à savoir, une dame de pique, — une de ces pièces que les hérauts d'armes signalent sous cette rubrique : *A enquérir.* Cette dame de pique, qui écartelle l'écu des Paulovski, a sa légende : on prétend qu'au moyen d'un pacte avec le Diable, les membres de cette famille ont un secret pour gagner au jeu. Ce secret, le colonel Zizianov, dissipateur brillant et joueur forcené, voudrait bien le savoir, car il est fort mal dans ses affaires ; mais la seule personne qui le possède, c'est la princesse Paulovska, princesse douée de toutes les perfections imaginables : yeux noirs, bouche rose, main blanche, esprit charmant, cœur sincère, mais qui est marquée deux fois au B, cette lettre funeste. Bossue et boiteuse, c'est beaucoup ; cependant Zizianov commence à trouver à la princesse des épaules unies et des jambes correctes, tant la fameuse formule par laquelle on peut faire sauter, en trois coups, la banque la plus riche, lui allume l'imagination et lui fait voir des râteaux amenant vers lui des monceaux d'or. — La princesse Paulovska, spirituelle comme une bossue, ne se laisse pas toucher par l'amour subit du colonel, qui l'a dédaignée autrefois ; elle a encore d'autres raisons pour ne pas accueillir favorablement Zizianov ; elle aime en secret un jeune sous-officier, qui lui a romanesquement sauvé la vie. Ce jeune homme, nommé Nelidov, est fils d'un noble que l'oncle de Zizianov a fait dégrader, comme ayant volé les deniers publics : accusation fausse de tous points. Le fils voudrait venger son père sur Zizianov, puisque le calomniateur est mort; mais le colonel est son supérieur, et, lorsqu'il lui propose de passer la frontière pour rendre ainsi le duel possible, Zizianov lui répond en tirant de son portefeuille une obligation de 300,000 roubles, souscrite par Nelidov le père, et dit au fils qu'il ne se battra que lorsque cette dette sera payée intégralement. Le sous-officier se contient; mais, Zizianov s'étant permis quelques sarcasmes fort piquants, à l'endroit de la princesse, Nelidov s'emporte et manque de respect au colonel, qui l'envoie travailler aux mines.

Ces mines, qui forment le motif de la décoration du second acte, sont d'un effet très-pittoresque : les arcades se prolongent à l'infini, et le sel gemme tapisse les parois de cristaux et de stalactites; c'est là qu'à six cents pieds du sol, est enfoui le malheureux Nelidov, qui manie la pioche et traîne la brouette. — Un ange veille sur lui ; un ange bossu, il est vrai, mais chez qui la bosse est l'étui des ailes, la princesse Paulovska. Elle feint d'avoir le caprice de visiter les mines, et y descend accompagnée de Zizianov, qui pense toujours à obtenir d'elle la formule magique ; car le colonel est superstitieux comme tous les joueurs.

A la tête des mineurs libres, figure Roskav, amant d'une jeune fille dont la princesse Paulovska est marraine. Ce Roskav, assez piètre sujet, outre qu'il est ivrogne, a la passion du jeu, et, lui aussi, en écoutant la légende de la dame de pique, a rêvé de posséder le secret qui fait gagner au jeu. Lorsque la princesse, qui s'est déjà procuré un sauf-conduit pour Nelidov, lui demande d'ouvrir la cellule du prisonnier, il n'y veut consentir que si elle lui livre la formule magique ; le malheureux, ivre d'eau-de-vie et de cupidité, insiste avec tant de violence, que la princesse, effrayée, lui indique trois cartes : la dame de pique, le trois et le dix, et lui donne un anneau, qui doit lui assurer le bonheur au jeu. Roskav croit seul posséder ce secret; mais Zizianov s'était caché derrière un pilier et il a tout entendu, et, comme dit le proverbe allemand : « La phrase n'est pas tombée dans l'oreille d'un veau. »

Au troisième acte, nous ne sommes plus en Russie ; nous sommes dans une ville de bains et de jeux, en Allemagne. Roskav et Zizianov s'y sont transportés pour essayer de faire sauter la banque; seulement, Roskav a perdu son anneau. Nelidov, remis en liberté, poursuit le colonel pour en obtenir le duel réparateur ; il apporte un à-compte de cent mille florins. Le colonel refuse ; il veut tout ou rien. Nelidov lui propose de jouer la somme contre lui. Zizianov, sûr de gagner, accepte. On passe dans la salle de jeu. Le trois de pique gagne d'abord ; Roskav, étonné d'entendre nommer l'une de ses cartes, est tout yeux et tout oreilles ; la dame de pique est indiquée ensuite et perd ; le colonel avait oublié de tourner le chaton de la bague, comme le remarque Roskav, qui a reconnu la bague et à qui Zizianov donne des poignées d'or ; le dix de pique perd également, à la grande surprise de Roskav et du colonel. Le mystère est expliqué par la princesse, qui a obtenu de Zizianov, au moyen d'une promesse de mariage, les preuves de l'innocence du père de Nelidov.

Il n'y a nulle magie dans tout cela, et la promesse de mariage n'est pas valable, car la princesse n'est pas la véritable Paulovska, la boiteuse et la bossue : c'est sa nièce, qui avait pris ce travestissement pour échapper à la colère de l'empereur, indisposé contre elle : la mort de l'empereur la dispense de tout déguisement, et Nelidov se marie avec des jambes et des épaules irréprochables.

Nous ne suivrons pas M. Scribe dans l'explication embrouillée quoique *naturelle* qu'il a voulu donner, à la fin de la pièce, de la légende *fantastique* du blason des Paulovski : il faut, dans ce cas, adopter franchement le moyen surnaturel, cela est beaucoup plus simple et d'un effet certain : — il aurait suffi de dire, pour expliquer que les numéros ne gagnaient plus, qu'il fallait, pour les faire sortir, le consentement *libre* d'un Paulovski et que la recette avait été extorquée.

La pièce est mise en scène avec ce soin exquis qu'apporte M. Perrin aux ouvrages qu'il monte. Les décors, très-beaux et très-pittoresques, sont dus aux brosses de MM. Rubé, Nolan, Thierry et Cambon.

Jamais l'Opéra-Comique, qui a obtenu tant de brillants succès, n'en a vu un pareil à celui de *la Dame de pique* : livret, partition, exécution, tout a réussi au delà des espérances les plus riantes. Cette soirée a été une ovation perpétuelle pour l'auteur, le musicien et les auteurs. M. Halévy a été forcé de paraître en personne comme un maestro italien, pour recevoir directement les marques de satisfaction des spectateurs enchantés. Sans posséder le talisman de *la Dame de pique*, M. Perrin, l'habile directeur, a trouvé le moyen de gagner à tout coup, à ce jeu chanceux du théâtre.

XVIII

JANVIER 1851. — Porte-Saint-Martin : *Claudie*, drame de madame George Sand. — Le théâtre rustique. — Profonde ignorance des littérateurs, en général, sur les choses de la campagne. — La nouvelle idylle berrichonne. — Bocage, Fechter, mademoiselle Lia Félix. — Théâtre de la République : débuts de mademoiselle Madeleine Brohan dans *le Legs* et *les Jeux de l'Amour et du Hasard*. — Affinités entre les comédies de Marivaux et celles de Shakspeare. — Madeleine et Augustine. — Dangers de l'émulation. — Samson. — Gymnase : *la Dot de Marie*, par MM. Clairville et Jules Cordier. — Les enfants au théâtre. — La petite Judith Ferreyra. — Lesueur.

13 janvier 1851.

PORTE-SAINT-MARTIN. *Claudie*. — L'insuccès, peut-être immérité, de *Cosima* n'a heureusement pas découragé madame George Sand, ce vaillant esprit, et la longue réussite du *Champi* prouve qu'elle a eu raison de ne pas se le tenir pour dit à sa première défaite. *Claudie* la confirmera dans cette résolution.

George Sand paraît vouloir faire un théâtre rustique : *Claudie*, comme *le Champi*, se passe entre paysans. Nous admettons volontiers cette donnée, qui peut fournir des scènes nouvelles; la campagne renferme des types nettement accusés, et pourtant peu connus, comme ces fleurs qui croissent dans les bois et dont la beauté n'a pas d'appréciateur, car le braconnier pense à ses lièvres et le bûcheron à ses fagots. Les littérateurs, en France surtout, vivent à la ville, c'est-à-dire à Paris, centre de l'activité intellectuelle, et le seul endroit où ils puissent tirer parti de leur talent. Ils ignorent donc entièrement les mœurs rurales ; la plupart ne distingueraient pas l'orge du blé, et la pomme de terre de la betterave, ce qui ne les empêche pas d'être fort instruits. George Sand a eu cet avantage, de se mêler à la vie des champs, de connaître familièrement ses modèles, et de pénétrer dans l'intimité de la chaumière ; ses paysans ne sont donc pas des paysans d'opéra-comique, des Jeannots en veste tourterelle et en culotte de satin. Ils patoisent et portent des chemises de grosse toile, de larges braies et des vestes élimées ; c'est la différence d'un Adolphe Leleux à un Boucher.

La mode est aujourd'hui aux paysans, comme elle était autrefois aux barons moyen âge, et Claudie ne pouvait venir plus à propos avec sa cornette bise, sa jupe rayée, ses bas bleus et ses petits pieds dans de gros souliers.

Le père Fauvau, métayer de la grand'Rose, a un gars qu'il voudrait bien marier à la bourgeoise. Il n'y a sorte de propos détournés et d'insinuations qu'il n'emploie, pour parvenir à ses fins, ce paysan narquois et rusé comme un diplomate ; la grand'Rose ne fait pas trop la sourde oreille, car Sylvain est une espèce d'Apollon rustique très-beau, très-honnête, très-laborieux, dont toute femme pourrait être fière, et rachetant par ses mérites l'inégalité de fortune qui existe entre lui et dame Rose, un des riches partis du village. Mais le père Fauvau a beau être épris du plus vif amour pour la dot de Rose, Sylvain ne fait guère attention aux beaux yeux langoureux que la jeune femme laisse tomber sur lui.

Ennuyée d'être courtisée par ambassadeur, elle donne inutilement au jeune homme des occasions d'expliquer lui-même cet amour si brûlant dans les discours du père Fauvau, et s'étonne de tant de froideur et de timidité. Il n'est pas naturel, en effet, qu'un jeune garçon, comme Sylvain, reste insensible aux avances d'une femme jeune, belle, riche, dont la conquête doit flatter son amour-propre et son ambition ; il faut qu'il ait le cœur pris ailleurs ; l'amour seul défend de l'amour, et qui pourrait-il aimer dans le village, lui qui n'est point touché des grâces et des écus de dame Rose, la plus jolie et la plus cossue du canton ?

Nous allons le savoir tout à l'heure. La moisson est achevée, et les travailleurs viennent chercher leur salaire. Le père Fauvau, assis devant une petite table, leur distribue les quelques pièces d'argent, prix des sueurs versées. Un vieillard et une jeune fille se présentent à leur tour ; ce vieillard, à la barbe grisonnante, aux longs cheveux blancs qui lui donnent un air de patriarche, porte sur son front chenu, sans en être courbé, les neiges de quatre-vingts hivers. Quelque chose de fier et de digne, un reste d'ancienne tenue militaire, attitude du courage qui ne se perd jamais, font voir que le bonhomme est un héros redevenu paysan ; après avoir payé la dette du sang, il paye la dette du travail — une rude dette ; et, malgré son grand âge, il gagne ce pain quotidien qu'on demande chaque soir au ciel.

A côté de lui, marche, comme une Antigone rustique, une jeune fille, Claudie, dont l'épaule est toujours prête à s'offrir à la main de l'octogénaire, comme un bâton de vieillesse, quoiqu'il affecte de marcher droit et le jarret tendu. Ses vêtements, presque aussi vieux que lui, ont cette propreté rigide de la misère laborieuse et fière : pas une tache et pas un trou. Claudie donne une grâce sévère à des habits plus que simples, qui paraîtraient des haillons sur toute autre qu'elle ; son teint pâle sous le fard doré de la moisson, sa faiblesse, que dissimule une énergique volonté, sa contenance réservée, presque hautaine à force de froideur, indique une douleur acceptée et profonde, un secret pénible enseveli à tout jamais.

Sans être un méchant homme, le père Fauvau est paysan, c'est-à-dire qu'il aime l'argent par-dessus toute chose, et, en voyant s'avancer ce groupe, il se demande si un octogénaire et un enfant font la monnaie d'un homme. Sylvain, qui a vu le vieux et la jeune fille à l'ouvrage, y allant de tout cœur, penchés sur le sillon, le soleil dans le dos, et recevant dans la figure les brûlantes bouffées du sol crevassé de chaleur, témoigne pour eux, et dit qu'ils ont travaillé comme un et demi au moins, et qu'ils méritent d'être bien payés. L'amour prend ici le masque de la justice, car vous avez sans doute deviné que Sylvain aime cette Claudie, si vaillante au travail, si farouche aux propos galants, et qui ne semble pas s'apercevoir qu'il y ait des jeunes garçons au monde. Mais Claudie aime-t-elle Sylvain ? C'est ce que nul ne pourrait lire sur son visage doux, pâle et triste ;

rien ne brille dans son œil, rien ne tremble dans sa voix, rien ne palpite sous son corsage : une volonté immuable semble arrêter les battements de cœur chez cette enfant stoïque ; on dirait qu'elle craint la vie et la veut traverser sans y prendre part. Elle se sépare autant qu'elle peut de tout ce qui l'entoure ; ses réponses polies, mais brèves, laissent tomber l'entretien. Tout épanchement rencontre sa persistante réserve ; elle n'accepte rien au delà de la stricte rémunération, redoutant le bienfait comme une familiarité, évitant la reconnaissance comme un lien. Le secret de cette tristesse courageuse et froide, on le saurait si Claudie était du village ; mais elle vient en moisson d'un petit pays éloigné. Pourtant, cette fille si forte, si impassible, et qui semble avoir scellé ses lèvres d'un triple sceau, a tressailli et pâli à la vue d'une espèce de faraud, de don Juan de village, qui vient pour courtiser la grand'Rose, dont la dot lui sourit fort.

Ce drôle, qui s'appelle Denis Ronciat, a séduit Claudie lorsqu'elle n'avait encore que quinze ans, et, profitant de l'ignorance angélique de la pauvre fille, il l'a rendue mère et abandonnée avec un enfant qui est mort depuis. La présence de Claudie à la ferme l'inquiète beaucoup ; il craint qu'elle ne nuise à ses projets et ne fasse quelque esclandre. — Cet ignoble personnage offre à la jeune fille, pour se taire, un argent qu'elle repousse avec une écrasante dignité. Certes, ce n'est pas elle qui publiera son opprobre ; et de réparation, qu'en a-t-elle besoin, puisque son enfant est mort et que le père Remy lui a pardonné ? Sylvain aussi tourmente Ronciat ; ce beau garçon, si bien découplé, lui paraît un rival redoutable.

La moisson est finie, et l'on rentre le blé à la ferme, avec une espèce de pompe rustique qui rappelle les tableaux de Léopold Robert. Les gerbes sont entassées sur des chars, et l'on en choisit une toute mêlée de bluets et de coquelicots, cerclée d'autant de liens qu'il y a eu de moissonneurs sur le sillon. L'usage antique est de bénir cette gerbe et de la faire arroser d'une libation de vin par le plus jeune ou le plus vieux de la bande ; par l'innocence ou la vertu. C'est l'octogénaire qui est choisi pour coryphée de la cérémonie, d'autant qu'il connaît mieux que personne les traditions du vieux temps, pour les avoir pratiquées dans sa jeunesse et puisées aux sources pures.—Le vieillard règle tout, selon la coutume antique; il invoque la bénédiction du ciel pour le travail du laboureur, puis chacun met sous la *gerbaude* (c'est ainsi que s'appelle la gerbe consacrée) un petit présent, qui plus, qui moins, selon ses moyens ou sa générosité, espèce d'offrande au coryphée de la fête.

Quand Denis Ronciat s'approche à son tour de la gerbe pour y glisser son écu, le vieux est saisi d'un tremblement convulsif; il repousse cet argent impur et marmotte des paroles sans suite, qui n'ont aucun sens pour l'assemblée, mais qui font venir les larmes aux yeux de Claudie, et déconcertent Denis, tout rouge et tout penaud. Dans son délire, le vieillard murmure une ancienne, bien ancienne chanson de paysan, une chanson triste et morne, triste comme la misère, morne comme la résignation, et qui semble avoir été épelée sur quelque mur gothique, à côté d'une danse macabre dans le goût d'Holbein : la chanson bientôt se change en râle, et, en soupirant avec un petit souffle, comme celui que Job sentit dans son dos, le dernier vers du couplet

Bon paysan, voici la mort!

le vieux perd connaissance et roule la tête sur la botte de paille, ce dernier oreiller du pauvre.

Le père Remy n'était pas si mort qu'il en avait l'air; car, au second acte, nous le trouvons dans la cuisine du père Fauvau, assis devant la cheminée, faible encore, mais en pleine convalescence; Claudie se rend utile dans la maison : elle repasse, compte et ploie le linge, avec cette grâce sérieuse et cette activité indifférente qui troublent si profondément le cœur de Sylvain. Le pauvre jeune homme cherche obstinément à faire jaillir une étincelle de cette froide poitrine qui ne veut pas s'ouvrir; il prie, implore, menace, insulte même : Claudie n'avoue rien, n'explique rien, et se renferme dans sa dignité silencieuse. Que se passe-t-il au fond de ce cœur muré? Oh! que Sylvain voudrait le savoir! Quelle est la pensée qui ferme ces lèvres comme un tombeau? Est-ce le dédain? est-ce un autre amour, un chagrin ou un remords? Mais quel remords dans cette vie si honnête, si pure, si simple? Sylvain s'y perd, se désole et souffre, car il aime

Claudie de toute son âme. Cet amour contrarie beaucoup le père Fauvau, qui rêve pour son fils l'alliance de dame Rose, la fermière; mais la mère Fauvau est pour Claudie, à cause de Sylvain, qu'elle sait ne pouvoir être heureux dans un autre mariage.

La grand'Rose, qui a saisi quelques mots à travers le délire du vieux, force Denis Ronciat à s'expliquer, ce que celui-ci fait d'un ton léger, en découvrant le secret de Claudie, poussé à bout par les railleries et les mots piquants de la jeune fermière, qui le méprise et ne le lui cache guère.

Cette révélation inattendue change la situation des personnages. Claudie est accablée par tout le monde; cette pauvre Claudie, qui cherchait elle-même à s'effacer, n'acceptant rien pour ne rien rendre, hautaine et solitaire dans sa faute expiée, calme comme le pardon, silencieuse comme l'oubli. Rose, le père et la mère Fauvau, Sylvain lui-même, ivre de jalousie et de désespoir, tous lancent leur insulte à la pauvre victime, qui sur ses joues pâles laisse couler ses larmes muettes. Mais le père Remy relève ces injures avec un air majestueux et sacerdotal, et, pontife sacré par les années, remet ses fautes à cette pauvre enfant, qui a été bonne fille et bonne mère, et paye le crime d'un autre du bonheur de toute sa vie. — Si près de Dieu et de l'éternité, il ne peut se tromper, et il proclame Claudie la plus pure des femmes. Puis, enveloppant sa fille comme un trésor, dans un geste affectueux, il franchit avec elle le seuil de cette maison où Claudie a laissé l'amour, et d'où elle emporte la honte.

Rose, que cette scène a violemment agitée, court après le vieillard et sa fille. Sylvain a voulu se détruire, et Rose, renonçant à toute prétention sur ce cœur trop épris, veut essayer de le consoler en lui rendant celle qu'il aime. Elle a su trouver des mots si persuasifs, que le vieillard a consenti à revenir. Denis Ronciat avoue tous ses torts, offre toutes les réparations, même le mariage. Claudie refuse, et avoue enfin qu'elle aime Sylvain. Le pauvre garçon pense en devenir fou de joie.

Le succès a été complet. Bocage a fait, du père Remy, un type admirable de paysan patriarcal. Mademoiselle Lia Félix a su tirer parti d'un rôle tout en dedans, presque muet, et qui ne pouvait avoir de valeur que par la tenue et la pantomime. Fechter a été charmant et passionné dans le rôle de Sylvain, à qui il donne une délicieuse élégance rustique.

20 janvier.

THÉATRE DE LA RÉPUBLIQUE.—Débuts de mademoiselle Madeleine Brohan dans *le Legs* et *les Jeux de l'Amour et du Hasard*. — Nous étions en Italie, occupé à voir le blanc polichinelle napolitain fourrer son nez noir dans toutes sortes d'intrigues de vaudeville imitées de Siraudin, lorsque la belle Madeleine Brohan, la troisième de cette charmante et spirituelle dynastie, a fait son apparition sur la scène de la rue Richelieu, dans *les Contes de la reine de Navarre*. On sait avec quelle faveur elle fut accueillie. Mais, au Théâtre-Français, il ne s'agit pas seulement de gagner sur le public une de ces parties de cartes qui se jouent les soirs de première représentation, — surtout en compagnie de M. Scribe, un madré qui triche souvent, — il faut encore s'essayer dans le vieux répertoire, parler ce beau langage des maîtres qui, comparé au patois en usage aujourd'hui, offre la différence du sanscrit au pâcrit et de l'arabe littéral à l'arabe vulgaire, soutenir dignement ce grand art étranglé avec les ficelles des faiseurs ; ce n'est qu'après ces épreuves subies que l'on est tout à fait de la maison. Mademoiselle Madeleine Brohan s'est essayée dans *le Legs* et *les Jeux de l'Amour et du Hasard*, ce triomphe de mademoiselle Mars. Comme nous arrivions, *le Legs* finissait ; mais c'était le moins important des deux rôles, et nous avons pu voir les deux sœurs, Augustine et Madeleine, sous leur double masque de Lisette-Sylvia et de Sylvia-Lisette.

En écoutant cette charmante comédie des *Jeux de l'Amour et du Hasard*, il nous semblait impossible que Marivaux n'eût pas connu Shakspeare. Marivaux, nous le savons, passe pour peindre au pastel dans un style léger et un coloris d'une fraîcheur un peu fardée, des figures de convention, prises à ce monde de marquis, de chevaliers, de comtesses évanoui sans retour ; et pourtant, dans *les Jeux de l'Amour et du Hasard*, respire comme un frais souffle de *Comme il vous plaira*. Shakspeare nous est plutôt connu par son côté dramatique que par son côté spirituel ; on parle plus souvent d'*Hamlet*, d'*Othello*, de *Macbeth*, que des *Deux Gentilshommes de Vérone*, des *Peines d'amour perdues*, du *Conte d'hiver* et des *Joyeuses commères de Windsor*. Croyez, cependant, que Benedict pourrait très-bien soutenir la conversation avec Sylvia ; que Mario trouverait dans Rosalinde, une interlocutrice prompte à la riposte, et qu'Orlando ne le cède en rien au chevalier, pour la fine galanterie et l'ingénieuse analyse du sentiment. Hélène et Démétrius, Hermia et Lysandre, se tiennent, dans la forêt magique du *Songe d'une nuit d'été*, des propos aussi alambiqués qu'aucun couple de Marivaux, dans le salon à tapisserie et à trumeaux tarabiscotés, théâtre habituel de ces légères escarmouches de l'esprit et du cœur. Bourguignon dit à Lisette des choses qui ne diffèrent pas beaucoup des madrigaux de Falstaff à mistress Quickly. Cette veine romanesque de Shakspeare, si Marivaux n'y a pas puisé, il l'aura sans doute rencontrée dans la littérature italienne, comme le grand Williams. Ces concetti si brillants, ces ingéniosités si fines, que le goût n'a pas le courage de les blâmer, ont une source pareille. Mais, sans pousser plus loin ce parallèle qu'il suffit d'indiquer, arrivons à Madeleine Brohan.

C'est une belle jeune fille, grande, bien faite, à formes d'éphèbe, avec quelque chose d'éclatant, d'agressif et de dominateur dans toute sa personne. Le geste est superbe, l'œil flamboie, la bouche étincelle, la joue brille comme une grenade : nulle timidité, nul embarras ; la grâce est âpre, la beauté crue comme un fruit vert ; le charme a quelque chose d'impérieux ; on concevrait ainsi la jeune reine volontaire et fantasque d'une de ces cours impossibles, où les poëtes ont dénoué tant d'intrigues et noué tant de mariages : et c'était vraiment un spectacle singulier que le Marivaux entre Madeleine et Augustine, entre la maîtresse et la suivante, presque décontenancé, lui qui a pourtant un beau sang-froid, de cette rapidité éblouissante, de cette verve cruelle qui procède par coups d'emporte-pièce, de cette furie presque féroce de jeu et de débit.

Il y avait des moments où les deux sœurs en présence se renvoyaient le volant avec des coups de raquette si drus et si pressés, qu'on entendait siffler la phrase en l'air sans la voir passer. Tudieu ! quelles Bradamantes, et comme, d'une petite saccade du poignet, elles vous lancent un bon mot par-dessus le lustre ; avec leurs dents étincelantes dans leurs gencives roses comme des crocs de jeune loup, elles mordaient toutes les deux jusqu'au sang la prose du maître, sans doute pour se faire les lèvres plus vermeilles, et, happant chaque phrase au passage, l'étranglaient ou la signaient d'une marque d'incisive; l'exécution faite, leur bouche rouge s'entr'ouvrait, et leur rire lumineux envoyait ses éclairs blancs : cette Sylvia ogresse et cette Lisette cannibale donnaient un accent étrange à cette comédie un peu minaudière.

Est-ce ainsi que Marivaux, l'homme des demi-nuances, des quarts de ton; Marivaux, le subtil, l'ingénieux, le délicat, doit être joué? Non : sa trame n'est pas assez solide ; il veut une façon plus sobre, plus discrète, plus contenue; son pastel, un peu pâli, tombe en poudre à de pareilles secousses ; il ne faut pas brosser les ailes des papillons.

Que Madeleine et Augustine, si elles continuent à changer de rôle dans *les Jeux de l'Amour et du Hasard*, éteignent un peu leur brio, modèrent leur entrain et consentent à ne jeter que des étincelles au lieu d'être à l'état de feu d'artifice perpétuel. Que diable! Marivaux est déjà bien assez spirituel comme cela; n'y ajoutez pas, par vos yeux, vos dents, vos narines, la phosphorescence de votre beauté, le scintillement de vos toilettes. —Vous surtout, Augustine, n'écrivez pas, sous chaque trait, une basse continue d'intentions; ne doublez pas chaque bon mot. On sait bien que vous avez de l'esprit comme un démon, et qu'au besoin vous feriez les comédies que vous jouez.

Samson est amusant dans le rôle de Bourguignon, mais il le charge outre mesure : pour que ce stratagème de transposition de rôle fût possible, il faudrait qu'il existât entre le valet et le maître une ressemblance quelconque. Bourguignon ne peut pas faire illusion un instant même à Lisette. C'est tout au plus s'il tromperait une Toinon de Molière.

GYMNASE. *La Dot de Marie.* — Ce vaudeville sentimental, traité dans les données enfantines de Berquin et de madame d'Aulnoy, appartient évidemment au théâtre Comte. Nous comprendrions avec peine son émigration de la salle Choiseul, s'il n'avait pris droit de rampe au Gymnase pour créer un rôle à la petite Judith Ferreyra.

Un ménage d'ouvrier probe, rangé, laborieux, mais où des claques sont intervenues, est sur le point de plaider en séparation. Certain huissier, à la fois bête et retors, sournoisement amoureux de la femme, attise le feu et met les époux dos à dos. Heureusement qu'une Providence de douze ans veille sur eux, et, déjouant les combinaisons scélérates du drôle, les réconcilie. Telle est, en somme, la carcasse de la pièce et l'arête tirée du poisson.

Le dialogue alterne entre ces deux échos : *papa-maman, maman-papa*, et, si Lesueur n'égayait cette miocherie, la chose pourrait se jouer dans un ouvroir pour une représentation au bénéfice des crèches. Nous engageons le Gymnase à se garder du vaudeville-barcelonnette; sans vouloir limiter le poëte dans la création et sans lui contester le droit d'introduire des enfants dans son œuvre, nous voudrions toutefois que les enfants ne fussent admis que comme accessoires, ainsi qu'en ont usé Racine, Molière, et, de nos jours, Émile Augier dans *Gabrielle*, et Ponsard dans *Charlotte Corday*; mais qu'un enfant soit le pivot d'une action et le personnage premier d'un drame, c'est ce qui nous déplaît par-dessus tout; nous aimons mieux les petites filles qui jouent avec un cerceau ou tracassent des poupées, que ces merveilles à la Vaucanson, qui viennent devant des quinquets baragouiner un charabia filandreux; c'est le sang, la pourpre de la vie, qui doit colorer leurs joues, et non le rouge des pots de loge d'actrice, et la nature nous semble préférable au coiffeur.

La petite Ferreyra a l'intelligence éveillée, les yeux vifs, et elle débite son rôle avec un aplomb vieillot, une voix aigrelette et surannée et des petites mines futées d'école et de Conservatoire. Quel intérêt, à douze ans, y a-t-il à en paraître seize?

Lesueur est un grimacier supérieur, et il faut voir comme il joue au naturel un rôle épisodique de chat, et les plaisantes façons de sauter merveilleusement sur les chaises, d'arrondir le dos, d'avancer et de retirer la patte, et de se toiletter sur le bord des tables !

On a nommé MM. Clairville et Jules Cordier. Pour être juste, nous devons dire que, contre notre sentiment personnel, la pièce a été très-applaudie et toute la troupe rappelée.

Il y avait beaucoup de mamans dans la salle.

XIX

FÉVRIER et MARS 1851. — Opéra-Comique : *Bonsoir, monsieur Pantalon*, paroles de M. Lockroy, musique de M. Albert Grisar. — La pièce et la partition. — Théâtre de la République : *Valéria*, drame de MM. Jules Lacroix et Auguste Maquet. — Une médisance de Juvénal. — Réhabilitation de Messaline. — Les Ménechmes au féminin. — Mademoiselle Rachel dans son double rôle. — Provost. — Porte-Saint-Martin : *les Routiers*, drame en vers, de M. Latour (de Saint-Ybars). — Un classique dévoyé. — De qui se moque-t-on ici ? — Théâtre de la République : *Bataille de dames*, comédie de MM. Scribe et Ernest Legouvé. — Molière in-douze. — Les bravos égoïstes. — Madame Allan, Provost, Maillart.

26 février.

OPÉRA-COMIQUE. *Bonsoir, monsieur Pantalon.* — La scène est à Venise... Hélas! MM. Lockroy et Grisar ont voulu nous donner la nostalgie de la place Saint-Marc et du Campo San-Mosé, où les cloches carillonnaient si gaiement au-dessus de la joyeuse rumeur des gondoliers! — Que ne sommes-nous encore à fumer notre cigarette sur notre balcon, entre deux pots de fleurs, tout en voyant passer les jolies filles sur le pont, alertes et rieuses sous leur *baüte* de dentelle, ou leurs torsades de cheveux blonds, qu'on dirait copiées d'un tableau de Paul Véronèse !

Heureux Lélio, qui peut chanter des sénérades sur le grand canal, à deux pas du Rialto, sous une fenêtre découpée en trèfle, devant un mur rose, et le pied appuyé au rebord d'une gondole !

Après avoir chanté, Lélio se met dans une boîte de massepains, pour s'introduire au logis de sa belle. On ouvre la boîte, il en sort, comme le diable d'un joujou à surprise, non pas tirant une langue de drap écarlate, mais soupirant de l'air le plus langoureux du monde : « J'aime ! j'aime ! j'aime ! » sans toutefois nommer la beauté, objet de ce bêlement élégiaque.

La dame qui se trouve là n'est pas Isabelle, la jeune fille dont Lélio est amoureux, mais madonna Lucrezia, la respectable femme du docteur Tirtifolo, savant alchimiste. Elle n'est point trop surprise à la vue de ce galant, dont elle prend la passion pour elle! mais, entendant du bruit, elle l'engage à rentrer dans son étui.

Le jeune homme, trouvant le séjour de la caisse par trop mélancolique, en sort pour se cacher dans un autre endroit, et fort à propos; car le docteur et Colombine, sa servante, jettent la boîte à l'eau, la prenant pour un cadeau d'amoureux. Jugez de l'effroi de la femme du docteur, quand elle apprend ce détail hasardeux. Colombine et Tirtifolo ont jeté un homme à l'eau! Cependant Lélio reparaît, et le docteur, dans son trouble, lui sert, au lieu d'un verre de vin de Chypre ou de Samos, une abominable mixture qu'il vient de composer pour un malade. Le pauvre jeune homme, écœuré, affadi, se trouve mal, tourne l'œil et s'affaisse avec toutes les apparences de la mort. Le docteur a vraiment la main heureuse : il a tué deux hommes dans sa journée! On enterre Lélio dans un canapé.

Entre M. Pantalon, qui demande des nouvelles de son fils, Lélio Pantalon; le bonhomme voit toutes les figures renversées, et ne comprend rien à l'effarement général. Rien n'est prêt, ni le souper, ni le lit; on le couche sur le canapé dans lequel gît son fils. Il s'endort d'un sommeil lourd, troublé de mauvais rêves et de visions fantastiques. Des femmes apparaissent des lanternes à la main, pour enlever le corps du malheureux Lélio; un soupir profond, douloureux, formidable, se fait entendre, le couvercle du canapé se renverse, Lélio, réveillé de sa léthargie, sort du tombeau rembourré et y fait tomber son père. Les lumières reparaissent et tout s'explique: Lélio, deux fois tué, est bien vivant, et il épouse Isabelle, comme doit le faire, à la fin de toute pièce, un Lélio traditionnel et bien élevé.

La musique de l'opéra de M. Grisar est vive et spirituelle, comme celles de *l'Eau merveilleuse* et de *Gilles le Ravisseur*. Elle a une certaine allure italienne qui rappelle les inspirations fines et joyeuses de Cimarosa, de Ricci, de Rossini, et qui sied bien aux folles excentricités qui se débitent à quelques pas du Lido, dans le laboratoire d'un alchimiste vénitien.

Il y a, dans l'ouverture, un allégro qu'on a vivement applaudi, précédé d'un solo de hautbois d'un assez joli effet. La sérénade en *la* bémol, chantée par Lélio, est charmante, et le trio de femmes, qui sépare les deux strophes, est d'une coquetterie amoureuse et comique.

Lélio sort de son panier d'osier pour dire, sur ces paroles : *J'aime! j'aime! j'aime!* un air auquel la situation scénique prête un caractère de bouffonnerie fort gai. Ajoutons à cela le quatuor final, dans lequel le titre même de la pièce se chante sur une marche de sixte et de quarte progressant par demi-tons, qui donne à ce morceau une teinte très-drôlement lugubre.

L'orchestration de M. Grisar est, du reste, travaillée avec goût. Il y a çà et là quelques intentions de fugue que le peu d'importance de l'ouvrage n'a pas permis de trop développer, mais qui témoignent de l'érudition musicale de M. Grisar.

3 mars.

THÉATRE DE LA RÉPUBLIQUE. *Valéria*. — Un admirable passage de Juvénal semble avoir donné à MM. Jules Lacroix et Auguste Maquet l'idée de leur pièce, quoiqu'ils l'aient interprété d'une manière aussi ingénieuse que paradoxale. Dans ce passage, connu de tout le monde par l'étincelante horreur et l'infâme beauté de sa poésie, il est dit que la femme de Claude, le rival des dieux, osant préférer un bouge à la couche palatine, prenait, courtisane impériale, une cape de nuit, et, cachant sa chevelure noire sous une perruque blonde, allait, accompagnée d'une seule servante, sous le faux nom de Lycisca, et la gorge emprisonnée d'une résille d'or, sacrifier à la Vénus populaire dans les temples impurs, d'où elle ne retournait que le matin au palais des Césars, lasse mais non assouvie, l'œil terne, les joues pâles, rapportant l'odeur du lupanar sur l'oreiller de l'empereur.

Ainsi donc, Valéria allait courir les aventures sous le déguisement et le nom de Lycisca; voilà ce qu'affirme cet hyperbolique et médisant Juvénal; mais doit-on prendre au pied de la lettre ce que disent les poëtes satiriques? On raconte de Messaline des choses si étranges, que Tacite lui-même, le grave historien, doute que la postérité puisse y ajouter foi. MM. Auguste Maquet et Jules Lacroix n'y ont pas cru du tout, et ils proclament tout simplement Valéria Messalina la plus honnête femme du monde. C'est injustement que le nom de Messaline est devenu la plus cruelle injure dont on puisse flétrir une femme impudique, en admettant même les bruits répandus sur elle. L'infâme distinction d'être à la tête des prostituées célèbres revient, non pas à Messaline, mais bien à Théodora, femme de Justinien, dont on peut lire, dans Procope, les débauches inouïes.

Nos auteurs ont séparé en deux la personnalité de l'impératrice; ils ont fait de Valéria et de Lycisca deux femmes distinctes, mais que confond une fatale ressemblance. C'est l'histoire à peu près d'Oliva et de Marie-Antoinette; tout ce que fait la courtisane est mis sur le compte de l'honnête femme par une malveillance habile et qui poursuit dans l'ombre un but caché, celui de mettre Agrippine dans le lit de Claude à la place de Valéria, et Néron sur le trône à la place de Britannicus, l'héritier naturel. Ce sera encore, si vous voulez, l'intrigue de ces pièces à Ménechmes, où toutes les fredaines du mauvais sujet sont payées par le personnage vertueux. En gens très-adroits, et que nulle difficulté scénique n'embarrasse, MM. Auguste Maquet et Jules Lacroix, merveilleusement servis en cela par mademoiselle Rachel, ont fait représenter les deux personnages par la grande actrice, en sorte que l'illusion est parfaite. Les yeux ne sont pas obligés de faire des concessions à l'esprit, comme lorsque les Ménechmes sont représentés, ainsi que cela arrive souvent, par deux acteurs tout à fait dissemblables.

Mademoiselle Rachel a joué ce rôle à double masque avec une perfection incroyable, outre le mérite de la rapidité des transformations de costume, elle a celui de la transformation instantanée de l'âme. Les traits sont pareils, mais la pensée est différente; un autre regard, un autre sourire, une autre voix se succèdent tout d'un coup, le personnage change. Lycisca a bien la figure et la ressemblance de l'impératrice, mais sa pensée, son humeur, son amour sont d'une courtisane : quel contraste entre cet éclair rapide de l'œil impérial et cette vague lueur brillante et mouillée de l'œil de la bacchante; quelle différence entre cette pâleur aristocratique et ces joues rosées par l'ivresse et le désir, entre cette voix claire, ferme, limpide, et cet accent rauque, entrecoupé d'éclats de rire et de sons faux, où se trahit la fatigue de la débauche et de l'orgie!

Jamais mademoiselle Rachel ne s'est montrée plus grande comédienne, artiste plus franche et plus hardie ; elle a réalisé l'idéal de la courtisane antique sans fausse coquetterie, sans mièvrerie, sans pudeur de mauvais goût. Est-elle charmante, lorsqu'elle passe la tête à la fenêtre, toute moite de sommeil, rose de vin et de baisers, avec sa toilette folle à moitié défaite, ses bras nus, sa tunique en désordre, sa mine effarouchée et surprise par la lumière, et quel beau geste délibéré et chaste à la fois, lorsqu'elle entraîne vers le triclinium ce sot de Mnesther, qui est fâché de reconnaître une impératrice dans sa maîtresse !

Provost a composé avec un art infini la figure de Claude ; il en sait plus que Suétone sur ce triste César, moins imbécile pourtant qu'il n'en avait l'air, et assez bonhomme au fond, malgré les meurtres qu'il ordonnait ou laissait commettre sans trop savoir pourquoi.

17 mars.

PORTE-SAINT-MARTIN. *Les Routiers.* — M. Latour (de Saint-Ybars) est l'auteur de *Virginia* et autres tragédies « manquant de gaieté » jouées avec succès à la Comédie-Française et à l'Odéon. Jusqu'à présent, M. Latour (de Saint-Ybars) jouissait de cette espèce d'estime craintive que l'on a, en France, pour les gens qui font solennellement des choses ennuyeuses. C'était un homme « sérieux ; » il n'avait qu'à ne plus rien faire pour être de l'Académie : nous craignons bien qu'il n'ait compromis cette belle situation par sa pièce d'hier, qui offre ce mélange du dramatique et du grotesque recommandé par la préface de *Cromwell*, et déroge à la règle de l'ennui pur, qu'on doit observer dans les tragédies un peu proprement faites.

De *Bérénice*, M. Latour (de Saint-Ybars) est passé aux *Joyeuses commères de Windsor* : de Racine à Shakspeare. Conversion étrange, inattendue, inexplicable ! La taie classique lui est tombée de l'œil et il vacille ébloui devant la lumière romantique ! Il jette la toge aux orties, lance le péplum par-dessus les moulins et endosse la casaque mi-partie du truand et du mauvais garçon. Venant de lui, les *Routiers* nous ont considérablement dérouté ; lui, le sage, le posé, le régulier, il a voulu faire quelque chose de fou, de tumultueux, d'effréné, de cocasse et d'abracadabrant. — Mais pourquoi ?

Aux noms en *us*, M. Latour de Saint-Ybars, qui n'y va pas de main morte, substitue des noms tels que ceux-ci : De Profundis, le Grand-Sec, l'Écorcheur, Trombolina !

O Melpomène, voile-toi la face ! Pleurez, Muses ! Hippocrène, roule des flots noirs en signe de deuil !

L'intrigue de ces six actes est très-peu chargée, pour laisser de la place aux détails fantasques et aux épisodes picaresques. Nous allons la raconter en peu de mots. Un certain Bacon médite, depuis quinze ans, une vengeance contre le seigneur de Montaut, qui a fait mourir son père en prison, lui a pris sa femme, et a fait jeter sa fille on ne sait où. Après avoir erré sur mer et eu beaucoup d'aventures, il revient pour accomplir ses projets, et tombe dans une bande de routiers qui veulent d'abord lui faire un mauvais parti et dont il se fait proclamer le chef, à force d'audace et de sang-froid goguenard. Il leur fait flairer le château de Montaut comme une riche proie, et leur en promet le pillage : une aventurière, nommée Trombolina et maîtresse du capitaine dépossédé, pénétrera, nouvelle Judith, chez cet autre Holopherne, l'enivrera et lui prendra ses clefs, qu'elle jettera aux routiers par la fenêtre de la tourelle. — Le château est pris ; Bacon rappelle ses griefs au comte de Montaut, qui a tout à fait oublié la chose, et il le fait pendre pour lui rafraîchir la mémoire. Après quoi, on pille, on boit, on mange et on incendie ; un cri douloureux se fait entendre. Bacon ému s'élance et, au risque d'être grillé, rapporte une jeune fille qui se trouve être la sienne. Il la marie au neveu du comte et engage ses routiers à se joindre aux bandes de Duguesclin, qui partent pour l'Espagne, sous prétexte qu'il vaut mieux être soldats que voleurs et finir sur le champ de bataille que sur l'échafaud.

Rien n'est plus singulier que le style de cette pièce, mélange de formes académiques et de plaisanteries hasardeuses. Ces routiers qui, de temps à autre, oubliant leurs jurons moyen âge et leurs facéties de soudards, s'expriment tout à coup comme des Arcas et des Arbates en vers couplés deux par deux et farcis de périphrases, ont la physionomie la plus hétéroclite du monde, et l'on se demande perpétuellement si c'est de la tragédie ou du drame que l'auteur s'est moqué. M. Latour (de Saint-Ybars) a-t-il voulu faire pour le drame en vers ce que Frédérick a fait dans *l'Auberge des Adrets*, pour le mélodrame en prose, une parodie? ou a-t-il travaillé sincèrement? C'est ce que nous ne saurions décider.

Mais que les vers soient faits en charge ou sérieusement, ils sont très-mauvais, très-flasques et très-mous, malgré leur apparente brutalité et leur fausse carrure : le grotesque demande une imagination de détail, une chaleur de ton, une force de touche un rapprochement inattendu d'images et de mots qui manquent totalement au poëte de *Virginia*. N'est pas extravagant et picaresque qui veut : Bamboche, Salvator, Callot, Goya, dans la peinture; Rabelais, Cervantès, Regnier et Scarron, dans la littérature, sont des maîtres d'une imitation difficile. Leur bouffonnerie est un art sérieux, solide et robuste, autrement difficile que la reproduction du poncif classique.

24 mars.

THÉATRE DE LA RÉPUBLIQUE. *Bataille de dames*. — Nous sommes à l'aise avec M. Scribe, en ce que nous n'avons pas la même poétique. Nous partons de points de vue essentiellement différents, et l'impossibilité où nous sommes de nous rencontrer jamais, dégage notre indépendance. M. Scribe est à la scène ce que M. Horace Vernet est à la peinture, et M. Thiers à la politique : l'homme de l'à-propos, le chercheur de petits moyens, clair, ingénieux, rapide, stratégiste consommé dans le médiocre et l'inférieur, subtil en ressources dans la microscopie de l'intelligence. Ces édificateurs de châteaux de cartes, ces enfileurs de pois par des trous d'aiguille, ces montreurs de hannetons armés et combattants nous touchent médiocrement. M. Scribe, qui passe pour un homme de beaucoup d'esprit, n'a pas l'esprit que nous entendons, ni l'inspiration, ni le jet, ni l'éclair, ni cette sorte de lueur de langage qui est dans la conversation comme l'eau du diamant.

Cette retenue dans le sourire nous déplaît. Quand un mot a longtemps traîné, M. Scribe le ramasse. Il doit avoir quelque part un tiroir d'épigrammes numérotées et un carton de saillies mises au net, car ses pièces ressemblent beaucoup au cahier d'expressions que les *piocheurs* font dans les colléges. Il nous a toujours paru un provincial élégant qui, de retour de Paris, tourne la tête des héritières de sa sous-préfecture avec des gilets achetés passage du Saumon. Aux gens habillés à la mode de l'an dernier, nous préférons les gens habillés à la mode de demain.

On a dit de M. Scribe que c'était un Molière in-douze, on s'est trompé : c'est une sorte de Marivaux bourgeois, sans la fantaisie, bien entendu. Des scènes combinées amenant des effets à ressorts dramatiques comme des tabatières à surprise, ne peuvent remplacer la large entente théâtrale de Molière, et la langue verbeuse, incolore et commerciale de M. Scribe les concetti raffinés et le babil étincelant de Marivaux. Une chose surtout nous frappe : c'est qu'il est impossible, au milieu de l'immense répertoire de M. Scribe, de trouver un type de femme créé par lui, et aucune figure ne se mêle à vos souvenirs ; — énorme défaut pour un dramaturge de n'avoir fait tenir debout que des mannequins, sans mettre dans leur froide poitrine l'étincelle de la vie.

M. Henri de Flavigneul, jeune officier bonapartiste, poursuivi comme chef d'un complot ayant pour but de ramener celui que l'on nommait alors l'Ogre de Corse, s'est réfugié dans le château d'une amie de sa famille, la comtesse d'Otreval, *ultra* connue et éprouvée. Achille moderne, il se déguise, mais en domestique, et, pour mieux écarter les soupçons, prend le costume et l'allure d'un valet de chambre. Toutefois, il n'est pas entré si avant dans la peau du personnage qu'il ne se trahisse. La blancheur aristocratique des mains, un certain air de fierté, une façon de s'exprimer comme il faut révèlent que c'est un homme né, à une jeune fille de dix-huit ans, Léonie, nièce de la comtesse. Aussi bien, la petite, ennuyée de ses dix-huit ans dans ce château féminin, avait pour le suspect, M. Charles, des regards trop complaisants. Aimer un Ruy Blas en guêtres, c'est assez mal placer son cœur ; mais il y a à tout des excuses et des circonstances atténuantes.

Le pseudo-Charles n'est autre que le véritable Henri. Voilà, il faut l'avouer, un heureux gaillard à qui tournent toutes les chances. Il est proscrit, il est aimé, non-seulement de la nièce, mais de la tante. De ces deux femmes, l'une ayant dix-huit ans et l'autre trente, de la jeune fille ou de la femme mûre, qui aura Henri ? Après avoir indiqué la situation, M. Scribe s'est bien gardé de l'attaquer de front.

Là cependant était la lutte, le véritable intérêt de la comédie. La jeunesse a pour elle la candeur, la grâce timide, le regard ingénu, la bonne et honnête rougeur virginale, l'indéfinissable charme des aurores ; bref, la jeunesse a la jeunesse ; l'âge mûr, par cela qu'il est mûr, a l'expérience, la ruse, le calcul, l'aplomb, la coquetterie, toutes les qualités étoffées et savantes. Agnès, avec sa petite guimpe proprement plissée, désarmée d'un sourire modeste, triomphera-t-elle de l'opulente Célimène qui met à l'air ses diamants et son esprit ? Grave question !

Ici, M. Scribe s'arrête pour caresser la figure ou le dos, nous ne savons lequel, du baron de Montrichard, type de parvenu. Après avoir été le citoyen Montrichard, puis M. de Montrichard, notre homme est enfin devenu le baron de Montrichard, préfet de Sa Majesté Louis XVIII ; comme une couleuvre, il a glissé à travers tous les régimes. Ce type d'ambitieux subalterne et d'égoïste fûté appartient à la famille des personnages de M. Scribe. Le Gymnase l'a vu cent fois dans ses vaudevilles administratifs. Ce n'est pas ainsi que notre cher et illustre Balzac comprenait les rages sourdes de l'ambitieux, si dramatiquement racontées, par son fameux abbé Carlos Herrera, ou par Z. Marcos, dans son duel contre le pouvoir, au fond de sa mansarde.

Le baron de Montrichard arrive dans le château de la comtesse, moins comme un préfet que comme un gendarme. Mis sur la piste du proscrit, il vient le capturer de ses propres mains. Le terrain de la lutte se déplace. La rivalité entre les deux femmes disparaît devant un intérêt nouveau. Est-ce Montrichard qui prendra le proscrit ? Sans être en tiers dans le secret de la comédie, on devine tout d'abord que la comtesse l'emportera, et les péripéties qui retardent son triomphe, sont pour l'intelligence du spectateur des subtilités illusoires. Il rôde, d'ailleurs, à travers l'action, un certain Henri de Grignon, maître des requêtes au conseil d'État, confident ahuri, amoureux calculateur, dont la stupidité patente sert merveilleusement l'évasion. La comtesse l'engage à s'habiller en domestique et à se faire arrêter au lieu et place du vrai proscrit. Ce Pythias grotesque s'y prête avec d'inimaginables terreurs.

Nous ne connaissons pas de niais pareil et plus piteux. De son côté, le préfet met à se laisser battre une complaisance particulière. A l'instar des pères de famille qui vont prendre chez leur portier des renseignements sur la vie de jeune homme de leur futur gendre, Montrichard interroge ou soudoie les domestiques du château. C'est surtout à Flavigneul qu'il s'attache. Il se frotte les mains, croyant l'avoir gagné par l'appât d'une bourse de vingt-cinq louis, et, sûr du succès, se repose dans les douceurs du triomphe. Le Grignon arrêté à sa place, Flavigneul se sauve, puis revient recevoir des mains du préfet vaincu une ordonnance d'amnistie. Voilà une ordonnance arrivée à propos. Henri délivré épouse Léonie. La jeunesse l'emporte ; la comtesse, malgré ses sacrifices, ses ruses, son esprit et la chaleur de son dévouement, apprend à la fin que trente ans n'en valent pas dix-huit dans l'arithmétique de l'amour.

Pour si rapide qu'elle soit, cette analyse donnera, nous le pensons, une suffisante idée de la pièce. C'est du Scribe pur, le Scribe de *la Calomnie*, de *la Chaîne*, de *Bertrand et Raton*, de *la Camaraderie*, du *Verre d'eau;* mêmes petits moyens, mêmes petites malices, mêmes petits mots, style flasque, cotonneux et sans relief. Constatons, toutefois, un succès très-grand et très-vif. Le spectateur, enchanté de comprendre les allusions transparentes, sort de là très-charmé sur son propre esprit, dont il fait, du reste, les honneurs à M. Scribe avec une grâce reconnaissante. Applaudir ainsi, cela devient de l'égoïsme ; aussi les bravos sont-ils nombreux.

Madame Allan, chargée du rôle de la femme de trente ans, y apporte le soin et la maturité consommée de l'expérience dans un jeu disert, ingénieux et détaillé. Nous devons à madame Allan d'avoir ramené de Russie Alfred de Musset dans ses bagages ; c'est elle qui, pour le public assis, l'a mis en lumière et lui a fait en quelque sorte sa fortune théâtrale. De cette preuve d'une rare pénétration et d'un grand courage vis-à-vis de la routine consacrée, la critique doit lui savoir gré. Madame Allan est parfaite dans l'art de détacher la phrase, de souligner le mot, de marquer l'intention. Elle a pris en main d'une façon supérieure les Célimènes de la bourgeoisie moderne. Qu'elle se laisse aller un peu plus au libre jeu de l'inspiration et ne craigne pas de moins noter ses rôles. Il ne faut pas que le souvenir de correction de mademoiselle Mars préoccupe plus longtemps l'intelligente actrice; ses propres ressources lui suffisent, et au delà.

Nous n'avons que des éloges à donner à Provost pour son jeu sobre, large, étudié, et Maillart a eu de la chaleur et de l'élévation.

XX

AVRIL 1851. — Odéon : *les Contes d'Hoffmann*, drame fantastique, de MM. Jules Barbier et Michel Carré. — Hoffmann et ses créations. — La vraisemblance dans l'incroyable. — La pièce de MM. Barbier et Carré. — Du mélange des vers et de la prose dans le dialogue scénique. — Madame Laurent, Tisserant. — Théâtre de la Nation : *Sapho*, paroles de M. Émile Augier, musique de M. Gounod. — La légende de Sapho. — La fable de M. Augier. — Le rocher de Leucate. — La chanson du chevrier. — Madame Viardot-Garcia, Gueymard. — La partition. — Caractère du talent de M. Gounod. — Reproche aux auteurs à propos de l'omission du ballet. — Opinion de Gœthe sur la danse mimique.

2 avril.

Odéon. *Les Contes d'Hoffmann*. — Hoffmann passe pour un poëte fantastique; cependant, jamais réputation ne fut moins méritée, car c'est, au contraire, un réaliste violent. Il a une netteté de dessin, une force de couleur, une circulation de vie singulières. Les physionomies qu'il trace restent ineffaçablement empreintes dans l'esprit, comme si on les avait rencontrées hors du livre. En lisant ses *Contes*, il semble qu'on se souvienne d'une foule de choses oubliées, et dont la mémoire se réveille à mesure qu'on tourne les pages. Les personnages ont quelque chose de *déjà vu*, qui vous trouble profondément, des voix *connues* murmurent à votre oreille ; vous éprouvez comme l'impression d'un rêve persistant à travers la veille, et la lecture évoque en vous une foule d'images qui se succèdent et s'évanouissent comme des ombres légères, mais qui semblent sortir de votre propre cœur.

Quand Hoffmann commence un conte, tout va d'abord le plus naturellement du monde; il affecte de peindre avec un pinceau, vrai comme celui d'un maître flamand, des intérieurs très-réels où tous les objets sont rendus en détail ; voilà le grand poêle de fonte, la table de chêne luisant; le *scarlatwine* brille dans les verts *rœmers ;* la bonne bière de Munich déborde de sa mousse les hauts vidercomes ; les bourgeois, accoudés, boivent et fument. Rien n'est plus simple ; mais bientôt le poêle ronfle avec un son étrange et guttural, le brouillard se condense, l'ombre s'entasse dans les coins, où les chimères commencent à grimacer; peu à peu, les honnêtes faces des Philistins se déforment, s'élargissent ou s'effilent par un travail assez semblable à celui de la caricature sur la physionomie humaine. Regardez ce monsieur : ses yeux s'entourent de membranes bleuâtres, son nez se recourbe, sa bouche s'enfonce, son col rougit. Le conseiller aulique de tout à l'heure est un vautour qui trempe son bec dans un verre. Ce massif Berlinois se gonfle, se souffle et s'exagère en hippopotame; cet autre, mince et grêle, devient un renard, ayant un collet fourré de sa propre peau. La cave est transformée en ménagerie, comme dans *la Nuit de la Saint-Sylvestre.* Certes, tout cela n'est pas naturel, et nous sommes loin du point de départ ; mais quel art infini, quelles savantes préparations et quelle vraisemblance dans l'incroyable ! Comme toutes les fibres de l'imagination sont tendues dès le début ! malgré la tranquillité apparente du narrateur, comme on devine qu'il va arriver quelque chose ! comme, au premier soupir du vent dans le corridor, comme, au premier craquement de la boiserie, on se sent inquiet, ému! Une corde de piano casse et vibre dans sa caisse fermée, une rose se détache de sa tige et s'effeuille, deux petites taches rouges montent aux joues d'une jeune fille, et alors vous voilà emporté dans le monde invisible, à la merci du poëte.

Achim d'Arnim, Clément Brentano, Jean-Paul Richter, Adalbert de Chamisso sont infiniment plus fantastiques qu'Hoffmann, et d'un fantastique tel, que des Français auraient beaucoup de peine à le comprendre. Le grand succès, chez nous, de l'auteur du *Violon de Crémone,* du *Majorat,* de *la Cour d'Artris,* de *l'Église des Jésuites,* vient précisément de cette puissance de peinture, de cette observation profonde et de cette habileté à donner des formes réelles aux plus étranges fantaisies, et l'idée de mettre au théâtre des personnages d'Hoffmann n'est pas aussi excentrique qu'elle le paraît d'abord.

La tentative de MM. Jules Barbier et Michel Carré a sa curiosité et son intérêt, et nous sommes fâché que la routine théâtrale empêche d'en faire souvent de semblables.

Dans une espèce de prologue, dont la décoration représente la cave où s'enivrait Hoffmann, la muse de l'inspiration jaillit d'une tonne d'Heidelberg en miniature, sous la figure d'une jeune femme qui débite une allocution en vers, pour préparer le public à la bizarrerie du spectacle ; puis la fée se change en jeune étudiant et va s'attabler avec les autres buveurs. Hoffmann est là avec des *maisons-moussues*, des *renards* et autres illustrations de l'Université, fumant, buvant, racontant des histoires en attendant la fin de l'Opéra de *Don Juan*, qui se joue dans la salle de théâtre voisine... Stella, la cantatrice qu'il a aimée en Italie, lui a envoyé la clef de sa loge... On entend les applaudissements du public... La représentation avance, et le poëte va être heureux... Comme dans *Victorine, ou la Nuit porte conseil*, les récits d'Hoffmann prennent un corps et se déroulent devant les yeux du spectateur.

Nous voyons d'abord l'histoire de *Coppelius, ou l'Homme au sable* : Hoffmann devient amoureux de la fille du docteur Spallanzani, une charmante personne qui n'a d'autre défaut que de se monter avec une clef dans le dos, comme l'automate de Vaucanson. A cela près, elle répond *oui* et *non*, ce qui est suffisant pour une jeune fille bien élevée ; elle danse, valse et joue de la harpe en perfection. On entend même dans sa poitrine un petit bruit qu'on pourrait prendre pour un battement de cœur ; mais ce bruit provient des rouages qui s'engrènent, des ressorts qui montent et descendent. Jamais un pensionnat tenu dans le genre anglais n'a livré à une famille enchantée un produit plus satisfaisant. Aimer un automate est un malheur qui arrive à tous les poëtes, et il faut bien s'en consoler.

A la mécanique Olympia succède la trop sensible Antonia du *Violon de Crémone*. Voici le conseiller Crespel avec son joli petit tour d'ivoire, où il tournait pour les enfants des jeux de quilles dans des os de lièvre, et ses violons mis en pièces comme s'il voulait en pénétrer l'âme. « Antonia, ne chante pas, si tu veux vivre pour aimer ! » Mais comment empêcher une cantatrice de chanter? Les deux petites taches rouges s'agrandissent, et Antonia tombe morte sur le canapé au grand désespoir d'Hoffmann.

D'Antonia, l'on passe à Zulietta, la courtisane enivrante et perfide, qui fait collection d'ombres et possède celle du fameux Pierre Schlemihl, dont les infortunes ont été racontées éloquemment par Adalbert de Chamisso. Elle veut avoir le reflet d'Hoffmann, qu'elle lui dérobe dans une glace. — L'histoire se dénoue par l'empoisonnement de Zulietta, qui boit par mégarde un verre d'aqua-tofana que le capitaine Dappertutto destinait au poëte.

Pendant qu'Hoffmann raconte ces histoires, le conseiller Lindorf, son mauvais génie, son Méphistophélès, lui souffle Stella et le laisse endormi sur la table à côté d'une bouteille.

Par une singularité piquante, la pièce est entremêlée de vers. Aux moments lyriques la ligne se change en hexamètre, et l'action qui marchait avec des pieds, court avec des ailes. Ce mélange est agréable. Le théâtre anglais est plein de pièces de ce genre ; mais, chez nous, le vers n'interrompt pas la prose, à moins d'être accompagné de musique. Il y a parti à tirer de cette heureuse innovation.

Madame Laurent a joué les quatre rôles de femme avec un talent remarquable, car vous avez compris que ces quatre figures représentent les phases différentes d'un même amour. Tisserant s'est montré excellent comédien dans le conseiller Lindorf, le docteur Miracle et le capitaine Dappertutto, qu'il a rendus avec beaucoup de malice et de scélératesse.

22 avril.

Théâtre de la Nation. *Sapho*. — Le sujet de Sapho a tenté déjà bien des plumes ; en effet, à ce nom, qui est celui d'un des plus grands poëtes de l'antiquité, s'attache un souvenir de passion malheureuse qui le rend intéressant et fait, de la muse, une héroïne de roman. L'*Hymne à Vénus*, l'ode passionnée traduite d'une manière si froide et si pâle par Boileau, qui n'aurait fait le *saut de Leucate* pour personne, et quelques courts fragments, voilà tout ce qui reste de Sapho; mais ce peu suffit à la rendre immortelle. Ces quatre stances, d'une ardente beauté, contiennent la quintessence de tout ce qui a été écrit sur l'amour. Sapho, qui inventa le vers saphique, reçut de son vivant le surnom de dixième Muse, et cela, de la part des Grecs, qui s'y connaissaient; morte, on lui éleva un temple. Les habitants de Lesbos, sa patrie, lui rendirent les honneurs divins, et la monnaie de l'île fut frappée à son effigie. Elle n'était pas d'une beauté correcte; mais le feu du génie et l'expression de ses yeux suppléaient à ce qui lui manquait en régularité. Veuve de bonne heure d'un particulier d'Andros, âgé et peu digne d'elle, elle eût mené avec ses amies et ses élèves, au nombre desquelles il faut compter Érinne, dont l'anthologie a conservé quelques épigrammes, une existence heureuse et brillante, si elle n'eût pas rencontré Phaon, pour qui elle conçut une passion qui ne fut pas payée de retour et se termina comme chacun sait.

Quel était donc ce bellâtre insipide qui méprisait ainsi le génie le plus fougueux et l'amour le plus tendre? Selon les uns, c'était un poëte; selon les autres, un patron de navire, qui passa Vénus, déguisée en vieille femme, avec beaucoup de promptitude, où elle voulait aller, sans rien demander pour sa peine, et qui fut pourtant bien récompensé; car la déesse reconnaissante lui donna un vase d'albâtre rempli d'un parfum dont il ne se fut pas plus tôt frotté, qu'il devint le plus beau des hommes et fit la passion de toutes les femmes de Mytilène. D'autres auteurs prétendent qu'il trouva la plante nommée *eryngium*, dont la racine est marquée d'une empreinte mystérieuse qui fait invinciblement aimer celui qui en est possesseur. On conçoit qu'ainsi privilégié, le seigneur Phaon fit un peu le difficile. Toutefois, il ne fut pas aussi cruel pour tout le monde que pour la pauvre Sapho; car il périt en bonne fortune, surpris par un mari jaloux, au moment le plus animé d'une conversation criminelle.

Nous sommes étonné que M. Émile Augier ne se soit pas servi de cette légende si favorable au merveilleux dont l'Opéra ne peut se passer, et qui, du moins, expliquerait l'entraînement de Sapho pour cet animal de Phaon, en lui donnant un caractère de fatalité ; car la grande poëtesse céderait à un philtre tout-puissant, préparé des mains de Vénus ; il y aurait eu, ce nous semble, quelque intérêt dans cette vieille femme secouant ses haillons et reprenant sa radieuse figure de déesse, dans ce grossier matelot changé en Adonis et devenant le rêve d'amour de femmes qui ne l'eussent pas regardé la veille ; on aurait pu supposer une vengeance de Vénus, irritée d'être délaissée par Sapho pour Apollon, et lui en voulant peut-être à cause de certains petits méfaits inutiles à spécifier ; la pièce eût eu alors, outre son sens humain, un sens mythologique. Mais M. Émile Augier, sans doute en sa qualité de poëte de l'école du bon sens, a ramené ce sujet à la prose la plus exacte et l'a dépouillé de tout incident surnaturel.

Pour remplir le vide de l'action ainsi dénuée, il a imaginé une espèce de conspiration de Phaon, d'Alcée et de Pythéas, contre un honnête tyran de Mytilène, Pittacus, qui, plus tard, fut mis au rang des sept sages de la Grèce, à preuve, pour parler comme le gamin de Charlet, qu'il n'était pas d'une férocité bien excessive. Le secret de cette conspiration est livré à Glycère, rivale de Sapho, par Pythéas, qui espère obtenir ainsi un amour que la courtisane s'obstine à garder pour Phaon, chargé de frapper le tyran. De ce secret, Glycère fait un épouvantail pour Sapho : si la poëtesse ne renonce pas à Phaon, la courtisane ira le dénoncer à Pittacus ; au contraire, Glycère se taira si Sapho laisse partir Phaon seul, bien entendu. Glycère dit à Phaon que la conspiration est découverte, et qu'il faut fuir. Sapho reste immobile, froide et muette. Glycère déploie son faux dévouement, et Phaon, jetant un regard de dédain sur Sapho, s'embarque avec la courtisane. Le dénoûment, vous le connaissez, c'est le saut du haut du rocher de Leucate dans le rafraîchissant azur de la mer.

La décoration où s'encadre ce dénoûment, et qui est due aux pinceaux de M. Despléchin, a une sérénité toute grecque et toute printanière, et sert admirablement de fond à la figure de ce jeune berger qui, en descendant de la montagne, chante une chanson d'amour, heureux et tranquille, contrastant avec la fiévreuse agitation de Sapho.

> Broutez le thym, broutez, mes chèvres,
> Le serpolet avec le thym...

La blonde Aglaé de ses lèvres
Toucha les miennes ce matin ;
Et j'attends que Vénus se lève
Pour la rejoindre sur la grève.
Brille enfin, étoile d'amour,
Et dans les cieux éteins le jour !

Madame Viardot-Garcia, qui remplissait le rôle de Sapho, l'a composé d'une façon sculpturale et tout antique; chacune de ses poses semble la réalisation d'une statue grecque.

Nous aimons beaucoup la voix de Gueymard, voix jeune, limpide, argentine, qui monte à l'aigu sans effort et sans cris, et repose des prodiges de volonté et d'art que font de grands chanteurs trahis par leur organe; il donne au rôle de Phaon une couleur indécise et douce, qui est bien celle du personnage comme l'a compris M. Augier.

Nous nous étions tenu sur la réserve, selon notre habitude, à l'égard des fanfares élogieuses entonnées avant l'apparition de l'ouvrage de M. Gounod. Aujourd'hui qu'il s'est montré à nous à la clarté de la rampe, nous n'hésitons pas à dire que, si la partition de *Sapho* n'est pas un chef-d'œuvre, c'est du moins une des belles pages que l'art musical moderne ait à enregistrer.

On devine facilement, en entendant la musique de M. Gounod, son habitude d'écrire pour l'Église et sa préoccupation constante des vieux maîtres. Ces tendances au genre religieux et aux formules anciennes peuvent être admises dans une œuvre comme celle-ci, et nous n'en ferions pas un reproche à M. Gounod s'il les avait suivies jusqu'au bout, ou si, lorsqu'il s'en est parfois écarté, il nous eût montré sa manière à lui, au lieu de s'inspirer encore d'autres modèles moins classiques. En musique comme en peinture, nous aimons l'homogénéité dans la couleur, et la partition de M. Gounod nous semble pouvoir être comparée à une belle femme dont Ingres aurait peint le torse et la figure, et Delacroix les jambes et les bras.

Le plus grand éloge qu'on puisse faire d'un artiste, c'est de dire qu'il a mis son cachet à son œuvre. Tout en reconnaissant le mérite de la musique de *Sapho*, nous devons dire que c'est plutôt une belle étude d'après l'antique qu'une création destinée à opérer une révolution dans l'art : c'est là peut-être ce que cherchait M. Gounod, mais il n'a pas atteint son but. Dans la partie dramatique, il est arrivé à la passion par des effets grandioses et habilement combinés ; ses chœurs sont écrits dans un style magistral et sévère, et parfaitement disposés pour les voix. Quant à l'instrumentation, elle est travaillée avec soin et renferme de jolis détails et des effets de sonorité très-heureux.

Nous aimons beaucoup la chanson du chevrier, que nous avons citée plus haut ; c'est un petit chef-d'œuvre de grâce et de fraîcheur, une mélodie neuve et d'un parfum agreste accompagnée sur un rhythme oriental dessiné par deux hautbois et un tambourin. Cette délicieuse inspiration de M. Gounod a été *bissée*. Sapho revient de son évanouissement, prend sa lyre et chante une strophe finale, dont les accents pleins de mélancolie iront se perdre au sein des flots.

Est-ce par gravité personnelle, ou par égard aux scrupules solennels de M. Gounod, que M. Émile Augier n'a pas réservé de place au ballet dans son poëme. Cette omission, qui attriste beaucoup l'ouvrage, déjà peu gai par lui-même, est impardonnable dans un sujet grec. Chez les Grecs, la danse se mêlait à tout : aux fêtes publiques, aux cérémonies du culte, aux représentations théâtrales. Les philosophes lui donnaient des significations astronomiques et religieuses. La strophe, l'antistrophe et l'épode étaient des évolutions chorégraphiques exécutées par le chœur sur le thymelé, autour de l'autel de Bacchus. Le chœur entrait toujours en dansant sur la scène. — M. Émile Augier aurait pu se rassurer dans cette question par ces lignes de Gœthe : « La danse mimique pourrait à bon droit ruiner toute plastique. Heureusement, l'enivrement sensuel qu'elle produit est bien fugitif, et, pour plaire, elle a besoin d'exagérer. C'est-ce qui en éloigne les autres artistes. Pourtant, s'ils étaient habiles et pénétrants, ils y trouveraient beaucoup à apprendre. » Nous sommes de l'avis de Gœthe.

Nous n'osons pas prédire à l'opéra de M. Gounod un grand succès de vogue; ce n'en est pas moins une œuvre de haut mérite, écrite par un musicien éminent.

XXI

MAI et JUIN 1851. — Gaieté : *Molière*, drame de madame George Sand. — Idée philosophique de la pièce. — Se dégage-t-elle clairement de la situation ? — Le caractère d'Armande tel que l'a fait l'auteur. — Diffusion d'intérêt qui en résulte. — Bocage, M. et madame Lacressonnière, mademoiselle Hortense Jouve. — Théâtre de la République : *les Caprices de Marianne*, comédie de M. Alfred de Musset. — Manière d'esquiver les changements à vue. — Modifications malheureuses. — Succès quand même. — Ambigu : *les Vengeurs*, drame de M. Plouvier. — Le plaisir des dieux. — Des diverses formes de la vengeance, depuis Caïn jusqu'à nos jours. — Théâtre de la République : *les Bâtons flottants*, comédie en vers, de M. Liadières. — Le vers de la Fontaine réalisé. — Un écrivain amateur. — Portraits de fantaisie. — La prétendue inanité du pouvoir. — Versification d'un ancien homme d'État.

12 mai.

Gaieté. *Molière.* — Ce n'est pas un tableau historique que George Sand a voulu faire, c'est un drame intime. La figure de Louis XIV n'apparaît qu'un instant ; les événements de la pièce sont très-peu nombreux. Tout se passe dans le cœur de Molière, cet homme à qui rien de l'homme n'était étranger, selon le vers de Térence, qu'il aurait pu prendre pour devise.

Nous ne comprenons pas bien quelle est l'intention philosophique du drame. Il y a, nous le savons, un contraste piquant, contraste qui a été senti par les contemporains, entre la position de Molière, moraliste railleur, qui créa Georges Dandin, Sganarelle, Arnolphe, et tant d'autres barbons bafoués et trompés par leurs femmes, et Molière, mari d'une coquette, et voyant revenir sur lui les flèches acérées de ses sarcasmes. Le mot : « Médecin, guéris-toi toi-même ! » voltige involontairement sur les lèvres, quelque pitié qu'on se sente pour ce grand génie et ce grand cœur.

Voilà la situation ; mais quel sens a-t-elle ? quelle conclusion en tire madame Sand ? Veut-elle montrer que le génie le plus mâle n'est pas à l'abri des faiblesses du cœur, ou flétrir la femme qui n'a pas su comprendre cette âme d'élite ?

Rien de tout cela ne ressort clairement de la pièce. Le caractère d'Armande n'est pas dessiné avec assez de netteté. Elle ne mérite pas, en vérité, les indignations et les tristesses qu'elle soulève. Ses crimes se bornent à regarder avec plaisir, au premier acte, un diamant que lui envoie, en tout bien tout honneur, le prince de Condé, qu'elle ne connaît pas; au second, à rabrouer assez vertement le jeune Baron, qui lui écrit un poulet; à épouser Molière, dont le prince de Condé lui fait comprendre la gloire ; au troisième, à se rendre à Chantilly pour donner des leçons de comédie aux jeunes filles du prince absent; et, au quatrième, à remettre à son mari la vieille lettre de Baron qu'elle a gardée : vengeance peu délicate, mais excusée par les choses mortifiantes que Baron lui a dites.

Il faut voir comme on la traite, tout le long de la pièce, cette pauvre jeune femme ! Quand elle revient chez elle, chacun l'apostrophe, et elle subit un défilé d'injures, comme Lucrèce Borgia dans la grande scène.

Le Molière historique avait de meilleures raisons de se plaindre. Des galanteries formelles avec Lauzun, de Guiche motivaient ses mélancolies d'une façon plus solide.

L'Armande ici est à peine coquette ; elle aime les beaux habits, les compliments, la gloire ; mais on oublie qu'elle était infiniment plus jeune que son mari. — Et comment se fait-il que George Sand, qui a si bien compris, dans son admirable roman de *Jacques*, l'incompatibilité d'humeur entre une jeune femme de seize ans et un homme de trente, ne soit pas plus indulgente pour Armande Béjart, épousant à dix-sept ans Molière, déjà quadragénaire? On commet presque toujours une injustice dans les analyses de cœur. Est-on responsable de l'amour qu'on inspire? Tout groupe amoureux se compose, à de très-rares exceptions près, d'un aimant et d'un aimé.

Si Armande n'aimait pas Molière, qui l'aimait, y pouvait-elle quelque chose? et pourquoi l'accabler ?... Molière était un poëte illustre, un grand homme, une gloire, un génie; mais, si Armande était bête et ne sentait pas la beauté des vers de son mari, était-ce sa faute?—

Qui dit ensuite qu'elle n'eût pas gardé rancune des relations antérieures, et peut-être subséquentes de Molière avec sa sœur Madeleine Béjart; qu'elle ne fût pas jalouse de la Debrie-Éliante, auprès de qui revenait volontiers le poëte, lorsqu'il était rebuté de Célimène?

Tout ce que nous disons là n'est pas pour réclamer au point de vue historique, mais au point de vue humain. Quelle est la femme qui, rentrant chez elle, et y étant reçue comme la Béjart, ne jetterait pas à la porte tous ces insulteurs, et ne leur ferait pas descendre les escaliers la tête la première, surtout n'ayant rien à se reprocher? Il faut que cette pauvre Armande ait vraiment un bon caractère pour se réconcilier ensuite avec ces brutaux et ces malembouchés.

Nous avons applaudi de bon cœur au succès du *Champi* et de *Claudie*. Nous en aurions souhaité un pareil ou un plus grand pour *Molière*. Mais nous n'y croyons pas.

La pièce n'offre pas cette progression de sentiment qui attache, à défaut de situations; les actes sont mal reliés entre eux, et la vraie fin du drame est le moment où l'on apporte la permission de jouer *Tartufe*. L'agonie de Molière, qui remplit tout le quatrième acte, est affligeante et pénible à voir; il valait mieux terminer sur une idée heureuse et triomphale.

Bocage, qui remplissait le rôle de Molière, s'était ajusté très-habilement sur le beau portrait de Houdon, et, pour son jeu, il a suivi très-exactement les indications de mademoiselle Poisson, qui a donné une analyse fort détaillée du jeu de l'illustre poëte, comédien et directeur de théâtre, comme Plaute et Shakspeare.

Les autres personnages ont été rendus avec beaucoup d'ensemble par M. et madame Lacressonière et mademoiselle Hortense Jouve, très-rustiquement spirituelle dans le rôle de la servante Laforest, d'abord gardeuse d'oies.

28 juin.

THÉÂTRE DE LA RÉPUBLIQUE. *Les Caprices de Marianne.* — Depuis longtemps, on devait jouer *les Caprices de Marianne*, une des plus jolies pièces d'Alfred de Musset; mais cette pièce, qui n'a pas été faite pour le théâtre, est conçue dans la liberté toute shakspearienne de la comédie romanesque; elle court où sa fantaisie l'emporte, de la treille du cabaret à la petite chambre endormie et tranquille, de la place publique au jardin, du jardin au cimetière où pleure un saule sur une urne d'albâtre. L'embarras était grand : quatre où cinq changements en deux actes! Ces ignominies peuvent se supporter au grand Opéra ou aux Bouffes ; mais au Théâtre-Français !

Au temps de Corneille, un mauvais auteur avait fait une tragédie du *Rapt de Proserpine*. L'action commençait au ciel, continuait sur la terre et s'achevait aux enfers. Comment concilier cette triplicité de lieu avec l'unité d'Aristote ? L'auteur conseillait de tirer en idée une ligne perpendiculaire qui reliât ces trois centres et n'en fît qu'une seule et même décoration.

Le Théâtre-Français a imité le poëte du *Rapt de Proserpine* dans la mise en scène des *Caprices de Marianne*. Seulement, au lieu d'une ligne perpendiculaire, c'est une ligne horizontale qu'il a tirée à travers la pièce.

On a imaginé une espèce de décoration qui est à la fois une tonnelle de cabaret, une rue, une place, une maison et un jardin ; il n'y manque que la chambre et le cimetière. Cinta, la vieille entremetteuse, a disparu pour faire place à un messager quelconque. Nous regrettons Cinta, dont la physionomie, esquissée en deux traits, donnait de la couleur à cette intrigue italienne. Les duègnes ont été léguées à Naples, où se passe l'action, par la domination espagnole. Cinta est une cousine de la Celestina, quoique moins adroite, puisqu'elle échoue. C'est en supprimant ces détails, insignifiants en apparence, qu'on ôte la physionomie à un ouvrage.

Ce que l'on cherche dans une pièce qui n'a pas été faite pour le théâtre, et que pourtant on voudrait y voir, c'est précisément l'absence des formes habituelles ; et tout ce que l'on fait pour l'y ramener est désagréable au spectateur. Il fallait jouer franchement *les Caprices de Marianne* avec leurs quatre ou cinq changements à vue, et sans retrancher un mot d'un texte que chacun sait par cœur. Les modifications de ce genre ont beaucoup nui au drame touchant d'*André del Sarte*, défiguré par cette opiniâtreté imbécile à ne pas changer de lieu.

Quoi qu'il en soit, *les Caprices de Marianne* ont obtenu le plus brillant succès et vont populariser encore le nom de l'auteur, qu'on a demandé pour avoir l'occasion de l'applaudir à tout rompre.

Ambigu-Comique. *Les Vengeurs.* — La vengeance, qui a longtemps passé pour être le plaisir des dieux, a souvent menti à son origine olympique, pour être le plaisir des hommes. La savoureuse satisfaction de mettre à bas son ennemi a été goûtée non-seulement par les individus isolés, mais encore par les peuples en masse. C'est la vengeance qui a créé les armes à feu, les piques, les glaives, les poignards, les massues et tous les engins de destruction rapide au moyen desquels l'homme assomme, lacère, éventre, échine et tue son semblable. La vengeance s'est établie sur une grande échelle : d'individuelle, elle s'est faite générale, et a produit la guerre, qui n'est que la vengeance par commandite, et le meurtre sous raison sociale.

Cette thèse, tristement vraie, est le fond même de la tragédie ; elle a défrayé des charretées de poëmes, de légendes, de romans et de drames, depuis *l'Iliade*, qui a raconté les infortunes conjugales de Ménélas, le mari épique plus vengeur que vengé.

Dans nos sociétés artificielles, on tue rarement ; les gros crimes au couteau sont dangereux, le meurtrier a presque toujours le bras arrêté par un article du code pénal. A la brutalité de la force, on a substitué la ruse, l'intrigue, l'habileté sourde de la machination. Ceux à qui le cœur et la main tremblent, ont, pour faire tomber leurs victimes, des chausse-trapes de combinaison scélérate ; le fer est négligé pour ce bravo muet et terrible qui frappe dans l'ombre, le poison.

Les romanciers puissants ou féconds de notre époque, Dumas, Balzac, Eugène Sue, Gozlan n'ont pas failli à s'emparer de la vengeance, le plus grand levier connu du crime. Ils en ont fait le thème presque unique de leurs variations. *Balsamo, les Trois Mousquetaires, Ferragus, le Juif errant, les Nuits du Père-Lachaise* n'en sont que les développements ingénieux, bizarres ou terribles. Seulement, ces illustres auteurs ont fait déchoir la Providence, qui, dans leurs romans, reste endormie avec une froide impassibilité de fainéantise, laissant les hommes se déchirer à leur gré. La Providence s'incarne dans l'humanité et se travestit en habit noir pour jouer sur notre petite planète son rôle de rémunérateur et de grand justicier.

Un jeune écrivain d'initiative, M. Édouard Plouvier, a pris le contre-pied de cette thèse. Son drame, fortement conçu, écrit avec de visibles préoccupations littéraires, tend à démontrer que l'homme s'agite et que Dieu le mène. Le coupable est puni, entraîné par le poids de son propre crime. La vengeance la mieux ourdie est stérile et vaine, elle échoue sans force devant le moindre accident, elle trébuche à chaque pas d'événement, si la Providence majestueuse n'intervient et, comme le prophète, n'écrit sur les murailles impures le *Manè, Thécel, Pharès* de destruction.

Nous ne suivrons pas l'auteur au milieu des dédales d'une fable compliquée à la façon de Bouchardy, le grand *impresario* de terreur du boulevard; il nous a semblé plus sage de dégager du drame l'idée philosophique; le reste n'est qu'accessoires, bordure et déguisements.

28 juin.

THÉATRE DE LA RÉPUBLIQUE. *Les Bâtons flottants.* — Il y a longtemps que ces bâtons flottent sur l'eau : le flux les rapproche, le reflux les éloigne depuis quelque dix ans; on en a beaucoup parlé tant qu'ils étaient hors de vue, ou seulement perceptibles d'une manière confuse, dans la scintillation tremblante de l'eau et du soleil. « C'est un navire, disait l'un. — C'est un chameau, disait l'autre. — C'est un chien noyé, » ajoutait un troisième. Enfin, les voilà à la rive, et le vers du fabuliste se trouve cruellement réalisé :

De loin, c'est quelque chose, et, de près, ce n'est rien.

Par quel bout prendre ces bâtons? Traiterons-nous M. Liadières comme artiste ou comme homme du monde? Ce serait une rigueur inutile et cruelle d'appliquer les règles sévères de l'art à quelqu'un qui ne les soupçonne pas, qui n'est pas du métier et n'a pas martelé sur l'enclume, dès sa jeunesse, ce dur métal de la langue, si rebelle à prendre les formes qu'on veut lui donner; le regarder comme un amateur agréable, abusant d'une facilité banale de rimer à peu près de la prose coupée en tranches d'alexandrins, et lui adresser quelques-uns de ces éloges vagues dont on est libéral envers les choses qui n'ont aucune importance, ce serait peut-être blesser plus vivement encore son amour-propre d'auteur accidentel. Homme d'esprit, ayant occupé dans le monde et la politique une position importante, M. Liadières tient probablement plus à sa prétention qu'à son mérite et il a dû caresser longtemps la chimère du succès des *Bâtons flottants*, — innocente chimère, après tout, qui se résume en trois heures d'ennui pour les journalistes. — Richelieu préférait bien à ses négociations politiques sa tragicomédie de *Mirame*, par laquelle il croyait rester dans la postérité.

Si un simple auteur, Balzac, Léon Gozlan, Méry, ou tout autre d'une littérature avérée, eussent fait une pareille pièce, comme on leur aurait dit que leurs personnages étaient d'invention, que rien de semblable ne se passait dans le monde, qu'ils ignoraient les affaires et prenaient leurs songes-creux pour des réalités. M. Liadières, lui, a pratiqué les hommes et les choses dont il parle ; il était dans la coulisse de tout et bien placé pour voir; ce n'était pas du fond de son cabinet ou du haut de sa mansarde qu'il étudiait ou plutôt qu'il supposait un monde fermé pour lui. Dans quel ministère, dans quel couloir de la chambre, dans quelle rédaction de journal, l'auteur des *Bâtons flottants* a-t-il rencontré Duvernay, Soligny et Montbrun, pâles silhouettes, incertaines découpures ? Ministre, député et journaliste de vaudeville, est-ce donc la peine d'avoir trempé si longtemps dans la politique, pour en savoir moins que les hommes d'État de M. Scribe?

L'idée philosophique de la pièce est un de ces lieux communs qui ne persuadent personne, et dont celui même qui les écrit ne croit pas un mot, comme ces déclamations sur le mépris des richesses que les Senèques aiment à écrire sur un pupitre d'or. — *Les Bâtons flottants*, c'est le pouvoir, qui n'est rien de près, si de loin il semble quelque chose.

Quoi qu'en dise M. Liadières, le pouvoir est quelque chose, à moins qu'il ne soit aux mains d'un impuissant ou d'un imbécile. L'auteur de cette pièce, destinée à prouver que personne n'est plus malheureux qu'un ministre, eût-il hésité à accepter un ministère? Quelles sont, après tout, les grandes douleurs de son ministre? Il est calomnié. Qui ne l'est pas? On fait des articles contre lui. Le beau malheur! Son bonheur conjugal est troublé, ou, pour parler le style de la pièce,

Le ciel de Duvernay n'est pas exempt d'orage.

Il y a des orages conjugaux dans tous les cieux possibles. Le ministère n'en a pas le monopole; les misères de Duvernay sont communes à tout être en relation civilisée, et ne prouvent nullement l'inanité du pouvoir.

La versification de M. Liadières est molle, flasque, filandreuse, plate et contournée, sans rhythme et sans rime, et appartient à cette détestable école de périphrase et de déclamation qui a régné dans la première période de ce siècle.

Les Bâtons flottants ne flotteront pas longtemps.

XXII

JUILLET-SEPTEMBRE 1851. — Porte-Saint-Martin : *Salvator Rosa*, drame de M. Ferdinand Dugué. — Une figure qui revenait au drame. — Les peintres brigands. — Mélingue, Rouvière. — Gymnase : *Mercadet*, comédie posthume d'Honoré de Balzac. — La mort d'un homme de génie. — Les vivants de San-Servolo. — Une lecture de *Mercadet* aux Jardies. — Ce que c'est qu'un *faiseur*. — Physiologie des débiteurs et des créanciers. — Arrangements discrets de M. Dennery. — Geoffroy, Lesueur. — Opéra-Comique : reprise de *Joseph vendu par ses frères*, paroles d'Alexandre Duval, musique de Méhul. — Vacances des cuivres. — La partition de Méhul. — Le style du livret. — Delaunay-Ricquier, Bussine, mademoiselle Lefèvre. — Querelle à propos de costumes.

20 juillet.

PORTE-SAINT-MARTIN. *Salvator Rosa.* — La figure de Salvator Rosa, le héros choisi par M. Ferdinand Dugué, appelle naturellement le drame, et il est singulier qu'il n'ait pas été déjà mis au théâtre; du moins, nous ne connaissons aucune pièce de ce nom. Son génie, ses talents variés, sa vie aventureuse, la part qu'il prit aux événements politiques de Naples, semblent devoir fournir de nombreux éléments aux combinaisons scéniques. Hoffmann en a fait le sujet d'une nouvelle charmante. Voyons le parti qu'en a tiré M. Ferdinand Dugué.

Dans un carrefour de Naples, une fontaine épanche son eau pure, un brocanteur de tableaux expose ses croûtes, un bouquiniste étale ses poudreux in-folios, un banc de pierre polie offre un lit gratuit au lazzarone et à l'artiste sans ouvrage. Ce carrefour est l'appartement du jeune Salvator Rosa ; il y loge à l'enseigne de la belle étoile, sans crainte d'être volé la nuit, avec sa boîte à couleurs pour oreiller, et son poëme pour traversin ; quand il a soif, une belle fille, en costume de l'île de Procida, incline sur ses lèvres l'urne biblique, le rafraîchissant et l'embrasant à la fois. Heureux Salvator !

Cependant, quelque gaieté naturelle qu'on ait, il finit par n'être pas drôle, même pour un garçon de génie, de n'avoir rien à se mettre sous la dent, et Salvator Rosa attend impatiemment l'arrivée de son ami Aniello Falcone, qui lui a promis de le mettre en rapport avec un puissant personnage dont la protection pourra lui être utile.

Pendant que Salvator se promène en long et en large, écoutant les doléances de maître Bamboccia, qui ne peut se défaire de l'*Agar dans le désert* du peintre, même au prix de la toile et du cadre, une femme richement vêtue, un loup de velours sur le visage, rôde mystérieusement dans le fond du théâtre, suivie d'un écuyer ; elle entend la querelle du brocanteur et de l'artiste, et, quand Salvator a regagné son banc pour s'y livrer au sommeil, elle achète l'*Agar*, qu'elle paye deux bourses d'or, une pour le marchand, l'autre pour le peintre, à la profonde surprise de Bamboccia, qui proclame Salvator Rosa le plus grand peintre de Naples, et s'en veut beaucoup de ne pas avoir soupçonné ce génie qui se vend si bien. Salvator s'éveille au tintement de l'or, tout joyeux, tout content ; la dame se retire au fond de la décoration, disant qu'elle fera prendre le tableau plus tard, et un pompeux cortége débouche dans la place. C'est Aniello Falcone qui amène don Jose Ribera, l'arbitre des destinées de la peinture à Naples, à la tête de son école, pour voir la toile de Salvator.

Ribera, ce Philippe II de la peinture, s'avance pâle, sombre dans son costume noir, et attache son œil profond sur l'œuvre du jeune Napolitain, à laquelle il daigne trouver des qualités ; il propose à Salvator de venir à son atelier, de travailler sous ses ordres, et lui promet, s'il veut être docile, de ne pas l'oublier dans la distribution des travaux. Les élèves de Ribera commencent déjà à regarder d'un œil jaloux l'artiste auquel le maître fait de telles avances ; mais Salvator Rosa, esprit libre, capricieux et fantasque, après avoir exprimé à Ribera une admiration bien sentie pour son talent supérieur, dit qu'il veut n'écouter que ses propres inspirations, n'imiter que la nature et ne peindre qu'à sa guise, alléguant le mot de Michel-Ange : « Celui qui marche derrière les autres ne sera jamais devant. »

Jugez de l'horripilation des élèves fanatiques de servilité et d'imitation à plat ventre, à ce discours hautain, hérétique et malsonnant. Des mots aigres sont échangés, et Salvator, qui a la langue bien pendue, répond très-vertement à leurs sarcasmes ; si vertement, que bientôt les épées sont dégainées, — comme cela arrivait souvent alors dans les discussions d'art,— et que Salvator, aussi habile à manier la rapière que la brosse, blesse gentiment deux élèves du Ribera, qui reste impassible dans cette querelle, et sort en lançant d'un ton froid cette maxime grosse de menace : « Celui qui n'est pas avec nous est contre nous. »

Aniello Falcone et la dame masquée, qui savent jusqu'où peuvent aller les rancunes de Ribera, favori tout-puissant du duc d'Arcos, engagent Salvator à fuir après cette belle équipée ; ce qu'il fait, ayant eu à peine le temps de jeter un adieu à Madonna, la belle fille de la fontaine.

En effet, ce n'était pas une petite affaire que de s'être mis à dos Ribera et son école. Ribera et deux artistes médiocres, le Carracciolo et Belisario Corenzio, formaient un redoutable triumvirat pittoresque qui ne permettait à personne de peindre dans Naples sans leur consentement. Annibal Carrache, Guido Reni, le Josepin et plusieurs autres furent obligés de quitter la place devant ces peintres brigands, qui tenaient l'épée d'une main et le pinceau de l'autre.

Le second acte nous transporte dans la cabane de Thomas ou Mas Aniello le pêcheur, qui rêve, tout en raccommodant ses filets, de renverser la domination espagnole. Un certain coquin, Pietramala, lui a promis le concours d'un millier de scélérats, très-capables de faire des héros un jour d'émeute. Ce brigand, consciencieux à sa manière, se mettra à la disposition de Masaniello au coucher du soleil ; jusque-là, il lui demande de vaquer à ses petites occupations. Il a fait marché avec le seigneur Carracciolo pour aller attendre, sur la route de Rome, un certain Salvator Rosa, et le dépêcher d'une arquebusade. « Le connais-tu, ce Salvator ? Si c'était un de tes amis, je rendrais l'argent, » dit le brigand d'un air accommodant et paterne. Masaniello fait signe que non, et Pietramala part pour s'aller poster à son embuscade.

Le pêcheur a deux sœurs ; l'une, cette Madonna que vous avez vue à la fontaine pencher sa cruche sur les lèvres de Salvator comme Rébecca sur celles d'Éliézer ; l'autre, d'une conduite un peu plus compliquée et qui s'est enfuie de la maison paternelle avec des aspirations de luxe, de vie splendide et d'amour opulent qui font les courtisanes. Hermosa, c'est son nom, — qui veut dire *belle* en espagnol, — s'est bientôt fatiguée de cette vie, et elle a demandé à l'art des émotions plus nobles et des sources de fortune plus pures. Sous le nom de Lucrezia, elle est devenue une des plus célèbres et des plus riches cantatrices de l'Italie. Cet or, honorablement gagné, elle veut le faire partager à son frère et à sa jeune sœur. Elle peut désormais rentrer sous le toit paternel, purifiée par la gloire et par l'amour... car elle aime, d'une passion chaste et désintéressée un grand cœur, un génie pauvre, Salvator Rosa.

A ce nom, le pêcheur tressaille ; il se rappelle que Pietramala avait à travailler sur la grande route ; et, retenu à Naples par les préparatifs de l'insurrection, il donne à Hermosa, ne sachant pas écrire, la croix d'or qu'il porte au cou pour lui tenir lieu de lettre de créance auprès du bandit. Hermosa, qui n'est autre, comme vous l'avez deviné que la dame au loup de velours noir, qui a payé l'*Agar* deux bourses d'or à Bamboccia, monte un cheval qui se trouve là, et court, une angoisse mortelle au cœur, ne sachant pas si elle arrivera assez tôt pour empêcher le crime.

La décoration qui succède à la cabane du pêcheur représente un âpre site de montagnes, des éboulements de roches, un torrent noir qui tombe dans un gouffre, quelques sapins demi-foudroyés étendant vers le ciel leurs rameaux suppliants : une réminiscence de ce sombre paysage de Salvator qu'on voit au Musée, un lieu fait à plaisir pour les assassinats.

Salvator, à qui son ami Falcone fait la conduite, arrive dans cette vallée de malheur la boîte sur le dos, l'épée au flanc, en équipage de grande route. C'est à cette place que les amis doivent se séparer. Falcone retourne à Naples, Salvator continue du côté de Rome ; mais le site est si sauvagement pittoresque, que le peintre l'emporte sur le voyageur. Salvator s'assied sur une roche, et tire un léger crayon de ces roches férocement difformes, de ces arbres égorgés dont les entailles rouges ont l'air de plaies saignantes, de ces nuages monstrueux, gros de tonnerres, dont il fera plus tard un de ses chefs-d'œuvre. Qu'un personnage, chevrier, chasseur ou pèlerin, ferait bien dans ce site, — ne fût-ce que pour en rendre la solitude plus complète !

Le vœu de Salvator Rosa ne tarde pas à être accompli. Sur la pointe d'une roche, au bord du torrent, apparaît comme un fantôme un gaillard truculent, d'un galbe superbe, caparaçonné d'un gorgerin, d'une brigandine et de tout un arsenal d'armes sinistres. « Quel beau modèle! » s'écrie Salvator. Un second gredin vient poser près du premier, puis un troisième, puis un quatrième, puis toute une bande. Décidément, le paysage se peuple trop : les brigands entourent l'artiste, et, comme ils sont meilleurs connaisseurs que Bamboccia, ils approuvent le dessin. Pietramala se trouve ressemblant et magistralement campé. Cela le fâche d'avoir à travailler sur un homme de talent ; il voudrait le conserver aux arts ; mais on est honnête ou on ne l'est pas. Il a promis et touché l'argent. Ce serait déshonorer sa maison comme un négociant qui ne paye pas un billet à l'échéance. — Un bandit a la fantaisie de demander son portrait pour le laisser à sa femme quand il sera pendu. Salvator, pour gagner du temps, fait un croquis du brigand, quoique Pietramala grommelle un peu. Cette fantaisie pittoresque du malandrin permet à Hermosa d'arriver et d'apporter avec la croix d'or le contre-ordre de Masaniello. Madonna, qui est venue sur la route pour voir encore une fois Salvator, paraît sur l'autre rive du torrent et jette au peintre une poignée de fleurs, naïf gage d'amour auquel il semble plus sensible qu'au dévouement d'Hermosa. — Les deux sœurs sont rivales.

Le reste de la pièce se rapporte plutôt à Masaniello qu'à Salvator Rosa, et nous retombons fatalement dans *la Muette de Portici*. — Salvator et son ami Falcone lèvent la compagnie de la Mort et combattent les Espagnols avec un courage qui égale leur talent. — Masaniello devient fou et tombe frappé d'une balle dans cette promenade équestre où, couvert d'un manteau d'or, il montra que le pouvoir est un poison qui trouble les plus mâles cerveaux. Salvator, après avoir noblement pardonné à ses jaloux confrères, s'éloigne avec Hermosa et Madonna. Il sera le frère de la cantatrice résignée et l'époux de la jeune fille.

Mélingue a donné au rôle de Salvator Rosa une physionomie superbe, fière et libre qui réalise bien l'idée qu'on se fait de ce génie aventureux; à la fois peintre, poëte, musicien, acteur et soldat; — un vrai descendant de Benvenuto Cellini pour le talent et le caprice.

Rouvière a étudié d'une façon profonde le caractère de Masaniello, et il a exprimé admirablement le passage de l'enivrement à la folie et ce vertige qui fait chanceler sur les hauts lieux et sur les grandes fortunes.

1er septembre.

GYMNASE. *Mercadet.* — L'année dernière, au mois d'août, — comme le temps passe! — nous étions à Venise, sur la place Saint-Marc, devant le café Florian, occupé à déguster une glace, lorsqu'un numéro du *Journal des Débats*, la seule feuille dont l'entrée soit libre dans ce pays absolutiste, nous fut apporté par le garçon qui, à notre italien, nous avait sur-le-champ reconnu Français.

Ce journal annonçait la mort de Balzac. Cette nouvelle nous fit l'impression la plus profonde. — Nous avions beaucoup connu Balzac, et des liens d'amitié littéraire nous unissaient depuis longtemps; nous le savions très-malade; mais sa constitution robuste nous faisait croire qu'il sortirait vainqueur de l'épreuve. Avant de partir, nous étions allé pour le voir : il était sorti en calèche, et cela nous avait rassuré sur son compte. Une lettre écrite par sa femme, et au bas de laquelle il avait ajouté quelques mots, les derniers peut-être qu'il ait tracés : « Je ne puis ni lire ni écrire, » nous assignait un autre rendez-vous que les préoccupations d'une absence qui devait durer quatre mois, nous firent manquer à notre grand regret? Nous n'avions pu voir dans les journaux les bulletins de sa santé, et cette mort fatale, sue de tous en France, était inopinée pour nous.

Nous avions visité, dans la journée, l'hôpital des fous à San-Servolo. Ces âmes absentes, ces têtes fêlées, cerveaux vides dans des corps où la vie inutile s'obstinait à rester, nous avaient jeté dans de douloureuses réflexions, et nous nous demandâmes pourquoi ce n'était pas un de ces idiots accroupis au soleil, le long du mur, avec une pose bestiale, qui était mort à la place de Balzac, et pourquoi cette vaste intelligence se trouvait enlevée au monde par l'hypertrophie de quelques vaisseaux, lorsque tant d'êtres abrutis et sans conscience d'eux-mêmes gardaient une enveloppe que l'esprit n'habitait plus.

Tant de génie, tant d'observation, tant de travail, tout ce que cette vaste tête enfermait de science de la vie humaine : cette immense accumulation de matériaux, cette lecture prodigieuse, ces projets énormes, tout cela évanoui, disparu, englouti sans retour, pour quelques gouttes de sang de trop au cœur! — Nous aurions voulu que l'on pût ajouter à cette vie si précieuse des années retranchées à ces existences inertes, où il ne reste de l'homme que l'animal; sans doute, aux yeux de celui qui ne meurt jamais, les jours du pauvre ont la même valeur que ceux du plus illustre écrivain; mais, dans ce moment-là, la Providence nous semblait injuste, et *les Parents pauvres*, que nous lûmes, le soir, à notre logement du Campo San-Mosè, augmentèrent encore l'amertume de nos regrets. Balzac était mort sur son chef-d'œuvre suprême, comme Raphaël sur *la Transfiguration*, comme Byron sur *Don Juan*.

Cette année, lorsqu'on a donné la première représentation de *Mercadet*, nous étions à Londres à visiter l'Inde; mais nous connaissions Mercadet depuis longtemps. Balzac nous l'avait lu, il y avait bien dix ans, dans sa forme primitive, aux Jardies, qu'il habitait alors, et avec quel sens, quelle variété d'intonations, quelle puissance comique! Nulle plume ne saurait le redire. — Aucune représentation n'égalera cette lecture. A la voix de l'auteur, des silhouettes bizarres naissaient en foule : costume, geste, attitude, grimaces, on devinait tout. Les créanciers pullulaient de toutes parts ; un chœur d'huissiers faisait ses évolutions autour du drame, et le papier timbré descendait en flocons comme une neige perpétuelle dans une nuit du pôle. Il mettait au rôle de Mercadet un tourbillonnement, une puissance fascinatrice, un lyrisme, une verve de stratagème incroyables. Dans sa blanche robe de moine, gesticulant entre ses deux flambeaux chargés de sept bougies, remuant ses épais sourcils et sa crinière puissante, alors toute noire, il eût ébloui Frédérick Lemaître, et se fût fait prêter de l'argent par un garde du commerce.

Nous avons lu ensuite la pièce nous-même, dans un de ces placards successifs que Balzac faisait tirer de tous ses manuscrits ; car il disait ne pouvoir juger sa pièce que lorsqu'elle était imprimée, la chose prenant alors un cachet impersonnel qui la détachait de l'auteur, la constituait livre et la rendait susceptible de critique et dépouillée des séductions que lui prêtait la déclamation de l'auteur ; elle nous avait paru un peu trop exubérante pour la scène, qui exige le raccourci et la perspective.

Mercadet, présenté à plusieurs théâtres, n'y fut point accueilli comme devait l'être l'œuvre d'un homme de la force de Balzac. Quelques coupures, quelques détails d'arrangement l'eussent cependant rendu possible. Mais, en France, on n'aime pas à reconnaître plusieurs sortes de talent dans la même personne. Balzac était accepté comme romancier, on ne voulait pas l'admettre comme dramaturge. On avait même choisi dans son œuvre immense une nouvelle qui, selon nous, n'est en aucune façon supérieure aux autres, pour en faire son titre de gloire et son étiquette. « L'auteur d'*Eugénie Grandet* » était une appellation et un jugement, et, si la mort ne fût venue trop tôt, hélas ! faire reconnaître la variété de ce puissant génie, *Mercadet* n'eût probablement jamais vu le jour de la rampe.

Il y a dans le *Don Juan* de Molière une certaine scène de M. Dimanche, qui montre combien l'ancien créancier était débonnaire et patriarcal, à côté de celui de nos jours. — Tout s'est perfectionné, surtout la dette ; — et, quand on songe que don Juan pouvait faire bâtonner M. Dimanche par ses laquais et ses estafiers, ressource qu'on n'a plus de nos jours, on est pénétré pour Mercadet d'une profonde admiration. Mercadet, c'est don Juan et M. Dimanche, avec le progrès du temps, avec la différence de la locomotive à la patache, du bateau à vapeur aux chevaux de halage ; c'est cette scène immortelle multipliée par elle-même et élevée à la puissance de trois cents atmosphères.

Mercadet est ce qu'on appelle un faiseur, espèce inconnue autrefois et produite par notre civilisation compliquée. Est-ce un filou? un escroc? Nullement : c'est un faiseur, c'est-à-dire un homme qui veut se créer une fortune rapide dans le mouvement souvent fictif des capitaux, dans l'invention et la direction des affaires, — autre mot dont le sens est tout moderne, et qui comprend : les opérations à la Bourse, le jeu sur les actions de chemins de fer, les sociétés en commandite, les achats de créances, l'exploitation des idées bonnes ou mauvaises, la mise en train d'entreprises, les directions de théâtres, les fondations de journaux, les forces de l'annonce mises au service d'un produit chimérique ou de valeur neutre, les transactions aléatoires de toutes sortes, enfin les mille moyens que cherchent, pour gagner de l'argent, ceux qui n'ont ni patrimoine, ni talent spécial, catégorie très-nombreuse avec l'éducation vague que l'on donne aujourd'hui et l'extrême divisibilité des héritages, qui, au bout de quelques générations, met chacun dans la nécessité de se refaire une fortune.

Le héros de Balzac est Robert Macaire honnête, sans M. Germeuil, sans gendarme et sans Bertrand, car ce type dévoué n'existe qu'au bagne ; on pourrait écrire sur la tombe de M. Mercadet : « Bon père, bon époux, bon garde national ; » il va comme tout le monde jusqu'à la limite du code civil, pensant que ce qui n'est pas défendu est permis ; il a des qualités, il est serviable, il a du cœur ; il aime sa femme et sa fille. Chez lui, point de vices, point de libertinage, point de passion ; aucun de ces terribles exutoires par où s'écoulent les fortunes : le jeu, les femmes, les chevaux ; et l'on se demande même pourquoi cette soif et ce besoin d'argent? — Pour sa famille, — mot dont on abuse beaucoup aujourd'hui. Voler pour ses enfants est presque moral, et plusieurs improbités se commettent sous ce prétexte souvent réel. Tel qui n'accepterait pas pour lui un profit dans une affaire véreuse, s'y prête avec réticence mentale en songeant à la dot de sa fille, et, par ce détournement, la famille, cette chose sacrée, devient corruptrice en cette époque malsaine.

Quand la toile se lève, la ruine de Mercadet est déjà consommée. Un associé infidèle, Godeau, qui est *l'affaire Chaumontel* de ce drame, s'est enfui aux grandes Indes, emportant cette caisse que Bilboquet n'oublie jamais dans ses départs les plus brusques. Les domestiques, ces chiens à qui l'on ne saurait cacher la gêne intérieure, sont déjà insolents et demandent leur compte avec l'assurance de gens qui savent qu'on ne peut pas les payer. En apparence, Mercadet est riche, son mobilier est somptueux, sa femme paraît aux Italiens et à l'Opéra avec de belles toilettes ; mais sa fille travaille en secret à se perfectionner dans la peinture sur porcelaine, dans la prévision d'un désastre prochain, et il n'y a pas cent francs écus dans la maison. Ce faux luxe est un appeau et une enseigne ; le réformer est chose impossible, ce serait diminuer le crédit et sonner le glas de la banqueroute. — En Orient, le long de la mer, on rencontre souvent des troupes de chiens maigres qui vous poursuivent en aboyant ; on se retourne de temps à autre, et on les menace d'une pierre qu'il ne faut jamais jeter, car, la pierre lancée, vous êtes désarmé ; vous avez tué peut-être un chien, mais tous les autres s'élancent impunément sur vous et vous déchirent à belles dents. — Ce luxe, c'est la pierre que Mercadet tient à la main ; s'il la jette, il est perdu. Il faut être riche pour faire des économies et réduire ses dépenses.

Comment un homme aussi habile que Mercadet, n'est-il pas riche, même après la fuite de Godeau pour les Indes? Comment tant de ruses, de finesse, de travail, d'esprit, de génie même, n'ont-ils pas produit cette fortune tant souhaitée et si ardemment poursuivie ? Nous l'avons dit, Mercadet n'est pas un fripon ; ces entreprises chimériques où il entraîne tant de gogos moins innocents qu'ils n'en ont l'air, il y croit souvent lui-même ; il se grise de ses paroles et de ses prospectus ; il se pénètre de la conviction qu'il veut inoculer ; il finit par ajouter foi aux Californies de son invention. Dans ce monde douteux, où la richesse et la ruine dépendent d'un mouvement du télégraphe, d'une rumeur absurde répandue à dessein, tout est probable, tout est possible. Ces chiffons de papier sont peut-être des billets de banque? Cela s'est vu. Tant d'idées qui semblaient ridicules se sont trouvées admirables, au grand étonnement même de ceux qui les avaient lancées! Qui sait jusqu'où peut se distendre une bulle de savon gonflée par le vent de la sottise et de la crédulité? Et puis ces fortunes factices se font et se défont si vite! Il faudrait savoir se retirer à propos, sur une chance heureuse; mais celui-là qui peut se lever de la table quand il gagne est le plus stoïque des héros.

Mercadet n'a plus qu'une ressource : c'est le mariage de sa fille avec un mari opulent, ce qui permettra de payer les dettes et de relever le crédit. Il faut donc faire de mademoiselle Mercadet ce que les Anglais appellent une *drapery miss*, c'est-à-dire une jeune fille drapée, toilettée et diamantée en héritière, — travestissement auquel se prêtent volontiers les fournisseurs britanniques, à la condition d'être remboursés après le mariage. — Cet arrangement est facile; lorsque la miss à draper est jolie ; mais mademoiselle Mercadet, sans être laide, n'a pas de ces impérieuses beautés qui forcent les cœurs.

En usant de plus de ressources que feu Quinola, Mercadet parvient à composer une toilette, un dîner, une argenterie à satisfaire les prétendants les plus difficiles; mais M. de la Brive se trouve être un rafalé de la bohème boursicotière, qui n'a de l'élégance que le vernis, et de la vie fashionable que les dettes. Le beau-père et le gendre se reconnaissent dans une scène qui rappelle un peu Robert Macaire, dans la fameuse partie de cartes avec le baron de Wormspire, où les deux partenaires retournent le roi à chaque coup : tous les deux jouaient le même jeu; et Mercadet n'a plus de ressource, pour calmer ses créanciers, que l'arrivée d'un faux Godeau en calèche crottée jusqu'à la capote, — rôle que jouera M. de la Brive, à la condition que Mercadet lui remettra des créances qu'il a contre lui. — L'arrivée du vrai Godeau, à laquelle Mercadet, stupéfait, ne peut croire, empêche cette espièglerie à la Scapin, et rétablit les affaires du pauvre diable; car Godeau arrive de Calcutta, en vrai nabab, traînant avec lui des lacks de roupies dont il arrose les créanciers émerveillés.

Ceci est l'armature, l'épine dorsale de la pièce ; mais là n'est pas le vrai sujet, l'intérêt palpitant. L'amour subalterne de Minard, le jeune homme dévoué qui se mêle à tout cela, n'excite que très-médiocrement l'attention, reportée tout entière sur la lutte de Mercadet avec ses créanciers.

Balzac, qui ne fait pas de mœurs de convention et dont le scalpel s'enfonce au plus profond de la réalité, a développé une idée vraie et neuve dans la peinture des différents monstres griffus qui entourent son héros. Cette idée, c'est l'improbité du créancier égale au moins à celle du débiteur, qui se borne simplement à ne pas rendre l'argent qu'on lui a prêté, presque toujours à des taux exorbitants. Une dette est un moyen d'extirper, en dehors de la somme due, une foule de profits et de revenants-bons excessifs. Chacun des créanciers de Mercadet s'arroge un droit sur sa vie, sur son temps, sur son intelligence. Ils emportent ses journaux, ses livres ; ils mangent ses dîners, ils s'introduisent dans ses opérations, à des conditions dérisoires ; ils dévorent les profits et ne lui laissent que les pertes ; ils l'accablent de papier timbré, pour obtenir des concessions, dans une affaire, par la menaçante perspective de Clichy, dont ils font un moyen de chantage odieux. Celui-ci fait du tapage, celui-là pleure comme un crocodile et soutire au malheureux ses derniers cinquante francs, par les gémissements d'une fausse misère cousue de billets de banque, qui ne demandent, pour se déployer, que la perspective illicite d'un gain usuraire. Ils le maltraitent, l'humilient, et, s'ils lui ont prêté mille francs, ils lui prennent deux mille francs d'intérêts en outrages. — Tous ont été séduits par l'espoir de profits énormes, disproportionnés, à faire reculer d'honnêtes gens, et qui, moralement, sont des vols. Mercadet est donc dans son droit de se défendre comme il peut, et certains de ses moyens deviennent pardonnables en face de pareilles exigences ; et, comme tout le monde est payé à la fin, personne n'a rien à dire.

La pièce a été ébarbée et ajustée aux dimensions de la scène par la main habile et discrète de M. Dennery, passé maître aux rouerles du théâtre. Il a religieusement respecté le texte, ne coupant que des détails en dehors de l'action, laissant l'idée mère intacte. D'une pièce impossible, il a fait, avec ces quelques sacrifices de perspective, une pièce à succès d'argent, sans nuire en rien à la partie littéraire. Il serait à désirer qu'on essayât sur *les Ressources de Quinola* et *la Marâtre*, ce remaniement plein d'adresse et de convenance. La réussite de *Mercadet* nous fait croire que ces deux pièces, ainsi accommodées, produiraient un grand effet.

Geoffroy a composé le rôle de Mercadet avec beaucoup d'art et de vérité : par sa souplesse, son audace, son ton, à la fois plein de caresse et d'autorité, il s'est montré un véritable Carter de créanciers.

Le père Violette, le créancier piteux et pleurard, a été pour Lesueur l'occasion d'une de ces impossibles silhouettes comme en dessinent quelquefois Daumier, Henry Monnier ou Gavarni. Lesueur a une sorte de comique anglais qui rappelle le genre de Perlet, avec plus de profondeur peut-être. La création du père Violette le place au premier rang.

15 septembre.

OPÉRA-COMIQUE. Reprise de *Joseph*. — Les reprises d'anciens opéras-comiques sont, à part leur intelligence artistique, de fort bonnes spéculations. On va entendre ces douces partitions d'autrefois, comme un citadin du centre de la ville s'en va à la campagne, pour éviter le bruit et respirer la senteur des arbres. On est fatigué des tintamarres pleins de tempêtes des œuvres musicales actuelles, et on s'empresse de se rendre aux paisibles mélodies qui enchantaient ceux du bon vieux temps, afin de réveiller un peu son appétit fatigué par les mets ultra-épicés dont on nous gorge. — A l'Opéra-Comique, ç'a été une grande fête pour une partie du personnel de l'orchestre. Les trombones, les trompettes, les cornets à piston, les cymbales, les ophicléides se sont endormis au bruit des violons; ils ronflent comme des basses dans leur étui de drap rouge, ou s'étendent voluptueusement avec de grands bâillements de cuivre.

Joseph appartient à la seconde manière de Méhul. C'est le résultat de ces études profondes de fugue et de contre-point auxquelles il se livra avec acharnement après l'apparition de Chérubini, dont les succès le tenaient éveillé. Auparavant, dans *Euphrosine*, *Stratonice*, *le Jeune Henri*, etc., il s'était contenté de cette puissance de méthode qu'il portait en lui et qu'il déversait sans crainte sur ses œuvres. Il passait pour le premier compositeur de son époque, lui, pauvre enfant, né d'une cuisinière de Givet, et il se sentait heureux ; mais, lorsque, après la représentation de *Faniska* de Chérubini à Vienne, il eut vu dans les journaux allemands qu'on regardait son rival comme plus savant que lui, il se désola et se mit à des travaux harmoniques comme aurait pu faire un élève de ce Conservatoire qu'il devait fonder plus tard. Le résultat immédiat de ces études nouvelles fut *Joseph*. La première représentation en eut lieu le 17 février 1807 ; Elleviou, Solié, Gavaudan tenaient les principaux rôles. On s'attendait à un grand succès, et ce fut presque une chute.

Cependant les provinces l'accueillirent plus favorablement, et il réussit très-franchement auprès des Allemands, qui comprirent, sans doute, les concessions que le compositeur venait de leur faire, et voulurent l'en récompenser.

Quoi qu'il en soit de ses destinées antérieures, *Joseph* a été accueilli par notre public actuel avec une franchise et une chaleur fort méritées.

Nous ne dirons rien de la pièce, chacun en connaît le sujet. Joseph est intendant du royaume pour Pharaon ; la famine, qui dessèche les moissons d'Égypte, s'est abattue sur le pays de Chanaan ; Jacob, escorté de ses fils, vient demander asile « au soleil vivificateur et stabiliteur du monde, fils aîné d'Ammon-Rha, à toujours. » Joseph reconnaît ses frères et leur pardonne, après s'être promené en char de triomphe, entre Jacob et Benjamin, afin de montrer « la puissance entre l'innocence et la vertu. »

Le style de la pièce, qui est de feu Alexandre Duval, membre de l'Académie française, appartient à ces époques antédiluviennes où des phrases en forme de dynotherium et de mastodonte, bavaient lourdement dans les océans primitifs du pathos : c'est un langage incompréhensible et inconnu qui vous surprend par des formes étranges, dont on reste longtemps étourdi. M. de Saulcy, qui seul, à travers toutes les sciences dont il abonde, peut lire le cunéiforme et le démotique, hésiterait peut-être avant de déchiffrer couramment ces hiéroglyphes de formules oubliées. Entre autres choses, nous avons relevé ceci : « Allons! et répandons sur les mains respectables de ce vénérable vieillard, les tendres pleurs qui m'oppressent en ce moment! »

Mais on était si charmé par la musique, qu'on oubliait un peu les monstruosités pédantesques qu'elle recouvrait. La prière du second acte et le duo du troisième ont été *bissés* avec fureur; chaque air a eu ses applaudissements et retrouvait là de vieux amis d'enfance, et on les fêtait à qui mieux mieux. Quand Delaunay a commencé la fameuse romance:

A peine au sortir de l'enfance,

un sourire involontaire a parcouru l'auditoire et quelques esprits inventifs affirment avoir vu l'ombre de Bilboquet qui traversait la salle en sauvant la caisse.

Delaunay-Ricquier a dit son rôle de façon à présager un grand talent à venir; sa voix est sonore, singulièrement sympathique; il la manie avec une grande habileté, surtout lorsqu'il ne veut pas la forcer dans les notes hautes; il a joué avec tout le sentiment désirable, et, s'il a jamais quelque bonne prose à réciter, il en tirera un grand parti.

Que dirons-nous de Bussine que personne ne sache déjà? Sa voix, pleine d'ampleur et de pureté, coule facilement comme un beau fleuve transparent; c'est incontestablement l'artiste le plus sérieux de toute la troupe de l'Opéra-Comique. Il lui manque dans son jeu une certaine aisance; il est roide parfois, il a peur; il est certain qu'il se sent mal à l'aise quand il débite la prose; le public l'intimide, et cela n'a rien de surprenant pour ceux qui savent combien inopinément il est entré au théâtre: ce n'est pas à l'église de la Madeleine qu'il a pu apprendre les tenues de la scène.

Mademoiselle Lefèvre est un fort joli Benjamin qui, dans son costume, ressemble à un échappé de *l'École turque* de Decamps. Sa voix fraîche et naïve va bien à son personnage.

Les décors méritent une fort honorable mention.

Nous ne ferons pas le même éloge des costumes. A quoi donc servent les dessins, les récits, les moulages que rapportent les voyageurs, si les théâtres ne les consultent pas? Pourquoi avoir laissé aux Israélites ce vêtement traditionnel copié sur l'*Éliézer à la fontaine* du Poussin? Ce qui était permis à cette époque, ne l'est plus à la nôtre.

Nous tenons à la vérité historique, et nous y avons droit, après tous les efforts qu'on fait pour la conquérir. De quelles draperies de Romain du Bas-Empire sont affublés Joseph et son confident! quelles maigres bandelettes! N'avez-vous donc jamais vu celles du sphinx de Giseh, celles du colosse de Rhamsès le Grand, à Ibsamboul? — Pourquoi avoir reculé devant le pschent, ou les plumes d'autruche d'Ammon Générateur? Au reste, comment vêtir convenablement des personnages qui s'appellent, sans rire, Otobal et Cléophas? — O Tothmès, Amenôph, Menephta, en entendant prononcer ces noms qu'on suppose à vos dynasties glorieuses, n'avez-vous pas senti une sueur de myrrhe et de nard couler du visage de vos momies qui dorment dans les longues hypogées de Biban-el-Molouk?

Les chœurs sont costumés avec beaucoup plus de soin. On a recherché une certaine exactitude historique; mais n'est-il pas désastreux de voir marcher dans des crinolines rebondissantes des femmes coiffées du cercle d'or orné de la dépouille des pintades?

Au reste, les reproches que nous faisons ne s'adressent point à l'administration : nous savons que tout acteur se refuse à se laisser habiller; il n'y a d'influence possible que sur les chœurs, qui sont forcés de subir les costumes historiques qu'on leur impose; nous-même, et personnellement, nous en avons fait l'expérience. Ainsi, dans *la Péri*, tous les costumes avaient été dessinés par Marilhat. Une seule artiste a été assez intelligente pour accepter le sien, c'est mademoiselle Delphine Marquet; toutes les autres danseuses ont préféré se déguiser en Turcs de carnaval et en marchands d'orviétan.

XXIII

OCTOBRE et NOVEMBRE 1851. — Théâtre de la République : *le Dernier Abencérage*, drame en vers, de M. Beauvallet. — Des acteurs auteurs. — Le poëte et le comédien. — Les panoplies de Beauvallet. — Gymnase : *Bettine*, comédie de M. Alfred de Musset. — La pièce. — Madame Rose Chéri, Geoffroy, Lesueur. — Théâtre de la République : *Mademoiselle de la Seiglière*, comédie de M. Jules Sandeau. — De l'invention au théâtre. — Les romans modernes. — Un type de ci-devant. — Samson, Regnier, Delaunay, mademoiselle Madeleine Brohan. — Variétés : *Mignon*, par M. Gaston de Montheau. — Les types de femmes créés par Gœthe. — Mademoiselle Marie Favart.

13 octobre.

Théâtre de la République. *Le Dernier Abencérage*. — Plusieurs auteurs dramatiques ont été acteurs; sans compter les poëtes grecs, qui souvent montaient sur la scène pour diriger les évolutions des chœurs ou représenter quelque personnage, Shakspeare, Molière, Iffland, Picard ont joué la comédie; mais leur renommée d'acteur, appréciable pour les contemporains, s'est évanouie dans la postérité. Il ne reste d'eux que leurs œuvres, et leur passage au théâtre n'est qu'une curiosité de leur vie, plus intéressante pour les érudits que pour les gens du monde.

En revanche, beaucoup d'acteurs ont essayé d'écrire pour la scène. C'est une idée qui doit venir naturellement, et à laquelle il est difficile de ne point céder. En effet, qui peut connaître mieux le théâtre qu'un acteur? Il y vit, il en vit; il en a l'habitude et la familiarité; tous les soirs en rapport avec le public, il semble être à même, mieux que personne, de discerner le possible de l'impossible; il connaît à fond les ressources et les obstacles de son art; il sait tous les expédients que suggère une longue expérience pour sortir d'une situation dangereuse ou la tourner. A force de débiter des tirades et de jouer des rôles, il acquiert une sorte de facilité d'élocution, une fertilité de phraséologie qui peuvent lui faire illusion, et, un beau jour, la tragédie ou la comédie se trouve faite d'autant plus aisément, que le comédien, aujourd'hui, est rompu aux lettres par l'éducation et l'étude ; il sait l'orthographe et la prosodie, que ses illustres devanciers ignoraient souvent.

Ce raisonnement paraît juste, et cependant il est faux comme beaucoup de raisonnements plausibles : l'acteur connaît trop le théâtre pour y réussir comme auteur. Il s'effraye de tout ; sous toute vague il voit un écueil, dans tout nuage une tempête ; il ne fait pas une scène, il l'évite ; toute nouveauté lui semble hasardeuse ; il ne risque que des effets sûrs : il ne lance que des mots dont la portée est connue ; l'idée du spectateur le préoccupe toujours, et, quand il écrit, sa table est éclairée, non par la lampe de l'étude, mais par la ligne de feu de la rampe.

En outre (sauf exception), la nature du comédien est opposée à celle du poëte. Le poëte est un être rêveur, solitaire, qui cherche, qui invente et qui crée. La parole lui est souvent difficile ; l'acteur ne rêve pas, il agit, il se démène, il parle, il exprime : il a l'âme à la peau, tandis que, chez le poëte, les sentiments se concentrent et ne sortent pas si aisément du cœur. Les comédiens ne doivent pas avoir d'individualité, pour les pouvoir représenter toutes ; leurs figures blanches, sans barbe, sans moustache, sans favoris, ne sont-elles pas les toiles sur lesquelles le poëte doit peindre ses personnages ? Ne les voit-on pas tour à tour pâles ou rouges, unies ou ridées, imberbes ou barbues, nobles ou ridicules, selon la fantaisie de l'auteur ou la nécessité de la pièce ? Eh bien, ce qui est vrai de leur figure est vrai de leur esprit ; ils sont habitués à recevoir les idées des autres, à les retenir, à les commenter, et rien n'est plus nuisible à l'inspiration poétique. Les acteurs qui ont fait des pièces n'ont jamais dépassé les limites d'une facilité agréable, par la raison que c'est le pinceau et non la toile qui peint.

Les pièces des acteurs ne sont pas toujours le résultat d'une velléité littéraire plus ou moins heureuse. Tout acteur rêve un rôle qu'aucun poëte ne lui fait à son gré, rôle dans lequel il se complaît, et où il serait nécessairement superbe. Ce rôle le fait voir, beau, jeune, amoureux, intéressant, et surtout bien costumé. Ce rôle est quatre fois plus long que tous les autres, ou plutôt, c'est le seul rôle de la pièce. L'acteur l'attend longtemps, et, ne le voyant pas venir, il se décide à le faire lui-même. La pièce est reçue entre camarades, et obtient généralement un succès d'estime.

M. Beauvallet, l'auteur du *Dernier Abencérage*, est un homme de talent dans sa profession, et il ne fait pas les alexandrins plus mal que M. Latour (de Saint-Ybars) ou tout autre fabricant de tragédies. Sa tête accentuée et vigoureuse, sa voix profonde, son aspect mâle, le rendent propre à représenter une certaine classe de héros passionnés et farouches ; de plus, il a du goût, dessine et sait se costumer, quand il le veut, d'une façon sauvagement pittoresque. *Le Dernier Abencérage* lui fournissait une belle occasion de débiter de longues tirades de cette belle voix cuivrée et musicale aussi puissante que celle de Tamburini et de Lablache, et de déployer un grand luxe de burnous, d'albornoz, de cafetans, de haïks, de chachias et de draperies bédouines ; il faudrait être bien dur envers soi-même pour se refuser cette occasion d'être triomphalement oriental pendant trois actes.

Beauvallet possède de belles armes ; dans *Robert Bruce*, il avait employé ses claymores, ses dircks et ses petits boucliers ronds ; dans l'*Abencérage*, ses kandjars, ses yataghans et ses flittas ont trouvé leur place. Ses deux pièces sont deux panoplies, l'une occidentale, l'autre orientale. De belles armes, même accrochées à des tirades, sont bonnes à voir, quoiqu'elles fassent peut-être mieux sur une muraille.

Le sujet est tiré de la nouvelle de Chateaubriand, *le Dernier des Abencérages;* la nouvelle a pour principal charme les descriptions de l'Alhambra, que l'auteur avait visité ; ce charme ne peut être transporté dans la pièce que par une décoration, et il a fallu accidenter un peu ce motif simple et mélancolique.

L'auteur acteur a réuni dans le rôle de Ben-Hamet, tous ses effets et tous ses mots. — Il n'a pas manqué d'y mettre des stances, qu'il dit fort bien, aussi bien que celles du *Cid* et de *Polyeucte*, et où il s'est fait applaudir.

8 novembre.

GYMNASE. *Bettine*. — Une pièce *inédite* d'Alfred de Musset au Gymnase, c'est un événement littéraire d'importance! Aussi tout le Paris artiste, intelligent et curieux s'était entassé dans l'étroite salle. Pas un critique ne manquait à l'appel. De charmantes femmes se penchaient au rebord des loges. Quelqu'un qui serait entré sans lire l'affiche se serait douté, à la vue de cette foule brillante et compacte, qu'il s'agissait d'autre chose que d'un vaudeville ordinaire.

La toile en se levant laisse voir, non pas le salon nankin, théâtre ordinaire où se dénouent les intrigues de M. Bayard, mais une espèce de galerie de villa, dont les colonnes encadrent un ciel italien fort échauffé de tons rouges violents, sur lequel s'arrondissent des pins parasols.

En effet, nous sommes en Italie, ce pays vers lequel les colombes amoureuses s'enfuient à tire-d'aile, et vont cacher le nid de leur bonheur. La cantatrice Bettine a tout quitté, l'art, les bravos, les couronnes et les bouquets pour suivre un jeune homme qu'elle aime, et dont elle se croit aimée. La diva a déposé son auréole, la statue est descendue de son piédestal; l'actrice adorée, adulée, objet des extravagances du dilettantisme, n'est plus qu'une charmante femme; elle a brûlé ses lauriers et ses engagements sur l'autel de l'amour, toute joyeuse du sacrifice, et croyant pouvoir accomplir enfin cet honnête rêve de félicité obscure et de vie chastement bourgeoise, qui préoccupe, au milieu de leur gloire, toutes ces belles reines de théâtre.

Le notaire, de noir habillé, comme le page de Malbrouck, monte l'escalier de la villa, ses paperasses sous le bras, tout prêt à instrumenter, et demande au domestique où sont les conjoints?

Monsieur est à la chasse. Singulière idée d'aller tracasser les perdrix le matin d'un jour de contrat! Quant à madame, elle n'est pas levée encore. Les actrices, qui se couchent toujours le lendemain, ne peuvent pas être debout à l'heure ordinaire. Bettine a pris au théâtre l'habitude de dormir tard. — Le notaire attendra.

Ce digne et patriarcal notaire trouve ces mœurs un peu étranges; mais une table, convenablement garnie de pâté froid, de fruits et de flacons de muscatelle, lui fait prendre patience.

M. de Gusberg rentre; il a l'air soucieux; un peu de rêverie, au moment de renoncer à cette belle liberté de la jeunesse, serait bien naturel : le mariage est chose grave, mais ce ne sont pas des pensées de ce genre qui tourmentent le jeune baron. Ce baron, de l'espèce des Razetta, des Rolla, des Octave et autres mauvais sujets qu'affectionne Alfred de Musset, a compromis sa fortune au lansquenet, au baccarat, à la roulette. Tous les tapis verts connaissent la couleur de son or, et le râteau des croupiers de pharaon a entraîné dans ses dents la meilleure partie de son héritage.

Pour son malheur, il y a dans le voisinage une certaine princesse interlope chez laquelle, sous prétexte de galanterie, on joue un jeu d'enfer et où les galants pigeons sont plumés jusqu'au vif. C'est là que M. de Gusberg va à la chasse. S'il use peu de poudre à ce manége, il y perd beaucoup d'argent.

Et puis, s'il faut tout dire, il est las de cet amour trop pur pour lui : ses anciens vices, assoupis un instant, se réveillent en grondant; accoutumé qu'il est aux terribles émotions du jeu, ce bonheur sans nuage lui paraît ennuyeux, et il cherche à cette brave Bettine une querelle d'Allemand, une querelle d'amoureux qui n'aime plus. Bettine est si douce, si dévouée, si bonne, que la méchante intention de Gusberg ne se peut réaliser tout de suite; enfin, un certain marquis Stefani lui fournit l'occasion désirée.

Ce bon marquis, élégant encore, parfait de manières, connait Bettine depuis longtemps, et l'a applaudie à la Fenice, à la Scala, à San-Carlo, aux Bouffes, au théâtre de Sa Majesté; il la suit dans ses triomphes; la gloire de Bettine a mis un intérêt dans sa vie. Il s'est fait une douce habitude d'entendre, chaque soir, cette voix pure, fraîche et vibrante, ces accents partis du cœur et qui y retournent. Admis dans la familiarité de la cantatrice, il a conquis le droit de baiser le bout de ses gants blancs, de venir causer dans sa loge, de lui offrir des bouquets et des bonbons, de tenir son châle ou ses fourrures quand elle entre en scène; innocentes faveurs dont ses manières respectueuses ont rendu l'octroi sans danger. — Est-ce un ami? est-ce un amant? — Qui sait? Il l'ignore peut-être lui-même, et Bettine n'a pas cherché à le savoir.

Il vient rendre une visite à son amie, et, apprenant qu'elle va se marier, il lui demande la permission de lui faire un cadeau de noces. Un billet très-délicatement tourné accompagne l'écrin, qu'apporte un domestique. Le marquis s'excuse d'envoyer un bouquet de diamants, de rubis et d'émeraudes; mais, comme il s'éloigne pour longtemps, il ne pourrait renouveler le bouquet de fleurs qu'il envoyait chaque jour à Bettine, et les rubis ne se fanent pas comme les roses.

Cet écrin sert de prétexte à la scène de rupture, et Gusberg s'éloigne; il va fuir avec sa princesse de lansquenet, car, le matin même, il a perdu vingt-cinq mille scudi. La généreuse Bettine envoie toute sa fortune, une centaine de mille francs environ, pour payer la dette de son amant; mais un billet bien sec, écrit à la hâte pendant qu'on changeait de chevaux, est la seule réponse que reçoit la cantatrice, qui se trouve mal, et sort de son évanouissement grâce aux soins empressés de Stefani.

A travers cette longue scène filée avec un art parfait, le notaire reparaît de temps en temps, demandant toujours où sont les conjoints, et le domestique le replace en face d'un nouveau flacon de muscatelle.

Il fait une dernière apparition, mais plus heureuse, après une scène entre Bettine et le marquis. Stefani offre sa main à la pauvre cantatrice, triste encore, mais souriante à travers ses larmes, comme une belle matinée d'avril. Ils recommenceront cette bonne vie amicale — mêlée d'un peu d'amour cette fois — qui était si délicieuse. Le marquis gardera sa stalle habituelle au balcon, et la marquise Stefani sera toujours pour lui Bettine; car il ne veut pas, le sage dilettante qu'il est, enlever à sa femme le charme qui la lui fait aimer.

Geoffroy a joué le rôle du marquis Stefani en comédien de premier ordre. On n'est pas plus comme il faut, plus galant sans afféterie, plus respectueusement affectueux, plus honnête homme, comme on disait autrefois; — on n'a pas plus d'usage de la vie, plus de sentiment des convenances, plus de finesse de tact. — Certainement, Bettine sera heureuse avec ce charmant marquis, cet épicurien délicat, ce modèle des cavaliers servants.

Madame Rose Chéri ne nous a pas autant satisfait dans le rôle de

Bettine, malgré tout le soin qu'elle y a mis ; elle le joue d'une façon nerveuse, saccadée, et trop dramatique ; elle souligne visiblement chaque intention. Qu'elle dise tout simplement, et qu'elle se fie pour l'effet à la phrase qu'elle débite ; avec moins d'effort, elle serait excellente. Une comédie écrite n'est pas un vaudeville où il faut tout créer ; le texte, récité avec justesse, suffirait presque partout.

Lesueur est merveilleux dans la silhouette à peine entrevue du notaire. Avec quatre mots et un costume, il a créé un type, une individualité. Il faudrait que le Gymnase comprît que Lesueur est un grand acteur et lui fournît plus d'occasions de le prouver.

10 novembre.

Théâtre de la République. *Mademoiselle de la Seiglière.* — C'est avec un véritable plaisir que nous saluons l'avénement de M. Jules Sandeau à la scène. Il est temps, grandement temps, pour l'honneur de notre théâtre, que les noms littéraires le relèvent de sa déchéance. Le règne des faiseurs va finir, et les marchands seront chassés du temple où ils avaient installé leur boutique et débitaient leurs drogues.

Mademoiselle de la Seiglière a déjà paru sous la forme de livre, avec un succès qu'égalera celui de la pièce à laquelle elle donne son nom. — Ce serait peut être ici le lieu de discuter en peu de mots la question de l'invention au théâtre, et jusqu'à quel point il est légitime, au point de vue de l'art, de traiter la même idée sous deux formes différentes. — Jules Sandeau n'aurait-il pas mieux fait de prendre un sujet neuf, créé exprès pour la circonstance et au point de vue unique de la scène ? Il est assez riche de son propre fonds pour ne pas se ruminer par indigence. — Il a *trouvé* de nombreux et remarquables romans, il eût pu *trouver* sans peine une pièce s'il l'eût cherchée. — Il y a donc une autre raison. Cette raison, la voici : Le théâtre est la dernière forme de l'art ; il arrive après l'ode et l'épopée, il réalise le rêve et le récit, il met sous les yeux ce que l'imagination concevait seule, et il accomplit l'incarnation de l'idée dans la matière ; le poëte lyrique parle en son propre nom et dit son âme ; le poëte épique raconte les gestes de son héros ; le poëte dramatique montre un homme vivant. Plus de descriptions, plus d'images ; mais des décorations peintes et un acteur fardé. Par une espèce de verre d'optique, on vous fait regarder les scènes variées de l'existence humaine, avec les mœurs, les physionomies, les costumes et les milieux où elles se passent.

Venant après tous, le poëte dramatique ne peut avoir la fraîcheur d'invention. Il puise ses sujets dans les légendes, dans les récits populaires, dans les histoires, dans les poëmes, dans les romans, peu importe. Le grand Eschyle disait : « Je ne vis que des reliefs de la table d'Homère. » Shakspeare pillait partout, arrangeant en dialogues les chroniques et les nouvelles en vogue de son temps ; Corneille empruntait aux Espagnols, et Molière prenait son bien où il le trouvait. L'invention particulière du dramaturge consiste dans le dessin des types, l'étude des passions, le choc des caractères, le développement de l'âme humaine aux prises avec les événements. — Quelques toiles coloriées par une main étrangère représentent pour lui la nature physique et servent de fond à ses figures ; car il ne s'occupe que de l'homme, son éternel sujet retourné de toutes les manières, comme le grand peintre-sculpteur qui a couvert les murs et les plafonds de la Sixtine. Il n'a pas de temps à perdre pour chercher les faits. Il les accepte, et il en déduit les conséquences.

Maintenant, ce sujet qu'on emprunte à un autre, doit-on et peut-on se l'emprunter à soi-même ? — Les romans d'aujourd'hui sont disposés de telle sorte, qu'on les prendrait volontiers pour des scénarios de pièce ; la forme dramatique y domine tellement, qu'il n'y a pas grand'chose à faire pour les restituer à la scène. On dirait presque que les auteurs ne les ont écrits sous les espèces du livre, que pour s'épargner les ennuis de la lecture, de la réception et de la chance heureuse ou malheureuse qui, au théâtre, se formule plus nettement qu'ailleurs. — Est-il bien nécessaire de prendre dans le livre du voisin ce que le vôtre vous fournirait aisément ? — Un sujet déjà travaillé et dont les effets sont certains, un sujet dont vous avez la familiarité intime, vaut mieux pour ce cadre hasardeux où l'on ne doit peindre qu'à coup sûr.

Le mérite de la pièce de M. Jules Sandeau ne consiste pas, d'ailleurs, dans le plus ou moins de nouveauté de la fable, dans les effets de surprise plus ou moins habilement ménagés, mais dans la peinture des caractères. Il a fait un personnage qui vit, qui est réel, dont on se souvient comme d'un être qu'on aurait rencontré dans le monde, et qui prend sa place dans cette grande famille de types créés par l'art, plus vrais que la vérité, particuliers et généraux, individuels et humains, corps de chairs transfigurés en statues. Ce type, c'est M. le marquis de la Seiglière, dont le caractère est dessiné avec une vérité étonnante. Ce marquis est l'image parfaite de ces gentillâtres d'autrefois, de ces ci-devant dont le marquis de Carabas de Béranger est la caricature. Le temps n'a pas coulé pour lui, il se croit revenu d'hier des croisades. La Révolution n'est, à ses yeux, qu'un tumulte de manants, une jacquerie de drôles, et Napoléon reste toujours M. de Buonaparte, assez mince gentilhomme, petit lieutenant d'artillerie qui a gagné quelques batailles contre les Russes. Les paysans sont des vassaux et des vavassaux, et, s'il ne leur fait pas battre l'eau des fossés de son manoir féodal, c'est qu'il y a longtemps que les douves sont tombées en ruine et comblées. N'allez pas croire, cependant, que M. de la Seiglière soit un méchant homme ; nullement : il n'est pas de son siècle, voilà tout. Il semble qu'il ait vécu sous une machine pneumatique, isolé de l'atmosphère de son temps. Il a gardé l'âge, les mœurs, les manières, les idées qu'il avait, le jour de son départ pour l'émigration. Il appartenait à cette noblesse futile, éventée, qui ne justifiait que trop les déclamations des démagogues par son insolent dédain de tout mérite non blasonné et la naïve férocité de son égoïsme. M. de la Seiglière, à la façon d'Henri IV, n'estime que le triple talent de boire et de battre et d'être un vert-galant.—Ajoutez-y monter à cheval et courre le cerf, et vous aurez l'encyclopédie du bon sire complète. Comme un Bourbon, il n'a rien appris ni rien oublié. Aussi il faut voir l'étonnement que lui causent les prétentions des bourgeois, le sans-gêne des huissiers et les incroyables articles du code civil, qui donne raison à des espèces de croquants, à des gens de peu et même de rien, qui ne sont pas nés !

Samson a joué ce rôle avec une rondeur d'égoïsme, une fatuité d'ignorance admirablement comiques. Il a fait porter chaque mot et rire à chaque phrase.

Les autres rôles ont été aussi fort bien rendus par Regnier, Delaunay et mademoiselle Madeleine Brohan.

Le style de M. Jules Sandeau est net, franc, plein de traits ; le dialogue bien engagé et bien croisé. Rien n'y révèle l'inexpérience de la scène ; et, sauf quelques rares instants où l'auteur paraît, chaque personnage parle bien le langage de son caractère. Aussi, le succès a-t-il été assuré dès les premières scènes, et n'a-t-il fait que grandir jusqu'à la fin ; et, lorsque le nom de l'auteur a été proclamé, des tonnerres de bravos ont éclaté par toute la salle.

27 novembre.

Variétés. *Mignon.* — Il est difficile, lorsqu'on s'occupe de théâtre, de ne pas céder à ce désir si naturel de transporter à la scène des types qui nous ont charmés à la lecture, dans un roman ou dans un poëme. C'est une tentation à laquelle les plus sages succombent et qui doit surtout agir sur les jeunes imaginations, et nous concevons très-bien que M. Gaston de Montheau se soit épris, comme Walter Scott, comme Victor Hugo, comme Ary Scheffer, de la svelte et rêveuse figure de Mignon, une des plus gracieuses filles du grand Wolfgang Gœthe, le Jupiter allemand de Weimar.

Gœthe est peut-être le poëte qui a émis et créé le plus de femmes distinctes et réelles : Marguerite, Lolotte, Claire, Marianne, Philine, Mignon, Ottilie, sont des êtres qui vivent d'une vie immortelle ; on les a connues dans cette existence ou dans une autre ; elles défilent en souriant sur le rideau noir de vos nuits sans sommeil, en vous faisant un signe amical comme à d'anciens amis. Les paroles qu'elles prononcent vous troublent profondément, et il vous semble les avoir entendues déjà. Ce qu'il y a d'étrange, c'est que, lorsqu'on veut étudier de plus près ces types caractéristiques, tout disparaît et se dissipe comme une ombre. En réunissant tout ce que dit ou fait Marguerite, dans *Faust,* cela ne tiendrait pas dix pages, et pourtant quelle empreinte ineffaçable ! Qui pourra jamais oublier Marguerite ? On oublierait plutôt sa première maîtresse. Et cependant il n'y a rien,—quelques phrases vulgaires, un couplet de ballade et deux ou trois attitudes, mais si vraies, mais si justes, mais si profondément féminines, qu'elles se gravent à jamais dans le cœur. — Mignon est encore moins indiquée ; la danse des œufs, les vers :

Connais-tu le pays où les citrons mûrissent?...

et une visite nocturne entourée de toutes sortes d'ombres et de mystères, voilà tout. — Marianne n'a qu'une scène, et Philine vous reste dans la mémoire, par les pantoufles roses dont elle donne de jolis soufflets sur la joue des audacieux. — Charlotte taille des tartines aux enfants et dit : « O Klopstock ! » accoudée à la fenêtre, en regardant la lune, et la voilà douée de vie pour toujours, et la pourpre de la réalité coule à larges flots dans ses veines ; lorsque tant d'études de femmes faites avec le soin le plus minutieux, le détail le plus infini, l'analyse la plus savamment compliquée ne laissent que des images confuses qui se dissipent aussitôt.

Les années d'apprentissage de Wilhem Meister sont un de ces romans vagabonds où l'autobiographie de l'écrivain se mêle, sous quelques légers déguisements, aux inventions du romancier. — Bien des idées, bien des incidents de la jeunesse de Gœthe transparaissent sous le récit des aventures de maître Wilhem, et ce n'est pas le moindre intérêt du roman. Quant au type de Mignon, on en trouverait peut-être l'origine dans une pièce de vers sur une jolie petite saltimbanque, qui faisait des tours sur les places de Venise, et dont la grâce bizarre paraît avoir beaucoup préoccupé le poëte.

M. Gaston de Montheau n'a pris, dans ce long roman à personnages multiples, que Mignon, Wilhem Meister, Philine, Laërte, et le petit page Frédéric ; il a laissé de côté le mystérieux harpeur, Marianne, la vieille Marthe, la comtesse et les figures épisodiques qui peuplent cette romanesque odyssée. Son intrigue est très-simple. — Wilhem Meister rachète Mignon, qui passe pour un jeune garçon, au saltimbanque qui la maltraite. Mignon, avec la reconnaissance passionnée de ces natures sauvages, en dehors de la société, pour qui rien n'existe au monde, hors un seul objet, se voue à son jeune protecteur, le sert comme un esclave et veille sur lui comme un humble ange gardien. Wilhem est amoureux de la coquette Philine, qui le trompe et fait passer pour son frère Laërte, un de ses anciens amants. Mignon pénètre les ruses et les mensonges de Philine. Le cœur féminin éclairé par la jalousie est si clairvoyant ! — La comédienne n'est pas insensible à la beauté et aux grâces de Mignon, qui se fait surprendre par Wilhem aux pieds de Philine. La courtisane, démasquée, envoie Laërte, comme l'Alcantor du *Mariage forcé*, avec des épées sous le bras ; mais Laërte n'est qu'un lâche dans la peau d'un fanfaron, et le ferme accueil de Wilhem le rend doux comme un agneau et timide comme un lièvre. Pour effacer ce mauvais rêve, Mignon laisse tomber ses habits d'homme et paraît sous le costume de son sexe ; le secret de sa naissance vient d'être découvert. — Le jeune maître sera bien vite consolé.

Mademoiselle Favart, la charmante transfuge du Théâtre-Français, débutait aux Variétés par le rôle de Mignon ; on ne pouvait mieux choisir. Pour tout autre, c'eût été une audace hasardeuse. Il fallait toute la beauté, toute la jeunesse, tout le charme de cette délicieuse actrice pour réaliser ce type qui flotte dans toutes les imaginations paré de perfections idéales. Donner un corps à un rêve caressé avec amour par les poëtes et les peintres, est une entreprise presque impossible, et c'est pourtant ce que mademoiselle Favart a fait de manière à contenter Gœthe dans l'extra-monde où flotte, au milieu de la lumière sereine, sa grande ombre majestueuse, appuyée paternellement sur l'épaule de la jeune Euphrosine.

Quelle grâce tendre et nostalgique elle a, dans ce romanesque costume de page espagnol en satin blanc et bleu ! Comme la belle pâleur du Midi, décolorée par les froids soleils d'Allemagne, fait ressortir les traits réguliers et purs de son visage délicat, ombragé de boucles de cheveux noirs ! comme son corps frêle se meut avec la souplesse rompue de la saltimbanque, tout en gardant sa distinction et sa pudeur féminine sous le déguisement, et qu'elle est belle, et noble, et touchante, dans sa longue draperie blanche, quand le petit faiseur de tours disparaît pour montrer l'ange gardien ! — Cette robe de mousseline semble des ailes d'ange qui se déploient !

XXIV

DÉCEMBRE 1851. — Opéra-National (second théâtre lyrique) : la Perle du Brésil, paroles de MM. Gabriel et Sylvain Saint-Étienne, musique de M. Félicien David. — Les odes-symphonies de Félicien David. — La musique pure et la musique dramatique. — Le livret de MM. Gabriel et Saint-Étienne. — La partition. — Junca. — Porte-Saint-Martin : l'Imagier de Harlem, drame fantastique, de MM. Gérard de Nerval et Méry. — La pièce et la mise en scène. — Affabulation. — Un aphorisme de M. Nestor Roqueplan. — La prose et les vers alternés.

1er décembre.

OPÉRA-NATIONAL. *La Perle du Brésil.* — Personne n'a oublié le prodigieux succès du *Désert*, qui, du soir au matin, fit passer le nom, jusqu'alors inconnu, de Félicien David, de l'ombre à la lumière, sans aucune transition. Simple passant dans la foule, la veille de son concert, le lendemain il était salué de tous comme un maître. Cette fois, la vogue, qui se trompe souvent, avait raison, car l'œuvre était vraiment originale et de premier ordre.

L'oratorio de *Moïse*, exécuté à l'Opéra, subit, malgré de très-belles parties, le sort de tout second ouvrage qui vient après un succès colossal : on fut injuste envers lui par réaction ; d'ailleurs, on ne lui pardonna pas de manquer de chameaux et d'almées, bien qu'il pût alléguer pour sa défense la couleur locale et le sérieux biblique.

Le *Christophe Colomb*, dont Méry avait rimé les strophes étincelantes, et qui rappelait la forme d'ode-symphonie du *Désert*, réussit non pas autant que son frère aîné, ces bonheurs-là n'arrivent pas deux fois, même aux gens qui les méritent, mais beaucoup cependant ; le chœur des sirènes et le chant de la jeune mère indienne, voltigèrent bientôt sur toutes les lèvres, comme « Ma belle nuit, oh ! sois plus lente ! » et les mélodies les plus goûtées du *Désert*.

L'Éden, soit à cause de la froideur biblique du sujet, soit à cause de la faiblesse de l'exécution, eut un sort à peu près semblable à celui de *Moïse* : on apprécia la forme simple et classique, dans le goût des oratorios de Haydn, la science d'orchestration, quelques beaux détails; mais le public ne s'enthousiasma pas.

La musique pure, sur un sujet idéal, abstraction faite de costumes et de décors, ne suffit pas longtemps à un peuple pour qui le théâtre semble être la forme définitive, et qui résout volontiers toute chose en drame : la symphonie a pour patrie naturelle la rêveuse Allemagne, comme le chant l'indolente Italie. La France, positive et remuante, demande l'action, et, de tous côtés, l'on poussait Félicien David au théâtre.

Peut-être, avec son génie mélancolique, pittoresque et descriptif, amoureux des grands spectacles de la nature, habitué à noter d'une oreille attentive les chuchotements du silence dans la solitude, et à regarder trembler le reflet de la lune au fond du puits de l'oasis, eût-il mieux aimé, à travers la transparente somnolence du kief oriental, poursuivre quelque mélodie aérienne et vague, quelque écho affaibli de la caravane lointaine, que se jeter dans la turbulence et la complication du drame, lui dont le brun visage, les fortes lèvres et l'œil impassiblement noir ont la fixité fataliste et la rêverie sérieuse des sphinx, ses anciens amis et confidents ; mais toute gloire qui n'a pas la consécration du théâtre est presque comme non avenue chez nous, ou, du moins, ne devient jamais populaire, et Félicien David a quitté résolûment son désert pour se lancer à corps perdu dans la mêlée.

Zora, la perle du Brésil, a été ramassée, évanouie, presque morte, sur un champ de bataille, parmi un tas de cadavres, près du corps de son père, le cacique, tué par les Portugais. L'amiral Salvador s'est intéressé à la jeune enfant si cruellement privée de famille; il l'a prise avec lui et l'a ramenée à Lisbonne sur son vaisseau. On a donné à la petite sauvage une éducation européenne, on l'a convertie au catholicisme ; et, au moment où la toile se lève, elle est en train de recevoir le baptême, dans la chapelle du roi. — Cette jolie âme échappera ainsi à Satan, à ses œuvres, à ses pompes, et n'ira pas en enfer tenir compagnie aux malheureux Indiens, ses aïeux et ses frères. On la sépare de sa race dans ce monde-ci et dans l'autre.

En effet, Zora est bien blanche pour errer à travers les savanes, avec les peaux-rouges, et ce bel ange sera plus à sa place au paradis d'azur et d'or du bon Dieu, que dans les forêts pleines de daims du Grand Esprit, où se mène une chasse éternelle.

Beauté parfaite et grâce étrange, la sauvagesse civilisée exerce de grands ravages sur les cœurs du vieux monde ; tout brûle et flambe autour d'elle, et les femmes de Lisbonne trouvent que l'on aurait bien pu laisser de l'autre côté de la mer cette Vénus à colliers de coquillages et à pagne en plumes de colibri.

> Vous dire ses amants, cela serait trop long.
> Bornez-vous à savoir...

qu'elle en a trois principaux : un comte de Horn, diplomate suédois conservé dans sa glace, volcan couvert de neige qui, malgré sa froideur polaire, brûle d'un feu tout à fait tropical ; un jeune homme nommé Lorenzo, doué d'une voix de ténor, et le grave amiral Salvador lui-même, lequel a résolu *in petto* de faire sa femme de sa pupille.

Le comte de Horn, dédaignant la fadeur des madrigaux, ou n'ayant pas la fatuité de croire que Zora le suivra en Suède de son propre mouvement, essaye d'enlever la petite avec l'aide de quelques estafiers. — Mais Lorenzo intervient fort à propos pour empêcher l'exécution de ce projet et mettre en fuite le seigneur suédois et ses coupe-jarrets.

Cette tentative d'enlèvement, non suivie d'effet, par une cause indépendante de la volonté du séducteur violent, fait réfléchir l'amiral Salvador, près de s'embarquer pour le nouveau monde, au danger qu'il y aurait à laisser Zora seule à Lisbonne, exposée à ces entreprises hasardeuses qui, déjouées une fois, pourraient réussir l'autre, et il se décide à l'emmener avec lui, au grand chagrin de Lorenzo, désespéré de voir un océan entre son amour et la perle du Brésil.

L'amour est inventif : il donne de l'esprit aux bêtes, et Lorenzo n'est point bête, quoique jeune premier et ténor. Il décide un matelot à lui céder sa place et ses habits, et monte sur le vaisseau amiral en même temps que Salvador et Zora.

Nous voici donc en pleine mer. Le théâtre représente le tillac du vaisseau et son château vu du côté du pont. Le grand mât s'implante dans le plancher ; la voile carguée se mêle à la bande de ciel, et les échelles de corde conduisant aux huniers se perdent dans les frises. — Lorenzo s'est fait reconnaître de Zora, et ils s'expriment leur flamme mutuelle dans toutes sortes de romances et de duos les plus ravissants du monde ; il s'écrivent même en cachette, car il n'est guère commode de soupirer son amour sur un vaisseau, en présence de tout un équipage. Une de ces lettres est saisie par l'amiral qui, pour connaître son rival mystérieux, assemble tous ses matelots, et leur déclare qu'il va épouser Zora. Il espère qu'à cette brusque nouvelle, l'amoureux caché se trahira par une rougeur, par une pâleur, un tressaillement quelconque de physionomie. Le moyen réussit, Lorenzo fait un soubresaut significatif, et l'amiral lui dit que, s'il était seulement gentilhomme, il ne se refuserait pas l'agrément de lui couper la gorge. « Qu'à cela ne tienne, amiral ! je ne suis pas un manant comme j'en ai l'air. » Et il décline son nom véritable, nom très-parfaitement noble, qui se trouve être celui d'un gentilhomme que Salvador a eu le malheur de tuer jadis sans en avoir l'intention. — Ce souvenir apaise la colère du marin ; il se borne à séparer les amants et se promet de surveiller plus exactement Zora à l'avenir ; car il lui déplairait fort, tout homme mûr qu'il est, de voir la perle du Brésil enchâssée dans l'anneau d'un autre.

Pendant cette scène, le vent a fraîchi, un grain fond sur le navire, les voiles claquent, les poulies grincent, le lycopodium jette des éclairs intermittents et les feuilles de tôle secouées imitent le bruit du tonnerre ; les vagues s'enflent, l'écume balaye le pont, et il faut laisser les contestations amoureuses pour s'occuper de la manœuvre. Cet ouragan humide fait un heureux pendant à l'ouragan sec du désert.

Au troisième acte, nous sommes dans une forêt vierge du Brésil : la décoration est très-belle et rend bien cet inextricable entrelacement de troncs, de branches, de lianes, cette frondaison touffue et luxuriante des forêts du nouveau monde. A travers les voûtes végétales s'élancent les grêles palmiers, qui font comme un second étage de forêt au-dessus de la première. — Les Portugais, conduits par Salvador, tombent dans une embûche de sauvages, et ils seraient impitoyablement massacrés, si Zora, en qui les souvenirs d'enfance ne sont pas éteints, ne suspendait leur fureur par une mélodie qui a la force d'une incantation : — c'est l'ancien chant de la tribu. — A ces sons connus, les sauvages s'arrêtent et reconnaissent la fille de leur cacique, et, au lieu de tuer les Portugais, ils font alliance avec eux. Salvador, touché du service que vient de lui rendre Zora, consent à son mariage avec Lorenzo ; et la toile tombe au milieu d'applaudissements que la musique peut revendiquer seule, le poëme étant fort médiocre et plein de réminiscences de tous les opéras-comiques possibles.

Voici maintenant quelles sont nos impressions musicales sur la nouvelle partition de M. Félicien David.

La première phrase de l'ouverture, jetée avec éclat par les masses de l'orchestre, est écrite en *la* mineur sur un mouvement *andante mosso* à trois temps. Les cuivres sonnent avec vigueur, et on sent, dès ce début, l'habileté du musicien à disposer les instruments et la profonde connaissance qu'il possède de leurs diapasons et de leurs timbres. Vient ensuite un chant de violoncelle en *la* majeur, repris en *mi* naturel par le hautbois et terminé par des trémolos de violons en sourdine, accompagnés de quelques arpéges de harpes.

Cette première page symphonique, traitée avec science et originalité, prélude grandiose d'une œuvre importante, a été accueillie par d'énergiques applaudissements.

La scène d'introduction est admirable d'un bout à l'autre ; un chœur en *mi* naturel, rempli d'énergie, est interrompu par un effet de carillon dans la coulisse ; l'orchestre joue en sourdine une marche accompagnée par le chœur en *staccato* ; puis l'orgue fait entendre quelques accords religieux, et des voix de femmes chantent une prière d'une mélodie suave. Les hommes s'agenouillent, la prière recommence, et aux sons de l'orgue viennent se mêler des trémolos d'altos et de violoncelles.

Le trio, entre Zora, Lorenzo et la comtesse, est pétillant de grâce et d'originalité ; sur le motif principal, chanté séparément par chaque personnage, se dessinent de délicieuses broderies faites par les violons, la clarinette et le hautbois.

Le commencement de la ballade de Zora manque un peu d'originalité ; nous aimons mieux la seconde partie, qui se termine par de charmantes vocalises accompagnées par un chœur à bouche fermée.

L'air de baryton, chanté par Bouché, est précédé d'un chant de cor qui a été parfaitement exécuté.

Le boléro de la comtesse, avec castagnettes et tambour de basque, est charmant ; les quelques notes jetées par la petite flûte sont d'un effet piquant et original. Le chœur en *ut* mineur est magistralement écrit. L'acte se termine par la reprise du *larghetto*, chanté par Salvador, et entonné ensuite par les masses chorales unies aux accords formidables de l'orchestre.

Au commencement de l'acte suivant, nous avons surpris çà et là quelques réminiscences d'*Haydée*, réminiscences de décors et de musique : le pont d'un vaisseau avec marins grimpés sur les vergues et éparpillés dans les cordages ; effets de brise et ondulations de la mer irritée par les instruments et par les voix chantant *pianissimo*. Les airs de danse sont ravissants ; les mêmes combinaisons d'instruments y reviennent pourtant un peu trop fréquemment ; le compositeur a abusé de la clarinette, du tambour de basque et de la petite flûte, en se souvenant sans doute du parti heureux qu'il en avait tiré dans son *Christophe Colomb*.

Le duo entre Zora et Lorenzo est le morceau capital du deuxième acte ; mademoiselle Ducz et Philippe l'ont chanté d'une manière délicieuse ; l'*allegretto* en *ré* majeur, dont on retrouve le motif dans l'ouverture, est mouvementé avec chaleur ; cette phrase :

> A toi je m'abandonne,
> A toi mon cœur se donne !

a été dite par Lorenzo avec une verve passionnée qui lui a valu les applaudissements de toute la salle.

Une marche en *ré*, précédée d'une rentrée de tambour et de flageolet, annonce l'amiral, qui vient chanter avec Rio un duo *buffo-serio*, auquel quelques coupures intelligentes donneraient une plus grande valeur. Nous avons passé sous silence l'air chanté par Zora, pour arriver plus vite au beau quatuor en *la bémol* et à la scène de la tempête, qui est une des pages les plus remarquables de la partition. L'orchestre prélude sourdement ; le vent siffle à travers les cordages; le grain s'approche; les voix s'unissent aux instruments et arrivent progressivement à des accords inouïs; les cymbales et la grosse caisse, le tonnerre qui tombe, les cris d'effroi des matelots, le bruit des chaînes et la voix de l'amiral qui commande, tout cela est saisissant et sublime.

Au troisième acte, qui se passe dans une forêt du Brésil, le compositeur a pu se livrer facilement à toute sa fantaisie tropicale; l'introduction est riche d'harmonies piquantes et de détails intéressants. Le chant du bengali est d'une grande fraîcheur et l'accompagnement plein d'originalité.

Le duo qui suit entre Zora et Lorenzo, renferme de jolis passages; mais le morceau capital du troisième acte est l'air de Salvador, qui a été *bissé* et dont la mélodie est écrite sur un rhythme d'une verve entraînante. La scène des chefs brésiliens est parfaitement traitée; les trombones, l'appel de cor et le tam-tam donnent à cette scène un caractère sauvage plein de couleur et de vérité.

M. Junca a chanté avec beaucoup de talent le récitatif dans lequel il repousse les propositions pacifiques de l'amiral, et le menace, lui et les siens, d'une vengeance terrible. Zora arrive alors, elle chante sa ballade du premier acte, et le peuple indien, à la voix de la sirène, met bas les armes et se prosterne en invoquant le Grand Esprit des bois.

La toile tombe sur un beau chœur final en *ut* majeur.

Félicien David, caché dans un bouquet de palmiers nains, a été découvert et amené, bon gré mal gré, devant le public, qui l'a salué de ses acclamations et de ses bravos.

30 décembre.

PORTE-SAINT-MARTIN. *L'Imagier de Harlem.* — Dans un petit intérieur hollandais, calme et gris de ton, sur une table où tombe un jour tamisé par une toile blanche, un homme, penché, travaille à côté d'une boule de cristal : c'est Laurent Coster, l'imagier de Harlem; il grave, d'après une médaille antique, le portrait d'Aspasie, la grande hétaïre athénienne, l'inspiratrice de Périclès, la muse de ce siècle qui fut si beau. A l'aspect de ces traits si purs, de cette perfection classique disparue du monde, Coster se sent l'âme troublée, et son désir remonte le cours des temps.

Une autre rêverie absorbe aussi sa pensée : à force de graver des images, il a remarqué que les lettres se reproduisaient comme les figures, et l'idée de buriner une page pleine de caractères lui est venue, idée immense, grosse de l'avenir du monde : il a tracé ainsi les *Commandements de Dieu*, et la planche fidèle, inépuisable, lui a livré de nombreuses épreuves toutes identiques.

L'invention a été bientôt perfectionnée par les trois compagnons mystérieux de Coster, qu'on entend travailler et tracasser sous le plancher, comme l'ombre du père d'Hamlet. Faust ou Furst a inventé les lettres mobiles en bois, Gutenberg a trouvé la fonte des caractères, et Schœffer le paysan a fait du pressoir d'huile la presse à bras, que seule la presse à vapeur a pu détrôner, il y a quelques années de cela. L'imagier, ivre de sa découverte, rayonne d'enthousiasme; ces sublimes ouvrages de l'antiquité, dont l'ignorance des moines gratte les manuscrits pour faire des antiphonaires sur leur parchemin, reproduits désormais par milliers, sont sûrs de ne pas périr ; ces brillants flambeaux de la raison humaine rayonneront aussi nombreux que les étoiles dans les ténèbres de la barbarie, qu'ils finiront par dissiper.

Ces rêves sont beaux ; mais la réalité leur casse l'aile ou, tout au moins, leur arrache bien des plumes. — Coster a pris une patente pour sa nouvelle invention, patente qu'il n'a pu payer et pour laquelle on le poursuit. Les faibles ressources du ménage sont épuisées, car les essais sont coûteux, et, lorsque Catherine va au buffet prendre l'argenterie pour mettre le couvert, elle ne trouve que des fourchettes de fer et des cuillers d'étain. Coster, comme Bernard Palissy pour son four, comme Benvenuto pour sa statue de *Persée*, brûlerait sa maison et jetterait son anneau de mariage dans le creuset de son idée. Catherine, humble et modeste ménagère, tendre de cœur, bornée d'intelligence, aimerait mieux voir son mari continuer son commerce d'images que se livrer à des entreprises hasardeuses dont la dépense est certaine et le gain aléatoire; cependant, comme elle a l'amour et la foi, elle admire sans trop comprendre et ne regrette pas outre mesure son gobelet d'argent.

Heureusement, Faust, Gutenberg et Schœffer ont déménagé la machine par le soupirail du caveau où ils travaillent, et le stupide bourgmestre de Harlem ne saisit que de vulgaires escabeaux, que d'insignifiants bahuts, qu'un pauvre mobilier démantelé. Ce bourgmestre n'est point féroce, il est bête, ce qui est pis. Il prend l'imprimerie pour une sorte d'artillerie, malgré les laborieuses explications que lui donne Coster, sans pouvoir réussir à ébranler cette stupidité massive, carrée par la base, indéracinable comme un monolithe égyptien : il ne saurait comprendre qu'un grand homme n'ait pas cent florins pour payer une patente à un bourgmestre.

La presse est sauvée; mais que devenir, dénué de ressources et d'argent? Comment vaincre l'hostilité des uns, l'indifférence des autres? Cette heure mauvaise où l'inventeur se repent de son génie vient de sonner pour Coster; il se demande s'il n'aurait pas mieux fait de suivre les conseils bourgeois de sa femme, et de vivre platement dans une honnête obscurité.

Coster descend la spirale de ces tristes rêveries qui conduisent au suicide ou au pacte avec les esprits malins, lorsque la porte de la chambre se renverse bruyamment et laisse passer une figure bizarre, fantastique, déhanchée, lambrequinée, comme un des pages ou des hérauts d'armes du *Triomphe de Maximilien*, d'Albert Durer. — On ne saurait rien imaginer de plus germaniquement gothique dans sa magnificence que ce personnage apparu subitement à l'imagier surpris, avec ses grègues déchiquetées en barbe d'écrevisse, ses crevés à l'espagnole par où la soie sort en bouillonnant, son manteau blasonné de l'aigle noire d'Autriche, négligemment jeté sur le coin de l'épaule, ses longues plumes tire-bouchonnées de trois pieds de haut, qui le font ressembler à ces figures héraldiques soutenant des armoiries.

Ce personnage, hanché, cambré, piété avec une impudence extraordinaire, s'avance, la tête renversée, le nez haut, l'air dédaigneusement protecteur, vers Laurent Coster, et entame une conversation paradoxale et vertigineuse, d'où il résulte que l'imagier n'est qu'un sot qui ne sait point s'y prendre et n'entend rien au train des choses du monde.

« Votre invention est assez ingénieuse; seulement, elle a été trouvée, ainsi que toutes les inventions possibles, onze siècles avant la création du monde, par les Chinois, qui y ont renoncé et sont revenus à l'écriture. Mais, comme vous n'en saviez rien, votre mérite n'est pas moindre. Quant à moi, je fais un cas médiocre de ces billevesées. Je transmue les métaux en or, chose facile, et je fais du diamant, ce qui est encore plus simple, puisqu'il ne s'agit que de concentrer du charbon. Ce fourneau sur lequel bout votre marmite, je puis en faire un écrin. Pauvre ignorant que vous êtes, vous ne savez pas tirer parti des richesses et des forces qui vous entourent. Regardez : l'eau qui bout soulève ce couvercle ; je vais appuyer mon pied dessus et créer un levier capable de soulever le monde ; au reste, le moyen n'est pas neuf, il a été inventé par Héron d'Alexandrie, il y a déjà bien des siècles... Je m'intéresse à vous ; prenez-moi comme factotum, je mettrai votre idée en œuvre. Pour devenir riche, il ne faut pas avoir l'air pauvre, et vous allez donner une fête brillante au bourgmestre et aux échevins ; les invitations sont déjà parties. Quant aux détails, ne vous en inquiétez pas, cela me regarde ; je suis un homme pratique, moi. »

Pendant que le personnage bizarre débite cette tirade d'un ton moitié illuminé, moitié charlatan, avec une volubilité à la fois folle et sarcastique, l'eau gronde et rugit dans la marmite comprimée ; la vapeur furieuse tâche de s'échapper en sifflant ; le couvercle, maintenu par le talon de fer de l'inconnu, résiste ; alors le vase éclate avec une détonation épouvantable, lançant bien loin les débris du fourneau ; une fumée épaisse remplit la chambre, et, quand le nuage se dissipe, à la place des murailles nues et délabrées, on voit des tentures de cuir de Cordoue, des plafonds dorés et peints, toute une architecture élégante et capricieuse ; les lustres sont allumés, les valets circulent, portant des plateaux, et les invités forment déjà des groupes nombreux.

Le bourgmestre trouve maintenant Laurent Coster le plus grand homme de la Hollande et du monde, et s'enorgueillit d'avoir été le premier à comprendre son admirable invention.

Maître Laurent Coster reçoit tous ces hommages d'un air distrait. Pendant que Bloksberg — c'est le nom du personnage singulier — distribue aux femmes des échevins des charbons métamorphosés en diamants, ce qui ajoute encore à l'enthousiasme, dans une toile, œuvre d'un maître inconnu, il a vu rayonner une mystérieuse image, trop bien gravée, hélas! au fond de son cœur, celle d'Aspasie. Catherine, qui arrive tout étonnée au milieu de cette fête, est jalouse du regard de flamme que Coster lance vers le tableau, et ne se rassure, que lorsqu'on lui dit que c'est le portrait d'une femme morte, il y a plus de deux mille ans.

Le second acte nous mène à la cour de l'archiduc d'Allemagne, et nous fait voir que Gérard de Nerval, qui a si bien traduit Gœthe, s'est souvenu du second *Faust*. Nous assistons à une suite de tours de passe-passe et de sorcelleries qui rappellent Faust et Méphistophélès chez l'empereur. L'archiduc, ignorant, avide et superstitieux, est incapable de comprendre la beauté et la grandeur de la découverte de Coster; mais les prodiges de Bloksberg, prodiges dont celui-ci laisse tout l'honneur à l'imagier de Harlem, l'étonnent et l'intéressent. Bloksberg, qui paraît remplir à cette cour l'office de chambellan et de bouffon, fait valoir Coster de la bonne façon. Devançant de plusieurs siècles le système de Law, il remplit les coffres vides par un artifice qu'il attribue à Coster, à l'aide du papier-monnaie imprimé au moyen de la nouvelle découverte. Cette invention paraît fort bonne à l'archiduc, et, de l'imprimerie, il comprend tout d'abord la planche aux assignats. Un pactole factice ruisselle aussitôt, et la cour se livre aux joyeuses orgies. L'archiduc Frédéric III, voulant éprouver les talents de Coster comme nécromancien, lui demande d'évoquer quelque ombre illustre. Le bouffon satanique feint de répéter une formule magique que lui souffle Coster; une perspective s'ouvre dans le mur, et, du fond du passé, étoile tremblante dans l'ombre bleuâtre, glisse, avec ce mouvement insensible propre aux spectres, une forme blanche voilée de nobles draperies antiques : c'est Aspasie, qui apporte au milieu de cette ridicule petite cour allemande la pure beauté grecque. Elle semble étonnée d'être éveillée ainsi de son sommeil séculaire, et, quand son vague regard d'ombre rencontre le regard amoureux de Coster, elle tressaille, un nuage rose couvre ses joues et la pourpre de la vie remonte dans ses veines mortes. Coster, éperdu, s'élance, et l'apparition s'évanouit.

De la cour de l'archiduc, nous sautons au château de Bloksberg, — une résidence singulière. — Est-ce la demeure d'un grand seigneur ou le laboratoire d'un alchimiste? Les brocarts pendent à plis mystérieux et semblent abriter, sous leurs pans, des esprits qui chuchotent. Les tapisseries palpitent et frémissent, la lumière miroite étrangement sur le poli des habits, et la large cheminée où pétille un feu livide jette des reflets bizarres sur les matras, les cornues, les alambics, les crocodiles empaillés, et tout ce poudreux mobilier de la sorcellerie, dont Gœthe, Teniers, Rembrandt et Delacroix savent tirer des effets si fantastiques. Tel devait être l'intérieur de ce Klingsor dont il est question dans *les Maîtres chanteurs d'Hoffmann*. — Il semble que des formes monstrueuses se blottissent dans les coins baignées d'ombre. Les rafales battent les vitres froides, comme des ailes de chauve-souris ou d'orfraies ; le vent gémit avec des soupirs d'enfant qu'on étouffe. On sent que, si les esprits nocturnes n'étaient pas contenus par une volonté puissante, le sabbat du Broken commencerait aussitôt dans cette chambre qui couve les délires du Walburgisnachstraum.

Enveloppé dans une robe de chambre à ramages exorbitants, Bloksberg, assis sur les épaules dans un grand fauteuil à oreilles, allonge voluptueusement ses pieds au milieu de la braise. Tout autre se brûlerait ; mais lui, la flamme le connaît et lui lèche les talons comme un chien fidèle, car vous avez sans doute deviné dans Bloksberg un frère de Méphisto, un cousin germain de Satan. — Il paraît disposé à jouir des douceurs de l'intimité et des charmes du foyer domestique, car il est marié avec une belle femme dont les traits rappellent singulièrement ceux d'Aspasie. Il la présente à Coster, qui se trouble à cette ressemblance. La jeune femme tourne vers lui des yeux chargés de langueur et d'amour ; elle lui adresse des sourires enivrants, et le Bloksberg, complaisant comme un de ces maris romains qui s'endormaient à propos aux banquets des Césars, ronfle avec affectation dans son grand fauteuil. Aspasie, car c'est elle, redouble de séductions ; elle ouvre à son amant enivré des perspectives d'amour et de vie heureuse. Elle l'épousera s'il tue son indigne époux, et elle met un poignard à la main de Coster, qui s'élance vers le dormeur et le lui enfonce dans le cœur jusqu'à la garde.

« Ah! mon cher homme vertueux, dit le Diable en se redressant de toute la hauteur de sa grande taille, vous faites la cour à ma femme, et vous m'assassinez? Ce crime me donne droit sur vous, et vous m'appartenez désormais. — Non pas, s'écrie Catherine, la femme de Coster, qui sort d'un oratoire où elle était en prière. Il y a un proverbe qui dit : « Il vaut mieux tuer le Diable que d'être tué par lui. » C'est un cas de légitime défense. » Satan reste tout penaud à cette objection sans réplique, et sort en jurant de prendre sa revanche.

A l'acte suivant, Laurent Coster est installé à Paris, avec Faust, Gutenberg, Schœffer et Catherine. L'imprimerie prospère, et le pressoir de Schœffer, mu par des bras vigoureux, fait écumer le vin de l'intelligence, que les nations se passent de main en main dans des coupes inépuisables. Louis XI, roi lettré, protége cet art nouveau, qu'il trouve excellent pour propager ses œuvres. *Les Cent Nouvelles* de sa composition, imprimées avec luxe, lui sont présentées par Coster; il daigne les approuver nonobstant clameur de haro et charte normande. Mais Bloksberg, qui s'est incarné sous la figure d'Olivier le Diable, le fameux barbier, montre au roi un libelle contre lui, également sorti des presses nouvelles. Ceci modère considérablement l'enthousiasme du roi pour l'invention dont il était tout à l'heure un des plus chauds partisans, et il fait jeter Coster en prison.

Le tentateur retire l'imagier du cachot et le transporte dans les jardins de la belle Anne de Beaujeu, espèce de jardins d'Armide faits pour amollir l'âme. Anne de Beaujeu, c'est Aspasie, toujours sous une nouvelle transformation. Coster, à la vue de son idole, oublie et Catherine et son invention, et fait le Renaud au milieu des nymphes.

Le Diable, sous la figure de Pan, est devenu entrepreneur de plaisirs, et il préside aux fêtes. Un charmant ballet, dansé par les Heures nocturnes, enlace et fascine Coster, qui ne s'aperçoit pas que ces heures sont des années, et qu'il a vieilli de douze ans pendant cette longue nuit orgiaque. L'ombre de Catherine, morte pendant ce long abandon, pâle et plaintive, traverse la fête et réveille de ce rêve Coster, qui s'aperçoit qu'il a la barbe grise, et s'enfuit épouvanté de ce lieu de perdition : le château de Beauté s'écroule avec tous ses prestiges.

Plus tard, nous retrouvons Coster et ses compagnons en Espagne, où ils sont allés mettre leur invention au service d'Isabelle la Catholique, cette reine de génie ; mais Satan, qui a revêtu la robe et les fonctions de grand inquisiteur, fait condamner au bûcher les quatre imprimeurs comme sorciers. Lucie, la fille de Coster, qui est venue le rejoindre de Hollande, où nous l'avons laissée toute petite au premier acte, subira la même peine, comme ayant en sa possession la sainte Bible écrite par un moyen diabolique.

En marchant au supplice, Coster rencontre le triomphe de Christophe Colomb, qui part pour la conquête du nouveau monde ; ce choc est d'un grand effet et d'une admirable poésie.

Satan, qui a pris la forme du bourreau, souffle à l'oreille de Coster que, s'il lui vend son âme, il sauvera sa fille. Coster accepte ; au même moment débouche le cortége de la grande Isabelle. Les bûchers s'éteignent, car c'est une coutume castillane que, lorsqu'une personne royale rencontre des condamnés qu'on mène au supplice, il leur soit fait grâce. Le malheureux imagier a vendu son âme pour rien. Le Diable savait parfaitement que la reine allait passer, mais le Diable n'est pas obligé à être délicat.

D'Espagne, Coster, toujours suivi de son diabolique acolyte, passe à Rome, où trône, sur la chaire de saint Pierre, ce démon mîtré que le monde a connu sous le nom d'Alexandre VI. — Bloksberg a pris cette fois le masque de Machiavel, et veut faire servir l'imprimerie à ses projets ténébreux. Aspasie, sous le nom d'Impéria, est la maîtresse de César Borgia, ce scélérat de génie, à qui la conscience humaine semble avoir toujours été étrangère, et qui vivait dans la vapeur du sang et les miasmes des prisons, comme dans son atmosphère naturelle ; Coster, acquis désormais au mal, va se perdre à jamais dans ce repaire impur des orgies vénéneuses, où l'on boit la mort avec la volupté. Mais Impéria a versé à César le poison destiné à ses convives. Elle veut sauver Coster. Cet amour et une prière de Lucie, restée pure sous l'habit d'une courtisane, dans cet enfer de débauche, l'emportent, devant Dieu, sur les artifices de Satan, qui s'abîme dans le gouffre, sans entraîner de victime.

L'avénement de Jules II à la papauté ouvre l'ère lumineuse de la renaissance, et Laurent Coster est promené triomphalement sur un char, que suit Satan enchaîné et jouant le rôle de l'insulteur antique. Le tout se termine par l'apothéose de l'Idée.

Dans cette analyse, déjà bien longue pourtant, nous n'avons pu qu'indiquer le mouvement de la pièce, et force nous a été de laisser de côté une foule de détails remarquables et de scènes dramatiques. Le cycle que décrit cette action ambulatoire est immense, et les idées qu'elle soulève sont nombreuses. Débarrassé maintenant du récit des faits, nous allons faire ressortir le mythe de la pièce.

Selon les auteurs, et nous sommes de leur avis, l'imprimerie représente la lumière morale. Avec elle, rien ne reste dans l'ombre, tout se sait, tout se propage, tout se discute. L'incognito est ravi au crime et à l'oppression; elle traîne au grand jour tous les hiboux offusqués. Les cerveaux sont comme les villes, où il ne se commet d'actions infâmes que dans les rues obscures. Quand cette lampe fut allumée pour la première fois sur le monde, toutes les ignorances, tous les fanatismes, toutes les tyrannies, tous les abus eurent peur; ils sentirent que leur règne allait finir. L'imprimerie est donc une invention *divine*, bien que quelques catholiques inintelligents y aient voulu voir une invention du Diable. L'imprimerie fit succéder au cahos barbare du moyen âge l'aurore splendide de la renaissance, cette époque climatérique du genre humain. Le Diable, prince des ténèbres, depuis qu'il a perdu, avec sa qualité d'ange, le beau nom de Lucifer (porte-lumière), est donc naturellement l'ennemi de l'imprimerie, cette matérialisation rapide du *verbe*, de ce verbe qui, prononcé pour la première fois, produisit le monde, et il cherche à perdre l'inventeur ou à dénaturer le sens de la découverte. Il se sert pour cela d'une création à lui, la dive Alilah.

La dive Alilah, c'est la tentatrice placée près de l'homme par Satan, dès les premiers jours de la création; c'est Ève, près d'Adam, la reine de Saba près de Salomon, Dalilah près de l'Hercule juif, Aspasie près de Périclès, Cléopâtre près d'Antoine, etc., etc. — On dirait qu'en réalisant ce type, MM. Méry et Gérard de Nerval ont pensé à cet aphorisme profond de Nestor Roqueplan : « Dieu a mis la femme sur la terre, de peur que l'homme ne fît de trop grandes choses. » Pourtant, celle qui peut perdre peut sauver lorsqu'elle est régénérée par l'amour et le dévouement, et la dive Alilah, qui, pour le salut de

Coster, se laisse reprendre l'étincelle de vie factice dont Satan l'anime, finit par entrer glorieusement dans ce paradis mystique de la fin du second *Faust*, où les idées et les âmes purifiées rentrent dans le grand cerveau de Dieu, d'où elles sont sorties.

Ce drame offre une particularité digne de remarque : il est écrit en prose et en vers, comme la plupart des drames de Shakspeare. Les scènes familières, les détails comiques sont en prose ; les morceaux poétiques, passionnés ou lyriques, sont en vers. La forme s'élève avec l'idée. Cela produit des effets très-heureux. Il est puéril de perdre du temps et du talent à versifier les phrases vulgaires dont tout drame a besoin pour sa contexture, et de rimer laborieusement ce qui serait beaucoup mieux dit dans une prose nette et brève. —De la prose de Gérard et des vers de Méry, on ne saurait imaginer un mariage mieux assorti.

XXV

JANVIER 1852. — Odéon : *les Marionnettes du docteur*, drame mi-parti vers et prose, de MM. Jules Barbier et Michel Carré. — Un subterfuge d'action. — Fantasmagorie au bénéfice de la morale. — Le langage des dieux dans la bouche d'un portier. — Faut de la morale, pas trop n'en faut. — Variétés : *une Queue-rouge*, par MM. Duvert et Lauzanne. — Le *Collinet* d'Édouard Ourliac. — Un mauvais choix d'acteur. — Arnal, mademoiselle Page.

6 janvier 1852.

Odéon. *Les Marionnettes du docteur*. — Le succès des *Contes d'Hoffmann* a, l'an dernier, réveillé l'Odéon, endormi du sommeil léthargique des tragédies. Comme tous les humoristes purs, Hoffmann est peu traduisible à la scène. Le théâtre, dans sa grossièreté réaliste, n'admet pas les nuances subtiles de l'analyse. Les *Contes* avaient réussi par la singularité du spectacle ; ils pénétraient dans un monde imaginaire, défini et connu, la rêverie allemande, telle que la conçoit un étudiant d'Heidelberg, à travers une hallucination de tabac et de vin du Rhin.

Aujourd'hui, MM. Jules Barbier et Michel Carré n'ont rien voulu devoir à Hoffmann. Ils ont tiré de leur propre fonds *les Marionnettes du docteur*. Ce ne sont, à vrai dire, des marionnettes que sur l'affiche; car la pièce entière porte sur un rêve éveillé, une donnée semblable à *Victorine*. Nous aimons médiocrement ces subterfuges d'actions qui se passent *extra muros*. Les sujets qu'on esquive et qu'on tourne ainsi ont nous ne savons quelle allure embarrassée et boiteuse, quelle froideur inhérente. Il s'établit involontairement des transpositions de réel et de feint qu'on ne peut ni débrouiller ni suivre, et l'on en sort comme d'un cauchemar compliqué.

Le docteur Lebon a sous la main deux nièces charmantes, Rose et Marie, et deux jeunes amis, Georges et Henri de Vernon, flanqués de leur domestique Pigeonneau, idiot de campagne qui donne les plus belles espérances. Que peut faire en province un docteur ainsi entouré, sinon marier ses deux nièces à ses deux amis? Mais la vie ne s'arrange pas comme un vaudeville, et il est bien évident que M. Bayard ne régit pas exclusivement les choses de ce globe. Les jeunes gens veulent aller à Paris. Sur ce, grand émoi du docteur Lebon. Il sait, depuis Épictète, Nicole, la Rochefoucauld et les moralistes les plus notables, que Paris est la perdition de la jeunesse. Son expérience préservera MM. de Vernon; il sera, sinon leur ange, du moins leur docteur gardien. Dans ce but honnête, le docteur construit un théâtre de marionnettes, où il figurera la vie future des jeunes gens abandonnés dans Paris, et fera passer sous leurs yeux le roman de leurs imprudences. Un coup de baguette, et nous voici transportés dans un salon de la Chaussée-d'Antin.

Des rameaux de bougies reflètent dans les glaces les splendeurs de l'appartement, le piano est ouvert, des albums circulent sur les tables, les divans se renversent pour recevoir les invités, des domestiques chamarrés promènent des plateaux, les fleurs foisonnent dans les jardinières, le luxe suspend les rideaux de soie aux fenêtres et jette sous les pieds les rosaces des tapis; c'est une atmosphère d'élégance lumineuse et embaumée. Vaine apparence! Derrière la porte se tient l'huissier, la griffe du recors s'allonge sur les velours, ce salon de drame intime n'est que le vestibule de Clichy. Une malsaine odeur de vice et de friponnerie basse vous prend à la gorge dans un monde de voleurs, de corrompus et d'infâmes. On entre là dedans avec la lanterne sourde de Frédéric Soulié et de Balzac, quand, pris d'un accès de misanthropie sociale, ils font des effractions de consciences. Mais ce que le romancier dissimule ou prépare, le dramaturge le force ou l'exagère, et vous jette de plain-pied dans un nauséabond repaire de confort. Le mari est suborneur et faussaire; la femme, adultère; l'amant, méprisable.

Nous nous hâtons de quitter le taudis doré pour entrer dans une virginale chambrette de jeune fille. La misère aussi s'y trahit, mais sous des apparences propres et décentes. Un parfum d'honnête labeur, de résignation pieuse, de souffrances noblement supportées, emplit la mansarde. La petite ouvrière qui l'habite et l'orne encore du produit de son travail pour son vieux père aveugle, veille sur l'enfant au berceau de sa sœur morte. Ses joues sont pâles, ses yeux battus, car voilà bien des nuits qu'elle passe à la clarté de sa lampe de cuivre pour faire aller le pauvre ménage. De temps à autre, elle reçoit quelques visites de braves jeunes gens studieux et pauvres, les amis de sa famille. Hélas! toute intention pure est tournée à mal. L'enfant de sa sœur, on le lui reproche comme sien, et son père va la maudire, car la courageuse jeune fille a pris à son compte la faute de sa sœur, et, pourvu qu'elle sauve l'honneur de la défunte, peu lui importe sa réputation ternie et le poids de la colère paternelle. Heureusement qu'un de ses hôtes prend sa défense, et, l'acceptant pour femme, lui signe un brevet de pureté. Le vieux père se désarme de sa rigueur, et le portier, attendri, pleure dans son mouchoir à l'édifiant spectacle de l'innocence reconnue et récompensée.

L'acte suivant nous montre le théâtre divisé en quatre parties, comme une maison coupée en tranches. L'intrigue monte et redescend les escaliers et va cogner, de ci, de là, à la porte de ses locataires, pour faire, à tour de rôle, leur ménage dramatique. Nous assistons, du même coup, au compartiment 1, à une prise de voile; au compartiment 2, à un souper de famille; au compartiment 3, au vol à l'héritage d'un moribond; au compartiment 4, à une dispute d'amants. Nous aurions ici grand besoin du fil qu'Ariane a laissé choir avec une si fatale imprudence, car l'action joue si bien aux quatre coins, qu'on ne sait où la saisir. Nous avons cru, toutefois, que, de ce chassé-croisé, il résultait, à savoir : pour le n° 1, que, quand on n'épouse pas l'homme que l'on aime, il faut entrer au couvent ; pour le n° 2, que le bonheur consistait à manger du bouilli avec un mari répétiteur de grec ; pour le n° 3, que les mourants ont tort d'avoir des domestiques voleurs ; pour le n° 4, qu'on finit par se brouiller avec une femme coquette et mariée qu'on a enlevée. — Notre analyse nous paraît d'une limpidité parfaite, et nous doutons fort qu'il s'en rencontre une plus exacte.

Ce que nous avons vu n'est qu'un rêve, une illusion pure, une fantasmagorie pour le plaisir de la morale. Le docteur Lebon rentre les pantins dans l'étui, et, après avoir effrayé MM. de Vernon, il leur donne ses deux nièces comme fiches de consolation. S'ils allaient aller à Paris !

La pièce est écrite moitié en prose, moitié en vers, quoiqu'à vrai dire elle ne comportât que la prose. Nous admettons parfaitement les vers dans les sujets de fantaisie pure, ou aux rares moments commandés par le lyrisme des situations. Mais nous nous étonnons que MM. Barbier et Michel Carré, qui ont la pratique des vers, en aient oublié le respect jusqu'au point de les mettre dans la bouche d'un portier. Il n'y avait là aucune nécessité impérieuse. Tirer le cordon et manger des confitures en vers nous semble une profanation. Nous en appelons, en toute bonne foi, à M. Barbier, auteur du *Poëte*, et à M. Carré, traducteur de *l'Eunuque* de Térence. Cette tentative les guérira, sans doute, de pareils écarts. Nous ne prétendons pas ici leur faire une leçon ; nous nous bornons à leur donner un avis de confrère.

La pièce est indigeste et curieuse. Elle étonne surtout, et c'est sans doute ce que les auteurs ont voulu atteindre, — surprendre. Mais, pour Dieu, que ce soit la fin de la morale découpée en tartine, de la leçon du pot-au-feu, du prix Montyon dialogué pour les pensionnaires. Que les jeunes filles ne brodent plus de poésie au tambour ! que les marmots ne tettent plus d'alexandrins !

15 janvier.

Variétés. *Une Queue-rouge.* — Un de nos amis qui, bien que

plus jeune que nous, dort depuis longtemps sous la terre brune et fraîche, Édouard Ourliac, le dernier venu dans notre cénacle et aussi le premier parti, avait fait un conte charmant intitulé *Collinet*, d'où MM. Duvert et Lauzanne ont tiré leur pièce. Ourliac était alors gai, joyeux, fou de jeunesse et d'esprit et ne songeait guère aux idées religieuses dans lesquelles, vers la fin de sa vie, hélas! si courte, il s'était réfugié, comme par un pressentiment de sa mort prochaine. Non qu'en aucun temps il eût professé une incrédulité voltairienne : il ne niait pas, il oubliait, emporté par les élans d'une gaieté bizarre qui s'épanchait en charges parlées, à la manière des scènes populaires d'Henry Monnier. Ceux qui ne le connaissent que par ses livres, d'un mérite si réel pourtant, ne se font qu'une idée incomplète de l'homme. Ce qu'il a perdu de verve délirante, d'observations profondes, de comique cruel dans ces parades dont les plans seuls étaient esquissés dans sa tête et dont il improvisait les détails toujours renouvelés, comme les acteurs italiens dans les comédies *dell'arte*, ceux-là seuls qui l'ont entendu à cette époque de fermentation intellectuelle peuvent s'en faire une idée. Il inventait et jouait ses personnages avec une finesse digne de Perlet. Malheureusement, il dédaignait ces chefs-d'œuvre : il ne voulut jamais les écrire, et nous avons le regret de ne pas les avoir sténographiés. — Ce don lui était si naturel, qu'il n'en faisait pas de cas et s'épuisait sur des pages laborieusement travaillées où, laissant de côté sa veine originale, il cherchait l'imitation des conteurs du xviiie siècle, de Diderot et de Lesage principalement. Mais il ne s'agit pas ici de faire l'histoire d'Édouard Ourliac et de son talent ; ce souvenir triste ne serait pas bien placé dans l'analyse d'une *arnalade* de MM. Duvert et Lauzanne ; la ressemblance du sujet l'a seule amené et nous en demandons pardon à son ombre.

Une Queue-rouge est de point en point l'aventure de Collinet, un pauvre comédien de province qui a la douleur d'être sifflé devant la jeune fille qu'il aime, et qui, plus tard, parvenu à la réputation, l'oblige délicatement dans des revers de fortune, et finit par l'épouser. Tel est, en trois lignes, le sujet du conte et du vaudeville ; seulement, MM. Duvert et Lauzanne se sont trompés, nous le croyons, en voyant dans cette donnée un rôle pour Arnal.

Il eût fallu, ce nous semble, un jeune acteur élégant, distingué, sérieux, comme Fechter, par exemple, supérieur en éducation et en manières aux stupides bellâtres de province, qui se font une joie féroce de le tourmenter, et capable d'inspirer de l'amour à une jeune fille du monde, ignorant son métier d'histrion et de cabotin départemental; un génie méconnu et souffrant dans son orgueil blessé, comme Kean ou Frédérick, jeunes, faisant des parades et des tours de force. L'intérêt résultait, ce nous semble, de la différence de l'homme et du rôle. Arnal, dont nous apprécions le talent plus que personne, ne peut être que comique; ses traits, ses gestes, ses intonations sont invinciblement risibles; l'ahurissement des imbroglios burlesques est figé sur son masque; il est capable, tout au plus, à la fin d'une folle intrigue, de faire un joyeux mariage avec une héroïne délurée ou une veuve égrillarde; mais l'amour sentimental lui est interdit. Les contre-temps, les guignons, les désappointements grotesques lui vont à merveille; mais c'est faire erreur que de lui infliger des douleurs véritables; alors il n'est plus drôle, et il n'est pas touchant. Comment supposer qu'une jeune fille s'éprenne de l'Arnal que vous connaissez et qui ne fait pas un mouvement sans provoquer l'hilarité générale ! Il y a vraiment trop peu de différence entre Arnal galantin et Arnal queue-rouge, pour que la déception soit bien forte quand la vérité se découvre.

Ce faux choix de sujet, ou plutôt d'acteur, a visiblement gêné MM. Duvert et Lauzanne, ces vaudevillistes de tant d'esprit, et nous dirions presque de tant de style, qui ordinairement savent si bien jouer de l'arnal et sont les Paganini de ce stradivarius comique. Pour la première fois de leur vie peut-être, ils en ont tiré des sons faux et discordants.

Leur embarras est sensible surtout dans le premier acte, où ils avaient à poser leur comédien comme un homme charmant, de manières parfaites, en tout l'égal d'un gentleman accompli, ayant tout ce qu'il faut pour réussir chez une douairière dévote, auprès d'une jeune personne pudique et bien née; ils ont été obligés, pour éviter la froideur et l'ennui, de plaquer le rôle d'Arnal de pasquinades hors de propos, dont une seule l'eût fait mettre à la porte de tout salon convenable, et vraiment Jocelyne n'a pas besoin de le voir au théâtre avec la veste jaune, les bas bleus et la perruque de filasse de Jocrisse, pour être désillusionnée sur son compte.

Arnal, qui est un acteur fin, paraissait comprendre que ces turlupinades étaient contraires à la situation, et la détruisaient; car, au lieu de les accentuer, de les mettre en relief, de leur donner ce cachet de sottise inimitable qui le distingue, il glissait légèrement et timidement dessus, et les disait quelquefois en aparté.

L'acte du théâtre était un agencement matériel très-malaisé, dont la difficulté n'a pas été complétement surmontée. Cet intérieur de loge, dont le fond encadre une partie de la salle en perspective, ne se comprend pas bien; il n'est guère naturel non plus que Jocrisse vienne dans cette loge faire ces interpellations de la salle à la scène, dont quelques vaudevilles offrent des exemples; — on réserve, en ce cas, une loge pour l'acteur. Mais nous passerions volontiers sur cette invraisemblance, presque nécessaire, si la scène était bien faite : elle est manquée; car les angoisses du malheureux histrion, troublé par la présence de celle qu'il aime, perdant la mémoire, récitant son rôle tout de travers, ne peuvent être traduites que par des interjections et des gestes comiques eux-mêmes sous ce costume, et, quand Jocelyne s'enfuit en riant sous ce bombardement d'œufs durs, de pommes crues et de pelures d'orange, à travers l'ouragan des sifflets, on ne la trouve nullement injuste.

Au troisième acte, le cabotin de Saint-Brieuc (Côtes-du-Nord) est devenu un grand artiste, un comédien à la mode, l'espoir des directeurs, la providence des caissiers; ce ne sont plus des trognons de pomme qu'on lui jette, ce sont des lauriers et des bouquets. Les souverains et les souveraines du Nord l'accablent de tabatières et d'épingles; il habite un appartement somptueux, et sa propriétaire, riche de trente-cinq mille livres de rentes, amoureuse de sa gloire, désire l'épouser pour porter comme une couronne ce nom illustre et rayonnant. Jocelyne, tombée dans la misère, veut entrer au théâtre pour soutenir sa mère infirme; il faut voir comme l'ancien Jocrisse la reçoit, avec quelle ironie amère, quelle rancune enfiellée, quelle vanité de baladin aigri! on dirait qu'on a méconnu en lui Raphaël, Mozart et lord Byron. Est-ce donc une si grande faute de se tromper sur l'avenir d'une queue-rouge! La pauvre fille pleure et sanglote, et l'histrion se radoucit et finit par prendre ses intérêts si chaudement, qu'il la retire du théâtre pour ne pas laisser voir ses beaux bras et ses jolies jambes au public, et l'épouse, au profond étonnement de la propriétaire, qui trouvera une autre célébrité pour la doter de sa main et de ses rentes.

Sans doute, il y a des mots spirituels et des détails amusants dans *une Queue-rouge*. Mademoiselle Page est admirablement jolie dans son costume de nymphe décolletée par en haut et par en bas, et Arnal, quoique gêné dans ses allures, a des moments superbes. Mais MM. Duvert et Lauzanne nous ont habitué à des triomphes plus éclatants.

XXVI

FÉVRIER 1852. — Porte-Saint-Martin : *la Poissarde*, drame de MM. Deslandes, Dupeuty et Bourget. — Le type de la dame de la Halle. — Mesdames Laurent et Lia Félix, Boutin, Colbrun. — Vaudeville : *la Dame aux camellias*, par M. Alexandre Dumas fils. — Est-ce invention ? est-ce réalité ? — Marie Duplessis. — Une vente après décès. — Le luxe de la courtisane. — Chœur de femmes honnêtes. — Le fantôme de la morte. — Le perroquet et le commissaire-priseur. — Les camellias. — La pièce de M. Dumas fils. — Madame Doche, Fechter. — Palais-Royal : *las Dansorès espagnolas*, par MM. Bayard et de Biéville. — Mademoiselle Aline Duval, Grassot, Lhéritier. — Théâtre-Français : *Diane*, drame en vers, de M. Émile Augier. — La vérité due au talent. — La *Marion Delorme* de l'école du bon sens. — Mademoiselle Rachel, Delaunay, Brindeau, Geffroy.

4 février.

PORTE-SAINT-MARTIN. *La Poissarde*. — La Poissarde est restée un type dans nos mœurs effacées ; elle disparaîtra à son tour comme tout ce qui a une forme et un cachet particuliers. Le frottement de la civilisation aura, sous peu de temps, rendu fruste cette médaille où le coin est encore visible. La poissarde, dans une dizaine d'années, différera peu de la modiste, de l'épicière, de la marchande de gants ;

son costume pittoresque a déjà presque disparu, même des calèches du carnaval et des orgies de la Courtille, et bientôt il ne restera que comme un souvenir dans le vestiaire des mascarades, entre la cotte bariolée de Colombine et la jupe de gaze de la bergère des Alpes.

Devenue négociante en poissons et en légumes, la poissarde porte déjà la robe de mérinos, le cachemire français et le bonnet de tulle. La jupe et le casaquin de cotonnade cramoisie, le bonnet à papillon, les coques de perles aux oreilles, les jaserons à sextuples tours cerclant un col rougi par les intempéries de l'air, se rencontrent bien rarement aujourd'hui sur le carreau des Halles. Quelques anciennes, par fidélité aux modes de leur jeunesse, conservent seules le costume distinctif de l'emploi. — Cette grossière poésie dont Vadé fut l'Homère s'est évanouie comme les autres. On peut maintenant traverser le marché au poisson et débattre le prix d'un hareng ou d'un maquereau, sans recevoir sur la tête ces longues cascatelles d'assonances injurieusement bouffonnes dont on avait rédigé le catéchisme.

La nouvelle pièce de la Porte-Saint-Martin, dont l'action est placée vers 1810, nous montre un tableau animé et vivant de ces mœurs caractéristiques, qui, alors, subsistaient dans toute leur vigueur traditionnelle.

A ce tableau, très-net de dessin, très-haut en couleur, comme il convient à une esquisse populaire, se joint une histoire mélodramatique passablement compliquée; au vaudeville, se superpose un drame assez noir que nous allons vous conter.

Une jeune fille charmante, qui ne porte d'autre nom que celui d'Aurélie, reçoit une éducation brillante dans un pensionnat aristocratique, peuplé de filles de sénateurs, de nobles, de hauts fonctionnaires, de banquiers; ses jeunes camarades, orgueilleuses comme des démons, méchantes comme des singes, haïssent cordialement la pauvre enfant, parce qu'elle est jolie, parce qu'elle est bonne, parce qu'elle est la meilleure élève du pensionnat. — Comme le marquis de Saverny à Didier, elles lui posent incessamment cette question inquiétante: « Aurélie... de quoi? » car Aurélie n'est connue que sous ce nom tout court. Personne ne vient voir cette mystérieuse Aurélie, et l'on ne peut faire que des suppositions sur sa famille, si toutefois elle en a une.

Aurélie — car il n'est pas besoin de vous en faire un secret — est la fille de Madeleine Pailleux, fruitière au carreau des Halles, sous l'enseigne de la *Poule aux œufs d'or*. Cette bonne mère, plus tendre que raisonnable, a voulu faire donner à sa fille l'instruction qui lui manque, gloriole touchante qui produit des résultats désastreux. — Le pensionnat où Aurélie apprend la grammaire, l'histoire, la mythologie, le dessin, la danse, la musique, connaissances fort inutiles pour vendre des épinards et de la salade, n'est pas si sévèrement gardé, que l'amour ne s'y glisse sous la figure et le costume d'un maître de dessin. — Défiez-vous des maîtres d'agrément, à moins qu'ils ne soient septuagénaires et qu'ils ne prennent du tabac dans une tabatière de corne. Aurélie se laisse aux trois quarts séduire par ce jeune émule de Lemirre et de Landon, qui glisse des lettres, à la Saint-Preux, entre les hachures et le pointillé du modèle classique. L'intrigue est découverte, et la mère Pailleux, à la grande satisfaction des pensionnaires, qui frémissent à l'idée d'avoir eu pour compagne une fille de poissarde, emmène la pauvre Aurélie éplorée et désolée.

Tomber d'un pensionnat tenu d'après les idées de madame Campan, la grande éducatrice de l'Empire, dans un entre-sol de boutique, sur le carreau des Halles, la chute est dure! Aurélie a le cœur trop bon pour rougir de ses parents, si excellents pour elle; mais elle éprouve la surprise d'un colibri qui découvrirait, un matin, qu'il a pour père et mère un lapin et une carpe; ce tumulte l'assourdit, ce langage grossier l'épouvante; cette violente jovialité et ces vociférations enrouées lui font croire à des querelles et à des batteries. Les rudes caresses de sa mère et de Pailleux la rassurent à peine, et, lorsque, pour ne pas trop blesser la mère Pailleux, elle se hasarde dans cette immonde boutique, sur la pointe du pied, et s'assoit un instant entre les paniers d'œufs, les mottes de beurre et les potirons, elle remonte bien vite à sa chambrette, choquée involontairement dans toutes ses délicatesses de jeune personne trop bien élevée.

Elle n'y remonte pas si vite cependant, qu'elle ne se rencontre avec un beau jeune homme, dont le cheval s'est effrayé du tumulte du marché au poisson et a renversé son maître. Dans ce jeune homme évanoui, Aurélie reconnaît le maître de dessin du pensionnat qui, revenu à lui, a le courage de ne pas renier son amour, et demande mademoiselle Pailleux en mariage. — Cette union serait, en effet, plus convenable que celle de Pervenche, un jeune légumiste cultivant la spécialité des cucurbitacées, et doublé d'une âme à la Gobseck, à qui sa mère voulait la marier d'abord. Malheureusement, le maître de dessin n'est pas ce qu'il paraît être : le dessin n'était qu'un déguisement. Il appartient à la vieille famille de la Tourangerais, et son noble père, qui survient là, on ne sait trop pourquoi, ne veut à aucun prix entendre parler d'une semblable mésalliance.

A ce nom de la Tourangerais, qui éclate comme une bombe dans la boutique, un coquetier, ami de la mère Pailleux, dresse l'oreille et fronce ses sourcils chargés de pensées et de mystères. — Ce coquetier, qui se fait nommer le père Jérôme, n'est autre que Raymond de la Tourangerais, frère de l'aîné de cette noble famille, mort dans l'émigration. — Le comte de la Tourangerais, qui déploie une majesté si aristocratique, au milieu des pois et des melons de la mère Pailleux, n'est qu'un faussaire, une espèce de comte de Sainte-Hélène, qui a dérobé les papiers du mort et s'est ganté de sa peau.

Son vrai nom est Patu, ancien intendant de la famille qu'il dépouille. Mais pourquoi, allez-vous dire, Raymond de la Tourangerais — le vrai, le seul, le légitime — exerce-t-il, sous le nom du père Jérôme, la très-peu noble profession de coquetier, négociant en œufs et en volaille? — Il a tué un officier dans un duel sans témoins, qualifié d'assassinat, et il a été condamné à mort pour ce fait. Il a aussi une autre raison : Raymond a eu une jeunesse orageuse; il a enlevé Madeleine, alors jeune et belle, par une nuit sans lune; et de ces ténèbres et de ce rapt est née Aurélie; il surveille ainsi sa fille, devenue mademoiselle Pailleux par le mariage de Madeleine avec ce brave homme.

Le vrai et le faux la Tourangerais se neutralisent par le secret que chacun d'eux possède et qui peut perdre l'autre. « Si vous me démasquez, je vous fais couper le cou! » dit l'ex-intendant Patu à Raymond. La mère Pailleux tente un effort sur le cœur de la fausse comtesse de la Tourangerais, en qui elle a reconnu Javotte, autrefois marchande de moules. Ce souvenir de la Halle n'est pas bien accueilli par la parvenue, qui envoie au diable sa camarade, en lui lançant ce trait envenimé devant le père Pailleux qui survient, qu'Aurélie n'est pas la fille de son père légal. « Je le savais, » répond le mireur d'œufs avec une sublimité tranquille.

Aurélie n'est pas si éplorée qu'on pourrait le croire d'après tous ces incidents dramatiques; son calme vient de sa confiance dans la fidélité de Gaston, dont elle reçoit en secret les lettres les plus tendres. Aussi consent-elle gracieusement à être la reine d'une fête populaire au carreau des Halles, et préside-t-elle à la procession triomphale de la plus grosse citrouille de l'année, espèce de bœuf gras végétal qu'on promène avec pompe. Cette gaieté n'est pas de longue durée; une longue file de voitures stationne devant la mairie. On s'informe : c'est Gaston qui, poussé à bout par son père, va contracter une autre union. On emporte Aurélie évanouie.

Un malheur n'arrive jamais seul. Le banquier juif, chez qui la mère Pailleux avait placé ses économies, a fait banqueroute et emporté les fonds de ses clients, d'après les conseils diaboliques de Patu. La mère Pailleux, naguère si cossue, est réduite à la misère; Pailleux perd la tête de désespoir; Aurélie se meurt d'amour rentré, et les frais qu'occasionne sa maladie absorbent le peu d'argent qui reste dans le pauvre ménage. Sans le bon cœur de Manon, l'ancienne servante de la *Poule aux œufs d'or*, la famine s'assiérait au foyer refroidi.

Que devient Jérôme, à travers toutes ces catastrophes? Jérôme l'ange gardien en bourgeron et en chapeau de toile cirée de la famille Pailleux? Abandonne-t-il ainsi Aurélie à son mauvais sort? — Non. — Jérôme cherche les pièces qui doivent prouver son innocence et lui permettre de confondre, sans risquer sa tête, l'imposture du faux la Tourangerais. Les preuves qu'il cherche bien loin sont entre les mains de M. Colibert, une sorte de merveilleux gascon, amoureux grotesque de Manon, qui espérait en tirer bon parti et qui les cède dans un mouvement de générosité.

Avec ces nouvelles armes, Jérôme rétablit la situation et devient maître de diriger le drame à son gré; il force le faussaire intendant à s'éloigner de France et à reprendre son nom de Patu, et il unit Aurélie à Gaston, qui, au moment de prononcer à la mairie le oui fatal, avait eu le bon esprit de se rebeller.

Ceci est la charpente du drame, charpente, comme on voit, suffisamment enchevêtrée; mais là n'est pas le principal intérêt. La peinture des mœurs de la Halle tient beaucoup de place dans la pièce, et ces tableaux poissards, enluminés de vives couleurs, égayent à propos l'action.

La pièce, très-bien mise en scène, est fort bien jouée. — Madame Laurent, la Vasentasena du *Chariot d'enfant*, l'Antonia des *Contes d'Hoffmann*, l'Aspasie de *l'Imagier de Harlem*, l'actrice aux lignes sévères et sculpturales, a rendu avec beaucoup de cœur et d'énergie le rôle de la mère Pailleux, si en dehors de ses habitudes. Elle a dessiné cette figure plébéienne avec une robustesse virile qui lui fait honneur. Mademoiselle Lia Félix a eu, à travers ce tas d'épinards et de choux, une délicatesse dépaysée du meilleur goût, une répugnance mélangée de tendresse et de passion très-bien saisie.

Quant à Boutin, c'est la nature même dans le père Pailleux, le mireur d'œufs. Colbrun est drôle en jeune légumiste madré et calculateur.

Le succès a été enlevé franchement, et sera bien vite un succès d'argent.

25 février.

VAUDEVILLE. *La Dame aux camellias*. — Quelle est cette *Dame aux camellias* qui a obtenu un double succès, sous la forme du livre et sous la forme du roman? — Est-ce un titre de fantaisie, une pure invention de poëte? — Hélas! non; et ces quelques lignes, écrites par nous à l'époque de sa mort, éclairciront ce mystère transparent et serviront comme de préface à l'œuvre du jeune Alexandre Dumas, qui débute au théâtre par un triomphe digne de la gloire paternelle. Nous les recopions, sûr que tout le monde les a oubliées : tant d'événements se sont passés depuis!

« En nous promenant, l'autre jour, sur le boulevard de la Madeleine, nous vîmes un encombrement de voitures qui stationnaient devant une maison placardée de grandes affiches; la foule entrait et montait; nous fîmes comme la foule.

» On vendait les meubles de Marie Duplessis, morte de la poitrine, il y a quelques jours, à la fin du carnaval.

» Qu'était-ce que Marie Duplessis? se demanderont sans doute beaucoup de nos lecteurs et surtout de nos lectrices.

» Plus d'une fois, aux Italiens, à l'Opéra, à toutes les représentations où il est impossible d'entrer, ils auront sûrement remarqué, dans la plus belle loge du théâtre, une jeune femme d'une distinction exquise, et admiré ce chaste ovale, ces beaux yeux noirs ombragés de longues franges, ces sourcils d'un arc si pur, ce nez d'une coupe si nette et si délicate, cette aristocratie de formes, qui la signaient duchesse pour tous ceux qui ne la connaissaient pas : la fraîcheur de ses bouquets, l'élégance de sa toilette, l'éclat de ses diamants étaient bien faits pour confirmer cette idée. Duchesse, elle l'était; mais son duché existait en Bohême, au pays des sept châteaux dont Nodier a écrit la légende.

» Par une erreur du sort, malgré la noble consonnance de son nom, elle était née paysanne, par là-bas, quelque part en Normandie, à ce que l'on assure; mais le moyen que de si jolis petits pieds restassent emprisonnés dans de lourds sabots; ils appelaient le satin, et le satin ne se fit pas prier pour venir, lui qui chausse à regret tant de vilaines pattes à faire rougir la reine Pedauque! La rude toile bise du ménage rustique eût écorché cet épiderme de camellia, fait pour la toile de Hollande, la batiste et les dentelles; les diamants serpentèrent d'eux-mêmes en rivières autour de ce cou blanc et frêle et sur cette poitrine transparente; les voitures de Daldringen et d'Herhler abaissaient leurs marchepieds devant ses pieds, et les plus fins chevaux de Stephen Drake et de Crémieux ne demandaient qu'à l'emporter dans leur vol. Ils s'attelaient tout seuls à ses charmants coupés. Mombro était ravi de penser que cette délicieuse figure se réfléchissait dans le cristal-biseau de ses glaces de Venise, au cadre touffu et scintillant comme un forêt d'or : il est si difficile de rester pauvre à une paysanne que la nature a eu l'inhumanité de faire grande dame!

» Elle eût été laide, elle ne serait peut-être pas morte; elle serait restée dans son village, occupée de quelque honnête travail, à respirer l'air pur, à boire du lait sans mélange, à se promener dans les grandes herbes des prairies; mais le luxe cherche la beauté, comme l'aimant cherche le nord.

» La foule s'entassait dans le salon où se faisait la criée. Repoussé par le flot envahisseur, nous avions dérivé jusqu'à la chambre à coucher. Une lampe d'onyx, où la veilleuse de l'agonie avait remplacé l'étoile des nuits heureuses, tombait tristement du plafond; le lit, sanctifié par la mort, étalait, sous le satin rose et les dentelles des rideaux, ses sculptures de palissandre, ses coussins et ses oreillers, moites encore des suprêmes sueurs. — Un tel lit n'était pas fait, certes, pour le râle et les affres du trépassement!.

» En le regardant, un détail sinistre, qu'on nous avait conté, nous revenait en mémoire. Elle avait peur de la mort, cette belle fille; car la mort, c'est la laideur et l'oubli. Trois jours durant, se sentant glisser sur les parois du gouffre où nous tomberons tous, elle s'était attachée, pour se retenir, à la main de sa garde. Cette main tiède dans sa main froide lui semblait un crampon qui la rattachait à la vie. Jamais elle ne la voulait lâcher. Elle la quitta pourtant une fois : ce fut quand l'ange pâle vint la prendre. Par un dernier effort de la jeunesse reculant devant la destruction, elle se leva toute droite pour se sauver, poussa trois cris, et retomba pour toujours dans ses linges funèbres.

» Pendant que les curieux et les acheteurs palpaient le satin des tentures et la laine des matelas, il nous semblait voir, sur le ton cerise du rideau, cette figure fluette et blanche sous sa longue draperie et l'œil dilaté par une épouvante indicible.

» Il y avait là du monde de toutes sortes, du meilleur et du pire: des lions et des juifs, des lorettes et des femmes honnêtes, ravies de pouvoir pénétrer une fois dans cet intérieur profane, dans ce paradis des joies défendues; elles regardaient tout avec une curiosité avide et refrognée. A leur sens, tout était trop beau, trop riche, trop élégant. Ces candélabres, bons pour un palais de roi, auraient brûlé le plafond; cette table, aux pieds de bronze doré, au marbre guirlandé de fleurs et constellé d'oiseaux, une princesse aurait regardé à deux fois pour s'y accouder; ces meubles, aux plaques de la plus fine porcelaine; ces vieux-sèvres, ces bleus tendres, ne peuvent servir que dans un château, disaient-elles en chœur, — et, en cela, elles avaient raison; mais était-ce la faute de la morte, si on ne lui avait pas donné de château? On voyait dans leurs yeux, lorsqu'elles contemplaient toutes ces jolies choses, qu'elles trouvaient la vertu mal payée ; car elles ne savent pas ce qu'a coûté, à celle qui les possédait, chacune de ces fantaisies splendides.

» Un peu d'art et de poésie relevait à temps tout ce luxe ; quelques jolis pastels et deux charmants dessins de Vidal cachaient heureusement les tentures ; dans les rayons d'une bibliothèque de chêne sculpté et fouillé comme par le ciseau de Verbruggen et de Berruguete étincelaient, magnifiquement reliés, de beaux et bons livres, l'honneur de l'esprit humain. Cervantès, Molière, Lesage, Bernardin de Saint-Pierre, J.-J. Rousseau, Chateaubriand, Lamartine, Victor Hugo, Walter Scott, Cooper étaient représentés là par quelques chefs-d'œuvre ; toi aussi, qu'on ne peut lire sans se perdre, *Nouvelle Héloïse*, tu figurais dans cette réunion illustre ; mais elle pouvait te lire, elle. *Manon Lescaut* y était aussi, — son histoire anticipée.

» Nous n'aurions pas parlé de cette triste vente ; mais, depuis quatre jours, elle occupe tous nos chroniqueurs de la ville ; nous n'avons pas eu le droit de nous taire. Ce n'est pas notre faute si cette mort est presque un événement. Dans ce qui s'est dit et s'est écrit déjà sur ce sujet, il s'est glissé quelques inexactitudes. Ainsi les créanciers de Marie Duplessis n'ont pas troublé ses heures dernières par une saisie. A voir la nacre de ses yeux prendre des teintes d'argent bruni, sa peau transparente devenir diaphane, et ses joues se colorer d'un rose obstiné, ils avaient compris qu'ils ne pouvaient tarder à être payés. La vente après décès devait suffire, et au delà, à toutes les dettes. La Mort leur avait dit : « Soyez tranquilles, je ferai » solder son compte, moi ! je vous réponds de votre débitrice. »

» En sortant de ces salons trépignés par la foule, nous nous arrêtâmes un instant devant le perroquet jaune et bleu, porté, lui aussi, sur le catalogue de vente. Il se dandinait gauchement sur son bâton, ahuri, affamé, cherchant quelques grains de chènevis dans sa mangeoire vide ; il s'escrimait de son mieux pour attirer l'attention, comme tous les perroquets dont on ne s'occupe pas, et débitait son petit répertoire d'oiseau jaseur, enrichi de quelques termes nouveaux, tels que : « Personne n'en veut plus ?... Adjugé ! » empruntés au vocabulaire des commissaires-priseurs, qu'il commençait à imiter très-passablement.

» Qui achètera ce pauvre oiseau ?

» Les moralistes sévères nous trouveront peut-être d'une pitié trop tendre pour cette pauvre pécheresse qui s'était logée presque en face de la Madeleine, et pouvait voir de sa fenêtre, tout en écoutant quelque folle causerie, le fronton où la grande repentie pleure dans le marbre aux pieds du divin maître. Mais toute la faute est-elle pour elle seule? L'ennui blasé du riche oisif n'a-t-il rien à se reprocher ? Un artiste, s'il l'avait connue, en eût fait sa Fornarina, et eût fixé sur sa toile cette tête charmante, à jamais disparue? Comment se fait-il qu'aucun de ces jeunes magnifiques, qui obstruaient son boudoir de si riches coffrets, de vases si précieux, n'ait eu l'idée de répandre une poignée d'or devant un statuaire, et d'éterniser, dans le Carrare ou le Paros, cette beauté qui fut la gloire et la honte de Marie Duplessis? — Au moins, sa vie perdue eût servi à quelque chose ! Phryné a laissé une statue, et les siècles l'absolvent.

» Qui de nous, grâce à Phidias ou à Praxitèle, n'a pieusement adoré quelque hétaïre grecque?... »

Ce regret que nous exprimions semble avoir été entendu par le jeune écrivain plein de cœur, dont le nom a été salué avec enthousiasme au milieu d'une pluie de bouquets, qui n'étaient pas de commande cette fois, et que les femmes arrachaient de leur sein, tout baignés de larmes. — Ce n'est pas une froide et pure image qu'il a taillée dans la blancheur du pentélique, c'est une figure qui se meut et respire, qui aime et qui souffre, qui a de vraies larmes dans les yeux et de vrai sang dans les veines. — Marie Duplessis a enfin la statue que nous réclamions pour elle. Le poëte a fait la besogne du sculpteur, et, au lieu du corps, nous avons l'âme, à qui madame Doche prête sa forme charmante.

Vous savez maintenant qui est la Dame aux camellias.—Ce surnom lui venait de ce que sa délicatesse nerveuse ne lui permettait de supporter le parfum d'aucune fleur. — Ne regrettez pas vos larmes, ce n'est pas sur une tombe fictive qu'elles coulent.

Ce qui fait le plus grand honneur au poëte, c'est qu'il n'y a pas la moindre intrigue, la moindre surprise, la moindre complication dans ces cinq actes, d'un intérêt si vif pourtant. Quant à l'idée, elle est vieille comme l'amour, et éternellement jeune comme lui. Ce n'est pas une idée, à vrai dire, c'est un sentiment. Les habiles doivent être prodigieusement surpris de ce succès, qu'ils ne s'expliqueront pas, et qui fait mentir toutes leurs théories. — Immortelle histoire de la courtisane amoureuse, tu tenteras toujours les poëtes! Le grand Gœthe, lui-même, a fait descendre le dieu Mahadeva dans le lit banal de la bayadère.

Marguerite Gautier est l'étoile de ce monde douteux, où chacun a plus ou moins mis le pied sans en convenir; elle brille au milieu de ce luxe insolent que prodigue la vanité encore plus que l'amour. On dirait qu'elle veut se venger de son déshonneur sur l'or qu'elle prostitue et rend *misérable*, selon l'énergique expression du poëte latin. Un vieux duc, qui la protégeait et l'aimait pour sa ressemblance avec une fille unique morte de la poitrine, et qu'elle lui rappelait, s'est lassé de ses caprices et de ses folies, et Marguerite se plonge dans le tourbillon des bals, des soupers et des fêtes avec cet emportement fébrile de ceux que le pressentiment de la mort prochaine avertit de se hâter. Cette existence, si pleine en apparence, est bien vide, ces grelots joyeux ont un son fêlé, et ces yeux, qui semblent briller de l'éclat du plaisir, ne doivent peut-être leur lumière qu'à une larme contenue; si l'on essuyait le fard, on trouverait la joue pâle; dans ce souper étincelant, parmi les cristaux et les bronzes, les détonations du vin de Champagne, le cliquetis des propos et les folles chansons, Marguerite, malgré les convulsions de sa gaieté factice, se dit tout bas : « Mon âme est triste jusqu'à la mort ! » En effet, la coquetterie, le plaisir, l'enivrement des sens, tout cela n'est pas l'amour,— cet amour que les courtisanes désirent comme les damnés la goutte d'eau, le diamant limpide qui les empêcherait de sentir l'ardeur du brasier éternel.

Un jeune homme, bon, loyal et candide, est amené à ce souper par un de ces hasards si fréquents dans la vie. — Il a vu Marguerite aux eaux des Pyrénées, où elle était allée pour rétablir sa santé déjà chancelante. La jeune femme lui a inspiré un intérêt tendre et délicat, et, sans chercher à se faire recevoir chez elle, il a envoyé demander de ses nouvelles chaque matin; la sympathie est bientôt nouée entre deux cœurs préparés de la sorte; Marguerite, qui n'en est pas à son premier amant, en est à son premier amour. Cette fraîche impression virginale l'étonne et la ravit, et elle s'y abandonne avec délices. A dater de ce moment, l'ancienne vie est impossible; marquis, vicomtes et banquiers sont mis à la porte; car, si Armand Duval a tout l'amour de Desgrieux, il n'en a pas la lâcheté. Cependant il n'est pas riche, et, d'ailleurs, Marguerite ne voudrait rien accepter de lui. Les créanciers, renvoyés plusieurs fois, commencent à murmurer; quelques cachemires vendus, quelques bracelets mis au mont-de-piété les apaisent momentanément. Marguerite, qui rêve trois ou quatre mois de bonheur à Auteuil, dans l'ombre d'un petit cottage parisien, tâche d'emprunter quelques mille francs à un de ses adorateurs; cela nécessite une entrevue qui, devinée par Armand, lui cause un accès de jalousie terrible et lui fait écrire un billet insensé. Enfin, à force de sacrifices qu'elle est heureuse de faire, Marguerite parvient à s'arracher à cette vie dévorante de Paris, qui épuise sa frêle organisation; elle cache ses amours dans la fraîche retraite qu'elle avait rêvée; les deux amants, oublieux du monde, vivent là, emparadisés dans les bras l'un de l'autre, d'après la belle expression de Milton.—Au milieu de ce bonheur, tombe subitement de province un père vénérable mais ennuyeux, grand faiseur de sermons, qui découpe à la jeune femme atterrée la plus immense tartine de morale, bourrée de toutes sortes de lieux communs à la Tiberge. Marguerite prouve d'abord à cet homme, aussi patriarcal que mal informé, qu'elle ne coûte pas un sou à monsieur son fils, et qu'au contraire, elle se ruine pour lui, comme le prouve un contrat de vente qu'elle montre, et qui ne pouvait être préparé, puisqu'on n'attendait pas cet estimable vieillard.—Bref, le père Duval prêche si longtemps, qu'il obtient de Marguerite une rupture; pour rendre tout retour impossible, Marguerite annonce, dans un billet, qu'elle a accueilli favorablement le marquis de n'importe quoi (son nom nous échappe), qu'elle repoussait jadis.

Ce revirement inattendu, dont il ne peut soupçonner la cause, bouleverse de fond en comble l'âme d'Armand, et sa raison manque d'être écrasée sous les décombres de son amour écroulé. Il demande des consolations à la coupe amère du mépris et tâche d'oublier; peut-être même se croit-il guéri. Mais, une nuit, dans une maison où l'on joue le lansquenet, il rencontre subitement son infidèle, accompagnée du marquis. Armand pose sur sa fureur un masque de glace, et, se gourmant dans un sérieux ultra-britannique, il engage une partie avec le marquis. La chance favorise Armand, selon le proverbe : « Malheureux en amour, heureux au jeu ; » l'or et les billets de banque s'amoncellent devant lui. La partie achevée, il se lève et jette une poignée de billets à la figure de Marguerite, en lui disant : « Maintenant, nous sommes quittes. » Le marquis, à la suite de cette scène affreuse, provoque Armand en duel ; Armand le blesse, et part pour un long voyage, fou de rage et de douleur.

Pendant tout cela, Marguerite maigrit de plus en plus, et les petites taches roses fleurissent opiniâtrement sur ses pommettes, au-dessous de ses yeux trop brillants. — Ces émotions l'ont brisée ; déjà même elle ne se lève plus ; elle est couchée dans sa chambre, où se devine la misère, gardée par un bon garçon, un de ses amis, qui lui est resté fidèle, la soigne, la fait boire et glisse quelques louis dans le tiroir de sa commode. Le père Duval, attendri de toutes ces douleurs, qu'il a causées, écrit une lettre de pardon ; mais il est trop tard ; Armand ne revient que pour recevoir, dans un baiser suprême, l'âme de celle qu'il a tant aimée et qui meurt, contente d'expirer dans ses bras.

Vous le voyez, rien n'est plus simple ; la situation est toujours la même, depuis le commencement jusqu'à la fin. Mais un souffle amoureux et jeune, mais une passion ardente et vraie circule dans toute la pièce et donne à chaque détail un attrait sympathique.

A ce mérite se joint celui d'une observation exacte et fine. Les mœurs de ce monde interlope sont peintes avec une touche très-juste et très-naturelle. Le souper est fait de main de maître, et rien n'est plus difficile à bien mener au théâtre, que ces longues scènes assises, entre plusieurs interlocuteurs qui parlent tous à la fois et ne s'écoutent pas. — Les types de Prudence, la lorette émérite, de Saint-Gaudens, le roué à cheveux de chinchilla, qui jette de temps à autre, avec une voix de crécelle, la phrase qui est, chez lui, devenue un tic, sont très-comiquement dessinés et traversent gaiement l'action.

Il a fallu beaucoup d'habileté pour mettre au théâtre, avec le *cant* anglo-génevois qui règne aujourd'hui, des scènes de la vie moderne comme elles se passent dans la réalité, sans les pallier par quelque subterfuge. Un vaudevilliste ordinaire, traitant ce sujet, n'aurait pas manqué de faire de Marguerite une danseuse ou une actrice, pour expliquer sa *position*, et ainsi de suite; et l'on aurait eu un tableau de convention sans accent et sans vérité.

Le dialogue est semé de traits vifs qui partent subitement, d'attaques et de ripostes qui étincellent et sonnent comme un choc d'épées. On sent partout un esprit neuf et frais, qui ne garde pas trois ans ses bons mots sur son calepin en attendant l'occasion de s'en servir.

Madame Doche a joué Marguerite Gautier en actrice supérieure, et s'y est révélée sous un jour nouveau. — Ce rôle, qui tient toute la pièce, se compose de deux parties d'une couleur différente. Dans le commencement, Marguerite, que la passion n'a pas encore transfigurée, manége en Célimène au milieu des adorateurs qui l'entourent; elle a une verve de raillerie, une insolence de beauté, une cruauté d'éclat étonnantes! Puis comme elle se trouble, comme elle devient humble, timide et tendre lorsque l'amour lui vient! comme elle dépouille la courtisane et se transforme en jeune fille! et quelle nostalgie d'ange chassé du ciel, lorsqu'elle a rompu avec Armand! Quoique, pour nous qui, hélas! pouvons juger de sa vérité, ce spectacle ait été extrêmement pénible, nous vous recommandons la scène de l'agonie. Jamais Ary Scheffer n'a posé sur un oreiller de dentelles une tête plus idéalement pâle et laissant plus transparaître l'âme : c'est une grâce navrante, un charme douloureux qui vous ravit et vous fait mal. Les agonies de Clarisse Harlowe et d'Adrienne Lecouvreur sont égalées, sinon surpassées.

Fechter — ce jeune premier par excellence — a représenté Armand avec cette tenue, ce geste sobre, ce beau regard, cette chaleur contenue et communicative, cette conviction passionnée et ce charme qu'il met à tous ses rôles. — Outre tous ces mérites, Fechter s'habille parfaitement, en homme du meilleur monde, sans toutes ces recherches efféminées et de pauvre goût que n'évitent pas toujours les jeunes premiers qui s'en rapportent aux gravures de modes.

PALAIS-ROYAL. *Las Dansorès espagnolas*. — Pour M. Bayard, comme pour Louis XIV, il n'y a plus de Pyrénées; mais on n'a rien à craindre avec l'Espagne des vaudevillistes, et nous ne verrons pas le morne édifice de l'Escurial dessiné sous la forme du gril de Saint-Laurent,

> Débauche de granit du Tibère espagnol.

L'imagination de M. Bayard ne s'égare pas dans les Caprées du saint office. Nous risquons à peine avec lui le plat à barbe de Figaro, ou quelque intrigue picaresque détachée d'un roman de Lesage.

Le vaudeville n'en veut qu'à l'Espagne actuelle, apportée, un jour de l'été dernier en plein Gymnase, dans l'escarpin de la Petra Camara. C'est une revue, et, pour mieux dire, une *olla podrida* de danses, ou à peu près.

M. Bousculot, directeur d'une troupe de province, va mettre la clef sous la porte. Marius de foire, il est resté seul debout sur les ruines de sa caisse vide. Sa troupe a pris la fuite; elle s'est envolée, poussée par le vent des sifflets. Le jeune premier a été maltraité de pommes crues, l'amoureuse a les yeux gonflés de pleurs, notre homme, pour surcroît de guignon, possède une fille, Agnès naïve, que recherche le neveu d'un conseiller municipal, l'égrillard M. Blancmignon, libertin suranné, dont la perruque cache mal les oreilles de faune. Mademoiselle Bousculot ne fera pas souche avec l'héritier des Blancmignon si son papa n'obtient un succès foudroyant, propre à relever ses affaires si mal en point.

Heureusement que Bousculot, inspiré par un trait de génie, vient d'engager, pour son théâtre, les danseuses espagnoles. Il se frotte les mains jusqu'au coude, et montre à son Arbate une pharamineuse affiche qu'il a rédigée lui-même. M. Bousculot est décidément un directeur étonnant, un Harel de banlieue.

Comme il en est à se gaudir, arrive une troupe foraine précédée par M. Tartempion, cabotin à brandebourgs, qui joue volontiers tous les rôles, à l'instar de feu le célèbre Rosambeau, et possède — seul avoir ! — plus d'un tour dans sa gibecière de malices. Il propose à Bousculot de donner des représentations à son théâtre; mais Bousculot le repousse avec dédain.

> On a toujours besoin d'un plus petit que soi.

L'astre de Bousculot pâlit; une lettre lui apprend que ses danseuses sont parties pour New-York. Les loges sont louées, les affiches posées, une queue formidable déroule ses anneaux à l'entour du théâtre. Le moment presse, la panique saisit Bousculot. Pour rattraper les danseuses, il prend en toute hâte le chemin de fer d'Épernay. Arrivera-t-il à temps?

Une indiscrétion, à propos lâchée, tient Tartempion-Grassot au courant du déboire de Bousculot. A l'instant même, il conçoit une idée neuve, audacieuse : remplacer avec sa propre troupe les Espagnols absents, servir un *fandango* de son métier aux naturels de la petite ville. Un patois mélangé de basque, d'anglais, d'allemand et de charabia, peut jouer l'espagnol pour des Beaucerons peu polyglottes. L'invention réussit.

La résille, d'ailleurs, fait l'Espagnol, et la jeune première a des yeux de velours humide, des regards de feu, allumés au soleil de toutes les Andalousies. Un peigne d'écaille à galerie découpée, une dentelle noire posée sur la tête, la jupe relevée de passequilles, les doigts armés de castagnettes, elle peut casser la tête aux manolas de Grenade. Le conseil municipal facilite cette supercherie en donnant dans le panneau avec une patriarcale candeur.

Bousculot revient tout pantois; le chemin de fer était parti. Il a la mine de prostration d'un homme englouti sous sa ruine. Que signifie ce bruit? Est-ce la foule qui veut assommer, avec les banquettes rompues et les barrières brisées, l'infortuné directeur? Point: c'est son confrère Tartempion, transfiguré en Camprubi idéal. La troupe accourt sur le bout du pied répéter, avant la représentation, devant le conseil municipal assemblé, bourgeois candides surmontés de têtes de veau.

Ils prennent place sur des banquettes pour assister à la fête improvisée. Le senora Pelura de Orangea s'avance sous les traits d'Aline Duval, la hanche cambrée. Des airs de cachucha fredonnent à l'orchestre; les ombres de la Petra Camara et de la Rosa Espert se penchent sur les portants des coulisses. Pourquoi cette parodie imbécile, ce ballet grotesque? Heureusement que le conseil municipal s'y laisse prendre et accepte pour vraies ces Espagnoles de contrebande, ces piètres danseuses qui gambadent sur des jambes de coton.

Une subvention est votée à l'unanimité, à Bousculot, et son ingénue de fille épouse le Ducantal. Là-dessus tombe le rideau.

Le vaudeville sera toujours le vaudeville : la fantaisie à rebours, la plaisanterie stéréotypée sur un type de bêtises, la goguette en drôlerie d'épaisse satire. Entre lui et l'Espagne, il y a plus que jamais des Pyrénées dramatiques, et, si souple qu'il soit, M. Bayard n'est pas homme à les franchir.

Pour être juste, nous ajouterons qu'en dehors du point de vue de la charge des danseuses espagnoles, ce vaudeville, quoiqu'il rappelle trop, en l'affaiblissant, l'immortelle bouffonnerie des *Saltimbanques*, a des motifs gais et des mots cocasses. Le public a ri d'ailleurs, n'est-ce point assez ?

Mademoiselle Aline Duval, en cabotine de grande route, peut monter sur le chariot du *Roman comique;* mais, pour Dieu, qu'elle ne cherche pas à marcher dans les souliers de la Petra Camara ! Lhéritier fait un directeur amusant, et Grassot a donné au senor Flascados une physionomie macaque des plus burlesques du monde.

19 février.

Théatre-Français. *Diane.* — Le moment est venu pour la critique de s'exprimer franchement sur le compte de M. Émile Augier. Il sied, lorsqu'un jeune poëte débute, de lui laisser le temps d'essayer ses ailes et de chercher la direction de son essor. Toute qualité doit être encouragée alors, tout défaut généreusement excusé, surtout au théâtre, qui ne peut s'apprendre que par la pratique, et où les fautes n'apparaissent qu'éclairées par le jour de la rampe. Comme l'apprentissage est forcément public, l'indulgence est de rigueur pour les nouveaux talents qui font ces périlleux essais. M. Émile Augier a déjà fait cinq pièces : *la Ciguë*, son premier et son meilleur ouvrage, fraîche fleur parfumée de jeunesse et de sentiment, qui restera la plus belle rose de son bouquet poétique; *Féline, ou l'Homme de bien*, espèce de Tartufe consciencieux qui se trompe lui-même comme il trompe les autres, étude peinte et travaillée avec soin, mais qui parut froide à la scène; *l'Aventurière*, pièce remarquable qui vint à un moment où l'attention, distraite par les événements politiques, ne pouvait apprécier ce qu'elle n'écoutait pas, et qui renferme des caractères bien tracés, des morceaux pleins de cœur et de poésie ; *Gabrielle*, où le jeune écrivain, apostasiant l'art pur, se convertit au prosaïsme bourgeois, renia la passion, quitta le point de vue humain pour le point de vue social, séduisit les notaires en les appelant poëtes, flatterie inaccoutumée à laquelle ils furent sensibles, et, par toutes ces concessions, gagna le prix de dix mille francs décerné par l'Académie.

Poëte lauréat, oracle de la Comédie-Française, où ses pièces sont acceptées avec enthousiasme, et dont les chefs d'emploi se disputent les moindres bouts de rôle, M. Émile Augier a une position qui permet d'être sincère avec lui. Dans toute la force de l'âge et du talent, représenté dans les meilleures conditions possibles, entouré de la bienveillance générale que lui concilie un aimable caractère, candidat prochain et probable de l'Académie, ce serait l'insulter que d'user envers lui de cette hypocrite et banale complaisance qu'on prodigue à la faiblesse ou à la médiocrité ; il peut supporter la vérité, et nous la lui dirons malgré l'amitié qui nous lie à lui. *Diane*, le drame en cinq actes en vers qu'il vient de faire jouer au Théâtre-Français, est une mauvaise pièce. Au point où en est M. Augier, une œuvre de cette importance, interprétée par l'élite de la troupe, mise en scène avec un soin amoureux comme un ouvrage sur lequel on compte, doit être regardée comme l'expression complète et définitive, pour le moment, du talent de l'auteur ; car ce n'est point là une de ces productions hâtées et sans conséquence que le besoin d'argent fait commettre aux natures d'artiste les plus saines, dans ce temps où toutes les places littéraires, qui reviendraient de droit aux écrivains, sont données à des hommes politiques ; aussi n'avons-nous pas compté *Sapho*, *l'Habit vert* et *la Chasse au roman;* où voit que nous sommes un adversaire loyal.

La première faute chez M. Augier, faute qui domine toute la pièce et qui nous étonne chez un homme qui a la familiarité des choses du théâtre, c'est le choix du sujet de *Diane*. M. Augier ignore-t-il qu'un poëte, nommé Victor Hugo, a déjà traité d'une façon assez supérieure les principales situations de *Diane* dans un drame intitulé *Marion Delorme*, qui a fait quelque bruit dans son temps, et que cent cinquante représentations ont fait connaître de tout le monde? Comment un écrivain va-t-il reprendre pour thème d'un drame un duel au temps de Richelieu, sous la juridiction qui condamnait tout duelliste à mort, en refaisant une par une toutes les scènes, qui découlent forcément de ce point de départ : la fuite du coupable, son arrestation, la demande en grâce, la peinture du caractère de Louis XIII, l'explication de la politique du cardinal, et tout ce qui s'ensuit?

En regardant cette pièce, où figurent Louis XIII, Richelieu, Laffemas, et, sous des noms qui les déguisent peu, Saverny, Brichanteau Bouchavannes et la troupe débraillée des raffinés d'honneur, nous éprouvions une impression bizarre ; dans les situations analogues, les vers d'Hugo, gardés précieusement par notre mémoire, nous voltigeaient involontairement sur les lèvres et devançaient les alexandrins de M. Émile Augier ; l'ancienne pièce reparaissait sous la nouvelle, comme, à travers les antiphonaires du XIIe siècle, revivent les œuvres palimpsestes d'Homère et de Virgile, grattées par l'ignorance des moines ; Marion Delorme, attristée, moralisée et transformée en vieille fille ayant pour Didier un frère étourdi, nous faisait surtout une peine profonde, tant elle semblait embarrassée de ce déguisement ; Louis XIII, ce pâle fantôme, cet Hamlet de l'ennui, cherchait à son côté son bouffon Langely, pour laisser divaguer sa tristesse en plaisanteries lugubres, et l'ancien Laffemas, si noir, si scélérat, si sinistre, si caverneusement infernal, paraissait humilié de n'être plus qu'un simple agent de police brutal et bête, n'ayant de féroce que son costume d'alguazil.

Cette impression était partagée par toute la salle, qui se demandait quelle avait pu être l'intention de l'écrivain, si cette ressemblance était fortuite ou volontaire, s'il avait cru inventer en se ressouvenant, ou s'il avait imité de parti pris. Les antécédents de M. Émile Augier ne permettent guère de s'arrêter à cette dernière supposition. Il appartient à une école qui s'est séparée du grand mouvement littéraire romantique, et qui a obtenu un succès de réaction. Cette école n'admire guère que les anciens et les poëtes du XVIIe siècle ; quelque talent qu'elle puisse reconnaître à Victor Hugo, elle ne l'admet pas comme un maître et rejette ses doctrines. L'auteur de *Gabrielle* s'y est-il récemment converti? Cela n'est pas probable. Achille classique, a-t-il voulu provoquer le Siegfried du romantisme sur son propre terrain, et, en traitant le même sujet, lui montrer de quelle manière s'y prenait un champion de l'école du bon sens?

Peut-être s'est-il donné pour tâche de montrer *Marion Delorme* à l'état sobre, dénuée de lyrisme, de passion, de rimes riches, d'images et de couleur locale; où bien encore — comme ces élèves d'Ingres qui n'osent jeter les yeux sur les tableaux de Rubens, de peur d'altérer leur gris par la contemplation de ce maître flamboyant, — n'avait-il ni lu ni vu le drame de Victor Hugo.

Les deux premiers actes de *Diane*, plus familiers et moins dramatiques que les autres, sont écrits avec ce vers imité de la manière des poëtes du xviie siècle, que M. Augier manie assez bien; mais l'insuffisance du poëte devient manifeste lorsque l'exigence de la situation le force d'élever le ton; il n'est pas à l'aise dans le sérieux, l'idée et l'image lui font défaut, il n'a pas assez de souffle pour remplir une tirade.

Son allure, libre et franche d'ordinaire, s'alourdit et devient gauche, quand il faut quitter le brodequin pour le cothurne; sous la redondance de l'alexandrin, on ne sent pas une bonne trame de style: les tours forcés, les ellipses inadmissibles, les locutions incorrectes abondent; la rime est souvent négligée; les mots consonnent avec leurs composées, ce qui est contre la règle. *Homme* et *gentilhomme* ne sauraient s'admettre au bout de deux vers. Ce sont là des critiques de détail; mais, comme l'a dit Boileau, dont M. Émile Augier ne récusera pas l'autorité, sans la langue l'écrivain n'existe pas.

Défaut plus grave; tout est court, étriqué, sous-entendu, pour ainsi dire; c'est une œuvre manquée comme fond et comme forme, et les germes de situations qu'elle renferme avortent aussitôt.

Mademoiselle Rachel jouait Diane, sous un costume dessiné par Meissonnier avec l'exactitude de ce peintre si vrai et si fin. La vérité nous oblige à dire que la draperie antique ou la folle toilette de la Tisbé lui vont infiniment mieux. Elle a eu deux ou trois mouvements et a dit, dans sa manière ferme et sobre, un rôle en dehors de son talent et de ses habitudes.

Delaunay a été d'une élégance exquise dans le personnage de Paul de Marmande. — Brindeau portait bravement, sous le nom de M. de Pienne, une perruque de la plus courageuse fidélité historique. — Geffroy avait l'air du portrait de Richelieu par Philippe de Champagne, descendu de son cadre.

XXVII

MARS 1852. — Gymnase : *les Vacances de Pandolphe*, par madame George Sand. — Le rêve du voyage à Cythère. — La nature à la Watteau. — Les romans de George Sand et son théâtre. — Abus de la simplicité devant la rampe. — Palais-Royal : *la Maman Sabouleux*, par MM. Labiche et Marc Michel. — L'art dans la farce. — La petite Montalant, Grassot, Hyacinthe. — Théâtre-National (ancien Cirque) : *Geneviève, patronne de Paris*, drame-légende, de M. Latour (de Saint-Ybars). — La légende et l'histoire. — Une pièce sans poudre au Cirque. — Théorie de l'ennui. — Le combat à la hache et au sabre. — Un anachronisme qui eût aidé au succès. — Des barbares trop sauvages. — Mademoiselle Périga.

9 mars.

GYMNASE. *Les Vacances de Pandolphe*. — Qui n'a pas eu, une fois dans sa vie le désir de s'embarquer sur cette galère à poupe dorée, à voiles de soie, du *Voyage à Cythère*, de Watteau, vraie conque de Vénus, poussée par les zéphyrs, sur un azur idéal, vers les lointains nacrés d'une Grèce de fantaisie? qui n'a revêtu, par la pensée, ce gai costume de pèlerin, aisé comme un domino, pimpant comme un habit de berger, qui mêle les rosettes aux coquilles et l'opéra à l'églogue? qui n'a tendu la main, pour franchir la planche, trait d'union de la barque au rivage, à quelqu'une de ces belles filles en robes flottantes de taffetas, chiffonnées de mille petits plis et glacées de tons impossibles et charmants, et rêvé d'aborder ainsi à l'île fortunée, le bras passé autour d'un de ces corsages de guêpe, chuchotant quelque madrigal près d'une joue sur laquelle le fard ne recouvre que les roses de la jeunesse, et dont la rougissante fraîcheur est relevée à propos par la mouche noire d'une assassine?

Les esprits les plus froids, les plus prosaïques, les plus sèchement utilitaires, n'ont pu se défendre de cet entraînement, tant la séduction du magicien est grande.

Watteau, qui, sous l'apparence d'un caprice sans frein et d'un carnaval perpétuel, est un artiste sérieux, petit-fils direct de Rubens, a créé son monde de toutes pièces : il s'est fait un microcosme complet où tout est en harmonie. Comme ses ciels légers sont bien faits pour ses arbres svelles et fluets! comme ses charmilles prêtent un fond complaisant à ses faunes de marbre, que le lierre entortille à demi à ses fontaines, groupes d'Amours ou de naïades qui lancent aux voûtes de feuillage la fumée blanche de leurs jets! comme ses terrasses à balustres se montent et se descendent facilement! comme ses gazons de velours sont doux aux petites mules de satin! comme ses bancs de mousse attendent des conversations amoureuses ou des concerts champêtres! Ce n'est pas la nature, direz-vous, ou c'est la nature vue à travers l'Opéra, éclairée au jour de la rampe, avec des magies factices, plutôt du ressort du décorateur que de celui du peintre. C'est possible; mais quelle délicieuse unité dans ce rêve charmant dont aucune dissonance ne vous éveille, dans cette illusion si soutenue, qu'elle ne se dément jamais! Imaginez un milieu où pourrait vivre plus à l'aise cette jolie société de bergers et de bergères, de belles dames et de jeunes galants, de Gilles et de Colombines, d'Isabelles et de Léandres ; acclimatez donc ailleurs Pascariel, Arlequin et toute cette joyeuse bande bariolée qui semble s'être taillé des manteaux dans la jupe des tulipes. Certes, ce n'est pas un peintre frivole de fêtes galantes, celui qui a su donner ainsi l'existence à toute une création que le désir rêve et que l'esprit habite, et bâtir en quelques coups de pinceau un monde de grâce, de jeunesse, d'amour et de fraîcheur, éternellement fixé dans son éclat fugitif.

Nous concevons très-bien qu'un poëte ait la fantaisie de transposer dans son art cette coquetterie si spirituelle et si profondément française sous son léger travestissement italien : c'est un caprice qui doit tenter quiconque s'est arrêté devant ces toiles si roses et si bleuâtres, si transparentes et si fines.

Nous acceptons donc la fantaisie de George Sand, sans lui chercher aucune chicane, et nous ne lui demanderons rien en dehors d'un sujet qu'elle a librement choisi. Nous regretterons seulement que cette excursion sur le domaine de Watteau n'ait pas été heureuse comme nous l'aurions désiré, car nous aimons à voir les grandes intelligences et les noms célèbres s'approcher du théâtre, abandonné aujourd'hui à des habiletés vulgaires.

La réputation de George Sand, comme romancier, est faite depuis longtemps; une longue série d'œuvres, où brillent de hautes et incontestables qualités, a fait sa gloire européenne; une large compréhension de la nature, une chaleureuse conviction, une éloquence entraînante, une passion vraie, un sentiment profond du beau moral et du beau physique, un style limpide et clair, tels sont les mérites qui éclatent dans ses nombreuses productions, qui n'ont pas encore lassé l'avidité du lecteur : *Mauprat, Leone Leoni, la Dernière Aldini, André, Jacques, la Mare au Diable*, etc., sont présentes à toutes les mémoires, même les plus oublieuses; mais, par une singulière fatalité ou une étrange aberration qu'on ne s'explique pas, ce vigoureux génie, cette puissante organisation semble se renier à plaisir en abordant le théâtre, et répudier les dons merveilleux dont la nature l'a douée. On dirait que George Sand met sa coquetterie à combattre sans armes, comme ces chevaliers dédaigneux qui délacent leur corselet, enlèvent leur casque et brisent leur épée avant d'entrer dans la lice; Achille, cependant, quoiqu'il eût été trempé sept fois dans l'eau du Styx et ne fût vulnérable qu'au talon, se recouvrait de sa cuirasse de buffle bordée de lames de cuivre et d'étain, et passait à son bras ce splendide bouclier dont la description occupe tout un chant d'Homère, lorsqu'il montait sur son char de bataille et allait dans la mêlée provoquer le Troyen Hector. Le public est un adversaire autrement redoutable qu'Hector, et nous ne concevons pas que George Sand, avec un courage que n'avait pas le héros grec, s'expose à la lutte sans sa panoplie.

Quand elle quitte le récit pour le dialogue, au lieu de se livrer à sa passion, à son ardeur, à son éloquence, à son lyrisme, elle cherche toutes sortes de qualités négatives, contraires à sa nature et à son talent; elle se fait un parti pris de froideur, de sobriété, qui étonne et déroute. Un aride souffle janséniste dessèche toutes ses belles fleurs, une brume grisâtre estompe ses splendides horizons, et l'ennui descend, comme une pluie fine et glacée, d'un terne ciel d'automne dont un rigorisme impitoyable a éteint l'azur. Tous ces sacrifices se font au nom de la simplicité, et pour obtenir nous ne savons quelle harmonie triste assoupissante à l'œil. Simplicité, harmonie, voilà de beaux mots, mais il n'en faut pas abuser. La simplicité voulue est souvent plate, et l'harmonie qui résulte de l'absence des tons et non de leur accord n'est que de la grisaille. Nous comprenons que le poëte, par cette facilité d'avatars qui le rapproche des dieux de la mythologie hindoue, aime à s'absenter de son corps et à revêtir, pour quelque temps, une individualité différente. George Sand a eu cette fantaisie d'habiter l'âme de Sedaine et de Berquin, mais il serait temps qu'elle revînt à son *moi* abandonné.

Les Vacances de Pandolphe nous avaient donné bon espoir; Watteau nous semblait un heureux correctif de la fadeur bourgeoise et rustique qu'affecte George Sand depuis trop longtemps déjà; — nous disons *affecte*, car il y a système et non affaiblissement chez ce talent robuste, qui peut fournir encore une longue carrière, et c'est pour cela que nous combattons avec une certaine insistance ces tendances funestes; il nous serait facile de jeter sur cette demi-chute les fleurs banales de cette indulgence qui ne trompe pas même l'amour-propre, si crédule pourtant; nous augurons assez bien de la mâle et fière nature de George Sand pour lui dire de saines vérités qu'elle préférera, sans nul doute, à des éloges frelatés et doucereux. Pour animer des personnages de Watteau, il eût fallu l'esprit de Marivaux, la caprice de Gozzi, la grâce tendrement maniérée de Florian, qualités ou défauts, si l'on veut, qui manquent totalement à ce talent sérieux, ardent, passionné, admirablement descriptif, mais qui n'a pas le plus petit mot pour rire.

16 mars.

PALAIS-ROYAL. *La Maman Sabouleux.* — *La Maman Sabouleux* est une excellente parade dans ce genre fabuleux, exorbitant, pyramidal et cocasse qui convient surtout au théâtre du Palais-Royal et à sa troupe de bouffons; nous aimons ces farces énormes, d'une jovialité formidable et d'un comique absurde, songes pantagruéliques du tréteau, déviations difformes de types ridicules charbonnés à gros traits par des caricaturistes à la plume qui, quelquefois, valent Daumier. La comédie de notre siècle, si souvent demandée par les critiques qui ne veulent pas l'y voir, s'est réfugiée là. Ces pochades méprisées constituent un art original, prime-sautier, et profondément français. — Les atellanes jouées par les bouffons osques, et malheureusement perdues, devaient avoir cette licence folle et cette vérité extravagante.

Le militaire français, outre qu'il est le bourreau des crânes, est aussi le bourreau des femmes. Point de bonne qu'il ne séduise, point de payse qu'il ne mette à mal, point de nourrice dont il ne fasse tourner le lait. De tout temps, Mars fut ami de Vénus. Un cuirassier a fasciné, par l'éclat de son casque et de son corselet de fer poli, la trop aimante maman Sabouleux, nourrice de son état. La nourrice a suivi le troupier, oubliant deux nourrissons confiés à ses mamelles fallacieuses, mademoiselle Suzanne, fille des époux Claqueponi, et Toto, produit anonyme d'une fantaisie inconnue. Le père Sabouleux, à qui il eût été pénible de perdre, en même temps que sa femme, les mois de nourrice, le sucre et le savon exactement payés par le couple Claquepont, a, sans connaître la mythologie, confié les deux moutards à une chèvre Amalthée qui n'a pas pour l'armée française le même goût que madame Sabouleux, et leur fournit un lait non interrompu.

Le temps se passe, les enfants ont grandi, et le père Sabouleux s'en est fait deux petits domestiques. Suzanne veille à la marmite, Toto va à l'herbe, garde les dindons, et accomplit mille menues fonctions rustiques, proportionnées à ses forces. Mais voici qu'un beau jour, les époux Claquepont viennent au village pour reprendre leur fruit, qu'ils croient, d'après les lettres trompeuses de Sabouleux, élevé avec un soin parfait et une sollicitude toute maternelle. La nouvelle de cette arrivée terrifie Sabouleux, qui s'habille en femme, pour représenter la nourrice absente. Les Claquepont trouvent, au lieu du joli ange frais et blond annoncé, une affreuse petite souillon, noire comme le Grelet de Georges Sand, hâve, hâlée, ébouriffée, la voix rauque, patoisant horriblement, jurant comme un charretier, et vaquant, accroupie dans les cendres, à la noble occupation d'écumer le pot.

Un monsieur, myope comme une taupe, auteur présumé de Toto, arrive aussi de son côté, et cherche, à grand renfort de lorgnon, à reconnaître, dans ce hideux gamin rustique, le produit égaré de ses anciennes amours. Pour compliquer la chose, un barbier de village, ami de Sabouleux, a eu l'idée triomphante, pour venir en aide à son compère dans l'embarras, de se raser au plus près, de son plus fin rasoir, et de revêtir aussi le costume de la fugitive. Ce conflit de nourrices mâles amène les complications les plus extravagantes, les aburissements les plus effarés et les dialogues les plus drolatiquement absurdes qu'il soit possible d'imaginer. A la fin, tout se débrouille par l'aveu nécessaire de la disparition de l'authentique maman Sabouleux. Les époux Claquepont emmènent Suzanne, qu'ils débarbouilleront à Paris de sa paysannerie, et le monsieur myope rentre en possession du sauvage Toto, que la pension civilisera.

La petite Montalant joue en perfection le rôle de Suzanne. Ce n'est pas un perroquet qui récite sa leçon, c'est une vraie actrice que cette charmante et spirituelle enfant. Où diable a-t-elle pu observer tout cela? Se souvient-elle de ses mois de nourrice?—Figurez-vous Grassot et Hyacinthe en maman Sabouleux, cela nous dispense de toute appréciation. Cette seule idée suffit à faire crever de rire.

23 mars.

THÉATRE-NATIONAL (ancien Cirque). *Geneviève, patronne de Paris.* — L'imagination populaire se représente Geneviève sous la figure pastorale d'une jeune fille entourée de blancs moutons, comme une sorte de Philis ou d'Amaryllis chrétienne; c'est ainsi, du moins, que la montrent les tableaux d'église et les enseignes de boutique. D'après son histoire, il ne paraît pas qu'elle ait jamais gardé le moindre troupeau. Saint Germain, évêque d'Auxerre, passant par Nanterre, exhorta Geneviève, dont la réputation de piété était déjà très-grande, à se consacrer entièrement à Dieu et à prendre le voile, ce qu'elle fit plus tard. Son père et sa mère étant morts, elle se retira à Paris, chez une dame qui était sa marraine, et elle y vécut fort austèrement. Le bruit de sa sainteté s'étendit si loin, que saint

Siméon Stylite lui écrivit du haut de sa colonne pour se recommander à ses prières. Ce fut elle qui conseilla aux Parisiens, épouvantés de l'approche d'Attila, de ne pas quitter leur ville, leur affirmant que le Fléau de Dieu ne s'appesantirait pas sur eux, prédiction qui s'accomplit et lui valut le titre et l'emploi de patronne de Paris.

Cette histoire, transformée en poëme catholique par la naïve imagination des légendaires du moyen âge, ne nous paraît pas d'un choix heureux pour le Cirque. Nous n'appliquerons pas à M. Latour (de Saint-Ybars) le reproche qu'adresse Boileau aux auteurs qui prennent des sujets baroques :

> Oh ! le plaisant projet d'un poëte ignorant,
> Qui, de tant de héros, va choisir Childebrand !

attendu qu'il ne faut pas être ignorant pour choisir un héros que personne ne connaît, mais plutôt bizarrement érudit ; nous lui dirons que les sujets qui précèdent l'invention de la poudre, sont tous mauvais au Cirque, et n'y ont jamais réussi.

Les héros à l'arme blanche ne suffisent pas pour animer cette vaste scène. Achille lui-même, combattant Hector, y produirait peu d'effet. Il faut à ce théâtre la basse continue du canon et la crépitation perpétuelle de la fusillade ; il faut les nuages de fumée épaisse et l'odeur âcre de la poudre ; et ce qu'il faut surtout, c'est l'uniforme bleu de la République et de l'Empire, c'est le grand tambour-major qui marche en se dandinant, c'est Napoléon sur son cheval blanc, c'est Murat tout chamarré et tout empanaché, c'est l'infanterie, c'est la cavalerie !

Malgré notre horreur bien légitime pour la tragédie, nous préférons *Vallia, le Vieux de la Montagne, Virginie*, à *Geneviève, patronne de Paris*, et cependant, Dieu sait à quel point ces corrects ouvrages sont ennuyeux ; mais, au moins, c'est un ennui régulier, uni, d'une pesanteur égale, qui amène un sommeil académique, troublé tout au plus par le songe d'usage. L'ennui du drame-légende est un ennui heurté, cahoté, fiévreux, barbare, ahuri, qui ne sait où donner de la tête, et qui s'agite douloureusement, comme un dormeur en proie au cauchemar.

Geneviève, fille de noble race, ayant esclaves et serfs, habite Nanterre, qui n'était pas encore célèbre par les gâteaux de ce nom, et repousse avec indignation l'amour effréné d'un seigneur très-corcompu, du nom de Valérien, qui a déjà séduit Denise, sœur de la sainte future, laquelle Denise, enfermée dans une tour par son infâme séducteur, y accouche d'un petit enfant. Les deux sœurs sont réunies par le fait d'un incendie qui dévore la prison et que Geneviève éteint miraculeusement.

Attila arrive en tête de ses Huns, accroupi sur son petit cheval de l'Ukraine, comme un singe de l'Hippodrome sur son poney. Lui aussi subit l'ascendant irrésistible de la belle sainte : il en devient amoureux, et quel amour, grand Dieu! Il veut frotter sa barbe fauve et son cuir enduit de suif à ces belles joues virginales ; mais, au moment où il veut violer la sainte, il tombe mort, frappé par un mal inconnu, par un choléra inédit, ou, si vous l'aimez mieux, sous la colère et la lassitude de Dieu. Mais Paris est sauvé. Les hordes sauvages sorties des profondeurs de la nuit cimmérienne n'allumeront pas les feux de leurs bivacs sur l'emplacement de Lutèce, au milieu de mares de sang ; leurs chevaux grêles, l'œil hagard, aux crinières pendantes, ne mordront pas l'écorce des arbres et ne piétineront pas sur les décombres, avec cette impatience de repartir qui caractérise ces sauterelles du Nord, abattues sur le Midi et poussées par le vent inconnu des migrations barbares ; cet affront est reculé de quelques siècles, car Sainte-Geneviève, qui a su arrêter Attila et ses Huns, n'a rien pu contre Alexandre est ses Cosaques.

Tout cela est entremêlé de combats à la hache et au sabre, réglés comme aux Funambules ; les briquets se heurtent et jettent des étincelles, les boucliers résonnent comme l'enclume, les cuirasses d'écailles de poisson bruissent, les chevaux piaffent et se cabrent. L'assaut du mont Valérien est aussi féroce que possible ; — mais le canon manque, la poudre fait défaut. — Peut-être M. Latour (de Saint-Ybars), s'appuyant de l'exemple de Milton, qui donne de l'artillerie aux anges rebelles, dans la grande bataille qui précéda la création du monde, aurait-il pu, par un hardi anachronisme, accorder quelques pièces de siége et de campagne à son Attila. Les balistes, les catapultes et les autres engins de guerre ont l'inconvénient d'accomplir leur œuvre de destruction sans faire de tapage.

Il est regrettable que M. Latour (de Saint-Ybars), qui, après tout, est un homme littéraire, quoique nous n'ayons pas grande sympathie pour son talent, en soit réduit à faire hennir aux chevaux du Cirque son dialogue, habitué aux cadences alexandrines. — Sa manière sobre et pâle ne convient nullement à ces grandes fresques grossières, à ces combats peints avec de l'ocre et de la rubrique que le Cirque déploie aux yeux émerveillés de son public naïf.

En France, rien ne survit à un bon mot. L'épigramme de Boileau :

>   Après l'*Agésilas*,
>   Hélas !
>   Mais, après l'*Attila*,
>   Holà !

rend impossible, pour nous autres, toute composition où figure Attila ; ce qui n'empêche pas la tragédie de Werner et le poëme épique de Népomucène Lemercier, l'auteur de *Pinto* et de la *Panhypocrisiade*, d'être de fort belles choses.

Le ballet, représentant une bacchanale antique, est très-bien réglé et a beaucoup de mouvement. Il fait honneur au talent chorégraphique de M. Lerouge.

La *Sainte Geneviève, patronne de Paris*, n'est pas aussi splendidement montée que le sont les autres ouvrages représentés précédemment au Cirque. Le Hun est vêtu avec une sauvagerie économique; le Gépide couvre son thorax de cuirasses de carton dans les prix doux, et le Hérule, plein de modération, a pris son bouclier à la boutique du ferblantier. L'imitation de la barbarie est trop fidèle dans les costumes et les décorations, et le cortége du bœuf gras réclamerait volontiers quelques-uns de ces Arabes et de ces Vandales en habit d'Iowais de la Courtille. Le Cirque, qui est un spectacle avant tout oculaire, doit être très-soigneux en fait de pompe extérieure et de mise en scène ; — ce qui ailleurs est l'accessoire, est chez lui le principal.

Mademoiselle Periga, un premier prix du Conservatoire, charmante jeune fille égarée dans cette écurie en compagnie du poëte joué par mademoiselle Rachel, a représenté Geneviève avec une diction pure et un organe d'un timbre séduisant. Il vaudrait mieux pour elle savoir monter à cheval et dire *hop! hop!* en assénant un bon coup de cravache à sa jument.

XXVII

AVRIL 1852. — Gymnase : *le Piano de Berthe,* par MM. Théodore Barrière et Jules Lorin. — Madame Rose Chéri, Bressan. — Variétés : *un Monsieur qui prend la mouche,* par MM. Lefranc et Marc Michel. — Arnal, Leclère, Kopp. — Porte-Saint-Martin : *Benvenuto Cellini,* drame de M. Paul Meurice. — Le héros de la pièce. — Son caractère, son génie et ses œuvres. — Mélingue, madame Person. — Théâtre-Français : *le Bonhomme Jadis,* comédie de M. Henri Murger. — Le feuilleton découpé en pièce. — Originalité du talent de M. Murger. — Sa nouvelle comédie, Provost, Delaunay, mademoiselle Fix.

6 avril.

GYMNASE. *Le Piano de Berthe.* Une petite grande dame du Gymnase, madame Berthe de ***, attend à son piano le retour de M. de Nerville, son prétendu. Mais un prétendu sportman n'a d'yeux que pour *miss Annette.* Quelle femme vaut une pouliche ! Le derby d'amour a tort devant les réalités hippiques du turf. Si bien que Berthe attend ce Centaure de jockey-club ; ses doigts irrités écorchent les touches d'ivoire, sa voix se fausse d'impatience. Elle déchire à belles dents, en cris aigres, les mélodies d'un jeune compositeur, M. Frantz, inconnu presque célèbre, en passe de devenir un Listz, un Chopin, un Thalberg. Le hasard du vaudeville veut que Frantz traverse la rue, au moment où Berthe défigure sa partition. Frantz a l'idée bouffonne de jeter deux sous, enveloppés de papier, à la virtuose. Il entre sur cette insolence dans le salon de la grande dame. Alors commence un duel à coups d'épingle, duel d'ironies fines, de répliques malicieuses, d'épigrammes lancées et ramassées au vol.

L'artiste, honteux de sa bévue, tâche de se la faire pardonner ; il est fat, impertinent; d'une légèreté goguenarde. Sa franche humeur déplaît d'abord, et madame Berthe l'éconduit avec cette politesse glaciale, cette distance de froideur, l'arme de dédain des grandes dames. Frantz, piqué au jeu, s'insurge. Il s'enracine dans le salon, critique le mobilier, raille les tableaux, allume une cigarette et lutine la soubrette. Il prend mille petits détours pour gagner du temps et revoir Berthe, qui ne revient pas. Toutefois, il fait tant piailler le piano, et tellement à faux, que madame Berthe accourt. La scène recommence de l'éternel dépit amoureux. On se fâche, on s'irrite, on se racommode.

Après tout, Frantz est un charmant homme, un garçon d'esprit, un compositeur élégant. Il pleut, on ne saurait mettre à la porte un pareil cavalier. Pendant que la pluie tombe et qu'on attelle pour reconduire Frantz en voiture, la soubrette prépare le thé, le thé du proverbe bourgeois. Voici les ennemis, ou, pour mieux dire, déjà les amoureux tête à tête, genoux contre genoux ; les mains se frôlent involontairement. Que vous dirai-je ensuite, que vous ne sachiez d'avance?

Jadis madame Berthe, égarée pendant une nuit d'orage dans une lande de la Bretagne, a trouvé un refuge sous la cabane d'un jeune pâtre. Elle a retenu la chanson du pâtre, et ce pâtre mélodieux, c'est, bien entendu, Frantz. Aussi comme M. de Nerville est vite oublié et remisé à l'écurie du sport! Frantz et Berthe chanteront désormais le nocturne à deux voix de l'amour conjugal.

Mots précieux, sourires mouillés, vives ripostes, ce petit acte marche, babille, flambe et palpite. Le succès a été grand et très-grand.

Madame Rose Chéri a joué avec le charme, la distinction, l'élégance d'une femme du monde et d'une maîtresse de grande maison. On ne saurait être plus finement dame et tenir un salon avec plus de tact et de maligne coquetterie. Ce petit rôle d'un acte simplet peut compter pour une des meilleures créations de madame Rose Chéri.

— Bressan lui a fourni un digne partenaire, ironique, léger, attendri, d'une familiarité discrète et comme il faut.

VARIÉTÉS. *Un Monsieur qui prend la mouche*. — Homères de la farce, vous qui avez si souvent raconté la plaisante odyssée d'Ulysse-

Arnal, ô Duvert et Lauzanne, vos lauriers macaroniques ont empêché MM. Lefranc et Marc Michel de dormir. Ils ont marché sur vos illustres pas, et, derrière vous, ils soufflent dans la flûte à oignon du vaudeville burlesque.

Un Monsieur qui prend la mouche ne peut se raconter; le sublime ne s'analyse pas. Figurez-vous Arnal aux prises avec Leclère; Arnal agacé, taquinant et taquiné, tombé dans une de ces mésaventures drolatiques, dans un de ces guêpiers de guignon où, depuis vingt ans, il patauge si allègrement, avec des efforts si désespérés et si risibles; Arnal, qui se rebiffe au moindre mot, au moindre geste, Arnal emporté et bravache, insupportable, irrité par les contradictions comme par un invisible tétanos, démangé par de fourmillantes impatiences. Et la bonne et béate figure que Leclère! quelle placide physionomie de bourgeois! Henry Monnier et Daumier combinés, le rentier ganache surpris dans la sincérité bonhomme de son type.

Si bien que voilà dix-huit ans que Leclère veut partir pour l'Italie et faire son voyage de Dieppe à Venise, et jamais il n'a pu quitter sa petite maison de campagne, ni s'arracher aux chères délices du chez soi. Les places sont sans cesse retenues, il remet son départ à des demains qui n'arrivent jamais. Tout lui fait obstacle, mariages, naissances, baptêmes, femme ou fille sur les bras. Aujourd'hui, il se croit libre, mais bah! il n'en est pas quitte avec le sort malin qui le poursuit et se plaît à mettre des bâtons dans les roues de sa diligence. Notre homme se décide toutefois et se purge, se préparant à ce fameux voyage par de l'eau de Sedlitz, comme viatique de route; mais sa fille le gêne: il va la marier à un petit chafouin d'avocat, à un maître Fraisier quelconque, afin qu'aucun obstacle ne le dérange désormais. Sa fille mariée, il pourra, tout à son aise, courir après son rêve. Adieu paniers, vendanges sont faites.

Mais Leclère a compté sans Arnal. Arnal arrive avec une histoire longue comme de Paris à Auteuil. Auteuil! c'est là que vit Leclère, retiré dans une villa de banlieue en rat philosophe; Leclère ouvre de grands yeux et de grandes oreilles aussi, car l'histoire s'embrouille, s'entortille, se surcharge d'incidents, s'enchevêtre d'imbroglios. Comment se débarrasser de ce damné causeur? Son repos avant tout: s'il lui donnait sa fille? Et il lui saute au cou et l'appelle son gendre. Arnal s'apaise; il a raté tant de mariages déjà, qu'il sourit, se pavane, fait la roue et accepte. Leclère sera libre, l'affaire réglée, il pourra partir. Oh! que non pas! car Arnal a des soupçons et ne répond pas ainsi en gendre de but en blanc, au simple débotté. Il repoursuit Leclère de son refus, et, pendant un acte, il a toujours le pied sur l'étrier. On passe le temps à seller et à desseller son cheval. Le mariage est pris, lâché, repris, à travers d'amusants incidents de colère, de tapage, de rancunes, de grosse fureur, et l'intrigue se dénoue à coups de poing et à coups de pied. Mon Dieu! soyez béni, ce terrible Arnal consent à la fin, et Leclère, haletant, joyeux, suant de peur et de plaisir, entrevoit l'horizon des Apennins.

On a ri tout le long de l'acte d'un fou rire; on a trépigné des pieds, des mains et des cannes. Arnal était entré dans un de ces rôles qui lui sont comme une seconde peau.

N'oublions pas Kopp, très-drôle dans un rôle de valet familier, une manière d'animal domestique qui mange ou plutôt qui broute dans les mains de ses maîtres, tyran en livrée, bête et sournois.

7 avril.

Porte-Saint-Martin. *Benvenuto Cellini.* — Le nom de Benvenuto Cellini est devenu une espèce de personnification de l'élément artiste dans la renaissance italienne. Personne, en effet, ne représente plus son siècle, qualités ou défauts, que ce spadassin de l'orfèvrerie, que ce brigand de la ciselure, toujours prêt à laisser le ciselet et le marteau pour la rapière. Ce grand drôle bravache, insolent, hâbleur, campé sur la hanche comme un maître d'armes, vrai Gascon de l'art, présente une figure originale qui doit tenter le poëte. Ce matamore était doublé d'un homme de génie, — génie bizarre, décousu et fantasque comme les arabesques de ses orfèvreries; les tyrans spirituels et les despotes intelligents de l'époque se disputaient ses ouvrages, qu'il n'était pas toujours facile de lui arracher des mains, car il se passionnait pour ses chefs-d'œuvre, comme Cardillac pour ses diamants.

De toutes ces merveilleuses floraisons de feuillages d'or, de fleurs de pierreries, de nymphes et de sirènes, moitié femmes, moitié rinceaux, qui s'entremêlaient avec un inépuisable caprice autour des vases, des coupes, des aiguières, des gardes d'épée, des boucles de manteau, il en reste aujourd'hui bien peu. — La richesse de la matière a tenté l'avarice, et, dans les temps difficiles, les statuettes, les délicats bijoux ont été brutalement fondus et monnayés. Il n'existe peut-être pas dix pièces authentiques de Benvenuto Cellini, à l'heure qu'il est; mais tout chef-d'œuvre non signé de ces miraculeux ciseleurs de la renaissance, reçoit le baptême de ce nom populaire, qui semble résumer en lui la gloire de l'orfèvrerie, quoique d'autres artistes moins célèbres l'aient égalé, peut-être même surpassé en talent.

Nous avons vu à Florence, sur la place du Grand-Duc, encadré par une des arcades d'Orcagna, dans ce musée en plein vent qu'on appelle la galerie des Lances, son *Persée* tenant à la main la tête de Méduse, charmante statue, d'une élégance un peu maniérée, dont le piédestal, travaillé en bijou, est orné de délicieuses figurines, et porte, sous un Jupiter brandissant la foudre, cette inscription menaçante : *Fili mi, si quis te læserit, ultor ero;* et, à Paris, au musée d'Angoulême, une grande Diane de bronze en bas-relief, d'une assez fière tournure. Comme statuaire, il n'est pas supérieur au Donatello, à Baccio Bandinelli, à Jean de Bologne. Son principal mérite est d'avoir su conserver, à de mignonnes statuettes, le superbe caractère de l'art florentin, et d'avoir été grand dans de petites choses. On a dit de la nature qu'elle était *maximè miranda in minimis;* cet éloge peut s'appliquer à Benvenuto Cellini.

La prison, en l'arrachant au labeur incessant de la polémique, a fait à M. Paul Meurice les loisirs de composer un grand et beau drame sur ce Benvenuto Cellini, dans la familiarité duquel il avait déjà vécu, et qui était pour lui une vieille connaissance. Le succès, constatons-le tout de suite, a été très-grand, et l'intérêt n'a pas faibli une minute pendant les huit tableaux, presque aussi importants que des actes, où se déroule cette vaste épopée artistique. L'auteur a un peu idéalisé, pour les nécessités de son drame, la physionomie singulière de Benvenuto, et l'a fait plus vertueux qu'il ne se représente lui-même; mais ce prodigieux escogriffe était capable de tout, même du bien.

La pièce, fermement construite, écrite avec un haut style et un art sérieux, inaugure d'une manière brillante le nom de M. Paul Meurice sur le théâtre qui nous paraît être le milieu naturel de son talent, et il a été salué avec enthousiasme par tout ce que Paris renferme de poëtes et d'artistes. Il y avait longtemps qu'on n'avait vu une semblable solennité littéraire.

Mélingue a été tout simplement merveilleux dans cet immense rôle de Benvenuto Cellini. Il s'y est montré non moins habile comédien que surprenant statuaire. Avant lui, on n'aurait pu croire à l'improvisation réelle et complète d'une charmante statuette. — Madame Person a donné au rôle de la duchesse d'Étampes une grâce venimeuse, une profondeur scélérate, sans jamais tomber dans les noirceurs du mélodrame, qui montrent chez elle un grand talent de composition. Ces personnages peu sympathiques sont les plus difficiles.

30 avril.

Théatre-Français. *Le Bonhomme Jadis.* — Cette comédie a déjà vécu sous la forme d'une charmante nouvelle. Nous aurions voulu voir M. Henri Murger aborder la scène française avec une pièce entièrement inédite. Cette méthode de tirer plusieurs moutures du même sac, excusable par le prix infime auquel se payent les livres aujourd'hui, a d'assez graves inconvénients. Il est vrai que, sans le journal et le théâtre, les littérateurs ne pourraient pas vivre. Le roman, inséré d'abord dans le feuilleton qui en a la virginité, repris en volume, découpé en pièce, procure à peine à l'auteur une médiocrité, non pas dorée, mais tout au plus *ruolzée;* les écrivains qui paraissent gagner de l'argent font un travail surhumain; on regarde le total sans tenir compte de l'effroyable quantité de besogne. Il faut donc faire rendre à une idée tout ce qu'elle peut produire, et M. Henri Murger n'est pas plus coupable, en cela, que MM. Alexandre Dumas père et fils, Léon Gozlan, et bien d'autres, habitués à retrouver au théâtre le succès de leurs livres; lui surtout, écrivain délicat, plein de mots, de traits, d'observation, et qui a besoin d'avoir vécu ce qu'il écrit. Ce n'est pas un reproche que nous lui faisons : nous disons seulement, au point de vue de l'art, que nous regrettons qu'il n'ait pas eu le loisir de concevoir et d'exécuter, pour ce théâtre, qui est encore le plus littéraire des théâtres, un sujet spécialement scénique. *Le Bonhomme Jadis* a eu, d'ailleurs, un franc et légitime succès, que nos remarques toutes bienveillantes ne diminuent ni n'attaquent en rien.

Dans ce temps où les rivalités romantiques et classiques sont éteintes, soit par lassitude du combat, soit par le silence ou la dispersion des chefs, ou bien encore par l'indifférence du public occupé d'autres soucis, l'apparition de M. Henri Murger a été une sorte d'événement. Il a fait diversion à l'honnête ennui de l'école du bon sens par un vif sautillement de traits; une recherche et une trouvaille presque toujours heureuse du mot, une sensibilité nerveuse mêlée à une gaieté humoristique, fixèrent tout d'abord l'attention sur le jeune écrivain, qui résumait en lui l'esprit du petit journalisme. Il importait au théâtre un monde nouveau, impossible ailleurs qu'à Paris, et de formation toute récente, *la bohème;* des types parfaitement inconnus du bourgeois, des existences hasardeuses et problématiques, marchant sans balancier sur le fil d'archal du paradoxe, entre l'art et la misère, tiraillés d'un côté par les créanciers, de l'autre par de folles amours, des sauvages civilisés chassant la pièce de cent sous avec des ruses et des stratagèmes dignes des Mohicans de Cooper à la recherche d'un daim. M. Murger, qualités et défauts, avait une véritable originalité. Il n'empruntait rien ni à l'antiquité ni au moyen âge; il était bien de son temps et de son pays, ce qui est toujours difficile; avec Balzac et Gavarni, Murger est peut-être l'artiste le plus parisien de l'époque. Nous ne prétendons pas pour cela assigner à l'auteur de *la Vie de bohème*, des *Scènes de jeunesse*, et du *Bonhomme Jadis* une place parmi les maîtres radieux, les illustrations émérites, les gloires constatées; il commence, et l'avenir seul marquera son rang; mais, dès le début, il a su être lui. Il peut dire en toute humilité et en tout orgueil, comme le poëte :

Mon verre n'est pas grand, mais je bois dans mon verre.

Le Théâtre-Français a donc bien fait d'accueillir de toutes ses boules blanches l'œuvre du jeune poëte, et de la monter avec ce soin qu'on n'accorde pas toujours aux premiers ouvrages.

Dans une gaie mansarde claire et proprette, à la fenêtre encadrée de fleurs, vit un vieillard connu sous le sobriquet du *bonhomme Jadis*, en compagnie d'un portrait de femme et de gracieux souvenirs. Il n'a ni chien, ni chat, ni gouvernante, et fait lui-même son petit ménage. Sa tête est blanche, mais comme les amandiers sont blancs au mois de mai, de fleurs et non pas de neige, et un printemps éternel s'épanouit dans son cœur. Rien ne ressemble moins aux vieillards ordinaires que le bonhomme Jadis. Il aime tout ce qui est jeune, frais, candide, non pas à la façon de ces vieux immondes, limaces qui traînent leur bave d'argent sur toutes les roses, mais d'une ame honnête et bienveillante, heureuse de la beauté et du bonheur d'autrui.

C'est l'anniversaire de la fête de Jacqueline, cette femme uniquement aimée dont il ne lui reste plus qu'un fragile pastel, poussière d'aile de papillon qu'un souffle ferait évanouir, et qu'il conserve avec un soin religieux, madone de son humble demeure à qui jamais les fleurs ne manquent dans son cadre dédoré. Il va célébrer la fête de sa chère défunte; mais c'est bien triste de manger seul le petit dîner fin qu'on s'est proposé, de boire à une mémoire aimée sans avoir un verre où choquer le sien.

Le bonhomme Jadis invite d'abord M. Octave, un jeune vieillard du voisinage, étudiant en médecine ou en droit, très-rêveur et très-peu guilleret, incapable de dire une galanterie à une femme, et cependant jetant un coup d'œil furtif à des bouquets dans la mansarde de mademoiselle Jacqueline, qui fait face à sa fenêtre. Le bonhomme invite aussi la gentille ouvrière, qui refuse d'abord, craignant le tête-à-tête avec un vieux garçon peut-être libertin. « Nous serons trois, » dit le vieillard pour la rassurer. Le bonhomme Jadis sait qu'Octave et Jacqueline s'aiment et n'osent se le dire, retenus par les adorables timidités de la jeunesse et de l'amour vrai.

Il servira d'intermédiaire à cette honnête passion, qu'il a découverte en ramassant un brouillon de déclaration non envoyée, tombée de la poche d'Octave; il déliera ces langues embarrassées, il fera parler haut ces bons petits cœurs qui battent tout bas, et, si des obstacles d'argent s'opposent à cette union si bien assortie, n'a-t-il pas là, au fond d'un vieux tiroir, de braves écus de six livres qui dorment depuis longtemps, des louis tout neufs quoique anciens, et qui ne demandent pas mieux que de sortir de l'ombre où ils moisissent pour faire une bonne action? Jacqueline, par une innocente coquetterie, a mis sa plus fraîche robe, une étoffe printanière rose comme ses joues, un fichu presque aussi blanc que sa peau, un bonnet où s'ouvre une fleur moins vermeille que sa bouche. Elle est charmante ainsi.

Octave s'étonne d'abord de voir Jacqueline installée aussi chez le bonhomme Jadis, qui lui paraît bien vert pour son âge et bien pimpant dans son habit de droguet à boutons de métal, endossé pour la circonstance. Toutes sortes de mauvais soupçons s'enfoncent dans son cœur comme dans une pelote, et il fait une moue dissimulée dans un sourire fauve. Le digne bonhomme Jadis, voyant cette jalousie, se plaît à l'exciter et à la taquiner. Sous prétexte d'envoyer Octave à la cuisine surveiller le gigot, il se ménage un tête-à-tête avec la jeune fille.

Le gigot court grand risque de brûler; enfin, l'on se met à table, et le bonhomme Jadis soutient gaiement la conversation, verse des rasades aux jeunes gens, et parle de ses vieilles amours avec une verve, une sensibilité et un entrain communicatifs. Mais comme ils sont froids, ces amoureux d'aujourd'hui qui n'ont que vingt ans! ils ne se regardent même pas, ils ne se disent rien et n'ont pas même l'esprit de se prendre la main sous la table ; la mélancolie anglaise l'a donc éteinte sans retour, cette bonne franchise gauloise? elle est donc chavirée à tout jamais, cette jolie barque dorée, aux voiles de soie, qui emportait les amoureux à Cythère? Les voyant empêtrés de la sorte, le bonhomme Jadis feint de faire la cour pour son compte à Jacqueline et lui jette une déclaration qui n'est autre que la lettre perdue par Octave. Le jeune homme reconnaît son style et s'exclame. Tout s'explique, et le bonhomme Jadis unit ces timides amoureux.

— Les écus du tiroir feront une dot à Jacqueline.

Provost, Delaunay et mademoiselle Fix ont joué en perfection cette jolie bluette, qui vaut mieux, bien qu'elle dure à peine trois quarts d'heure, que beaucoup de drames et de comédies en cinq actes. On n'est pas un vieillard plus aimable que Provost : il ferait souhaiter d'avoir des cheveux blancs. Quelle juvénile chaleur de cœur et quelle verve communicative, lorsque, entendant dans le lointain les violons de la guinguette jouer un air de sa jeunesse, il le fredonne joyeusement en rappelant ses amours avec Jacqueline et ses prouesses de soldat; car, en amour et en guerre, c'est sur cet air favori qu'il a triomphé!

FIN DU SIXIÈME VOLUME

TABLE DES MATIÈRES

I

OCTOBRE et NOVEMBRE 1848. — Vaudeville : le *Chemin de traverse*, par MM. Dumanoir, Clairville et Dennery. — Le roman de Jules Janin. — Félix, Luguet, mesdames Paul-Ernest et Albert. — Théâtre de la Nation : *la Vivandière*. — Fanny Cerrito. — Saint-Léon. — Théâtre-Montansier : *les Parades de nos pères*. — Les personnages du théâtre de la Foire. — Hyacinthe, René Luguet, mademoiselle Lagier. — Théâtre de la République : *la Vieillesse de Richelieu*, drame de MM. Octave Feuillet et Paul Bocage. — Le type de Richelieu et celui de don Juan. — Bocage. — Opéra-Comique : *le Val d'Andorre*, paroles de M. de Saint-Georges, musique de M. Halévy. — Gymnase : *O amitié !* par MM. Scribe et Varner. — Encore le scepticisme de M. Scribe. 5

II

DÉCEMBRE 1848. — Théâtre de la République : *André del Sarte*, drame de M. Alfred de Musset. — La pièce. — Le dénoûment modifié. — Geffroy, Maillart, mademoiselle Rimblot. — Vaudeville : *la Propriété, c'est le vol*, folie socialiste, par MM. Clairville et Jules Cordier. — Ambroise, Delannoy, madame Octave. — Digression philosophique. — Cirque-Olympique : *la Poule aux œufs d'or*, féerie de MM. Dennery et Clairville. — Nouvelle épreuve, même moule. — L'île de l'Harmonie. — Mademoiselle Dimier, Neuville. — Gymnase : *Élevés ensemble*, par MM. Fournier et Charles Potier. — Les amitiés d'enfance. — Théâtre de la République : *l'École des Femmes*. — *La Critique de l'École des Femmes*. — Provost. — Interprétation nouvelle du rôle d'Arnolphe............ 18

III

JANVIER 1849. — Opéra-Comique : *le Caïd*, paroles de M. Sauvage, musique de M. Ambroise Thomas. — La pièce, la partition et les interprètes. — Gymnase : *Madame Marneffe, ou le Père prodigue*, imité du roman de Balzac, par M. Clairville. — L'auteur de *la Comédie humaine*. — *Les Parents pauvres*. — Madame Marneffe devenue rosière de par M. Clairville. — Madame Rose Chéri, Tisserant. — Italiens : réouverture. — La nouvelle direction. — *La Cenerentola*. — Madame Alboni. — Du privilége des théâtres et de la censure dramatique. — Italiens : *l'Italiana in Algeri*. — Ronconi, madame Alboni............... 35

IV

FÉVRIER 1849. — Théâtre de la République : *l'Amitié des Femmes*, comédie de M. Mazères. — Un adepte de M. Scribe. — Variétés : *le Berger de Souvigny*, par MM. Bayard et de Biéville. — Des grands acteurs et des rôles léonins. — Bouffé. — Théâtre-Historique : *la Jeunesse des Mousquetaires*, drame de MM. Alexandre Dumas et Auguste Maquet. — Les personnages d'Alexandre Dumas. — Ses romans et son théâtre. — Mélingue, mademoiselle Person. — Italiens : *la Gazza ladra*. — Madame Alboni dans le rôle de Ninetta. — Mademoiselle Méric, Ronconi. — Théâtre de la République : *Louison*, comédie de M. Alfred de Musset. — Querelle d'ami. — Variétés : *l'Habit vert*, par MM. Alfred de Musset et Émile Augier. — La pièce et les acteurs............... 48

V

MARS 1849. — Vaudeville : *la Poésie des amours et...*, par MM. Duvert et Lauzanne. — Le style arnalesque. — L'énigme du titre expliquée. — Gymnase : *les Grenouilles qui demandent un roi*, par MM. Clairville et Jules Cordier. — La fable de la Fontaine retournée. — Le coup de pied de l'âne. — Théâtre de la République : représentation de retraite de mademoiselle Anaïs Aubert. — *Le Moineau de Lesbie*, comédie en vers, de M. Armand Barthet. — Mademoiselle Rachel. — Gymnase : *la Danse aux écus*, par MM. Marc Fournier et Henri de Kock. — Interdiction de la pièce. — Vaudeville : *la Foire aux idées*, par MM. de Leuven et Brunswick. — La satire politique au théâtre............ 62

VI

AVRIL 1849.— Opéra-Comique : *les Monténégrins*, paroles de MM. Gérard de Nerval et Alboize, musique de M..Limnander. — La pièce et la partition. — Madame Ulgade, Bauche. — Variétés : *Vendredi*, vaudeville de M. Joseph Bouchardy. — *Tu quoque!* — Bouffé. — Théâtre de la République : *Adrienne Lecouvreur*, drame de MM. Scribe et Ernest Legouvé. — Mademoiselle Rachel dans les pièces modernes. — La prose et la poudre. — Le rôle d'Adrienne. — Théâtre de la Nation : *le Prophète*, paroles de M. Scribe, musique de M. Meyerbeer. — Événement musical. — Qualités dramatiques de M. Meyerbeer. — Ses précédentes œuvres. — Son nouvel opéra. — La pièce, la partition et la mise en scène. — Roger, madame Viardot-Garcia. 70

VII

MAI et JUIN 1849. — Concert de madame Pleyel. — Ambigu : *un Drame de famille*, par MM. Jules Barbier et Michel Carré. — Un poëte à tous crins. — Paulin Ménier. — De la parodie du romantisme. — Italiens : représentation de retraite de mademoiselle Georges. — Clytemnestre et Lucrèce Borgia. — Poëtes, compositeurs, peintres et comédiens. — Le feuilleton de l'avenir. — Vaudeville : *l'Ane à Baptiste, ou le Berceau du Socialisme*, parodie du *Prophète*, par MM. Clairville et Siraudin. — Caïn et Prométhée. — Mort de madame Dorval. — Sa carrière dramatique, son talent, ses principales créations 93

VIII

JUILLET et AOUT 1849. — Ambigu : *le Juif errant*, drame de M. Eugène Sue. — Vaudeville : *la Foire aux idées* (suite), par MM. de Leuven et Brunswick. — Les insultes aux vaincus. — Théâtre de la République : reprise de *la Mère coupable*. — Le Beaumarchais comique et le Beaumarchais dramatique. — Tort que l'un a fait à l'autre. — Du *simplisme* dans les arts. — Les premiers pas du drame en France. — La préface d'*Eugénie* et la préface de *Cromwell*. — Madame Mélingue, Bouchet, Samson, Geffroy. — Beaumarchais inventeur de la *science des planches*. — Qualités rhythmiques de sa prose. — Un couplet de Figaro. — Variétés : *les Compatriotes*, par M. Henry Monnier. — De l'inconvénient d'être né quelque part. — Galerie d'originaux. — Les types populaires d'Henry Monnier 106

IX

OCTOBRE 1849. — Porte-Saint-Martin : *Rome*, drame à spectacle, de MM. Ferdinand Laloue et Fabrice Labrousse. — Optique des faits, nécessaire au théâtre. — Mise à la scène des personnages religieux. — Les mystères et les *auto-sacramentales.* — La pièce de MM. Laloue et Labrousse. — Les décorations. — Effet produit sur le public. — Mazzini et Garibaldi acclamés. — Du rétablissement de la censure. — Gymnase : *Graziella*, tiré des *Confidences* de Lamartine, par MM. Jules Barbier et Michel Carré. — Les créations de Lamartine. — Le salon nankin submergé. — Madame Rose Chéri 116

X

NOVEMBRE 1849. — Théâtre de la République : *le Testament de César*, drame en vers, de M. Jules Lacroix. — *Humaniores litteræ.* — Le *César* de Voltaire et le *César* de Shakspeare. — Emprunts que leur a faits M. Jules Lacroix. — Le caractère de Brutus. — Épilogue de la pièce nouvelle. — La griffe d'un maître. — Style et versification de M. Lacroix. — Geffroy, Beauvallet, Ligier. — Théâtre-Historique : *le Comte Hermann*, drame de M. Alexandre Dumas. — Retour de l'auteur d'*Antony* à sa première manière. — Variétés : *la Vie de Bohème*, par MM. Henri Murger et Théodore Barrière. — Le théâtre et le journalisme. — La bohème de l'art. — L'esprit de M. Murger. — Mademoiselle Thuillier, Charles Pérey. 121

XI

DÉCEMBRE 1849. — Odéon : *François le Champi*, drame de madame George Sand. — La bienvenue à l'auteur. — Sa nouvelle œuvre dramatique. — Le cadre et le tableau. — Les paysans nature. — Le style berrichon. — Clarence, Deshayes, mesdames Laurent, Moreau-Sainti et Volnais.—Théâtre de la République : *Gabrielle*, comédie en vers, de M. Émile Augier. — Mœurs théâtrales nouvelles. — Décadence du jeune premier. — Georges Dandin triomphant, et Clitandre confondu. — La comédie de M. Augier; l'idée, le style et les interprètes. — Chicane philosophique 133

XII

JANVIER 1850. — Gymnase : *Diviser pour régner*, par M. Adrien Decourcelles. — Milord à la recherche d'une position commode. — Bressan.—Théâtre de la République : anniversaire de la naissance de Molière. —Une représentation, en 1665, de *l'Amour médecin.* — Avis au lecteur.— Entr'actes dialogués de M. Alexandre Dumas. — L'illusion du théâtre. — Les spectateurs sur la scène. — L'homme à grands canons des *Fâcheux*. — Mesdemoiselles Judith, Augustine Brohan, Delphine Fix et Marie Favart. — Un public peu lettré. — Molière *chuté* pour Dumas.. . . . 141

XIII

FÉVRIER et MARS 1850. — Théâtre de la République : reprise de *Mademoiselle de Belle-Isle*, de M. Alexandre Dumas. — Mademoiselle

Rachel. — Concert de madame Sontag (comtesse Rossi). — La femme et la cantatrice. — *Iphigénie en Tauride.* — Gaieté : *le Courrier de Lyon, ou l'Attaque de la malle-poste,* drame de MM. Siraudin, Moreau et Delacour. — *L'Ouvrier de Messine,* de Caigniez. — Lesurques. — Les erreurs de la justice humaine. — Théâtre de la République : *Charlotte Corday,* drame en vers, de M. Ponsard. — La pièce et le sujet. — Caractère de l'héroïne. — Portraits de Danton, de Robespierre et de Marat. — Mademoiselle Judith, Geffroy, Bignon 145

XIV

AVRIL 1850. — Théâtre-Historique : *Urbain Grandier,* drame de MM. Alexandre Dumas et Auguste Maquet. — La pièce et la mise en scène. — Porte-Saint-Martin : *Toussaint Louverture,* drame en vers, de M. Alphonse de Lamartine. — La politique et la littérature. — Une *Marseillaise* noire. — Le caractère de Toussaint. — Frédérick Lemaître, mademoiselle Lia Félix. — Variétés : *la Petite Fadette,* tirée du roman de George Sand, par MM. Charles Lafont et Anicet Bourgeois. — Le *rurodrame.* — Les paysans au théâtre. — Les paysans de M. de Balzac et ceux de madame Sand. — Charles Pérey, mademoiselle Thuillier. . 160

XV

MAI 1850. — Théâtre de la Nation : madame Alboni dans *le Prophète.* — Son jeu et son chant. — Porte-Saint-Martin : *la Misère,* drame de M. Ferdinand Dugué. — Odéon : *le Chariot d'enfant,* drame du roi Soudraka, traduit par MM. Méry et Gérard de Nerval. — Chronologie de la pièce. — Le roi poëte. — Le théâtre chez les Hindous. — Les interprètes du roi Soudraka. — Théâtre de la République : reprise d'*Angelo, tyran de Padoue.* — La prose dramatique. — Lesage, Marivaux, Beaumarchais. — Avantages et inconvénients du vers alexandrin. — Liberté métrique de la poésie théâtrale chez les Anglais, les Allemands et les Espagnols. — — Mademoiselle Rachel dans le rôle de la Tisbé. — Comment mademoiselle Mars jouait ce rôle. — Côté plastique du talent de mademoiselle Rachel. — Étude de son jeu. — Mademoiselle Rébecca, Beauvallet. — Théâtre de la Nation : reprise du *Rossignol,* paroles d'Étienne, musique de Lebrun. — Madame Laborde. 171

XVI

JUIN-AOUT 1850. — Gymnase : *Pruneau,* par MM. Cogniard frères. — Inconvénients sociaux d'un nom grotesque. — Charles Potier. — Théâtre de la République : *Horace et Lydie,* comédie en vers de M. Ponsard. — La pièce et le style. — Mademoiselle Rachel dans le rôle de Lydie. — Brindeau, mademoiselle Marie Favart. — Théâtre-Historique :

la Chasse au chastre, pièce bouffonne, de M. Alexandre Dumas.—Qu'est-ce qu'un *chastre*. — Les infortunes de M. Louet. — Décoration panoramatique. — Numa. — Le chastre symbolique 185

XVII

DÉCEMBRE 1850. — Théâtre-Montansier : *les Extases de M. Hochenez*, par M. Marc Michel. — Retour d'Italie. — Amende honorable. — Le vaudeville cosmopolite. — Bienfaits de la traduction. — Le magnétisme au point de vue comique. — Sainville, Hyacinthe, Kalekaire. — Gaieté : *Paillasse*, drame de MM. Dennery et Marc Fournier. — Frédérick-Lemaître. — Théâtre de la République : *le Joueur de flûte*, comédie en vers, de M. Émile Augier. — La forme grecque. — *La Courtisane amoureuse*. — Opéra-Comique : *la Dame de pique*, paroles de M. Scribe (d'après Pouschkine), musique de M. Halévy. — La pièce, la partition et la mise en scène. — Une veine heureuse 201

XVIII

JANVIER 1851. — Porte-Saint-Martin : *Claudie*, drame de madame George Sand. — Le théâtre rustique. — Profonde ignorance des littérateurs, en général, sur les choses de la campagne. — La nouvelle idylle berrichonne. — Bocage, Fechter, mademoiselle Lia Félix. — Théâtre de la République : débuts de mademoiselle Madeleine Brohan dans *le Legs* et *les Jeux de l'Amour et du Hasard*. — Affinités entre les comédies de Marivaux et celles de Shakspeare. — Madeleine et Augustine. — Dangers de l'émulation. — Samson. — Gymnase : *la Dot de Marie*, par MM. Clairville et Jules Cordier. — Les enfants au théâtre. — La petite Judith Ferreyra. — Lesueur. 210

XIX

FÉVRIER et MARS 1851. — Opéra-Comique : *Bonsoir, monsieur Pantalon*, paroles de M. Lockroy, musique de M. Albert Grisar. — La pièce et la partition. — Théâtre de la République : *Valéria*, drame de MM. Jules Lacroix et Auguste Maquet. — Une médisance de Juvénal. — Réhabilitation de Messaline. — Les Ménechmes au féminin. — Mademoiselle Rachel dans son double rôle. — Provost. — Porte-Saint-Martin : *les Routiers*, drame en vers, de M. Latour (de Saint-Ybars). — Un classique dévoyé. — De qui se moque-t-on ici ? — Théâtre de la République : *Bataille de dames*, comédie de MM. Scribe et Ernest Legouvé. — Molière in-douze. — Les bravos égoïstes. — Madame Allan, Provost, Maillart. 220

XX

AVRIL 1851. — Odéon : *les Contes d'Hoffmann*, drame fantastique, de MM. Jules Barbier et Michel Carré. — Hoffmann et ses créations. — La vraisemblance dans l'incroyable. — La pièce de MM. Barbier et Carré. — Du mélange des vers et de la prose dans le dialogue scénique. — Madame Laurent, Tisserant. — Théâtre de la Nation : *Sapho*, paroles de M. Émile Augier, musique de M. Gounod. — La légende de Sapho. — La fable de M. Augier. — Le rocher de Leucate. — La chanson du chevrier. — Madame Viardot-Garcia, Gueymard. — La partition. — Caractère du talent de M. Gounod. — Reproche aux auteurs à propos de l'omission du ballet. — Opinion de Gœthe sur la danse mimique 230

XXI

MAI et JUIN 1851. — Gaieté : *Molière*, drame de madame George Sand. — Idée philosophique de la pièce. — Se dégage-t-elle clairement de la situation ? — Le caractère d'Armande tel que l'a fait l'auteur. — Diffusion d'intérêt qui en résulte. — Bocage, M. et madame Lacressonnière, mademoiselle Hortense Jouve. — Théâtre de la République : *les Caprices de Marianne*, comédie de M. Alfred de Musset. — Manière d'esquiver les changements à vue. — Modifications malheureuses. — Succès quand même. — Ambigu : *les Vengeurs*, drame de M. Plouvier. — Le plaisir des dieux. — Des diverses formes de la vengeance, depuis Caïn jusqu'à nos jours. — Théâtre de la République : *les Bâtons flottants*, comédie en vers, de M. Liadières. — Le vers de la Fontaine réalisé. — Un écrivain amateur. — Portraits de fantaisie. — La prétendue inanité du pouvoir. — Versification d'un ancien homme d'État. 238

XXII

JUILLET-SEPTEMBRE 1851. — Porte-Saint-Martin : *Salvator Rosa*, drame de M. Ferdinand Dugué. — Une figure qui revenait au drame. — Les peintres brigands. — Mélingue, Rouvière. — Gymnase : *Mercadet*, comédie posthume d'Honoré de Balzac. — La mort d'un homme de génie. — Les vivants de San-Servolo. — Une lecture de *Mercadet* aux Jardies. — Ce que c'est qu'un *faiseur*. — Physiologie des débiteurs et des créanciers. — Arrangements discrets de M. Dennery. — Geoffroy, Lesueur. — Opéra-Comique : reprise de *Joseph vendu par ses frères*, paroles d'Alexandre Duval, musique de Méhul. — Vacances des cuivres. — La partition de Méhul. — Le style du livret. — Delaunay-Ricquier, Bussine, mademoiselle Lefèvre. — Querelle à propos de costumes. 245

XXIII

OCTOBRE et NOVEMBRE 1851. — Théâtre de la République : *le Dernier Abencérage*, drame en vers, de M. Beauvallet. — Des acteurs auteurs. — Le poëte et le comédien. — Les panoplies de Beauvallet. — Gymnase : *Bettine*, comédie de M. Alfred de Musset. — La pièce. — Madame Rose Chéri, Geoffroy, Lesueur. — Théâtre de la République :

Mademoiselle de la Seiglière, comédie de M. Jules Sandeau. — De l'invention au théâtre. — Les romans modernes. — Un type de ci-devant. — Samson, Regnier, Delaunay, mademoiselle Madeleine Brohan. — Variétés : *Mignon*, par M. Gaston de Montheau. — Les types de femmes créés par Gœthe. — Mademoiselle Marie Favart 261

XXIV

DÉCEMBRE 1851. — Opéra-National (second théâtre lyrique) : *la Perle du Brésil*, paroles de MM. Gabriel et Sylvain Saint-Étienne, musique de M. Félicien David. — La musique pure et la musique dramatique. — Le livret de MM. Gabriel et Saint-Étienne. — La partition. — Junca. — Porte-Saint-Martin : *l'Imagier de Harlem*, drame fantastique, de MM. Gérard de Nerval et Méry. — La pièce et la mise en scène. — Affabulation. — Un aphorisme de M. Nestor Roqueplan. — La prose et les vers alternés. 275

XXV

JANVIER 1852. — Odéon : *les Marionnettes du docteur*, drame mi-parti vers et prose, de MM. Jules Barbier et Michel Carré. — Un subterfuge d'action. — Fantasmagorie au bénéfice de la morale. — Le langage des dieux dans la bouche d'un portier. — Faut de la morale, pas trop n'en faut. — Variétés : *une Queue-rouge*, par MM. Duvert et Lauzanne. — Le *Collinet* d'Édouard Ourliac. — Un mauvais choix d'acteur. — Arnal, mademoiselle Page. 288

XXVI

FÉVRIER 1852. — Porte-Saint-Martin : *la Poissarde*, drame de MM. Deslandes, Dupeuty et Bourget. — Le type de la dame de la Halle. — Mesdames Laurent et Lia Félix, Boutin, Colbrun. — Vaudeville : *la Dame aux Camellias*, par M. Alexandre Dumas fils. — Est-ce invention ? est-ce réalité ? — Marie Duplessis. — Une vente après décès. — Le luxe de la courtisane. — Chœur de femmes honnêtes. — Le fantôme de la morte. — Le perroquet et le commissaire-priseur. — Les camellias. — La pièce de M. Dumas fils. — Madame Doche, Fechter. — Palais-Royal : *las Dansores espagnolas*, par MM. Bayard et de Biéville. — Mademoiselle Aline Duval, Grassot, Lhéritier. — Théâtre-Français : *Diane*, drame en vers, de M. Émile Augier. — La vérité due au talent. — La *Marion Delorme* de l'école du bon sens. — Mademoiselle Rachel, Delaunay, Brindeau, Geffroy. 295

XXVII

MARS 1852. — Gymnase : *les Vacances de Pandolphe*, par madame George Sand.— Le rêve du voyage à Cythère. — La nature à la Watteau. — Les romans de George Sand et son théâtre. — Abus de la simplicité devant la rampe. — Palais-Royal : *la Maman Sabouleux*, par MM. Labiche et Marc Michel. — L'art dans la farce. — La petite Montalant, Grassot, Hyacinthe. — Théâtre-National (ancien Cirque) : *Geneviève, patronne de Paris*, drame-légende, de M. Latour (de Saint-Ybars). — La légende et l'histoire. — Une pièce sans poudre au Cirque. — Théorie de l'ennui. — Le combat à la hache et au sabre. — Un anachronisme qui eût aidé au succès. — Des barbares trop sauvages. — Mademoiselle Périga. 315

XXVIII

AVRIL 1852. — Gymnase : *le Piano de Berthe*, par MM. Théodore Barrière et Jules Lorin. — Madame Rose Chéri, Bressan. — Variétés : *un Monsieur qui prend la mouche*, par MM. Lefranc et Marc Michel. — Arnal, Leclère, Kopp. — Porte-Saint-Martin : *Benvenuto Cellini*, drame de M. Paul Meurice. — Le héros de la pièce. — Son caractère, son génie et ses œuvres. — Mélingue, madame Person. — Théâtre-Français; *le Bonhomme Jadis*, comédie de M. Henri Murger. — Le feuilleton découpé en pièce. — Originalité du talent de M. Murger. — Sa nouvelle comédie. — Provost, Delaunay, mademoiselle Fix 324

FIN DE LA TABLE DES MATIÈRES

TABLE

DES AUTEURS, ACTEURS, ETC., ET DES PIÈCES CITÉS DANS CE VOLUME

A

Achim d'Arnim, 231.
Adrienne Lecouvreur, 70, 73, 147.
Albert (Mme), de l'Opéra, 185.
Albert (Mme), du Vaudeville, 5, 7.
Alboize, 70.
Alboni (Mme), 35, 42, 47, 48, 56, 171, 172, 173.
Alfieri, 202.
Allan (Mme), 50, 56, 140, 220, 229.
Ambroise, 18, 27.
Amitié (l') des Femmes, 48.
Amour (l') des trois oranges, 30.
Amour (l') médecin, 141, 142.
André del Sarte, 18, 241.
Andromaque, 96.
Ane (l') à Baptiste ou le Berceau du Socialisme, 93, 101.
Angelo, tyran de Padoue, 171, 179.
Anna Chéri (Mlle), 17.
Antony, 121, 126, 165.

A quoi rêvent les jeunes filles, 57.
Arioste, 202.
Aristophane, 65.
Aristote, 8, 24.
Arnal, 63, 64, 288, 293, 295, 324, 326, 327.
Auberge (l') des Adrets, 99, 226.
Aubert (Anaïs), 62, 65, 66.
Augier (Emile), 48, 66, 133, 136, 139, 140, 201, 206, 207, 219, 230, 234, 235, 236, 237, 295, 311, 312, 313, 314.
Aulnoy (Mme d'), 218.
Aventurière (l'), 140, 311.

B

Baccio Bandinelli, 328.
Bajazet, 47.
Balzac (Honoré de), 17, 35, 37, 38, 39, 40, 103, 131, 160, 170, 228, 242, 244, 245, 250, 251, 252, 253, 290, 330.

Barbier (Auguste), 103.
Barbier (Jules, 93, 96, 97, 116, 120, 230, 232, 288, 289, 291.
Barbier (le) de Séville, 109.
Baroilhet, 149.
Baron, 146.
Barrière (Théodore), 121, 131, 324.
Barthet (Armand), 62, 66.
Bartolmi, 47.
Barye, 103.
Bataille de dames, 220, 226.
Bâtons (les) flottants, 238, 243.
Bauche, 70, 71.
Bayard, 48, 52, 264, 295, 308, 309, 311.
Beaumarchais, 42, 106, 109, 111, 112, 171, 180.
Beauvallet, 121, 126, 171, 261, 263.
Beethoven, 58, 94, 106, 110, 149.
Belisario Corenzio, 247.
Belletti, 149.
Bellini, 149.
Benvenuto Cellini, 324, 327.
Béranger, 269.
Bérénice, 96, 224.
Berger (le) de Souvigny, 48, 50.
Berlioz (Hector), 103.
Bernard (Charles de), 96.
Bernardin de Saint-Pierre, 178, 303.
Berquin, 218, 318.
Berruguete, 303.
Bertrand et Raton, 229.
Bettine, 261, 264.
Biéville (de), 48, 52, 295.
Bignon, 145, 159.
Bocage, 5, 13, 204, 210, 215, 238, 240.
Bocage (Paul), 5, 12.
Boccace, 202.
Boileau, 67, 143, 234, 314, 323.
Bonhomme (le) Jadis, 324, 329.
Bonnington, 89.
Bonsoir, monsieur Pantalon, 220.
Borel (Pétrus), 72.
Bouchardy, 70, 72, 243.
Bouché, 278.
Boucher, 211.
Bouchet, 106.
Bouffé, 32, 48, 50, 52, 70, 73.
Boulanger (Louis), 103.
Boulo, 57.
Bourgeois (Anicet), 160.
Bourgeois (le) gentilhomme, 47.
Bourget, 295.
Boutin, 295, 300.
Brentano (Clément), 231.

Bressan, 17, 141, 324, 325.
Breughel de Velours, 23.
Brindeau, 185, 192, 295, 315.
Brohan (Augustine), 141, 144, 210, 216, 217, 218.
Brohan (Madeleine), 210, 216, 217, 218, 261, 269.
Bronzino (le), 182.
Brunswick, 17, 62, 106, 109.
Buchez, 152.
Burgraves (les), 96.
Bussine, 245, 259.
Byron (lord), 29, 251, 294.

C

Cachardy, 62.
Caïd (le), 35.
Caigniez, 145, 150.
Calas, 150.
Callot, 9.
Calomnie (la), 229.
Calzolari, 149.
Camaraderie (la), 229.
Cambon, 92, 108, 209.
Camille (Mlle), 118.
Campistron, 97.
Caprice (un), 22, 50, 56.
Caprices (les) de Marianne, 238, 240.
Cardillac, 327.
Carracciolo, 247.
Carrache (Annibal), 247.
Carré (Michel), 93, 96, 97, 116, 120, 230, 232, 288, 289, 291.
Castellan (Mme), 84.
Catalani (Mme), 149.
Cenerentola (la), 35, 42.
Cénie, 111.
Cerrito (Fanny), 5, 7.
Cervantès, 36, 303.
Chaîne (la), 229.
Cham, 23, 68.
Chamisso (Adalbert de) 231, 233.
Champmeslé (Mlle), 146.
Chapelain, 33.
Chariot (le) d'enfant, 171, 176, 300.
Charlet, 235.
Charlotte Corday, 145, 152, 219.
Chasse (la) au chastre, 185, 192.
Chasse (la) au roman, 312.
Chateaubriand, 263, 303.
Chemin (le) de traverse, 5.
Chérubini, 257, 258.
Chilly, 107.

TABLE DES AUTEURS, ACTEURS, ETC.

Chopin, 324.
Christophe Colomb, 273, 278.
Cicéri (Eugène), 199.
Cid (le), 263.
Ciguë (la), 60, 66, 140, 206, 311.
Cimarosa, 221.
Clairon (Mlle), 146.
Clairville, 5, 7, 17, 18, 22, 23, 30, 33, 40, 62, 64, 65, 93, 101, 102, 210, 219.
Clarence, 133, 135.
Claudie, 210, 240.
Cogniard frères, 185, 188.
Colardeau, 97.
Colbrun, 295, 300.
Comme il vous plaira, 216.
Compatriotes (les), 106, 112.
Comte (le) Hermann, 121, 126.
Conte (le) d'hiver, 217.
Contes (les) de la reine de Navarre, 216.
Contes (les) d'Hoffmann, 230, 300.
Cooper, 303.
Cordier (Jules), 18, 23, 62, 64, 65, 210, 219.
Corneille (Pierre), 74, 110, 166, 181, 241, 268.
Corneille (Thomas), 179.
Corrége (le), 15.
Cosima, 133, 210.
Courrier (le) de Lyon, ou l'Attaque de la malle-poste, 145, 150.
Crémieux, 301.
Crette, 55.
Critique (la) de l'Ecole des Femmes, 18, 33.
Cromwell, 54, 106, 111, 224.

D

Dame (la) aux Camellias, 295, 500.
Dame (la) de Pique, 201, 207.
Damoreau (Mme), 149, 185.
Danse (la) aux écus, 62, 67.
Dansorès (las) espagnolas, 295.
Dante, 202.
Daumier, 23, 257, 319, 326.
Dauzats, 199.
David (Félicien), 273, 274, 277, 279.
David (d'Angers), 103.
Decamps, 36, 103, 259.
Decourcelles (Adrien), 141.
Delacour, 145, 152.
Delacroix, 103, 236, 237, 284.

Delannoy, 18, 22, 27.
Delaunay, 261, 269, 295, 314, 324, 332.
Delaunay-Ricquier, 245, 259.
Dennery, 5, 7, 17, 18, 30, 201, 245, 256.
Dépit (le) amoureux, 188.
Dernier (le) Abencérage, 261, 263.
Désert (le), 273.
Deshayes (Max.), 133, 135.
Deslandes, 295.
Despléchin, 87, 92, 235.
Deux (les) Amis, 109.
Deux (les) Gentilshommes de Vérone, 216.
Devéria, 103.
Diane, 295, 311.
Diderot, 111, 184, 292.
Dimier (Mlle), 18, 32.
Diviser pour régner, 141.
Doche, 295, 304, 308.
Donatello, 328.
Donizetti, 149.
Don Juan, 81.
Don Juan d'Autriche, 66.
Dorus, 185.
Dorval (Mme), 93, 102, 103, 104, 105, 132, 146, 184, 204.
Dot (la) de Marie, 210, 218.
Drake (Stephen), 301.
Drame (un) de famille, 93, 96.
Ducange (Victor), 72.
Duez (Mlle), 278.
Dugué (Ferdinand), 171, 174, 175, 245, 246.
Dumanoir, 5, 7.
Dumas (Alexandre), 48, 52, 53, 54, 105, 121, 125, 126, 130, 141, 143, 145, 146, 160, 162, 185, 192, 199, 242, 329.
Dumas (Alexandre) fils, 295, 300, 329.
Dupeuty, 295.
Duplessis (Marie), 295, 300.
Dupont (Alexis), 149.
Durer (Albert), 92, 281.
Duval (Alexandre), 245, 258.
Duval (Aline), 295, 310, 311.
Duval-Lecamus, 185.
Duvert, 11, 17, 62, 63, 64, 288, 292, 293, 295, 326.

E

Eau (l') merveilleuse, 221.
Ecole (l') des Femmes, 18, 33.

École (l') du monde, 132.
Écossaise (l'), 111.
Élevés ensemble, 18, 32.
Elleviou, 258.
Emmanuel, 92.
Enfant (l') prodigue, 111.
Eschyle, 21, 268.
Espinosa, 118.
Etienne, 171.
Eugénie, 106, 109, 111, 112.
Eunuque (l'), 291.
Euphrosine, 257.
Extases (les) de M. Hochenez, 201.

F

Fâcheux (les) 141, 142, 144.
Faniska, 258.
Faust, 179, 283, 288.
Favart (Marie), 141, 144, 185, 192, 261, 272.
Fechter, 210, 215, 293, 295, 308.
Félix, 5, 7.
Ferreyra (Judith), 210, 218, 219.
Festin (le) de pierre, 179, 252.
Feuillet (Octave), 5, 12.
Fille (la) du régiment, 42.
Finden, 120.
Fix (Delphine), 141, 144, 324, 332.
Florian, 318.
Foire (la) aux idées, 62, 68, 106, 108.
Fontaine (Jean de la), 62, 64, 238.
Fournier, 18.
Fournier (Marc), 62, 201.
Foy, 33.
François le Champi, 133, 169, 210, 240.
Franconi (Henri), 28.
Franconi (Victor), 21.
Frédérick Lemaître, 99, 100, 103, 104, 105, 146, 160, 168, 201, 204, 205, 226, 252, 293.
Froger (Elvina), 149.
Fuselier, 9.

G

Gabriel, 273.
Gabrielle, 133, 136, 219, 311, 315.
Gamin de Paris (le), 50.
Garibaldi, 116, 119.
Garrick, 146.
Gaspardo le Pêcheur, 72.
Gavarni, 107, 257, 330.
Gavaudan, 258.

Gazza ladra (la), 48, 55.
Geffroy, 18, 22, 106, 111, 121, 125, 145, 159, 245, 257, 293.
Geneviève, patronne de Paris, 315, 320.
Geoffroy, 17, 261, 266, 315.
Georges (Mlle), 93, 97, 98, 100, 101.
Gérard de Nerval, 70, 131, 171, 178, 179, 273, 283, 287, 288.
Gilles le Ravisseur, 221.
Gluck, 81, 149.
Gœthe, 45, 46, 80, 179, 237, 270, 272, 283, 284, 305.
Goldoni, 202.
Gounod, 230, 236.
Gozlan (Léon), 242, 244, 329.
Gozzi (Carlo), 9, 50, 202, 318.
Grassot, 295, 311, 315, 320.
Graziella, 116, 120.
Grenouilles (les) qui demandent un roi, 62, 64.
Grisar (Albert), 220, 221, 222.
Guarini, 202.
Gueymard, 230, 236.
Guido Reni, 247.
Guilbert de Pixérécourt, 72.

H

Habit (l') vert, 48, 60, 312.
Hændel, 58.
Halévy, 5, 13, 14, 201, 210.
Hamlet, 216.
Haydée, 278.
Hemmeling, 172.
Hermann-Léon, 37.
Hernani, 72, 96.
Hoffmann, 250, 251, 284, 288.
Holbein, 92, 214.
Homère, 163, 268, 313.
Homme (l') de bien, 140, 311.
Horace, 52, 125.
Horace et Lydie, 185, 188.
Houssaye (Arsène), 131, 142, 143.
Hubé (Martin), 126.
Hugo (Victor), 15, 96, 98, 102, 103, 111, 146, 179, 180, 206, 270, 303, 312, 313, 314.
Huguenots (les), 80, 81, 82.
Hyacinthe, 5, 11, 201, 204, 315, 320.

I

Iffland, 261.
Il faut qu'une porte soit ouverte ou fermée, 22, 56.

Imagier (l') de Harlem, 273, 279, 300.
Ingres, 58, 314.
Iphigénie en Tauride, 145, 149.
Italiana (l') in Algeri, 35, 46.

J

Jadin, 141.
Janin (Jules), 5.
Jean de Bologne, 328.
Jeune (le) Henri, 257.
Jeunesse (la) des Mousquetaires, 48, 52.
Jeux (les) de l'Amour et du Hasard, 210, 216, 218.
Joseph vendu par ses frères, 245, 257.
Josepin, 247.
Joueur (le) de flûte, 201, 206.
Jouve (Hortense), 238, 240.
Joyeuses (les) commères de Windsor, 217, 224.
Judith (Mlle), 141, 144, 159.
Juif (le) errant, 106.
Juive (la), 15, 117.
Junca, 273, 279.
Juvénal, 122, 220, 222.

K

Kalekaire, 201, 204.
Kean, 146, 293.
Kock (Henri de), 62.
Kopp, 324, 327.

L

Labiche, 315.
Lablache, 42, 56, 263.
Laborde (Mme), 171, 184, 185.
Labrousse (Fabrice), 116, 118.
Lacressonnière, 238, 240.
Lacressonnière (Mme), 238, 240.
Lacroix (Jules), 121, 122, 123, 125, 220, 222, 223.
Lafont (Charles), 160.
Lagier (Mlle), 5, 11.
Laloue (Ferdinand), 116, 118.
Lamartine (Alphonse de), 116, 120, 121, 146, 152, 153, 160, 163, 167, 169, 303.
Landon, 297.

Latour (de Saint-Ybars), 220, 224, 225, 263, 315, 321, 322, 323.
Laurent (Mme), 133, 135, 230, 233, 295, 300.
Lauzanne, 11, 17, 62, 63, 64, 288, 292, 293, 295, 326.
Lavoye (Mlle), 15.
Lazare le Pâtre, 72.
Lebrun, 171.
Leclère, 324, 326, 327.
Lefèvre (Mlle), 245, 258.
Lefranc, 324, 326.
Lekain, 146.
Legouvé (Ernest), 70, 220.
Legs (le), 210, 216.
Leleux (Adolphe), 135, 211.
Lemercier (Népomucène), 323.
Lemirre, 297.
Leroux (Pierre), 63.
Lesage, 9, 171, 179, 292, 303, 309.
Lesueur, 210, 219, 245, 257, 261, 267.
Lesurques, 145, 150, 151.
Leuven (de), 17, 62, 106, 109.
Lewis, 107.
Lhéritier, 295, 311.
Lia Félix, 160, 169, 210, 215, 295, 300.
Liadières, 238, 243, 244, 245.
Ligier, 121, 126.
Limnander, 70, 71.
Lion (le) de Mysore, 77.
Listz, 93, 94, 324.
Lockroy, 220.
Lope de Vega, 9.
Lorin (Jules), 324.
Louison, 48, 56.
Lucrèce, 105, 106.
Lucrèce Borgia, 72, 99, 163.
Luguet, 5, 7.
Luguet (René), 5, 11.
Lulli, 142.

M

Mabille (A.), 88.
Macbeth, 216.
Machiavel, 128, 202.
Madame Marneffe, ou le Père prodigue, 35, 37.
Madelon Friquet, 72.
Mademoiselle de Belle-Isle, 145.
Mademoiselle de la Seiglière, 261, 267.
Maillart, 18, 22, 140, 220, 230.
Malibran, 148.

Maman (la) Sabouleux, 315, 318.
Maquet (Auguste), 48, 160, 220, 222, 223.
Marâtre (la), 257.
Marcillet, 202.
Marc Michel, 201, 202, 315, 324, 326.
Mariage (le) de Figaro, 109.
Mariage (le) forcé, 271.
Marie-Antoinette, 223.
Marilhat, 260.
Marion Delorme, 103, 163, 177, 206, 295, 312, 314.
Marionnettes (les) du docteur, 288.
Marivaux, 145, 171, 179, 210, 216, 217, 218, 227, 318.
Marquet (Delphine), 133, 260.
Marrons (les) du feu, 59.
Mars (Mlle), 146, 147, 171, 181, 216, 229.
Marthe (Mlle), 17.
Mastaï, 117.
Maturin (le révérend), 107.
Mazères, 48, 49, 50.
Mazzini, 116, 119.
Méhul, 245, 257.
Meissonnier, 514.
Mélanie, 111.
Mélingue, 48, 55, 245, 250, 324, 329.
Mélingue (Mme), 106, 111.
Ménier (Paulin), 93, 97.
Mercadet, 245, 250.
Mère (la) coupable, 106, 109.
Méric (Mlle), 48, 56.
Mérimée (Prosper), 81.
Méry, 171, 178, 179, 192, 244, 273, 287, 288.
Metastase, 202.
Metzu, 173.
Meurice (Paul), 324, 328, 329.
Meyerbeer, 13, 70, 80, 81, 82, 84, 172.
Michel-Ange, 106, 110.
Michelet, 152, 158.
Michel Perrin, 50.
Micris, 173.
Mignon, 261, 270.
Milton, 306, 322.
Mira (Marie), 94, 95.
Misère (la), 171, 174.
Mocker, 15.
Moineau (le) de Lesbie, 62, 65, 75, 147.
Molière, 18, 33, 35, 59, 46, 110, 111, 136, 140, 141, 142, 143, 145, 179, 192, 219, 227, 252, 261, 268, 305.

Molière, 258.
Monnier (Henry), 58, 106, 112, 113, 114, 115, 116, 257, 292, 326.
Monsieur (un) qui prend la mouche, 324, 325.
Montalant (Céline), 140, 315, 320.
Monténégrins (les), 70.
Montheau (Gaston de), 261, 270, 271.
Moreau, 145, 152.
Moreau-Sainti (Mme), 133, 135.
Morelli, 47.
Mozart, 149, 294.
Mritchatchati, 176.
Muette (la) de Portici, 250.
Murger (Henri), 121, 130, 131, 132, 324, 329, 330.
Musset (Alfred de), 15, 18, 48, 56, 57, 59, 103, 146, 207, 229, 258, 240, 261, 264, 265.
Mystères (les) de Paris, 177.

N

Nanine, 111.
Nathalie (Mlle), 50, 140.
Nehr (Mlle), 118.
Neuville, 18, 32.
Nodier (Charles), 301.
Noleau, 126, 209.
Nuées (les), 22.
Numa, 32, 185, 199.

O

O amitié ! 5, 15, 48.
Octave (Mme), 18, 27.
Odry, 204.
Oliva (Mlle), 223.
Orneval (d'), 9.
Ourliac (Édouard), 131, 292.
Ouvrier (l') de Messine, 145, 150.

P

Page (Mlle), 62, 133, 288, 295.
Paillasse, 201, 204.
Parades (les) de nos pères, 5, 9.
Paul-Ernest (Mme), 5, 7.
Peblo, ou le Jardinier de Valence, 104.
Peines d'amour perdues, 217.
Père (le) de famille, 111.
Pérey (Charles), 62, 121, 133, 160, 170.

Péri (la), 260.
Périga (Mlle), 315, 523.
Perle (la) du Brésil, 273.
Perlet, 257, 292.
Perrin (Émile), 13, 209, 210.
Perrot, 9.
Person (Mme), 48, 55, 324, 329.
Petite (la) Fadette, 160, 169.
Petra Camara, 309, 310, 311.
Phèdre, 52, 79, 147, 182.
Phidias, 182, 206, 304.
Philippe, 278.
Philosophe (le) sans le savoir, 111.
Piano (le) de Berthe, 524.
Picard, 261.
Pinto, 323.
Piranèse, 119.
Piron, 9.
Plaute, 240.
Pleyel (Mme) 93.
Plouvier (Édouard), 238, 243.
Plutarque, 123.
Poésie (la) des amours et..., 62.
Poissarde (la), 295.
Poisson (Mlle), 240.
Polyeucte, 263.
Ponsard, 106, 145, 152, 159, 185, 188, 192, 219.
Potet (baron du), 202.
Potier (Charles), 18, 185, 188.
Poule (la) aux œufs d'or, 18, 30.
Poultier, 72.
Pouschkine, 207.
Poussin, 260.
Praxitèle, 504.
Procope, 223.
Prophète (le), 70, 80, 93, 101, 171.
Propriété (la), c'est le vol, 18, 22, 68.
Proudhon, 23, 29.
Provost, 18, 34, 50, 220, 224, 230, 324, 332.
Pruneau, 185.

Q

Queue-rouge (une), 288, 291.
Quidant, 95.

R

Rabelais (François), 99.
Rachel (Mlle), 62, 65, 66, 70, 74, 75, 76, 77, 78, 79, 100, 101, 104, 145, 146, 147, 171, 179, 181, 182, 184, 185, 188, 192, 220, 223, 224, 295, 314, 323.

Racine, 52, 58, 74, 98, 110, 219, 224.
Raphaël, 99, 251, 294.
Rapt (le) de Proserpine, 241.
Ravel, 32.
Ravina, 95.
Rébard, 62.
Rébecca Félix, 171, 184.
Regnier, 50, 140, 261, 269.
Rembrandt, 38, 96, 106, 284.
Ressources (les) de Quinola, 257.
Ribera, 96, 247.
Ricci, 221.
Richard III, 193.
Richter (Jean-Paul), 231.
Rimblot (Mlle), 18, 22.
Robert Bruce, 263.
Robert le Diable, 80, 81, 82.
Robinson, 120.
Rode, 149.
Roger, 70, 89, 92.
Rogier (Camille), 131.
Roi (le) Cerf, 30.
Rome, 116.
Ronconi, 35, 42, 47, 48, 56.
Roqueplan (Camille), 83.
Roqueplan (Nestor), 273, 287.
Rosa Espert, 310.
Rosambeau, 309.
Rose Chéri, 35, 42, 116, 121, 132, 261, 266, 324, 325.
Rosier, 141.
Rossignol (le), 171, 184.
Rossini, 13, 46, 55, 149, 172, 180, 221.
Rothschild (de), 15, 29.
Rousseau (J.-J.), 303.
Routiers (les), 220, 224.
Rouvière, 245, 250.
Rubé, 209.
Rubens, 58, 96, 314, 316.
Rubini, 174.

S

Sainte-Beuve, 103.
Sainte-Foy, 37.
Saint-Ernest, 108.
Saint-Etienne (Sylvain), 273.
Saint-Georges (de), 5, 14.
Saint-Léon, 5, 8, 9.
Saint-Marc, 33.
Sainville, 201, 204.
Saltimbanques (les), 204, 311.
Salvator Rosa, 245.
Samson, 50, 106, 111, 140, 210, 218, 261, 269.

TABLE DES AUTEURS, ACTEURS, ETC.

Sanchez (le père), 38.
Sand (George), 105, 130, 133, 135, 160, 170, 210, 211, 238, 239, 315, 317, 318, 319.
Sandeau (Jules), 261, 267, 268, 270.
Sannazar, 146.
Sapho, 230, 233, 312.
Saulcy (de), 258.
Sauvage, 35.
Sauvage (Eugénie), 17.
Scheffer (Ary), 103, 270, 308.
Schiller, 46.
Scribe, 5, 15, 16, 17, 40, 48, 70, 73, 76, 81, 84, 120, 173, 201, 207, 209, 216, 220, 226, 227, 228, 229, 244.
Sedaine, 318.
Shakspeare, 39, 46, 58, 88, 98, 110, 118, 121, 122, 123, 143, 180, 210, 216, 217, 224, 240, 261, 268, 288.
Siraudin, 93, 101, 102, 145, 152, 216.
Socrate, 65.
Solié, 258.
Songe (le) d'une nuit d'été, 217.
Sonneur (le) de Saint-Paul, 72.
Sontag (Mme), 145, 148, 149.
Soudraka, 171, 176, 177, 178, 206.
Soulié (Frédéric), 290.
Stratonice, 257.
Sue (Eugène), 106, 107, 108, 242.
Suétone, 224.

T

Talma, 78, 98, 103, 146.
Tamburini, 263.
Tartufe, 240.
Tasse, 202.
Teniers, 83, 284.
Térence, 238, 291.
Testament (le) de César, 121.
Thalberg, 324.
Thierry, 89, 92, 108, 209.
Thiers, 152.
Thomas (Ambroise), 35, 57.
Thuillier (Mlle), 121, 132, 160, 170.
Timon, 6.
Tintoret, 96.
Tisserant, 35, 42, 230, 233.
Titien (le), 182, 183.
Tour (la) de Nesle, 162.
Toussaint Louverture, 160, 163.
Trente ans, ou la Vie d'un joueur, 104.
Turandot, 50.

U

Ugalde (Mme), 37, 70, 71.
Urbain Grandier, 160.

V

Vacances (les) de Pandolphe, 315.
Vacquerie (Auguste), 96, 97.
Vadé, 296.
Val (le) d'Andorre, 5, 13.
Valéria, 220, 222.
Vallia, 321.
Van der Heyden, 87.
Van de Velde, 87.
Van Dyck, 58.
Van Eyck, 92, 172.
Vanière, 146.
Varner, 5.
Vasentasena, 206.
Vaucanson, 219.
Velletri, 98.
Vendredi, 70, 72.
Vengeurs (les), 238, 242.
Verbruggen, 303.
Vernet (Horace), 118, 226.
Véronèse (Paul), 183, 220.
Verre (le) d'eau, 229.
Vertot (l'abbé), 109.
Viardot-Garcia (Pauline), 70, 84, 92, 101, 172, 230, 236.
Victorine, ou la Nuit porte conseil, 252, 289.
Vida, 146.
Vidal, 303.
Vie (la) de Bohême, 121, 130, 171, 330.
Vieillesse (la) de Richelieu, 5, 11.
Vieux (le) de la Montagne, 321.
Vignole, 31.
Vingt-Quatre (le) Février, 175.
Virgile, 125, 313.
Virginie, 224, 321.
Vitruve, 31.
Vivandière (la), 5, 7.
Volnais (Mlle), 133, 135.
Voltaire, 121, 122, 123, 152.

W

Walter Scott, 14, 270, 303.
Watteau, 315, 316, 317, 318.
Werner (Zacharias), 175, 325.
Wilson, 176.
Wynantz, 83.

FIN DE LA TABLE DES NOMS

www.ingramcontent.com/pod-product-compliance
Lightning Source LLC
Chambersburg PA
CBHW060328170426
43202CB00014B/2710